高等职业教育“十三五”精品规划教材

涉外职场礼仪

主　编　成　浩

副主编　王　璐　陈　晖

主　审　肖建安　喻　洁

中国水利水电出版社
www.waterpub.com.cn
·北京·

内 容 提 要

本书编写打破了按章节编写的模式，建立“以工作项目为导向，以工作任务为驱动，以行动体系为框架，以典型案例情境为引导”的编写模式。按照课程培养目标，遵循学生职业能力培养的基本规律，以真实工作任务及其工作过程为依据整合教学内容。本书共分为七大模块：礼仪认知、形象礼仪、社交礼仪、工作礼仪、仪式礼仪、服务礼仪和涉外礼仪。

本书既可以作为高等职业院校相关专业教材，也可以作为个人礼仪学习和行业企业礼仪培训的参考用书。

本书配有课件 PPT，读者可以从中国水利水电出版社网站（www.waterpub.com.cn）或万水书苑网站（www.wsbookshow.com）免费下载。

图书在版编目（CIP）数据

涉外职场礼仪 / 成浩主编. -- 北京 : 中国水利水电出版社, 2018.8（2024.1 重印）
高等职业教育“十三五”精品规划教材
ISBN 978-7-5170-6804-4

Ⅰ. ①涉… Ⅱ. ①成… Ⅲ. ①心理交往－礼仪－高等职业教育－教材 Ⅳ. ①C912.1

中国版本图书馆CIP数据核字(2018)第202126号

策划编辑：周益丹　责任编辑：张玉玲　加工编辑：张溯源　封面设计：李　佳

书　名	高等职业教育“十三五”精品规划教材 涉外职场礼仪　SHEWAI ZHICHANG LIYI
作　者	主　编　成　浩 副主编　王　璐　陈　晖 主　审　肖建安　喻　洁
出版发行	中国水利水电出版社 （北京市海淀区玉渊潭南路 1 号 D 座　100038） 网址：www.waterpub.com.cn E-mail：mchannel@263.net（答疑） sales@mwr.gov.cn 电话：（010）68545888（营销中心）、82562819（组稿）
经　售	北京科水图书销售有限公司 电话：（010）68545874、63202643 全国各地新华书店和相关出版物销售网点
排　版	北京万水电子信息有限公司
印　刷	三河市德贤弘印务有限公司
规　格	184mm×260mm　16 开本　17 印张　392 千字
版　次	2018 年 8 月第 1 版　2024 年 1 月第 8 次印刷
印　数	12501—15500 册
定　价	45.00 元

凡购买我社图书，如有缺页、倒页、脱页的，本社营销中心负责调换

版权所有·侵权必究

前 言

礼仪是中华民族传统文化的精髓，中国素有“礼仪之邦”的美称。“不学礼，无以立”，礼仪已成为展示自身内在素质、塑造良好的个人和组织形象的必要条件。“人无礼则不生，事无礼则不成，国无礼则不宁。”崇尚礼仪，学习礼仪，实践礼仪是我们继承和发扬中华传统美德的具体体现。礼仪是一门融文明素养、社交技能、服务技能、服务艺术为一体的综合性、操作性很强的学科。在当前对内深化改革，对外推广“一带一路”倡议的新形势下，拥有良好的涉外职场礼仪修养，是现代人不可或缺的职场素养。

本书遵循“以工作项目为导向，以工作任务为驱动，以行动体系为框架，以典型案例情境为引导”的编写理念，按照课程培养目标，遵循学生职业能力培养的基本规律，以真实工作任务及其工作过程为依据整合教学内容，全书分七大模块进行编写：礼仪认知、形象礼仪、社交礼仪、工作礼仪、仪式礼仪、服务礼仪、涉外礼仪。本书具有如下特点：

（1）职业性。本书编写紧跟职场第一线，从岗位用人的要求和标准出发，请企业资深人士和专业教师双方共同研究、拟订编写方案，提出具体要求，确定教材内容。依据高职生应具备的能力体系，将职业道德和职业精神融入礼仪教材，促进学生知识、技能、职业素养协调发展。

（2）系统性。针对职业需求，本书编写全面，既有系统的介绍，又注重细节的深入。学生既可全面掌握涉外职场礼仪知识，又能细致地了解具体环境下如何运用礼仪知识。

（3）实践性。本书根据不同岗位设计了大量的思考练习和实践训练，让学生通过训练掌握基本的涉外职场礼仪规范，注重实践技能的传授与演练，强调互动与实践，注重学生能力培养，让学生边学边练，即学即用，步步提升，使职业能力在训练中不断强化。

本书依据新时期高职高专职业教育需求编写，内容丰富，贴近生活和实际工作，指导性强，应用范围广。既可作为高等职业院校公共教材，也可以作为企事业单位礼仪培训的参考用书，还可以作为个人自身素养和职场魅力提升的参考书。

本书由成浩担任主编，王璐、陈晖担任副主编。其中模块 1、5、7 由成浩编写，模块 2 由成浩、吴晔、刘诗敏编写，模块 3 由成浩、王璐、陈晖编写，模块 4 由成浩、陈晖、吴朝阳编写，模块 6 由湖南佳兴酒店人力资源部经理唐成、李佳、朱洁编写。由湖南工业大学肖建安教授和湖南佳兴酒店管理有限公司副总经理喻洁女士最终审定全书。

本书在编写过程中，广泛调研，参考借鉴了许多图书和报刊资料，在此致以诚挚的感谢！由于编者水平有限，本书难免存在疏漏和不足之处，恳请各位专家学者不吝赐教，请广大读者批评指正，以便日后修订，以飨读者。

编者

2018 年 6 月

目 录

模块 1　礼仪认知

人无礼则不生，事无礼则不成，国无礼则不宁。

——荀子

世界上最廉价，而且能得到最大收益的一项物质，就是礼节。

——拿破仑·希尔

在人与人的交往中，礼仪越周到越保险。

——托·卡莱尔

树立良好的声誉，需要二十年的时间，而毁掉它，五分钟就足够了。如果你能考虑到这一点，你就会讲究礼仪了。

——沃伦·巴菲特

本模块着重介绍知礼、懂礼和习礼。

任务 1.1　知礼

【知识目标】

了解礼仪的基本概念。

【能力目标】

掌握礼仪的表现形式，了解中西方礼仪的产生和演变，了解现代礼仪与古代礼仪的差异。

【任务导入】

何为礼？

子路问孔子："老师，请问什么叫礼啊？"孔子回答说："简单地说，礼就是爱人，礼是出于爱人之心的。"

子路想了想，说："老师，我还是不明白，您能不能说得详细一点？"孔子说："礼，就是要天子爱天下人，诸侯爱自己管辖境内的人，士大夫爱自己的职责，读书人与老百姓爱自己的家人，难道这还有什么不清楚的吗？"

子路想了想，又问："说礼就是爱，那不就与老师说的'仁者爱人'一样了吗？"孔子抚掌大笑道："本来嘛，两者就是一回事！'仁者爱人'说的是人的内在素质，'礼者爱人'说的是人的外在表现，两者是一致的啊！"子路这才点点头说："我懂了。"

礼仪就是要尊重别人，只有尊重别人，才能得到别人的尊重。

礼仪是一个人乃至一个民族、一个国家文化修养和道德修养的外在表现形式，是人类文明进步的重要标志，是做人的基本要求。礼仪是人们获得自尊与自信、社会组织获得理解与支持的重要手段。几千年来，人类对文明礼仪规范一直孜孜以求。中华民族自古以来就非常崇尚礼仪，号称"礼仪之邦"。孔子曾说过："不学礼，无以立。"就是说一个人要有所成就，就必须从学礼开始。在构建社会主义和谐社会的今天，深入开展礼仪教育，重塑中华民族文明礼仪的新形象，培养文明有礼的新一代，是十分必要和非常重要的。

【知识链接】

我们通常说的"礼仪"，是"礼"和"仪"两个词的合成体，而这两个词的含义复杂且丰富。

一、"礼"的含义

"礼"包涵四个方面的含义：一表示敬意的通称，如敬礼、礼貌等；二表示尊敬或表示隆重而举行的仪式，如婚礼、典礼、丧礼；三泛指社会生活中的某种社会准则、道德规范等；四指礼物、礼品、送礼等。

二、“仪”的含义

“仪”包含五个方面的含义：一指法度、准则；二指典范、表率，如礼仪小姐、仪仗队；三指容貌、风度，如仪表、仪态等；四指形式、程序，如司仪、仪式等；五指礼物，如贺仪、谢仪等。

三、把“礼”和“仪”合在一起的“礼仪”的解释

为使各种人能愉快融洽地一起相处，使社会生活和家庭生活正常进行，交往中必须有一种大家所共同遵守的法则、规范，这就是礼仪。

孔子说：“礼者何？即事之治也。君子有其事，必有其治。”管子也说：“礼者，因人之情，象义之理，而为之节乐者也。”所以礼仪是治事待人的准则，亦是人与人之间相处的规范，更浅显的讲法就是“规规矩矩的态度”。

礼仪一直以来有三种说法。说法一，礼仪是道德修养；说法二，礼仪是形式美；说法三，礼仪是风俗习惯。古人说“礼出于俗，俗化为礼。”礼仪是人们进行社会交往活动中应共同遵守的行为规范与准则，即是人的交往艺术。

四、礼仪的表现形式

礼仪的表现形式包括礼节、礼貌、仪表、仪式。

1. 礼节

礼节，即社会公认的待人接物的方法和人与人相处的准则。如日常生活中见面时人们相互之间问好、打招呼，初次见面互递名片，在不同场合穿着不同的服装，见到客人时起立、握手，得到别人帮助时说声“谢谢”等。这些惯例就是礼节。

2. 礼貌

礼貌是指人们在日常交往中，语言动作谦虚恭敬的表现，是相互表示敬重和友好的内在品质和行为规范。它的第一要素是尊敬之心，第二要素是人们之间的友好之情。礼貌是内在表现在待人接物的过程中通过仪表、仪容、仪态及言谈举止来体现的。比如在公交车上给老人、孕妇让座，经常把礼貌用语用在口头上等。

3. 仪表

仪表是综合人的外表，它包括人的形体、容貌、健康状况、姿态、举止、服饰、风度等方面，是人举止风度的外在体现。风度是指举止行为、接人待物时，一个人的德才学识等各方面内在修养的外在表现。风度是构成仪表的核心要素。生活中人们的仪表非常重要，它反映出一个人的精神状态和礼仪素养，是人们交往中的“第一形象”。

4. 仪式

仪式是交际活动中按礼宾要求，用特定的程序、方式表达的礼仪过程。它由许多不同的礼节组合形成一定的程序，是礼仪的具体表现形式，是一种比较正规、隆重的礼仪形式。比如开业典礼、迎送仪式、谈判仪式、升旗仪式等。

【拓展阅读】

一、我国礼仪的产生与演变

礼仪作为人类社会生活的行为规范，是与人类社会同时产生并同步发展的，每个社会阶段都会形成与之相适应的礼仪。每个礼仪形式都有一个从无到有，从低级到高级，由局部到整体的演变过程。了解礼仪的产生和演变，有助于我们更好地继承先辈创造的这个文明成果。

我们可以从大量的礼仪现象认识到，大多数礼仪形式的诞生都是约定俗成的。约定俗成是人们在长期社会生活实践中共同认定而形成，并被大家一致遵守和沿袭的。比如端午节的诞生，是因为楚国大夫、爱国诗人屈原不满楚国，上书给顷襄王，反被革职放逐，在绝望中于农历五月初五投汨罗江而死，当地百姓景仰屈原的伟大品格，为了不让汨罗江里的鱼虾伤害屈原的遗体，纷纷到江边，有的敲锣打鼓驱赶鱼虾，有的投入粽子给鱼虾吃，有的划来船只打捞屈原遗体。从此，这种活动在每年的五月初五都要举行一次，历代沿袭并演变形成现在端午节吃粽子、赛龙舟的习俗。

礼仪规范是约定俗成的，不是法律，但必须遵守，否则会受到舆论谴责，或导致不良后果。

我国素有“礼仪之邦”的美称，礼仪作为中华民族的基本素质，也有着悠久的历史。

1. 原始社会

原始社会时期，我国的礼仪规范就已经初备雏形。生活在距今约1.8万年前的北京周口店的山顶洞人已经知道用兽齿、石珠作为装饰品挂在脖子上装扮自己了。他们在去世的族人身旁撒放赤铁矿粉，举行原始的宗教仪式，这是迄今为止在中国发现的最早的葬仪。新石器时代，当时人们已经意识到尊卑有序、男女有别，而长辈坐上席、男子坐左边、女子坐右边等礼仪也日趋明确。

2. 奴隶社会

在奴隶社会的夏、商、周三代，我国的传统礼仪进入了飞速发展时期。西周时期，我国历史上第一部记载“礼”的书籍《周礼》产生。随后又出现了《仪礼》《礼记》，把人们的行为举止、心理情操等统统纳入到一个尊卑有序的模式中。而且妇女地位下降，在墓葬中以人殉葬的以女子为多，她们屈膝陪葬于男墓主人一侧。

这个时期，我国第一次形成了比较完整的国家礼仪制度。如五礼：吉、凶、宾、军、嘉。

3. 封建社会

奴隶社会向封建社会过渡时期，学术界出现了百家争鸣的局面，我国的礼仪也进入到发展变革阶段。以孔子、孟子为代表的儒家学者们发展和革新了礼仪理论。孔子堪称我国历史上第一位礼仪学专家，他主张“非礼勿视、非礼勿听、非礼勿言、非礼勿动”，要求人们用礼来约束自己的行为。继孔子之后，另一位儒学大师孟子则把“礼”作为基本的道德规范。战国末期的儒学大师荀子更指出“人无礼则不生，事无礼则不成，国无礼则不宁”。这就不仅把“礼”作为衡量人贤愚和贵贱的尺度，而且把它与治国联系起来。儒家的这些礼仪思想构成了中国传统礼仪文化的基本精神，对中国礼仪文化产生了深远的影响，奠定了中国礼仪文化的基础。

秦统一六国以后，实行中央集权制，奠定了封建体制的基础，中国由此开始了漫长的封建社会时期，中国古代礼仪也随之进入了强化和衰落阶段。在漫长的历史演变过程中，“礼”逐渐被统治者所利用，成为妨碍人类个性自由发展、窒息思想自由的桎梏。

这个时期的礼仪形式有三拜九叩、山呼万岁等。讲究“四尊”，即尊君抑臣、尊夫抑妇、尊父抑子、尊神抑人的礼仪体系。讲究“三从四德”的封建礼教，“三从”即女子在家从父、出嫁从夫、夫死从子，“四德”即妇德（思想要符合封建社会的伦理道德）、言德（说话要处处小心）、容德（容貌要打扮得整齐美观）、功德（侍奉好公婆、丈夫，勤劳持家）。

4. 资本主义社会和社会主义社会

辛亥革命后，西方文化大量传入中国，中国旧有的礼仪规范和礼仪制度逐渐被抛弃，新的礼仪标准得到推广和传播。中华人民共和国成立后，我国的礼仪建设进入了一个崭新的历史阶段，社会礼仪从根本上改变了以往社会人与人之间那种附属关系的桎梏，建立了自由、平等的新型社会关系，提倡淑女、绅士风度，衣着打扮、用餐等都变得人性化、文明化了。许多落后的封建礼仪，如“三从四德”等被淘汰，而一些优秀的礼仪传统，如“尊老爱幼”“诚实守信”等则被保存了下来并发扬光大。中国现代礼仪还广泛地吸收了西方礼仪，真正做到了“中西合璧”。

二、西方礼仪的产生与演变

西方礼仪对于我国现代礼仪有着明显的影响。我们习惯上所说的西方通常是指欧美国家。这些国家的文化源流和宗教信仰都比较相近，尽管由于各种复杂因素的影响而在礼俗方面有所差别，但是共性较多。西方礼仪的形成及发展非常复杂，有着旁收博采而能协调融合的特点。

爱琴海地区和希腊是西方古典文明的发源地，古希腊文化一直被称为西方人的文化摇篮。古希腊文化的集中体现——希腊神话与传说，也构成了古代希腊人的宗教。早期希腊宗教构想出了大量具有人性色彩的神，如奥林匹斯山上的主神宙斯、太阳神阿波罗、智慧女神雅典娜等均是与人相似、可以与人平等交谈或像人那样需要吃喝与睡眠的神，人们可以根据自己的兴趣、需要和愿望去选择神。古希腊和古罗马时期，一些有关礼仪的问题已经开始引起人们的重视，如古希腊的人们非常注重谦恭有礼、诚实守信。希腊先哲苏格拉底、柏拉图、亚里士多德等人的著作中都有很多有关礼仪的论述，古罗马的思想家、教育家们也对一些礼仪问题进行了初步探讨。

公元12世纪至17世纪，欧洲社会处于中世纪时期，欧洲兴起了基督教的宗教礼仪。当时的统治者极力宣扬世界上的一切都是由上帝创造的，上等人统治、下等人服从统治是天经地义的。在这种理论指导下形成了严格的封建等级制度，并进而形成了严格、繁琐的贵族礼仪和宫廷礼仪。

文艺复兴以后，随着资产阶级逐步登上历史舞台并掌握了统治权，带有封建等级色彩的礼仪逐步退出了历史舞台，资产阶级在改造封建礼仪形式的基础上建立起一整套反映资产阶级利益和思想原则的礼仪规范。西方礼仪的发展变化是非常明显的，其总的趋势是日益从繁琐复杂中解脱出来，朝着简单易行的方向发展。

如今，西方礼仪已经在世界众多国家中通行，成为国际礼仪的主要组成部分。

虽然中西方礼仪植根的文化土壤不同，但它们都是植根于文明，并伴随着文明而不断发展的。因此，尽管西方礼仪与中国礼仪的形式有所不同，但是相同之处也有很多，比如都讲究对人彬彬有礼、衣冠整齐、敬老爱幼等。

三、现代礼仪与古代礼仪的差异

1. 二者的基础不同

古代礼仪是以封建等级制度为基础的，现代礼仪虽承认身份差异，但更强调以人为本、人格平等、社会公平，并且以尊重人作为自己的立足点与出发点。

2. 二者的目标不同

古代礼仪以维护封建统治秩序为目的，而现代礼仪则重在追求人际交往的和谐与顺利。

3. 二者的范围不同

古代礼仪所讲究的是“礼不下庶人”，因而与平民百姓无关，而现代礼仪则适用于任何交际活动的参与者。

与古代礼仪相比，现代礼仪更关心的是人际交往的成功，因此其核心内容就是人际交往的行为规范，而不是像古代礼仪那样以自我约束为主。

【思考练习】

1. 案例：五里与无礼

古时候，有个年轻人急着想在天黑之前赶到客栈，但苦于不认识路，看到路旁有一个老大爷，就朝着他喊：“老头子，客栈还有多远到啊？”老大爷面无表情地回答：“五里。”年轻人听后，连声道谢都没有，快马加鞭往前赶，但是赶了很久都没有看到客栈，就嘀咕：老头是不是骗我啊，五里，五里，“无礼”。想了一下，才恍然大悟，“五里”与“无礼”不正是谐音吗？连忙赶回向老大爷赔不是，再问客栈在哪个方向。老大爷说：“客栈已经过了，如不嫌弃，今晚就到我家小住一晚吧。”

思考：本案例对你有何启发？

2. 案例：无礼的小男孩

一个蛮横无理的男孩儿，常常对身边的人大发雷霆。一天，父亲给了他一包钉子，要他每次“无礼”后在院子的栅栏上钉一颗钉子。第一天，男孩儿就钉了37颗钉子。无礼也伤害自己，男孩儿在碰壁中逐步学会了自我反省和调节，行为有了明显转变。这时，父亲建议道：“如果你能坚持一天不发脾气，就从栅栏上拔下一颗钉子。”男孩儿照做了，经过一段时间，终于把栅栏上所有的钉子都拔掉了。父亲拉着他的手来到栅栏旁，说：“儿子，你做得很好，我真高兴。可是你看看，钉子留下那么多小孔，栅栏再也不是原来的样子了。当你对别人无礼后，你的言行就像钉孔一样在人们的心中留下疤痕。无论你说多少次对不起，那疤痕都永远存在。”

思考：本案例对你有何启发？

3. 案例：因小失大的应聘者

北京某大公司高薪招聘，引来一大批高素质人才竞相角逐，经过一系列的挑选，剩下五人接受最后面试。这些人都已过五关斩六将，以为最后的面试只是走走过场而已，无甚要紧。于是他们都满怀信心地走进经理办公室，这时经理说："不好意思，年轻人，我有点事要暂时出去二十分钟，你们能等我吗？"五人异口同声地说："当然可以。"于是经理出去了。在办公室里无聊等待的他们看到办公桌上有很多文件，便都凑过去，一摞摞地翻看，不亦乐乎。二十分钟后，经理准时回来了，说："面试到此结束。"几个年轻人莫名其妙，不禁问："我们还在等你呢，怎么就结束了？"经理说："我出去的二十分钟就是你们的面试时间，我们公司不需要未经人同意便随便翻看别人东西的人。虽然你们都很优秀，但是连最基本的礼节都不懂，我们不要。"五人哑口无言，深为自己的鲁莽而懊悔。

思考：如果你是其中的一员，你会怎么做？

【实践训练】

1. 课后请收集中国古代有关文明礼貌的佳话，或你周围的人们有关礼仪的故事，并分享给大家。

2. 自我评价。

现代社会中，有教养的人具有以下十项特征，请根据这十项指标，真实地评价自己的教养分值：

① 守时：无论是开会还是赴约，有教养的人从不迟到。他们懂得即使是无意迟到，对其他准时到场的人来说，也是不尊重的表现。

② 谈吐有节：在听别人谈话时，一般不随便打断别人的谈话，总是先听对方的发言，然后再去反驳或者补充对方的看法和意见。

③ 态度和蔼：在同别人谈话的时候，总是望着对方的眼睛，保持注意力集中，而不是翻东西、看书报，心不在焉，显得一副无所谓的样子。

④ 语气中肯：在待人接物上心平气和，以理服人，避免高声喧哗，往往能取得满意的效果。

⑤ 注意交谈技巧：在与别人谈话的时候，尊重他人的观点和看法，即使自己不能接受或明确同意，也不当着他人的面指责对方，而是陈述己见，讲清道理。

⑥ 不自傲：在与人交往相处时，从不强调个人特殊的一面，也不刻意表现自己的优越感。

⑦ 信守诺言：即使遇到某种困难也从不食言。自己承诺的事要竭尽全力去完成，身体力行是最好的诺言。

⑧ 关怀他人：不论何时，对妇女、儿童及老人，总是表示出关心并给予最大的照顾和方便。

⑨ 大度：与人相处胸襟开阔，不会为一点小事情而和朋友、同事闹意见，甚至断绝往来。

⑩ 富有同情心：在他人遇到某种不幸时，尽量给予同情和支持。

其中 60 ～ 70 分为及格，70 ～ 80 分为中，80 ～ 90 分为良，90 ～ 100 分为优，见表 1-1。

表 1-1　自我评价表

序号	题目	分值	自测	序号	题目	分值	自测
①	守时	10		⑥	不自傲	10	
②	谈吐有节	10		⑦	信守承诺	10	
③	态度和蔼	10		⑧	关怀他人	10	
④	语气中肯	10		⑨	大度	10	
⑤	注意交谈技巧	10		⑩	富有同情心	10	
总分（100）							

任务 1.2　懂礼

【知识目标】

了解礼仪的功能和基本特征。

【能力目标】

1. 明白礼仪的功能，掌握礼仪的重要性，并将这种基本思想进行传播。

2. 掌握职场礼仪的基本特征，树立正确的学习礼仪的态度。

【任务导入】

约翰先生需要一名办公室人员，于是在一家报纸上登出了“诚聘”广告。广告登出，有 50 多人前来应聘。最后，约翰选中了一个很不起眼的男孩。

一位朋友很不理解，便问约翰：“比这男孩强的大有人在，可你为什么偏偏喜欢他呢？他既没带一封介绍信，又没有任何熟人推荐，真让我感到意外。”

约翰笑了笑说：“实不相瞒，这个男孩之所以被我相中，是因为他带来了三封极好的介绍信。”“三封介绍信？我怎么没看见？”“你听我说。当这男孩看见一位比自己年龄大的中年人前来应聘时，他赶紧起身让座，而别的青年人却装着没看见，这是他的第一封介绍信——文明。进了我的办公室之后，他先摘下帽子，然后，微笑着彬彬有礼地回答我的各种提问，这是他的第二封介绍信——礼貌。在他进门之前，他在门口那块脚踏毯子上先蹭掉脚上的泥土再进屋，以免踩脏了屋里的地面；当我和他交谈时，只见他衣着整洁，头发梳得整整齐齐，指甲也修剪得干干净净，这是他的第三封介绍信——整洁。我认为，当一名普通的办公室人员能有这么三封过硬的‘介绍信’，比什么熟人的推荐都要强得多，所以……”

朋友笑道："我知道了，别说是你，就是我公司招聘员工，我也会选中这个文明、礼貌、整洁的男孩的。"

在我们的生活中经常会有这样的案例，它让我们明白社会上的一切人每时每刻都根据你的举止、仪容、服饰、语言等自我表达方式在判断着你。这就启示我们：优雅的言行举止能为你赢得钦羡的目光和无尽的好感，更能成为你事业成功的巨大助力！

【知识链接】

一、礼仪的功能

加强礼仪教育，对于提高自身的修养和素质，促进社会主义精神文明建设，塑造良好形象，扩大社会交往，促进事业成功都具有十分重要的作用。礼仪的功能主要表现在如下几个方面。

1. 弘扬礼仪传统

文明古老的中华民族素以"礼仪之邦"著称于世。几千年来，各族人民都创造了一整套独具特色的礼节、仪式、风尚、习俗、节令、规章和典制等，并为广大人民所喜爱、所沿袭，这些礼仪习俗反映了中华民族的传统美德与优良品质，勾画了中华民族的历史风貌。我国古代思想家、教育家们十分重视"礼"的教育。"礼"的内容比较全面地规定为处理、调整当时社会各种关系的准则和规范。在我国的历史上还流传着许多讲究礼仪的佳话。比如"廉蔺交欢"（讲究礼让）、"张良纳履"（尊老敬贤）、"程门立雪"（尊敬老师）、"管鲍之交"（交友之道）、"三顾茅庐"（待人以诚），对今天的我们仍有很大的教育意义。讲究礼仪，按照礼仪要求规范我们的行为，对继承我国礼仪传统，弘扬我国优良的礼仪风范具有十分重要的作用。

2. 提高自身修养

在人际交往中，礼仪往往是衡量一个人文明程度的准绳，反映着一个人的交际技巧与应变能力，还反映着一个人的气质风度、阅历见识、道德情操、精神风貌。因此，在这个意义上，完全可以说礼仪即教养，而有道德才能高尚，有教养才能文明。学习礼仪，运用礼仪，有助于提高个人的修养，有助于用高尚的精神塑造人，真正提高个人的文明程度。

3. 完善个人形象

讲究礼仪对个人的成功是至关重要的，因为它关系到个人的形象。个人形象，是一个人仪容、表情、举止、服饰、谈吐、教养的集合，而礼仪在上述诸方面都有详尽的规范，因此学习礼仪，运用礼仪，无疑将有益于人们更好地、更规范地设计个人形象、维护个人形象，更好地、更充分地展示个人良好的教养与优雅的风度。

4. 改善人际关系

马克思说过："社会是人们交往作用的产物。"人们参加社交活动，多为调节紧张的生活，建立友谊、交流感情、融洽关系、广结良友、增长见识、获取信息。现代化的社会对人们的社交提出了新的要求，社会越发展，物质生活越丰富，人们社交的需要就会越显示出它的价值，而处在社交活动中的每个人的仪表、仪态及对礼仪知识的了解也变得极其重要。一个人只要同其他人打交道，就不能不讲礼仪。运用礼仪，除了可以使个人在交际活动中充满自信、胸有成竹、处变不惊之外，其最大的好处就在于，它能够帮助人们规范彼此的交际活动，更好地向交往对象表达自己的尊重、敬佩、友好与善意，增进大家彼此之间的了解与信任。

5. 塑造组织形象

良好的组织形象是任何组织都会努力追求的目标，组织形象的塑造处处都需要礼仪。整洁优雅的环境，宽敞明亮、井然有序的办公室，独具个性、富有哲理的价值观，色彩柔和的服饰，彬彬有礼的员工，富于特色的广告等，都会给公众留下深刻的印象。礼仪则会通过组织员工的仪容仪表、言谈举止、礼貌礼节、仪式及活动过程表现出来，它是塑造组织形象的基础工程。组织通过各种规范化的礼仪，还可以激发员工对组织的自豪感，增强组织的凝聚力、向心力。目前，我国的许多企业通过统一企业标识、统一企业服装、统一色彩等，塑造组织统一的社会形象，也使组织的员工自觉地维护组织的形象，组织通过开业庆典、周年纪念、表彰大会等仪式，激发员工对本组织的了解和爱戴，加深对组织的感情，增强组织的凝聚力和向心力。可见，礼仪在塑造组织形象中的作用是十分巨大的。

6. 建设精神文明

世界各国各民族都十分重视交往时的礼节礼貌，把它视为一个国家和民族文明程度的重要标志。正如古人所说："礼仪廉耻，国之四维"，礼仪是立国的精神要素之本。在社会主义精神文明建设中，讲究礼节礼仪、注重礼貌是最基本的要求。我国经济发展和国际接轨，对我国精神文明建设提出了更高的要求。只有提高中华民族整体的文明礼貌素质，才能造就一个和谐的社会环境和人际关系，吸引更多的外资和促进国际间的贸易往来，从而推动我国经济建设的发展。提倡讲究礼仪礼节，做到文明礼貌，必将有利地促进社会主义精神文明建设的发展。

二、职场礼仪的特征

与其他学科相比，礼仪具有一些自身独具的特征，而职场礼仪具有的特征主要表现在规范性、限定性、可操作性、传承性、变动性和差异性六个方面。

1. 规范性

礼仪，指的就是人们在交际场合待人接物时应该遵守的行为规范。这种规范性不仅约束着人们在一切交际场合中的行为举止、言谈话语，使之合乎礼仪，而且也是人们在一切交际场合中应当采用的一种通用语言，是衡量他人、判断自己是否自律和敬人的尺度。大多数礼仪形式的诞生都是约定俗成的，不是法律，但必须遵守，否则会受到舆论谴责，或导致不良后果。

2. 限定性

礼仪主要适用于交际场合，在这个特定范围之内，礼仪肯定行之有效，离开了这个特定的范围，礼仪则未必适用。必须明确，当所处场合不同、身份不同时，所要应用的礼仪往往会因此而不同，有时甚至还会差异很大。特别是职场礼仪，对于不同的职业、不同的场合，所要求的礼仪有很多不同之处，只有明确特定范围，职场礼仪才能真正发挥作用。

3. 可操作性

切实有效、实用可行、规则简明、易学易用、便于操作，是礼仪的显著特征。礼仪不是空洞无物的纸上谈兵，而是既有总体上的礼仪原则和规范，又有一系列的方式、方法和操作流程具体而周详地体现礼仪原则和规范，落到实处，使之言之有物、行之有礼。礼仪的形成本身就是一种行为规范，只有便于操作才会切实有效。

4. 传承性

礼仪作为一种文化现象，是人们在长期的共同生活和相互交往中逐渐形成的，它以风俗、习惯和传统等形式固定下来，并随着人类文明的进程而不断发展和完善。任何国家的礼仪都具有自己鲜明的民族特色，都是在继承本国传统礼仪的基础上发展起来的。另外，随着对外交往范围的不断扩大和各国政治、经济、思想、文化等诸多因素的互相渗透与融合，我国的传统礼仪也自然被赋予了许多新鲜内容，礼仪规范更加国际化。礼仪变革向符合国际惯例的方向发展，有助于我们国家走向世界，更好地与国际接轨，成为地球村中一个真正的礼仪之邦。

5. 变动性

从本质上讲，礼仪可以说是一种社会历史发展的产物，并具有鲜明的时代特点。社会的发展、历史的进步，由此引起的众多社交活动的新特点、新问题的出现，又要求礼仪有所变化，有所进步，推陈出新，与时代同步，以适应新形势下的新的要求。与此同时，随着世界经济的国际化倾向愈益明显，各个国家、各个地区、各个民族之间的交往日益密切，他们的礼仪随之也不断地相互影响、相互渗透、相互取长补短，不断地被赋予新的内容。这就使礼仪具有相对的变动性。

6. 差异性

礼仪的差异性就是礼仪的民族性和地域性。各民族的文化传统、宗教信仰等方面的差异导致了礼仪规范的差异，即使是同一民族，在不同地区、不同国度，由于生存环境、文化氛围的不同，其具体的礼仪规范也千差万别。

【思考练习】

1. 礼仪的功能有哪些？
2. 职场礼仪的特征有哪些？
3. 握手礼的起源。

说法一：握手礼源于中世纪的骑士们。战争期间，骑士们都穿盔甲，除两只眼睛外，全身都包裹在铁甲里，随时准备冲向敌人。如果表示友好，互相走近时就脱去右手的甲胄，伸出右手，表示没有武器，互相握手言好。后来，这种友好的表达方式流传到民间，就成了握手礼。当今社会行握手礼也都是不戴手套，朋友或互不相识的人初识、再见时，先脱去手套，才能施握手礼，以表示对对方尊重。

说法二：握手礼源于刀耕火种的原始社会。当时，人们在狩猎或战争中，手上都拿着石块或棍棒等防卫性武器，倘若途中遇到陌生人，如果大家都无恶意，就放下手中的武器，并伸出手掌，让对方抚摸手心，表示手中没有武器。后来，这种礼俗就演变成今天的握手礼。

思考：握手礼的起源说明了礼仪的什么特征？

【实践训练】

课后搜集“廉蔺交欢”（讲究礼让）、“张良纳履”（尊老敬贤）、“程门立雪”（尊敬老师）、“管鲍之交”（交友之道）、“三顾茅庐”（待人以诚）的故事，分享给大家。

任务 1.3　习礼

【知识目标】

1. 了解礼仪学习的基本原则。
2. 了解礼仪学习的要求。

【能力目标】

1. 树立礼仪学习的正确观念，做到律己敬人，处处讲究礼仪。
2. 理解礼仪的学习是一个长期的过程，需要不断坚持，随时随地注意自身的言行举止。

【任务导入】

汉朝有个叫陈实的人，为人正直，做官清廉，当地的官员和百姓都对他十分敬重。

有一次，他与一个友人约定，次日午时在陈实家门前的大槐树下见面。二人为表诚信，还在大槐树前立了个高高的树干。

次日，陈实早早来到树干前，但左等右等也不见友人，直等到午时已过。陈实猜想可能友人另有他事不能同行，于是就独自上路了。

然而，陈实走了之后，他的朋友到了，他左看右看，却不见陈实的影子，当即就恼了。这时他恰好看见陈实的长子在门口玩耍，于是便骂：“真不是人啊！约好一起走，却又不等人。”

当时陈实的长子刚满 7 岁，名叫陈纪，是个非常懂事的孩子。等那人数落完后，小陈纪说：“您午时不来，就是无信；对孩子骂他的父亲，就是无礼！”

那友人一听，当即羞愧万分。

这个小故事说明中国人一向奉行一诺千金，言必行，行必果。只有信守承诺的人，才能赢得人们的尊敬和爱戴。

【知识链接】

一、学习礼仪的基本原则

礼仪是人们在社会交往活动中应共同遵守的行为规范与准则，那么学习礼仪都应遵守哪些原则呢？

1. 尊重的原则

古人对于礼仪曾有一句精辟的概括：“礼者，敬人也。”敬人，就是尊敬他人。这是礼仪的核心与重心。一般来说，人们对于那些尊重自己的人有一种自然的亲和力和认同感，尊重的原则要求我们在自尊、自爱的同时尊重他人的人格、劳动和价值，以平等的身份与人交往；同时，我们还要尊重他人的爱好和感情。在与人交往之时，最要紧的就是敬人之心长存，感恩之心长存，这是教养的体现，礼貌的体现。互谦互让、互尊互敬是交际成功的关键。

在与人交往时，尊重既是礼仪的基础，又是礼仪的重点，也是礼仪的核心和灵魂。

2. 自律的原则

礼仪规范是为了维护人与人之间的和谐关系、为了维护社会稳定和发展而存在的，它符合每个社会成员的根本利益要求。作为社会的一员，每个人都应该严格自律，自觉地遵守并执行礼仪规范，以促进人际关系的和谐与社会的稳定。

自律是个人培养礼仪修养的基础和出发点。古人常说：“己所不欲，勿施于人。”如果没有对自己的要求，只要求别人如何如何，那么遵守礼仪也就无从谈起。学习、应用礼仪，最重要的就是要自我要求、自我约束、自我控制、自我对照、自我反省、自我检点，这就是所谓自律的原则。

3. 宽容的原则

宽容的原则是从对待他人的角度来说的。所谓宽容，是指心胸宽广、忍耐性强。正如孔子所指出的，“宽则得众”。一个有着宽阔胸怀的人往往很容易赢得他人的爱戴和敬重。

宽容是一种美德。要宽容，就要做到将心比心，“己所不欲，勿施于人”。要多容忍他人、体谅他人，不求全责备、斤斤计较或过分苛求、咄咄逼人。我们不应该用一个标准去要求所有的人，而要容许他人有行动和独立地进行判断的自由。对于那些与我们不同的言行，在不违背正义和道德的前提下，应该保持平和、容忍的态度。这也是尊重对方的一种表现。

4. 适度的原则

礼仪是一种程序规定，而程序自身就是一种“度”。在运用礼仪时，为了取得良好的效果，必须坚持适度的原则。所谓适度，就是要把握分寸，合乎规范，既到位又得体。

适度的原则，是要求使用礼仪一定要具体情况具体分析，因人、因事、因时、因地恰当处理。应用礼仪时特别要注意做到把握分寸，认真得体，不卑不亢，热情大方，有理、有利、有节，避免过犹不及。分寸感是礼仪实践的最高技巧，运用礼仪时，假如做得过了头，或者做得不到位，都不能正确地表达自己的自律和敬人之意。过分热情会让人反感，过分谦虚会让人觉得虚伪；既要彬彬有礼，又不能低三下四；既要热情大方，又不能轻浮。因此要充分表达自己的做人之意、真诚之心，做法适度才会使人感到真诚，才能使人感到平等。

二、学习礼仪的要求

礼仪的学习是一个长期的过程，需要我们不断坚持，随时随地注意自身的言行举止，用学习的礼仪来规范自身，学习要求如下。

1. 用心学

礼仪的学习具有特殊性，即学习主要是通过日常生活来实现。所以在学习时需要观察、体验、参与，而且要反复进行，这样才能使这种知识内化为自己内心深处的一种自然的诉求。

2. 诚心用

“礼之用，和为贵”，礼仪的最终目的是促成人际间的和谐，体现对他人的尊重与理解。因此在体现这种尊重与理解时一定要从内心出发，真诚沟通，最终建立起新的、健康良好的人际关系。

3. 践行“礼”

我们认真地学习“礼”是为了在现实生活中切实践行“礼”。孔子说“不学礼，无以立”，又说“兴于诗，立于礼，成于乐”。“礼”是一个人在社会上立足的根本。一个人切实地、不折不扣地实行“礼”，他就可以始终与“理”站在一起。有理，才能有利，也才能有节，做事、待人、接物才能进退自如，才不致出现大的无可挽回的偏差和漏洞。因此，我们要时时处处以“礼”待人，不能仅仅停留在学习的表面上。

礼仪的精髓与本质是追求真、善、美。在社会交往活动中，言谈讲究礼仪，可以变得文明；举止讲究礼仪，可以变得高雅；穿着讲究礼仪，可以变得美好；行为讲究礼仪，可以变得大方。总之，一个人讲究礼仪，就可以变得充满魅力。

【拓展阅读】

清代学者李毓秀在《弟子规》中，要求他的学生从早到晚在饮食起居、言谈举止、接人待物方面必须按照礼仪程序去做，如“晨必盥，兼漱口。便溺回，辄净手。冠必正，纽必结。袜与履，俱紧切。置冠服，有定位。勿乱顿，致污秽。衣贵洁，不贵华。上循分，下称家……步从容，立端正……缓揭帘，勿有声……凡出言，信为先。诈与妄，奚可焉……奸巧语，秽污词，市井气，切戒之……”这谆谆教导至今仍在影响着亿万华夏子孙。

【思考练习】

1. 案例：纪晓岚的幽默

纪晓岚有一天去游五台山，走进庙里，方丈把他上下一打量，见他衣履还整洁，仪态也一般，便招呼一声：“坐。”又叫一声：“茶。”意思是端一杯一般的茶来。寒暄几句，知他是京城来的客人，赶忙站起来，面带笑容，把他领进内厅，忙着招呼说：“请坐。”又吩咐道：“泡茶。”意思是单独沏一杯茶来。经过细谈，得知来者是有名的学者、诗文大家、礼部尚书纪晓岚，便立即恭恭敬敬地站起来，满脸赔笑，请进禅房，连声招呼：“请上坐。”又大声吆喝：“泡好茶。”他又很快地拿出纸和笔，一定要请纪晓岚留下墨宝，以光禅院。纪晓岚提笔一挥而就，是一副对联：坐，请坐，请上坐；茶，泡茶，泡好茶。方丈看了非常尴尬。

思考：对于方丈的待客之礼，你有什么启发？

2. 案例：总理与鞋

在外事活动中，周恩来总理十分注重礼节。即使在他病重期间，重要的外事活动也都坚持参加。后来病得连脚板也肿起来，他原来的皮鞋、布鞋都不能穿了，只能穿着拖鞋走路。参加外事活动时，工作人员关心总理，让他穿着拖鞋参加外事活动，认为外宾能够理解。周总理不同意，他慈祥而严肃地说："不行，要讲礼仪嘛！"于是，他让工作人员为他特制了一双鞋。

思考：总理与鞋的故事对你有什么启发？

【实践训练】

1．"照镜子"表演。

一个同学做友好地笑、挑衅、生气皱眉、大喊大叫等表情，另一位同学假设是镜中的影像，尽量逼真地模仿出来。

2．分小组查找国内外节日风俗，制作 PPT 分享给大家。

模块2　形象礼仪

三流的化妆是脸上的化妆，二流的化妆是精神的化妆，一流的化妆是生命的化妆。

——佚名

形象没有成功，往往源于对眼神的无知。

——佚名

真正的微笑，是一种令人心情温暖的微笑，一种出自内心的微笑，这种微笑才能在市场上卖得好价钱。

——卡耐基

一个天生的身体语言专家，他的领导作用是运用成熟的身体语言而不是言辞。

——英格丽

从仪态了解人的内心世界、把握人的本来面目，往往具有相当的准确性和可靠性。

——达·芬奇

一个人的穿着打扮是他自身修养的最形象的说明。

——莎士比亚

推销从个人形象开始，服饰是人际关系的通行证。

——原一平

语言最能暴露一个人，只要你说话，我就能了解你。

——本·琼森

本模块主要介绍仪容礼仪、服饰礼仪、仪态礼仪和言谈礼仪。

任务 2.1　仪容礼仪

【知识目标】

1. 了解仪容美的含义。
2. 熟悉仪容修饰的基本要求。
3. 掌握仪容修饰的具体方法。

【能力目标】

能够结合个人特点、根据场合的不同修饰自己的仪容。

【任务导入】

案例一：周恩来在天津南开学校就读时，就将教学楼的《镜铭》作为自己的行为准则："面必净、发必理、衣必整，纽必结；头宜正，肩宜平，胸宜宽、背宜直；气度：勿傲、勿暴、勿怠；容颜：宜和、宜静、宜庄。"他从青年到晚年一直是这样要求自己的。他那种落落大方的举止、机敏智慧的谈吐、庄重亲切的风度，真可谓高山仰止，景行行止，真是国人楷模，大家风范。

案例二：日本松下电器产业株式会社创始人松下幸之助一次到银座的一家理发店去理发。理发师对他说："你毫不重视自己的容貌修饰，就好像把产品弄脏一样，你作为公司代表都如此，产品还会有销路吗？"一席话说得他无言以对，以后他接受了理发师的建议，十分注意自己的仪表并不惜破费到东京理发。

我们每个人都有一个形象定位，而这种定位直接影响他人对你的感觉，影响你给别人的第一印象。我们只有抓住人人都注意的"先入为主"这个特点，即从一开始就将仪容修饰得自然大方、整齐干净，树立自信，保持良好的心态，才能让别人第一眼就喜欢上你。

【知识链接】

仪容仪表即人的外表，一般来说，它包括人的容貌、服饰、个人卫生和姿态等方面。仪容仪表是一个人的精神面貌，是内在素质的外在表现。仪容主要是指人的容貌，是仪表的重要组成部分。在人际交往中与人初次见面时，我们往往会在不知不觉中对对方产生"此人气质很好""此人很不友善""此人文静"之类的印象。这就是他人根据与你初次见面时的仪容"有感而发"。在社会交往中，交往对象的仪容会受到对方的特别关注，美好的容貌会使人感到愉悦，形成良好的第一印象，为进一步交往打下良好的基础。

一、仪容美

仪容美并非指天生丽质，而是一个综合概念，指人的容貌、形体、仪态等的协调优美，指经过修饰、打扮以后及后天环境的影响形成的美，指其内在美的一种自然展现。凡是符合礼仪要求的仪容就是美的仪容。

（一）仪容美的三个层次

仪容美的具体含义有三个层次，包括仪容的自然美、仪容的修饰美和仪容的内在美。

1. 仪容的自然美

仪容的自然美是指仪容的先天条件好，即所谓天生丽质。先天美好的仪容相貌无疑会令人赏心悦目，感觉愉快。即使没有姣好的外貌，我们也不要自卑，相信自己的容貌是上天搭配，父母所赐，那就一定是美好的。要保持良好的心态，善待自己及周围的一切，为自己营造良好的生活、学习、工作环境，这样你的态度平和、待人真挚，同样会透出感人的自然美。

2. 仪容的修饰美

“三分人才，七分打扮。”仪容的修饰美，是指通过化妆、美容、护肤等艺术的、专业的修饰技巧对仪容进行适当的修饰、美化。仪容通过修饰，扬长避短，设计塑造出美好的个人形象，在人际交往中将显得有备而来，充满自信，给他人留下良好的印象。

3. 仪容的内在美

仪容的内在美是指通过努力学习，不断提高个人的文化素养、艺术修养和思想道德水准，培养自己高雅的气质与美好的心灵，表现在气质、情操、心灵、内涵上。让自己有内涵、有底蕴、有品位且更时尚。使自己秀外慧中，表里如一，好似酿造的葡萄美酒，时间越长酒味越醇厚，香味越浓郁，色泽和外观越美好。仪容的内在美还教你学会如何欣赏、鉴别，了解哪些美是适合我们的，哪些是不适合的。

这三者之间，仪容的内在美是最高境界，它使仪容美得到升华，但它需要人们持之以恒才能成功。仪容的自然美是人们的心愿。而仪容的修饰美则是仪容美关注的重点，它可以快速弥补仪容的先天不足，可以现学现用，满足社交需要。这三者高度统一，将使你的容貌独具风格，耐人寻味，在社交场上充满自信。

（二）仪容美修饰的原则

生活中人们的仪容仪表非常重要，它反映出一个人的精神状态和礼仪素养，是人们交往中的第一形象。天生丽质的人毕竟是少数，然而我们可以靠化妆修饰、发式造型、着装佩饰等手段，弥补和掩盖在容貌、形体等方面的不足，并在视觉上把自身较美的方面展露、衬托和强调出来，使形象得以美化。仪容美修饰一般应遵循以下原则：

第一，适体性原则。要求仪容仪表修饰与个体自身的性别、年龄、容貌、肤色、身材、体型、个性、气质及职业身份等相适宜和相协调。

第二，时间（Time）、地点（Place）、场合（Occasion）原则。简称 TPO 原则，即要求仪容仪表修饰因时间、地点、场合的变化而相应变化，使仪表与时间、环境氛围、特定场合相协调。

第三，整体性原则。要求仪容仪表修饰先着眼于人的整体，再考虑各个局部的修饰，促成修饰与人自身的诸多因素之间协调一致，使之浑然一体，塑造出整体风采。

第四，适度性原则。要求仪容仪表修饰无论是修饰程度，还是在饰品数量和修饰技巧上，都应把握分寸，自然适度，追求虽刻意雕琢但却不露痕迹的效果。

仪容美修饰的要求根据不同职业将有不同的变化。

（三）干净整洁就是仪容美

干净整洁是最大众、最简便易行、最受人们欢迎的，也是最基本的礼仪，既显示自尊自爱，又体现对他人的尊重。要做到干净整洁，最重要的是坚持不懈、长年累月地进行以下仪容细节的修饰工作：

1. 勤洗脸、勤洗澡、勤洗头

勤洗脸，使面部无汗渍、无油污、无泪痕、无其他不洁之物。勤洗澡，勤换衣，除去身上的灰尘、油垢和汗味，使皮肤清洁舒适，使人精神焕发。勤洗头，确保头发不粘连，不油腻，无汗臭异味，不板结，无头屑，使头发柔顺而有光泽，还能保持良好的发型。

2. 定时剃须

男士应注意及时修剪胡须，还要经常注意检查和修剪鼻毛，否则不雅观。

3. 清除分泌物

身体的分泌物必须及时清除。比如眼角分泌物，鼻孔分泌物，耳朵分泌物，口部的多余物（如口角周围沉积物、飞沫，牙齿缝间的牙垢、食物残渣等）。

4. 保持口腔清洁

每天早晚刷牙，清除口腔异味，保持口腔清洁，防止牙齿疾病。饭后刷牙，清除粘在牙齿上的食物。另外，还要养成平日不吃有刺激气味食物的习惯，如食用生葱、韭菜等食物。

5. 保持手部干净

手是人与外界直接接触最多的一个部位，人们通过手传递信息进行非语言沟通，所以手又称为人的“第二张脸”。因此必须勤洗手、勤修剪指甲，手指甲的长度以不长过手指尖为宜。

此外还要注意，梳理头发不宜当众进行且不宜用手直接梳理，脱落的头发不宜乱扔，不宜当众啃手指、修指甲、掏耳朵等。

二、美发礼仪

【礼仪案例】

小文是一个公司的女秘书，她刚刚毕业不久，有着一头令人羡慕的长发。

周末，小文来到了理发店，在理发师的建议下，小文决定尝试一下挑染，理发师帮她挑了一个紫红色，这个颜色很靓，从各方面来说，这个颜色对小文的确很合适。

第二天当小文出现在公司时，大家都为之一振，但总经理却把她叫到办公室，说：“今天与外商的谈判你就不要参加了，先去把头发给染回来，我不希望让‘火鸡’出现在我的谈判桌旁。”

小文心里很委屈，但无奈只好再把头发恢复原样……

美发，一般是指对人们的头发所进行的护理与修饰，使头发更加美观大方，并且适合自身的特点，提升个人形象。而美发礼仪指的就是有关人们的头发的护理与修饰的礼仪规范。

在正常情况下，人们观察一个人往往是从头开始的，位居于头顶之处的头发自然不会被错过，而且还经常会给他人留下十分深刻的印象。任何一名职场人士如果不打算使自己“头上失礼”的话，对美发礼仪应认真地学习和遵守。

美发礼仪主要分为护发礼仪与做发礼仪这两个部分。前者主要与头发的护理有关，后者则是重点关注头发的修饰问题。

（一）护发礼仪

护发礼仪的基本要求是职场人员的头发必须经常保持健康、干净、秀美、卫生和整齐。护发礼仪主要是做好头发的洗涤、梳理和养护等方面的事情。

1. 勤洗头发

任何一个健康且正常的人，头发都会随时产生各种分泌物。此外，头发还会不断地吸附灰尘，使之与其分泌物或汗液混杂在一起，产生难闻的气味，并影响头发的外观。保持头发干净、清洁的基本方法是认真洗头发，最好是每日一次，这样做一是为了去除灰垢，二是为了消除头屑，三是为了防止异味，四是为了使头发丝丝分明，此外还有助于保养头发。

2. 梳理头发

梳理头发要选择适当的工具，木梳、牛角梳等自然材料做的梳子对头发的损伤较小。要掌握梳理的技巧，梳子应向某一个方向同向运动，不宜来回往复，用力要适度。一些职场人士会随身携带一把梳子，但切忌在公共场合梳头，这样既不雅观又很失礼。

3. 养护头发

按照中国人传统的审美标准，“头上青丝如墨染”是很美的。职场人员如果要想做到这一点，就必须重视头发的养护问题。养护头发中的“护”指的是对头发的保护，避免头发接触强碱或强酸性物质，选用适合的洗发护发用品，并尽量防止对其长时间曝晒。养护头发中的“养”，则指的是头发的营养，平时宜多吃富含蛋白质和维生素的食物，尤其是要多吃核桃一类的坚果，或黑芝麻一类的黑色食品，少吃辛辣刺激或油性大的食物。养护头发，要做到标本兼治，其中“护”是治标，“养”是治本。

（二）做发礼仪

做发礼仪是指塑造头发的整体造型，即发型或发式，它是美发的关键，不仅反映着个人修养与艺术品位，而且是个人形象的核心部分。发型设计以美观、大方、整洁和方便生活与工作为原则，因此除了流行时尚和个人品味外，还要与自己的发质、脸型、形体和年龄相匹配，与自己的气质、职业、身份及周围的环境等因素相吻合。美国的雷·怀尔德在《管理大师如是说》中认为：“身为一名职业女性，必须时时注意自己的外表仪容，但造型别太标新立异，尽量固定自己外表的形象，过多的变化会让其他人吃不消，发型最好固定，不要频频改变。”对于职场人士来讲，发型风格应以庄重、简约、典雅、大方为主。

1. 重视修剪头发

（1）留意头发长度

人分男女，男女有别，在头发的长度上要有所体现。头发的长度在一定程度上与个人身高有关。以女士留长发为例，头发的长度就应与身高成正比。一个矮个的女士若长发过腰，会使自己的个头更显矮。

职业对头发的长度影响很大。野战军战士为了负伤后抢救方便，通常都理光头，而商界、政界人士则不宜这样。商界对头发的长度大都有明确的限制：女士头发不宜长过肩部，必要时应以盘发、束发作为变通；男士不宜留鬓角、发帘，头发最好不要长于 7 厘米，做到“前不覆额，侧不掩耳，后不及领”。

（2）定期理发

根据头发生长的一般规律，常人每半个月左右理一次头发是最为恰当的。每次理发的时间间隔不宜长于一个月。有些特殊的时候，例如要参加重要的庆典、宴会时，为显示自己的重视，特意临时再理一次发也是非常必要的。

（3）慎选理发方式

具体说来，理发又分为剪、刮、洗、染、吹、烫等不同的方式，可根据个人爱好进行自由选择，而对其中的一些具体方式则需要三思而行。比方说，职场人士在理发时，把自己的头发染得更黑一些，是比较正常的，符合中国人传统的审美习惯，若是把自己的黑头发染成黄、红、绿、蓝等各色，甚至将其染成数色并存的彩色，则与自己的身份不相符。

2. 考虑发型

在实际生活中，职场人士必须认识到，发型不仅反映着自己的个人修养与艺术品位，而且还是自己个人形象的核心组成部分之一。为自己选定发型时，除了受到个人品位和流行时尚的左右之外，还必须对本人的性别、年龄、发质、脸形、身材、职业等因素重点加以考虑。

（1）性别

以发型来辨别男女，在职场依旧应当是一种人人必须遵守的惯例。虽然近几年来，明星名人和新潮青年在选择自己的发型时，纷纷地“敢为天下先”——成年男子要么留披肩发，要么梳起小辫儿；妙龄少女则或者理板寸，或者剃光头。但是素来以恪守传统而著称的职场人士应不为所动、不去效仿。

（2）年龄

选择发型时，必须客观地正视自己年龄的实际状况。举例来说，一位青年妇女若是将自己的头发梳成“马尾式”或是编成一条辫子，可显现出自己的青春和活力，但若是一名老年女士选择这种发型的话，则不合时宜。

（3）发质

发质一般是指头发的性质。选择发型之前，必须要首先了解自己的发质，看其有何可塑性。中国人的发质通常被分成硬发、绵发、沙发和卷发四种类型，它们各具自己的特点，对发型的选择也有不同的要求。

硬发的特点是头发又粗又硬，稠密并富有弹性，在塑造发型时应重点对其删繁就简。绵发俗称软发，特点是头发既软又细，不是很稠密，弹性也不大，不宜塑造外观平直的发型，但却适于展示头发之美，若选择波浪式发型，往往效果绝佳。沙发主要特点是头发干涩稀疏，灰暗无光，并且常呈蓬乱之状，头发的直观效果不好，故切勿以之塑造中、长类型的发型。卷发又叫“自来卷”，特点是长短不一，但却自然地呈现出弯曲之态，具有天然之美的发质，几乎可以塑造任何发型。

（4）脸型

人的头发生在头顶，下垂到脸旁，因而发型与脸型相辅相成。选择恰当的发型，既可以为自己的脸型扬长避短，又可以体现发型与脸型的和谐之美。具体来讲，不同脸型的人在为自己选择发型时，往往会有一些不同的要求，如图 2-1 所示。

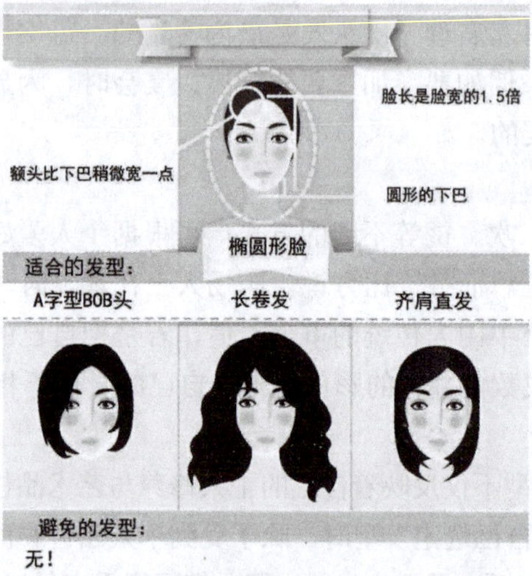

（a）椭圆形脸

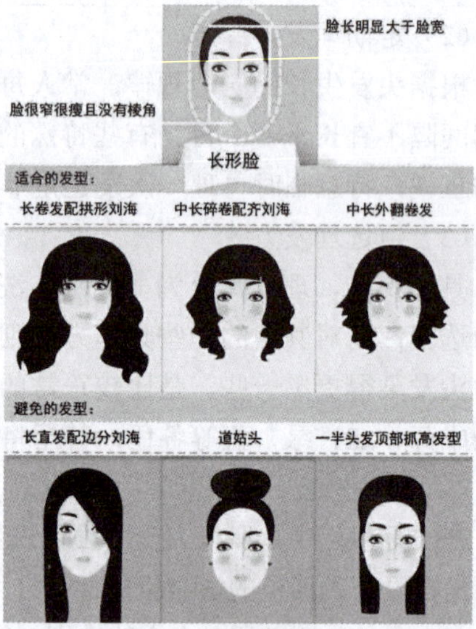

（b）长形脸

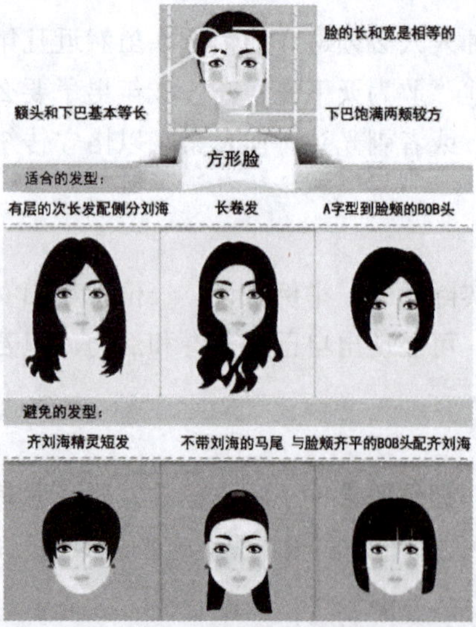

（c）方形脸

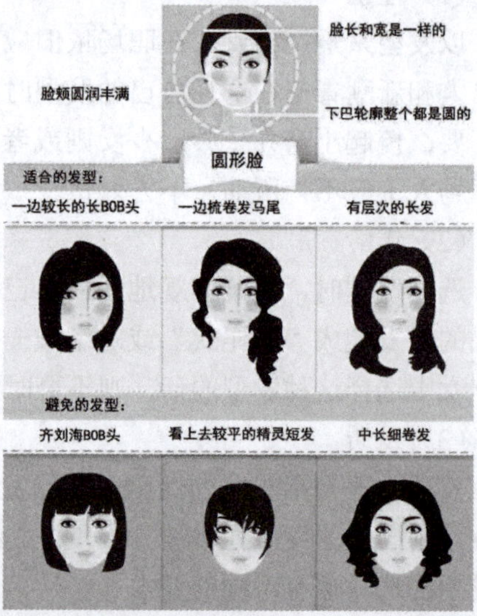

（d）圆形脸

图 2-1　不同脸型及不同的发型要求

（5）身材

身材有高、矮、胖、瘦之别。身材不同的人，在选择发型时，往往会有许多不同的考虑。

身材高大者的发型选择比较多，可以去做直短发或理寸头，也可以长发披肩或是做波浪式卷发。身材矮小者受到一定的限制，最好是选择短发型，以便利用视觉偏差使自己显得高。身材高而瘦者，可利用某些发型，如直发、长发或波浪式卷发，让自己显得丰盈一些。身材矮而胖者，可以理短发，露出自己的双耳，这样能看上去更高一些，也使自己胖得不过分突出。

（6）职业

职场对自己全体从业人员的基本要求是庄重和保守。当前流行的一些新潮发型，或华丽美艳，或出奇制胜，对于他人都有着强大的吸引力，但却绝对不适合职场人士。

最后还需注意，职场人士不管为自己选定了何种发型，在工作岗位上都绝对不允许在头发上滥加装饰之物。在一般情况下，不宜使用彩色发胶、发膏。男士不宜使用任何发饰，女士不要在工作岗位上佩戴彩色、艳色或带有卡通形象、动物、花卉图案的发饰。

三、美容礼仪

【礼仪案例】

1960 年 9 月，尼克松和肯尼迪在全美的电视观众面前，举行他们竞选总统的第一次辩论。当时，这两个人的名望和才能大体上是相当的，可谓棋逢对手。但大多数评论员预测，尼克松素以经验丰富的“电视演员”著称，可以击败比他缺乏电视演讲经验的肯尼迪。但事实并非如此。为什么呢？因为肯尼迪事先进行了练习和彩排，还专门跑到海滩晒太阳，养精蓄锐。结果，他在屏幕上出现时精神焕发，满面红光，挥洒自如。而尼克松没听从电视导演的规劝，加之那段时间十分劳累，更失策的是面部化妆用了深色的粉，因而在屏幕上显得精神疲惫，表情痛苦，声嘶力竭。正如一位历史学家所形容：“他让全世界看来，好像是一个不爱刮胡子和出汗过多的人带着忧郁感等待着电视广告告诉他如何不要失礼。”正是仪容仪表上的差异和对比，帮助肯尼迪取胜，使竞选的结果出人意料。由此可见，仪容仪表的作用是很大的，是不可忽视的。

在社交场合，面部保养与修饰是体现仪容礼仪最直接且重要的一个方面。首先，你得了解美容的原则，掌握肌肤护理的方法。其次，你还得掌握一些修饰仪容的技巧。这样才能在职场给人留下美好的第一印象。

（一）美容的原则

适度得体的美容化妆可以使一张平凡的面孔容光焕发，光彩照人，散发出令人无法抗拒的魅力，但必须坚持以下三个原则：

第一，持久性原则。美容实践证明，人的皮肤需要经常清洗，并及时补充营养和水，不然反映在皮肤表面的现象就是脱皮、粗糙、没有光泽。

第二，系统性原则。美容是个系统工程，美容系统包括情绪、心情、精神、饮食、营养结构、工作和生活环境，以及脸部的清洁与护肤霜、营养素的选择等。

第三，正规性原则。美容很讲究正规性，应严格按照美容的要求，用正规的手法，按一定的步骤进行。

总之，美容并非大家想象得那么简单，需要耐心和持之以恒。

（二）肌肤的护理

柔美肌肤的标准：肉眼观察光洁、润泽、有透明感、细嫩，触摸感觉光滑、柔软、有弹性。皮肤是人体的第一道防御线，最容易遭受攻击，也容易自然磨损，需要每日保养才能保持健康、漂亮。

1. 影响皮肤的因素

（1）生理因素

随着年龄的增长，肌肤会渐渐发生变化，每个年龄层的肌肤都有不同的特点。在一生当中，人体内会不断地产生变化而使皮肤的机能及外观受到改变，从而自然老化。

（2）环境因素

1）阳光：对皮肤最具伤害性的就是阳光。阳光虽可以刺激皮肤产生维生素 D，但是如果连续长年曝晒于阳光下，阳光中的紫外线会使皮肤干燥脱水，受到伤害及出现种种皮肤问题。

2）湿度：湿度低会使皮肤失去宝贵的水分，湿度高则会使皮肤的汗腺分泌旺盛，造成皮肤油腻。

3）极端的温度：温度低的冷空气会加速皮肤的水分流失，使皮肤感到干燥及紧绷；而温度高的热空气同样也会造成皮肤表面被炎热的气温烘得失去水分。

4）风：强风结合干燥的极冷或极热的温度，会使皮肤干燥及脱皮；同时，强风带来的风沙及尘土往往会粘在皮肤表面，造成毛孔阻塞，继而使皮肤无法正常呼吸。

5）污染：烟雾及空气中其他的污染物会附着在皮肤表面，并使毛孔阻塞。

2. 皮肤类型

每个人皮肤的结构都一样，但是皮肤类型却各有不同，皮肤的基本类型有四种：中性、干性、油性和混合性。

（1）中性皮肤

中性皮肤质感光滑、柔嫩，具有健康的色彩，皮肤组织幼细，既没有粗大的毛孔，也没有太油腻的部位，基本上没有瑕疵，就像光彩熠熠的美玉。中性皮肤的保养要点是保持均衡滋润，使皮肤纹理更细致即可。

（2）干性皮肤

干性皮肤时常有紧绷感；有细小皱纹出现，在弯曲部位与重复活动的地方尤为严重；毛孔较为幼细，但同时触觉却比较粗糙，有干、涩的感觉；眼部和颈部易出现松弛，人比较容易显老。干性皮肤的保养要点是缓解紧绷感，补充水分和滋润的保湿成分，减少皱纹与脱皮现象。

（3）油性皮肤

油性皮肤的毛孔比较粗大，皮脂分泌过多，并且容易因皮脂分泌排出不畅而导致毛孔堵塞，生出面疱。另外，油性皮肤的表皮较一般皮肤要厚。油性皮肤的保养要点是抑制油脂分泌，彻底清除毛孔内多余的油脂和污垢。

（4）混合性皮肤

鼻翼等 T 字部位有油光，但脸的其他部位却又显得比较干的皮肤，就是混合性皮肤。这样的皮肤在人群中占的比例很大，青春期后，大多数的成年人都是混合性皮肤。混合性皮肤的保养要点是抑制 T 型区（额头、鼻子、下巴）的油脂分泌，收敛毛孔。要考虑随季节变化的因素，夏季容易油腻，须保持皮肤清爽及收敛毛孔；春、秋、冬季节则多加强滋润和保湿。

3. 基本护理方法

（1）睡眠

睡眠是最简单也是最基本的护理方法。皮肤会于人体睡眠时进行新陈代谢以增生新细胞，使皮肤所需营养在睡眠中得到补充，充分的睡眠是皮肤健康的必要条件，每日合适的睡眠量约在 7 ～ 8 小时。皮肤全面均衡地吸收营养最好的时间是晚上 10 点到凌晨 2 点。

（2）水分

水分可提供人体充足的体液，亦可帮助身体排出废物。每日饮水 6 ～ 8 杯将有利于促进人体血液循环，并加速细胞生长。

（3）营养

食物可提供人体运作所需的维生素及矿物质，人的皮肤对机体的营养是否充足最为敏感。营养足够时，整个人的外观上可见到皮肤光洁饱满、细腻、柔嫩、有弹性。营养不良时，所谓“面黄肌瘦”便是指先由肌肤的色泽上反映出来，皮肤晦暗、粗糙、松弛而易显皱纹。

为了让皮肤健美，均衡及正常的饮食是非常重要的，应多食含维生素和蛋白质多的食物，例如豆制品、花生、葵花籽、蛋类、奶类、鱼类、肝脏、胡萝卜和水果等。

（4）运动

定期的运动有助于促进系统循环，并使肤色红润。此外，运动也可帮助减轻压力。经常做些面部的按摩，就能保持面部皮肤良好的血液循环，带给你容光焕发的肌肤。

（5）减压

压力对皮肤可产生非常严重的影响，出现斑点、面疱、失去血色及黑眼圈等现象。经常紧绷的面部表情会使皮肤产生永久性的皱纹。所以，要练习放松脸部的肌肉，避免经常于压力之下皱眉。

（6）防紫外线（即防晒黑）

其一，要注意外出的时间和季节。外出时应带好帽子、衣物、伞等。

其二，防紫外线最有效的办法是涂防晒油、防晒霜或防晒露，素颜没有化妆时不宜外出。

4. 基础五步护肤保养法

（1）清洁

清洁能帮助我们温和并彻底地去除脸上的化妆品、皮肤表面的油脂和污垢。清洁脸部皮肤时，洗脸水的温度不宜过高，可用冷热水交替洗脸。需要根据皮肤类型选用适合的洁面用品。洗脸时画圈按摩，按摩的方向应从下往上，从中间向两边，长期养成习惯，可以防止肌肉下垂。

（2）调整皮肤纹理

一周用两次面膜可以帮助我们去除脸上的老死细胞，以调整皮肤纹理。

（3）爽肤

补水爽肤帮助我们再一次深层清洁的同时，调整皮肤的 pH 值，还可以起到补水和保湿的作用。

（4）均衡滋润

乳液、面霜等可以帮助我们的肌肤达到水油平衡的状态。

（5）保护

涂抹隔离霜、防晒霜和粉底，可帮助我们防止环境中的灰尘和空气中的污染直接接触皮肤，起到保护皮肤的作用的同时，还可以帮助我们遮盖瑕疵、修饰肤色。

【拓展阅读】

日常能伤害到我们皮肤的紫外线有两种，一种是UVA，另一种是UVB。而通常我们所指的 SPF 值是阻挡紫外线 UVB 能力的检测指数，而 PA 是防御紫外线 UVA 程度的指标。

SPF（Sun Protection Factor）是美国药物食品管理局规定的对紫外线中 UVB 射线强度的测度值，SPF 值表示这瓶防晒品可以在阳光照射下，保护你肌肤不会被晒红、晒伤的时间有多久。例如，在太阳下什么都不涂抹，通常 15 ～ 25 分钟就起红斑，当使用 SPF15 的产品时，就表示 20（以 20 分钟为标准）×15=300 分钟 =5 小时，即能有效地防晒黑 5 小时。不过要注意，使用该种护肤品时，会由于出汗或用纸巾揩抹而使保护效能减低，所以要 2 ～ 3 小时再补擦，以保持防止晒黑的效能。

PA 防御系数和防护时间：PA+ 为一般防护，有效防护时间为 2 ～ 4 小时；PA++ 为较强防护，有效防护时间为 4 ～ 8 小时；PA+++ 为特殊防护，有效防护时间在 8 小时以上。

（三）化妆的步骤

在职场中，一般要求女性化淡妆上岗，一是有利于塑造良好的组织形象，二是对交往对象表示尊重。化妆的前提是肌肤的护理，化妆的关键是扬长避短、浓淡相宜、整体协调。化妆的基本步骤如下。

1. 粉底

选择适合自己肤质和肤色的粉底液，配合正确涂抹粉底的手法，即由上至下、由中间到两边地涂抹，就可以令肤色均匀了。

如何以粉底修饰脸型是一个很重要的技巧。运用明、暗色呈现宽、窄效果的方法来修饰肤色，如过宽的两颊或颧骨都可以深肤色粉底来修饰。较窄的额头、扁平的颧骨或过短的下巴，都可以用白色或亮色的粉底来修饰，但与原粉底的接缝处要均匀、柔和，不要明显看出有两色的差异，为求均匀、柔和的粉底效果，最好以柔软海绵来擦匀粉底，效果更佳。

2. 修饰眼睛

（1）眉毛

一个人眉毛的浓淡与形状对其容貌发挥着重要的烘托作用。任何有经验的化妆者都会将画眉视为其化妆的重中之重。在画眉时有四点需要注意：一是进行修眉，将眉形以外的杂毛，如两眉之间、眉峰下方及眉峰过厚部分拔除或剃除；二是选择适合本人性别与脸型的眉形；三是描画眉形前，先找出眉头、眉峰和眉尾位置；四是描画眉毛要注意眉头淡，中间浓，眉尾精致，对眉毛进行逐根细描，这样才能使眉形具有立体之感。

（2）眼影

眼影是彩妆中最具挑战性，也最富变化且有趣的步骤，因为迷人的眼影是运用无穷的创意画成的。选择眼影颜色要适于自己的肤色及服装的色彩。眼影有如下几种画法：

1）渐层法：这是最普通也最简单的一种方法，同一色彩自眼睑下方至上方由深至浅渐次画上，可以塑造眼睛深邃的效果。

2）清纯型画法：此种画法以腮红刷上眼睑后，在双眼皮的位置刷上深灰色或深棕色的眼影，由眼头至眼尾都使用同一种色彩，下眼线以灰棕色或深棕色由眼尾至眼头，由粗到细自然画出，如此几乎看不出有上妆的感觉，但眼睛看起来会变大至少 1/3，且很有神、很亮。

3）欧式立体画法：眼窝处以深棕色或深灰色画出眼窝的效果，增加眼部的深度及三维效果。眼睑上可搭配金黄色、橘色、橄榄绿等暖色系，或蓝紫色、酒红色等寒色系色彩，表现不同的主色调。如此搭配以深、浅、明、暗创造出立体轮廓。

（3）眼线

画眼线是为增加生理睫毛的合理浓密程度，增强眼睛的神采。眼线有多种画法，具体如下：

1）以液状眼线笔画出，持久且不会晕开，但较不自然，通常都用在画浓妆时。

2）以眼线笔画出，很自然但易晕开，最好画好后再刷上同色调眼影会有较好的固定效果。

3）以最深色眼影画出眼线效果。画眼线可上下都画，也可以只画下方或上方，浓妆时下眼线由眼头画至眼尾，淡妆则自眼头算起 1/3 处开始由淡至深，由细渐粗，如此会很自然。

（4）睫毛

东方人睫毛大多短而直，甚至向下垂，最好在刷睫毛前以睫毛夹压卷后再刷。睫毛应压 3 次：第 1 次夹根部，角度为 45 度；第 2 次夹中间，呈 90 度，并轻轻向上弯；第 3 次夹尾端，呈 120 度，向上弯更大角度。最好使用两用式睫毛刷，取出任一边睫毛刷时，可与另一边睫毛刷滤去多余之纤维，才不会刷出凝结一团的效果，也不会过于浪费。先刷上睫毛，再以小睫毛刷刷下睫毛，刷好以后以眉刷刷出睫毛造型，使其不会黏着且有更浓密的效果。

3. 修饰唇部

嘴唇是人身上最富于表情的部位。比较理想的唇型为唇线清楚，下唇略厚于上唇，大小与脸型相宜，嘴角微翘，富于立体感。唇部画法具体如下：

1）画唇线：以较唇形更深一号的唇线笔画出唇形轮廓。先画上唇，沿唇描出唇峰，再由中间往唇角描出；下唇则先描唇中央，然后再由左右唇角向中央描，直到画出满意的唇形。

2）涂唇膏：以唇笔将唇膏涂匀，将使唇形更立体、丰润，可以提升气色。

3）最后涂上唇彩，唇彩可令唇部更加明艳动人，显得年轻时尚，有一切尽在不言中的美感。

4. 腮红

面颊是流露真实感情的部位，是显示健康微笑的焦点。腮红可以为你的脸部增添生气，改善脸部轮廓，使脸部更立体，给人留下精神焕发的印象。

涂腮红可以用来矫正脸型。圆形脸的人，腮红的形状应是长条形的，刷子竖扫，以减弱胖的感觉；长形脸的人应涂得宽些，刷子横扫或打圈，以增加胖的感觉。

在化工作妆时上腮红需要注意以下四条：

一是要选择优质的腮红。若其质地不佳，便难有良好的化妆效果。

二是要使腮红与唇膏或眼影属于同一色系，以体现妆面的和谐之美。

三是要使腮红与面部肤色过渡自然。正确的做法应是，以小刷沾取腮红，先上在颧骨下方，即一般高不及眼睛、低不过嘴角、长不到眼长的 1/2 处，然后再略作延展晕染。

四是要扑粉进行定妆。上好腮红后，以定妆粉定妆，以便吸收汗粉、皮脂，并避免脱妆。

腮红使用技巧如图 2-2 所示。

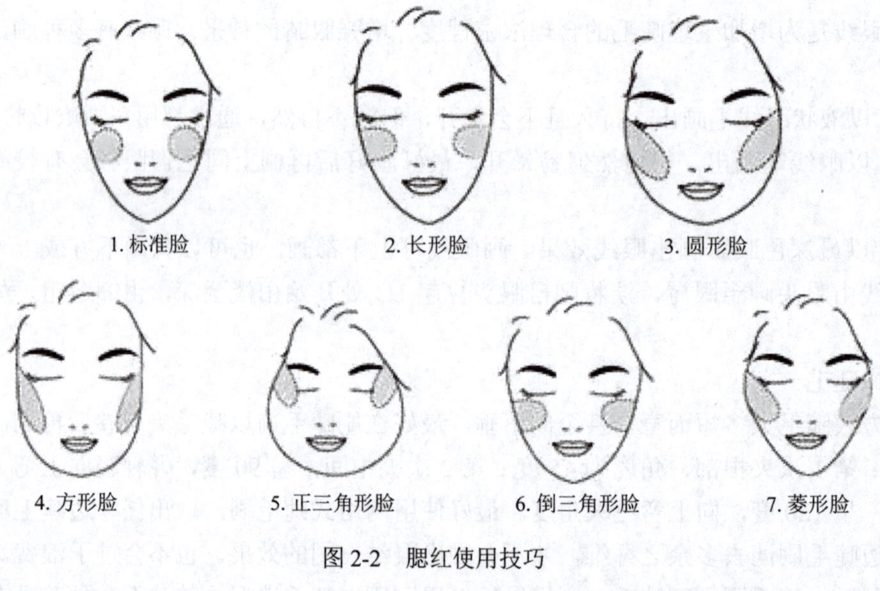

图 2-2 腮红使用技巧

5. 定妆

妆化好了，但想要妆容自然柔和，还有一个窍门就是，再次用散粉定妆，它可以扫除生硬的化妆痕迹，使妆容更自然柔和，同时还使妆容持久。用散粉刷定好妆，这样一张完美而充满个人风格的妆容就完成了。

6. 喷香水

喷香水主要是为了掩饰不雅的体味，而不是为了使自己香气袭人。喷香水要注意以下四条：

一是不应使之影响本职工作，或是有碍于他人。

二是宜选气味淡雅清新的香水，使之与其他化妆品香型大体上一致，而不是彼此串味。

三是切勿使用过量，产生适得其反的效果。

四是应当将其喷在或涂抹于适当之处，如腕部、耳后、颌下、膝后等，而千万不要将它直接喷在衣物上、头发上或身上其他易于出汗之处。

7. 卸妆

彻底清洁皮肤，彻底地卸妆，绝对是美容的根本。带着残妆睡觉，长此以往，肌肤就会出现令你尴尬的问题。所以即便你再累，也要彻底清除脸部残妆，但千万不要胡乱擦拭，弄伤肌肤，要按步骤行事，尤其是眼部、唇部等重点化妆部位。

【思考练习】

1. 如何养护好自己的头发？

2. 做发型要考虑哪些因素？

3. 皮肤基本的护理方法有哪些？

4. 案例：

张华曾经是一位技校毕业的中专生，在一家制药厂上班。工作之余，同事们不是对着镜子浓妆艳抹，就是打打闹闹开些无聊的玩笑。张华对这种环境不适应，失望之余，她又拿起书本报名参加了成人高考。几年下来，她拿到了大专文凭。不久前，张华所在的制药厂面临破产，当很多姐妹们苦于下岗后找不到出路时，张华却凭着自己的大专文凭和实力，被一家星级酒店录用为大堂主管。

事后，很多比张华漂亮的落选女孩对此深为不解，酒店人事科长回答说："张华虽不算漂亮，但她有文化、有气质，可以胜任这项工作。

思考：张华的录用对你有什么启发？

5. 案例：

小李是一家公司的业务员，口头表达能力不错，对公司的业务流程和产品都很熟悉，服务很得体，给人的感觉朴实又勤快。但是他有着大大咧咧的性格。他不修边幅，头发经常乱蓬蓬的，双手指甲长长的也不修剪，身上的白衬衣常常是皱巴巴的，而且他还特喜欢吃大饼卷大葱。小李在业务员中的学历是最高的，但是业绩却总是上不去。小李非常着急，却不知道问题出在哪里。

思考：小李的业绩为什么上不去？

【实践训练】

1. 根据掌握的知识，分析自己或同学的皮肤属于哪种皮肤类型。

2. 提高化妆技巧实训。

①对自己的脸部五官进行分析，充分认识自己的弱点及需要矫正的部位，制订化妆方案。

②对自己的脸相的不足进行矫正性化妆尝试。

③对几个同学的眉毛进行研究分析，充分认识眉毛的不足，设计矫正的化妆手段。

④对个人的眼部进行分析，充分认识自己的弱点及要矫正的部位，设计化妆方案，进行矫正化妆实践。

⑤对自己或者别人的鼻子进行分析，充分认识其弱点及需要矫正的手段，然后进行矫正化妆实践。

3. 准备护肤品和化妆品进行护肤、化妆练习，化一个淡雅的工作妆。进行自我评分，并请小组和教师打分，评分表见表 2-1。

表 2-1　妆容评分表

考核项目	考核内容	分值	自评分	小组评分	教师评分
护肤	掌握基本护理方法（清洁、爽肤、滋养、保护）	10			
粉底	粉底选择合适，涂抹均匀	10			
眉毛	眉毛适合脸型，勾画精致	20			
眼影	涂抹均匀，与服饰相协调	10			
眼线	勾画精致、流畅	10			
睫毛	涂抹均匀，不粘连	10			
唇部	色彩与服饰协调，涂抹均匀，显精致	10			
腮红	色彩和谐，提亮脸色，体现层次感	10			
定妆	整体妆容精致，与服饰协调一致	10			
总　分		100			

任务 2.2　服饰礼仪

【知识目标】

了解服饰的意义，理解服饰装扮的一般原则。

【能力目标】

1. 通过学习使学生懂得服饰礼仪的重要性，从而注重仪表，塑造良好的形象。
2. 能够运用所学知识解决日常生活中不同场合的着装问题。

【任务导入】

小萍是一个专业技术过硬的女工程师，她曾经被公司誉为“能力小姐”。为了事业的拓展，她又前往另一家知名的大企业去应聘。小萍虽然能力很强，但却常常缺乏自信，因而在面试中表现得很紧张，结果，她失去了这个梦寐以求的机会。不久，她又收到另一家大公司的面试通知。她接受了上次的教训，请自己一位做形象设计的朋友帮她分析失败的原因。

最终她意识到问题出在自己的服装上，她面试的服装是一套黑色的西服套装，而且样式也早已过时，穿着这套衣服，无形中给她的内心造成了很大的压力，她的朋友告诉她："穿着这样的衣服去面试，纵然你再自信，也会下意识地表现出魂不守舍，缺乏底气。你的技术再好，可你缺乏自信的表现和这套早该淘汰的服装会给别人很多疑问，你是一个真正优秀的人，还是只是幸运地答对了所有的问题？"

当她第二次去面试时，朋友帮她精心挑选了一套适合她肤色和身材的深蓝西服套裙，这套西装样式简单流畅，裁剪得体，做工精细，质地优良。穿上这套衣服，小萍看着镜中的自己也觉得眼前一亮，她感到了从未有过的自信。

最终，她顺利地得到了这份工作，面试她的经理在雇用她后说："从你一进门，你的外表和自信的神态就让我感到你能够胜任。"

着装是一种无声的语言，它显示着一个人的个性、身份、角色、涵养、阅历及其心理状态等多种信息。在人际交往中，着装直接影响到别人对你的第一印象，关系到对你个人形象的评价，同时也关系到一个企业的形象。

【知识链接】

人的服饰大体具有三种功能：蔽体、舒适、展示。在经济发展的今天，服饰的展示功能又有了新的内容，具体表现为，它可以帮助你作关于你自己的说明，服饰是最生动的自我介绍，它表明你适合你所工作的环境，适合做现在的工作。

穿着往往体现一个人的文化修养，反映其审美情趣，同时也从一个侧面反映一个人的经济实力和生活水平。穿着是一门艺术，懂得这门艺术的人，会根据不同的场合选择适时、合体的服装，充分展现自己的个性特征、风度和气质，显示出高雅的审美情趣。

一、服饰色彩与配色

一位著名服装设计师说过："也许在取得衣着成功方面，色彩是最有帮助的要素，颜色可以是您最好的朋友，也可以是您最凶恶的敌人，它可以使您显得年轻，也可以使您显得衰老，可以使您显得肥胖，也可以使您显得瘦俏，可以使您邋遢，也可以使您潇洒。"可见，服饰的色彩，其影响力和感染力远远超过款式造型及质料等其他因素，色彩已在不知不觉中作为第一可视物引起了人的注意，因此有必要了解色彩的基本原则及配色的区别。

（一）色彩的基本原理

1. 色彩的冷暖

一种颜色区别于其他颜色的独特的相貌特征，就是所谓的色相。颜色因色相不同可以产生寒冷或温暖的感觉。由此大致可把颜色分为冷色调和暖色调两种。如红色使人联想到燃烧的火焰，从而唤起热烈的情绪，故称暖色调；蓝色使人联想到海洋，从而唤起人冰冷的感觉，故称冷色调。一般而言，暖色调有兴奋、热烈、扩张之感，冷色调有清素、文雅、收敛之感。

人们正是利用了色彩的冷暖感觉，喜欢在夏天穿偏蓝色系的冷色调服装，冬天穿偏红色系的暖色调服装，既对自己，也对观者，以在心理上调节温度。

2. 色彩的轻重

色彩的轻重感觉是由色彩的明度决定的。明度是指色彩的明暗变化程度。一般来说，颜色越浅明度越高，颜色越深明度越低。色调的明暗会在人的心理上产生轻重感。明度越高，感觉越轻，明度越低，感觉越重。这一原理运用到服装上，便是人们通常所认识的上浅下深使人感到四平八稳，而上深下浅使人感觉轻松飘逸。

3．色彩的软硬

色彩的软硬与色彩的明度和彩度有着密切的联系。彩度，也叫纯度或饱和度，指颜色鲜亮纯粹的程度。正红、正黄、正蓝是饱和度最大的色彩，因此形成最鲜明的色调。如果在三原色中掺入其他颜色，纯度便降低，色调的明暗也会相应发生变化。明度高感觉软，明度低感觉硬；中彩度的颜色呈软感，高彩度和低彩度的颜色呈硬感，使人产生朴实的感觉。因此，中山装和西装一般选择明度比较低的颜色，这样会给人以立体感和挺括感；而奶油色、粉色等色彩则适宜于儿童服装，体现儿童的稚嫩、向上、欢乐的感情色彩。

4. 色彩的扩缩

色彩的扩大与收缩的感觉与各种颜色的波长有关。波长不同，反映到人的眼视网膜上就不一致。暖色具有扩散前进的特性，冷色具有收缩后退的特性，这样通过视觉上的错觉，就导致了人体在长度和宽度上发生变化。深色冷色调的服装会使人感觉集中，似乎面积缩小了；浅色暖色调的服装可使人感觉分散，起到扩大面积的作用。因此，可以有意识地利用人对色彩的视错觉来弥补体型的缺陷。

（二）色彩的基本性质

色彩不仅是视觉感官的享受，而且还具有影响人心理的魅力，所以在观察不同色彩时，往往会产生不同的联想，不同的联想又能表现不同的感觉和象征意义。为此，在选择服装色彩时必须了解这一点。

下面是一些常用色的主要特征、情感倾向与象征意义：

- 红色——热情、奔放、喜庆、欢乐、吉祥。
- 黄色——光明、愉快、和平。
- 橙色——明快、富丽、活泼。
- 紫色——神秘、高贵、权力、威严。
- 绿色——希望、青春、和平、安全。
- 蓝色——秀丽、开朗、健康、高尚、宁静。
- 灰色——平静、淳朴、谦逊、平凡。
- 白色——纯洁、明快、坦荡。
- 黑色——神秘、严肃、深沉、永久。
- 金色——典雅、高贵。
- 银色——光明、柔和。

（三）服饰配色的基本原则

服饰配色是指服饰色彩的组合，它是服饰美的主要因素之一。俗语说，没有不美的颜色，只有不美的搭配。和谐美历来被认为是服饰色彩美的最高原则，在色彩搭配上要充分体现这一原则。我们要掌握服饰配色的基本原则——三色原则，也就是要求我们在正式场合的服饰配色（包括服装、饰品、配件等在内的一切服饰）不应当超过三种颜色。从视觉上讲，颜色一旦超过三种，就显得太乱了。为此，我们必须掌握服饰配色的基本方法。

1. 同种色搭配

同种色搭配指运用同一色系中各种明度不同的色彩来进行搭配与组合，也就是说用同一色系中的各种颜色按深浅程度的不同来进行配色。例如，上下装同色虽具有统一性，但不免单调，如能作到深浅色的区别，审美效果要好得多。

2. 相似色搭配

相似色搭配指两个比较接近的颜色相配，如红色与黄色、橙色与黄色、橙色与红色等。相似色搭配较之同种色搭配显然难度更大，也更要讲究技巧，如穿上一件明黄色的连衣裙，不妨尝试用墨绿色或玫瑰红的首饰来进行一下点缀，很可能会起到画龙点睛的作用。

3. 主色调搭配

主色调搭配即选用一种起主导作用的基调和主色，再以其他色陪衬和装饰。采用这种配色方法时，必须先确定整体服饰的基调是冷色调还是暖色调，是明色调还是暗色调。然后选择与基调一致的主色，最后再选择辅色。如以红色作主色，可配色感软弱的或中性的灰色、白色、黑色。又如以蓝色作主色，可配以白、深蓝、红、绿等色。通常原则是，主色在整体服饰中所占的比重就是最大的，或置于最显眼、最重要的位置；辅色的选择应重点考虑基调的性质，尽量多用与基调性质相同的色彩。

4. 对比色搭配

对比色搭配指两种性质相反的色彩的组合，如红与绿、黄与紫、红与蓝、黄与蓝、绿与紫、黑与白等都是常见的对比色。服饰配色时，如对比色运用得当，通过由此而形成的强烈色彩对比，给人以清新明快、耳目一新的感觉。比如身穿一件黑色真丝旗袍，配以洁白的珍珠项链或白色的钻石胸针，二者会交相辉映。又如黄色上衣与紫色裙子相配，会给人以鲜明、雅致的感觉。对比色搭配能表现出变化中的统一，因而是最理想的配色方法。

二、着装原则

人们在选配和穿着服装时首先要与个体协调，其次要符合 TPO 原则。

（一）着装与个体协调

1. 形体

人的体型千差万别，所以同一件服装穿在不同体型的人身上效果是截然不同的。

身材高而瘦的人，应选用面料稍厚一点的服装，这样会显得比较丰满、精神，并要避免暗深的收缩色。身材肥胖者，服装的面料不能太厚或者太薄，应选用厚薄适中、轻柔而挺括的面料服装，并忌穿大花、横条纹、大方格图案的服装，否则体型会更显得横宽。对身材肥胖的女士，不应选用皱褶的面料做衣服，不适合穿无袖短衫，最好不穿百褶裙、喇叭裙，西服裙较适宜。

2. 肤色

服装色彩与肤色也有关系，如黄皮肤的人应避免蓝紫、朱红等颜色，因为这类颜色与皮肤的对比度强，会使皮肤显得更黄。皮肤黑的人不宜选用黑、深褐、大红等颜色，脸色红的人应避免绿色、红色，而白色几乎适合所有人。

3．年龄

不同年龄层次的人，只有穿着与其年龄相适应的服饰，才比较得体。比如旗袍是中华民族最具民族特色的女装，穿在成年女性身上，可显出着装者的含蓄柔美、高雅华贵，但让尚未发育成熟的学龄前幼童穿上，就感觉不能凸显儿童的天真无邪。

4. 职业

在工作岗位上的穿着打扮是否得体，往往是有无敬业精神的具体体现。只有使穿着打扮与自己的职业协调一致，才会得到上司的欣赏、同事的敬重和客户的信赖。

（二）服饰的 TPO 原则

T、P、O 分别代表时间（Time）、地点（Place）和场合（Occasion），即着装应该与当时的时间、所处的场合和地点相协调。TPO 原则是目前国际上公认的衣着标准。着装只要遵循了这个原则，就是合乎礼仪的。

1. 时间原则

不同时段的着装规则对女士尤其重要。男士有一套质地上乘的深色西装足以“驰骋天下”，而女士的着装则要随时间而变换。白天工作时，女士应穿着正式套装，以体现专业性；晚上出席鸡尾酒会就须多加一些修饰，如换一双高跟鞋，戴上有光泽的佩饰，围一条漂亮的丝巾等。服装的选择还要适合季节、气候等特点，保持与流行趋势同步。

2. 场合原则

衣着要与场合协调。与顾客会谈、参加正式会议等，衣着应庄重考究；听音乐会或看芭蕾舞演出，则应按惯例着正装；出席正式宴会时，则应穿中国的传统旗袍或西方的长裙晚礼服；而在朋友聚会、郊游等场合，着装应轻便舒适。如果大家都穿便装，你却穿礼服就有欠轻松；同样地，如果以便装出席正式宴会，不但是对宴会主人的不尊重，也会令自己颇觉尴尬。

3．地点原则

在自己家里接待客人，可以穿着舒适、整洁的休闲服；如果是去公司或单位拜访，穿职业套装会显得专业；外出时要顾及当地的传统和风俗习惯，如去宗教场所，不能穿过露或过短的服装。

三、女性西装套裙

你的穿着是你向世界呈现的形象，作为职业女性，代表着一个组织的形象时，工作场所的着装有别于其他场合的着装，尤其要追求大方、简洁、素雅的风格。适合职业女性在正式场合穿着的职业装中，西装套裙名列榜首。西装套裙给人以精明干练、富有权威的感觉，而且最能体现女性魅力。

（一）西装套裙的种类

一套正规的西装套裙是由上衣为女士西装与同色同料的西装裙组合而成，其形式基本上可分两种：一种是两件套，即仅由上装与一条半截裙所构成；另一种是三件套，即在两件套的基础上加上一件背心。在日常中，两件套西装套裙是最为常见的形式。

西装套裙的组合大致上也可以分为两种：一种是一件西装上衣与非配伍的其他裙子搭配组合，另一种是西装上衣与其成套设计和制作的裙子的组合。

（二）西装套裙的选择

1. 面料的选择

正统西装套裙所选用的面料应质地上乘，上衣与裙子应使用同一种面料，除女士呢、薄花呢、人字呢、法兰绒等纯毛料外，也可选用丝绸、亚麻、府绸、麻纱、毛涤等面料，但要注意面料的匀称、平整、滑润、光洁、丰厚、柔软、挺括，其弹性一定要好，且不起皱。

2. 色彩的选择

西装套裙的色彩选择应注意两个方面：一是力求色调淡雅、清晰、庄重，不宜选择过于鲜亮、刺眼的色彩。因此应与流行色保持一定的距离，以示穿着者的传统与庄重；二是标准的西装套裙色彩应注意与穿着者所处场所的环境协调，应能体现出穿着者的端庄与稳重。一般而言，西装套裙的色彩应以冷色、素色为主，如藏蓝、炭黑、烟灰、雪青、黄褐、茶褐、蓝灰、紫红等颜色，都是西装套裙色彩的较好选择。

3. 图案的选择

选择套裙，讲究的是朴素而简洁。按照常规，女士在正式场合穿着的套裙可以不带有任何的图案。如果本人喜欢，以各种或宽或窄的格子、或大或小的圆点、或明或暗的条纹为主要图案的套裙，大都可以一试。其中，采用以方格为主体图案的格子呢所制成的套裙，穿在职场女性的身上，可以使人静中有动，充满活力。所以，它一直盛行不衰、很受欢迎。

一般认为，套裙不应用花卉、动物、人物、文字、符号作为主体图案。

4. 造型的选择

套裙的造型，具体是指它的外观与轮廓。从总体上来讲，造型的基本轮廓可以大致分为 H 型、X 型、A 型和 Y 型四种类型。

（1）H 型套裙的主要特点：上衣较为宽松，裙子亦多为筒式，上衣与下裙给人以直上直下、浑然一体之感。可以让着装者显得优雅、含蓄和帅气，也可以为身材肥胖者遮挡缺点。

（2）X 型套裙的主要特点：上衣多为紧身式，裙子则大都是喇叭式，以上宽下松来有意识地突出着装者腰部的纤细，可以令着装者看上去婀娜多姿、楚楚动人。

（3）A 型套裙的主要特点：上衣为紧身式，裙子则为宽松式。上紧下松的造型，既能体现着装者上半身的身材优势，又能适当地遮掩其下半身的身材劣势。不仅如此，它还在总体造型上显得松紧有致、富于变化和动感。

（4）Y 型套裙的主要特点：上衣为松身式，裙子多为紧身式，以筒式为主。实际上就是上松下紧的造型。它意在遮掩着装者上半身的短处，同时表现出下半身的长处。此种造型往往会令着装者看上去亭亭玉立、端庄大方。

（三）西装套裙的搭配

1. 套裙应当协调妆饰

通常穿着打扮，讲究的是着装、化妆和佩饰风格统一、相辅相成。穿套裙的时候，必须维护好个人的形象，化职业淡妆。选佩饰要少，要合乎身份，如图 2-3 所示。

图 2-3　西装套裙

2. 要穿衬裙

穿套裙就要穿衬裙，特别是穿丝、棉、麻等薄型面料或浅色面料的套裙时，可以选择透气、吸湿、单薄、柔软面料的衬裙，颜色上必须和外面套裙的色彩相互协调，可以是单色，如白色、肉色等。衬裙的裙腰不能高于套裙的裙腰，要把衬衫下摆掖到衬裙裙腰和套裙裙腰之间，不可以掖到衬裙裙腰内。

3. 鞋袜的选择

用来和套裙配套的鞋子应该是皮鞋，并且最好是黑色的牛皮鞋，高跟、半高跟的船式皮鞋或盖式皮鞋。和套裙色彩一致的皮鞋也可以选择。系带式皮鞋、丁字式皮鞋、皮靴、皮凉鞋等都不适合采用。

袜子有肉色、黑色、浅灰、浅棕等几种常规选择，单色连裤袜是套裙的标准搭配。鲜红、明黄、艳绿、浅紫色的袜子最好别穿，中筒袜、低筒袜不可以和套裙搭配。不可以把九分裤、健美裤等当成袜子穿。另外把袜口暴露在外面，是一种公认的既缺乏服饰品位又失礼的表现。如果发现袜子有破洞或跳丝，要及时更换，所以女士一般都要在自己的包里放上备用丝袜。

要强调的是，穿套裙的时候要有意识地注意一下鞋、袜、裙三者的色彩是否协调。鞋、裙的色彩应该略深于或同于袜子的颜色，不论是鞋子还是袜子，图案和装饰都不要过多。一些加了网眼、镂空、珠饰、吊带、链扣，或印有时尚图案的鞋袜，只能给人肤浅的感觉。一点图案和装饰都没有的鞋袜，穿起来效果反而更好。

【拓展阅读】

女士礼服

一、中式女礼服

最常用的中式女礼服为旗袍。旗袍有各种不同的款式和花色。在礼仪场合穿着的旗袍，一般采用紧扣的高领、贴身、衣长过膝、两旁开衩、斜式开襟，袖口至手腕上方、肘关节上端或无袖的款式。面料多为高级呢绒、绸缎。颜色以单色为佳，而且不宜在面料上刺绣或装饰过多的图案或饰物。旗袍的长度最好是长至脚面，其开衩不宜太高，以到膝关节上方 1 ～ 2 寸为最佳。穿旗袍时应配穿高跟鞋或中跟鞋，或配穿高级面料、制作考究的布鞋。

二、西式女礼服

包括大礼服、小礼服和晨礼服三种。

1. 大礼服

大礼服也称晚礼服，多用于非常正式隆重的场合，它是女性的晚间正式礼服，是指女士参加夜间聚会（Party）时穿着的正式礼服。这类礼服大多也是裙服，比较多地显露颈、胸、背和手臂部位，以便最大限度展现女性美。服装色调比较鲜亮、华丽，服饰上饰品比较多。女性晚礼服的设计以露肤为主，是一种袒胸或露背的曳地式长裙，所用的衣料应是高档的、具有照明反光的面料，如丝绸、锦缎等。一般晚礼服的外套是披肩，披肩不使用纽扣。对于露肤的晚礼服而言，饰物的佩戴就显得极为重要。由于没有袖子和衣领，项链、耳环和手镯的地位就显得格外突出。在欧美国家，一般以相当贵重的饰物来进行装饰，这些饰物往往是家传的珍品。钻石、红宝石、蓝宝石、猫眼石、翡翠等珠宝在晚间灯光的映衬下光彩耀人，是晚礼服的最佳饰物。

2. 小礼服

小礼服多用于参加晚上 6 点以后举行的宴会、音乐会或观看歌剧时穿着。它是一种质地高档、色彩单一的露背的连衣裙式服装。小礼服的前胸暴露在外的肌肤相对少些，裙长至脚面而不拖地。其衣袖有长有短，着装者可根据袖长的具体情况来选配长短适当的手套。一般情况下，着小礼服时，为方便交谈，女士可不戴帽子或面纱。

3. 晨礼服

晨礼服也称常礼服，主要是在白天穿，适用于参加在白天举行的庆典、茶会、游园会和婚礼等。晨礼服是质地、颜色相同的上衣和裙子的组合，也可以是单件连衣裙。一般多为长袖，肌肤暴露较少。与此搭配的是一顶合适的帽子、一副薄纱短手套，还可携带一只小巧的手包或挎包。

四、男士职业西装

在当今的职场活动中，男士一般都是西装革履，这样会显得庄重而正式。西装起源于欧洲，目前是全世界最流行的一种服装，也是职场男士在正式场合着装的优先选择。男士们要想使自己所穿的西装真正称心合意，就要了解西装在选择、穿法和搭配上相关的礼仪规范。

（一）西装的选择

要挑选一套面料上乘、做工精细、款式大方、适合于多种场合穿着的西装，需要关注以下几个方面的细节。

1. 面料的选择

西装的面料是决定西服档次的重要标志之一，由于西装在职场活动中往往充当正装或礼服用，因此其面料的选择应力求高档。多数情况下，毛料是西装面料的首选。具体而言，羊毛、纯羊绒或毛与丝的合成材料皆可用作西装的面料。

2. 色彩的选择

按照惯例，越是正规的场合，越讲究穿单色的西装。在正式场合不要穿色彩过于鲜艳或发光发亮的西装。藏蓝色的西装是职业男士的首选。另外，还可以选择灰色或棕色的西装。黑色的西装适合在庄严、肃穆的礼仪性活动中穿着。

3. 图案的选择

由于西装表现的是成熟、稳重，所以没有图案的西装是首选。除此之外，还可选择带竖条纹的图案，且以条纹细密者为佳。男士职业西装如图 2-4 所示。

图 2-4　男士职业西装

4. 款式的选择

男士西装在款式上一般有两种：一种是两件套，包括同色与不同色；一种是三件套，即上装、下装和马甲。三件套西装比起两件套西装来，显得更正规。一般参加高层次的对外活动时可以选择三件套西装。

按照西装上衣纽扣的排列方式来划分，西装上衣可分为单排扣和双排扣。一般认为，单排扣的西装上衣比较传统，适合在正式场合穿着；双排扣的西装上衣较为时尚，适合在非正式场合穿着。

5. 版型的选择

所谓版型，指的是西装的外观轮廓。严格地讲，西装有欧式、英式、美式、日式四大基本版型。欧式西装潇洒大方，英式西装精致得体，美式西装宽松舒适，日式西装贴身凝重。男士应根据自身气质和身材来选择。一般来说，欧式西装要求穿着者高大魁梧，美式西装穿起来稍显散漫。比较而言，英式西装和日式西装更适合中国人在比较正式的场合穿着。

（二）西装的穿法

西装是职场人士品位、身份的衬托和象征。怎样得体、规范地穿着西装，是任何一位职场人士都不能忽视的课题。

1. 穿着西装的六要

（1）要拆除上衣左袖口处的商标或质地的标志。

（2）西装要定期干洗，要在每次穿之前进行熨烫，以保证西装的平整挺括、美观大方。

（3）要扣好纽扣。西装上衣纽扣的系法讲究最多。在大庭广众前起身站立后，上衣的纽扣应当系上。就座后纽扣可以解开，以防上衣扭曲走样。如果穿的是单排扣上衣，里面穿了背心或羊毛衫，站立的时候可以不系纽扣。

通常，系西装上衣的纽扣的时候，单排两粒纽扣的，只系上边那粒。单排三粒纽扣的可以只系中间的或是上中两粒扣子。但双排扣西装要求把所有能系的纽扣统统系上。

西装马甲只能和单排扣西装上衣配套，纽扣数目不等，可以分为单排扣式和双排扣式两种。根据西装的着装惯例，单排扣式西装马甲的最下面的那粒纽扣应当不系，双排扣式西装马甲要把全部纽扣统统系上。不管是单穿着，还是和西装上衣配套，都要认真地扣上纽扣。

（4）要避免挽起西装上衣衣袖或卷起西裤的裤脚。

（5）要给口袋减压。西装上衣的外胸袋除了可以插入一块用来装饰的真丝手帕以外，不放其他东西。内侧的胸袋不要放过大过厚的东西，可以放钢笔、钱夹或名片夹。外侧下方的两个大口袋，尽量不放任何东西。

西装马甲的口袋多起装饰功能，除可以放怀表外，不要放别的东西。

西装裤子侧面的口袋只可以放纸巾、钥匙包或小钱包。后侧的口袋，最好不放任何东西。

（6）要注意搭配。西装的标准穿法是内穿衬衫，衬衫内一般不穿棉纺或毛织的背心、内衣。如果确实需要在衬衫内穿的时候，以一件为限，否则会显得很臃肿。色彩上要和衬衫的色彩相仿，不要比衬衫领口高，以免外露。冬天最多穿上一件 V 领的单色羊绒衫或羊毛衫，这样既不显得花哨，也可以打领带。西装的韵味不是仅靠穿出来的，而是和其他衣饰一道精心组合搭配出来的。主要有西装和衬衫、领带、鞋袜、公文包的组合搭配。

2. 穿着西装的四不要

（1）衣袖不要过长。最佳的长度是手臂向前伸直的时候，衬衫袖子要露出 1 ～ 2 厘米。

（2）衣领不要过高。最佳高度是在伸直脖子的时候，衬衫领口以外露 1 ～ 2 厘米为宜。

（3）雨天不要穿西装。因为衣服淋湿后，黏合衬容易和面料脱离，从而使衣服变形。

（4）不要只穿一套西装。衣服的纤维有类似橡胶的伸缩性能，衣服穿在身上，纤维伸拉适体，衣服脱下会回缩恢复原状。所以，穿西装最好准备两套以上，这样就能轮流穿。

（三）西装的搭配

1. 衬衫

在商务场合，衬衫应选择长袖的，主要以纯棉、纯毛制品为主的正装衬衫，以棉、毛为主要成份的混纺衬衫也可以酌情选择。衬衫必须是单一色彩，白色是最佳选择。另外，蓝色、灰色、棕色、黑色也可以考虑。正装衬衫以没有图案为好。较细的竖条纹衬衫在普通商务活动中也可以穿着，但不要和竖条纹的西装搭配。

正装衬衫的领型多是方领、短领和长领。选择正装衬衫的时候，要注意本人的脸型、脖长以及领带结的大小，它们之间反差不要过大。

和西装一起穿衬衫的时候要注意：一是要系衬衫扣，穿西装的时候，衬衫的所有纽扣都要系好，只有不打领带的时候，才解开衬衫的领扣；二是衬衫下摆要收好，穿长袖衬衫时要把下摆均匀地掖到裤腰里面。

商务场合下，西装必须和衬衫同时穿着。只有在自己的办公室里才可以暂时脱掉西装外套，直接穿长袖衬衫、打着领带。

2. 领带

职场男士饰物本来就很少，领带作为西装的灵魂，是职场男士关注的焦点。

（1）领带的使用

职场适合的领带是用真丝或者羊毛制作成的，涤丝领带也可以用。从样式上来说，下端为箭头的领带比较传统、正规，下端是平头的领带就显得时尚、随意一些，领带的宽窄要和腰围、西装上衣的衣领形成正比。易拉得领带不适合在正式、隆重的场合使用。

领带结应打得挺括、端正，并且在外观上呈倒三角形，收紧领带结的时候，可以在领带结的下面压出一个窝儿，这样看起来更加美观、自然。领带结的具体大小要和衬衫衣领的大小形成正比。最忌领带结打得不端不正、松松垮垮。

就领带的长度来说，打好后下端正好能碰到腰带扣即可。使用领带夹的时候，不要让它暴露在外，最好是把它夹在衬衫自上而下的第四粒到第五粒纽扣之间。

穿西装套装必须打领带。在西装上衣和衬衫之间加穿西装马甲或羊毛衫的时候，要把领带放在西装马甲、羊毛衫和衬衫之间。

（2）领带的搭配

领带的搭配也很重要。搭配领带能给西装起到画龙点睛的作用。上班时要避免选用颜色太浅的领带。深色西装可以配颜色比较华丽的领带，此时的衬衫应该是纯色的；浅色的西装，领带也要相应素雅一些；如果衬衫的色调强、花纹多，领带也可以相对素雅。

青年人可以选择色彩鲜艳、对比强烈的领带款式，以加强青春朝气；长者应该选择暗色、花型简洁的款式；个子高的应该选择外观朴素、雅致大方的；个子矮的适合系斜纹细条的；脖子长的要避免用领结，而应用大花型领带；面色红润饱满的人应该选择丝绸料的领带，颜色以素净为主；脸色苍白、晦暗的就可以用明亮色调的。

（3）领带的常用打法

1）平结（Plain Kont），打法如图 2-5 所示。

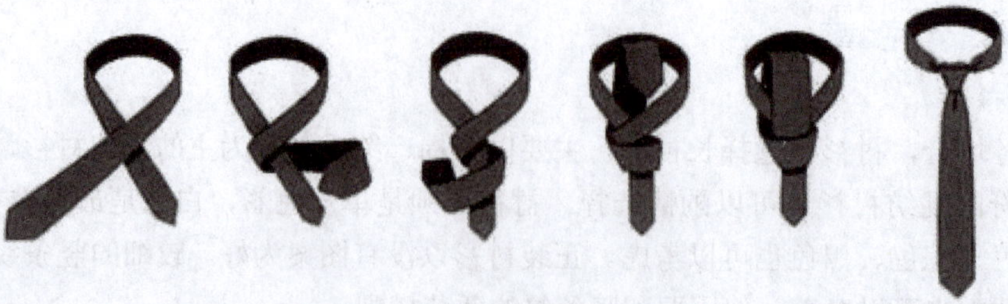

图 2-5　平结打法

2）双环结（Double Kont），打法如图 2-6 所示。

图 2-6 双环结打法

3）温莎结（Windsor Kont），打法如图 2-7 所示。

图 2-7 温莎结打法

4）双交叉结（Double Cross Kont），打法如图 2-8 所示。

图 2-8 双交叉结打法

3. 鞋袜

西装的鞋袜也要讲究统一、规范、符合要求。

（1）皮鞋的搭配

和西装配套的鞋子只能选择深色、单色的皮鞋。黑色牛皮鞋和西装最般配。在正式场合穿的皮鞋应当没有任何的图案和装饰，系带皮鞋是最合适的。皮鞋应该永远是油亮的。磨砂皮鞋、翻毛皮鞋不太适合和西装相配套。男性商务人员如果穿厚底皮鞋、高跟皮鞋、坡跟皮鞋或高帮皮鞋也会显得不伦不类。

（2）袜子的搭配

和西装、皮鞋相配套的袜子最好是纯棉或纯毛制品。一般是深色、单色的袜子，黑色比较正规。不要穿白色袜子，也不要穿彩袜、花袜或发光发亮的以及浅色的袜子。太小、太短的袜子也不适合穿，长度以男士坐下时，不会露出腿部皮肤为宜。穿皮鞋绝不能赤脚。

4．公文包

公文包被称为“移动的办公桌”“西装的伴侣”。

公文包的面料应该是真皮的，如牛皮、羊皮，而且黑色、棕色是最正统的选择。公文包的色彩应和皮鞋的色彩一致，除商标外，包的外表上不要带有任何图案或文字。手提式的长方形公文包是最标准的，箱式、夹式、挎式、背式等其他类型的皮包都不应该作为公文包。

公文包要拆掉真皮标志。进入别人的房间后，要把公文包自觉地放在自己座位附近的地板上，或主人指定的地方，不要乱放在桌椅上。

可见，在职场中的整体着装必须规范、统一、和谐，否则会使自身的形象大打折扣。

【拓展阅读】

男士礼服

一、中式男礼服

最常用的中式男礼服是中山装。穿着时，应将前门襟、风纪扣、袋盖扣全部扣好，口袋内不宜放置杂物，以保持平整挺括，应配黑色皮鞋。成年男子穿上一套合身的中山装，会显得庄重、神气、稳健、大方，富有中国男子气派，可以出席各种外交、社交场合。

二、西式男礼服

礼服在国外分晨礼服、小礼服、晚礼服（燕尾服）。一般日落后是穿着晚礼服的时间。忽视了时间而胡乱穿着各式礼服是失礼的。

1. 晨礼服

晨礼服又名常礼服，为日常用之礼服。上装为灰色或黑色，后摆为圆尾形，其上衣长与膝齐，胸前仅有一粒扣。下装为深色底、黑条纹裤子，一般用背带。配白衬衫，灰、黑、驼色领带均可，穿黑袜子、黑皮鞋，可戴黑礼帽。晨礼服是白天穿的正式礼服，适合参加典礼、婚礼，及星期天到教堂做礼拜等活动。

2. 小礼服

小礼服也称小晚礼服、晚餐礼服或便礼服。这是晚间集会最常用的礼服，其上衣与普通西装相同，通常为全黑或全白，衣领镶有缎面，下装为配有缎带或丝腰带的黑裤。系黑领结，穿黑皮鞋，一般不戴帽子和手套。这种礼服适用于晚上举行的宴会、晚会、音乐会以及观看歌舞剧等场合。

3. 大礼服

大礼服也称燕尾服。黑色或深蓝色上装，前摆齐腰剪平，后摆剪成燕尾状，翻领上镶有缎面。下装为黑色或蓝色配有缎带、裤腿外侧有黑丝带的长裤，一般用背带。系白领结，可戴大礼帽，配黑皮鞋、黑丝袜，戴白手套。大礼服是一种晚礼服，适合于晚宴、舞会、招待会、递交国书等场合。

五、佩饰礼仪

佩饰对于人们的穿着打扮，尤其是对服装而言，起着辅助、烘托、陪衬、美化的作用。从审美角度来看，佩饰又与服装、化妆一起被列为人们用于装饰、美化自身的三大方法之一。比起服装来，它更具有装饰、美化形象的功能。

（一）首饰的佩戴原则

首饰佩戴是一门大学问。很多时候它甚至比服装本身还重要。佩戴得当可以给人增姿添彩，佩戴不当便会弄巧成拙。要充分发挥首饰内在的魅力和功能，应遵循以下原则：

1. 整体原则

首饰成为人们整体风采的重要点缀，与人的气质、容貌、发型、装束浑然一体，使人更加优雅美丽，仪态万方。根据服饰的整体要求，有重点的佩戴，以达到和谐秀美、清新悦目的效果。

2. 数量原则

佩戴首饰时，数量上的规则是以少为佳，在必要时可以一件首饰也不必佩戴。若有意同时佩戴多种首饰，则不应当在总量上超过三种。如果同时佩戴戒指、项链、耳环、手镯、胸针等珠宝首饰，则各样首饰的款式应简洁大方，而且要搭配得当，否则会给人花哨零乱的感觉。

3. 习俗原则

佩戴首饰要注意各地的风俗习惯和传统观念。不同地区的人对首饰的质地、色彩有着不同的喜好。

4. 质地原则

佩戴首饰时，质地上的规则是争取同质，若同时佩戴两件或两件以上首饰，应使其质地相同。另外还须注意，高档饰物，尤其是珠宝首饰，多适用于隆重的社交场合，但不适合在工作、休闲场合佩戴。

5. 色彩原则

佩戴首饰时，色彩的规则是力求同色，若同时佩戴两件或两件以上首饰，应使其色彩一致。佩戴时，应使其主色调保持一致，千万不要色彩斑斓，把佩戴者打扮得像一棵圣诞树。

6. 季节原则

所戴首饰应与季节相吻合，季节不同，所戴首饰也应不同。如春天可配以色彩淡雅的宝石、珍珠制作的挂坠、胸针；夏天佩戴的首饰要简洁、明了，可选白金、白银配以白水晶、海蓝宝石等；秋天佩戴的首饰可以是与毛衣相映成趣的、稍大体积的首饰，配以不透明的宝石，如珊瑚、绿松石、孔雀石等；冬天要佩戴有温暖感的首饰，如嵌有红宝石的18K金制作的高档首饰等。

7. 体型原则

要使首饰为自己的体型扬长避短，选择首饰时，应充分正视自身特点，避短是其中的重点，扬长则须适时而定。

8. 身份原则

戴首饰时要符合身份，不仅要照顾个人爱好，更应当使之服从于本人身份，要与自己的性别、年龄、职业和工作环境保持大体一致，而不宜使之相去甚远。

9. 性别原则

佩戴饰品必须考虑性别差异，一般场合女士可适当佩戴首饰，而男士佩戴首饰的主导意识是少而精，以表现男性的个性和精神风貌。场合越正规，男士戴的首饰就应当越少，一般只有结婚戒指一种，其理想的镶嵌材料是钻石。高贵耀眼的钻石，最能表现男性坚忍不拔、沉毅豪迈的阳刚之美。

（二）首饰的佩戴方法

1. 戒指

戒指在国际上较为通行的佩戴方法是戴在左手上。拇指不戴戒指；戴在食指上，表示无偶求爱；戴在中指上，表示已在恋爱；戴在无名指上，表示已订婚或结婚；中指和无名指上同时戴，表示已婚并且夫妻感情很好；戴在小指上，表示奉行独身主义。

戴薄纱手套时戴戒指，应戴在手套里面，只有新娘可以戴在手套外面。从造型上讲，老年人戴的戒指应古朴庄重，年轻人可以佩戴小巧玲珑、比较艺术化的戒指。而从事医疗、餐饮、食品销售的服务部门的工作人员就不适合佩戴戒指。

一根手指不要戴多枚戒指，一般一只手不要戴两枚以上的戒指。想在两只手指上戴戒指，最好选择相邻的两只手指，否则就像在中间隔着一座山似的。在和别人谈话的时候，不要抚弄自己的戒指，否则别人会认为你不是心不在焉，就是有意展示自己的戒指。

2. 项链

项链的种类很多，大致可分为金属项链和珠宝项链两大系列。体形较胖、脖子较短的人宜选佩较长的项链，身材苗条修长、脖子细长的人最好选佩粗一些的短项链。

与项链配套的项链坠，在正式场合不要选用过分怪异或令人误解的图形、文字，也不要同时使用两上或两个以上的坠子。

3. 耳饰

耳饰是女性的重要饰品之一，主要有三种：耳钉、耳坠和耳环。

佩戴耳饰要注意场合。一般在不同的场合不宜佩戴同一副耳饰。如在会议、谈判等工作场合，以不阻碍工作为原则，太长的耳坠是不适合的，最好的选择是耳钉或耳环。而晚会或其他娱乐场合，可以佩戴花色比较丰富的耳饰。

选择耳饰要考虑脸型。脸较宽的女性应戴体积较小、形状长且贴耳的耳饰，这样可以加长和收缩脸形。圆形脸在选择耳饰时的要点是让脸显得窄一些，选择细长尖型的耳坠能让人产生视错觉，使脸看起来长些；不宜选用很繁琐的造型或是圆形的耳环，这样会显得脸更宽更圆。长形脸在选择耳饰时要注意不要强调纵线，不要选择细长的耳饰，这样会显得脸更长；特别是下颌较尖的脸型，应佩戴面积较大的扣式耳饰或圆形耳饰，这样使脸部显得圆润丰满。方形脸的人要选择头部尖细的造型，使脸颊到下巴产生一种流线的感觉。瓜子形脸给人的印象比较清秀，选择小巧玲珑的耳饰会很协调。

耳饰要与服装相协调。纯白色的耳饰和金银耳饰可配任何衣服，而鲜艳色彩的耳饰则须与衣服色彩、质地相协调。从质地方面来讲，佩戴钻石耳饰或珍珠耳饰，配高档礼服比较合适。

4. 手镯与手链

手镯，也是男女之间经常相互馈赠的信物和定情首饰，多为宝石精磨细做而成，常用来制作手镯的有翡翠、玛瑙、绿松石、珊瑚等。而手链是手镯的换代产品，多用金、银及镀金等制作而成，比手镯更精巧。

佩戴手镯和手链，强调的是手腕和手臂的美丽，如果手腕和手臂不美，则应该慎戴。戴手镯有一定的讲究，男士一般不戴手镯。手镯可以只戴一个，也可以同时戴上两个。戴一个时，通常戴于左手，戴两个时，可一手戴一个或都戴在左手上。手链男女均可戴，一只手上仅限戴一条，手链和手镯不能同时佩戴。另外女性的手表要高贵、小巧，而手镯要大一点，手镯不能与手表同时佩戴。

手镯如能与耳环或项链同款式，则可给人一种和谐美的感觉。

【拓展阅读】

其他饰品的佩戴方法

1. 胸针

胸针是别在胸前的饰物，多为女士所用，以强调自己胸部线条的优美。穿西装时应别在左侧领上，穿无领上衣时应别在左侧胸前。发型偏左时胸针居中，发型偏右时胸针偏左。佩戴高度为自上往下第一粒与第二粒纽扣之间。一般社交场合适宜佩戴，公务场合慎戴。

2. 花饰

花饰可装饰女性胸、肩、腰、头等部位。花饰有鲜花与人造花两种，相比之下，鲜花更加奢侈与高雅。最常见的是将花饰佩戴于左胸部位，也可按服饰设计要求和服饰整体效果将其佩戴于肩部、腰部、前胸或发际处。佩戴时，花茎向下，使之与自然开放的姿态相同。个子矮小的选小一点的花，佩戴得稍高一点；个子高的选大一点的花，佩戴位置可稍低一点。花饰和胸针一样，一般社交场合适宜佩戴，公务场合慎戴。

3. 帽子

帽子依季节不同，可起到防晒或御寒的作用。对于爱美的女性来说，帽子还是一种装饰品。在商务场合，男士女士都可以戴帽子，但样式应简单大方，不可过于奇特、夸张。并且注意在会面时应脱帽致意，否则就表示不礼貌，但对女士的限制少一些。无论男女，在致敬或致哀的场合，都必须脱帽。另外，进入房间就应该摘掉帽子，挂在衣架上，也可以拿在手里，女士的传统礼帽作为服饰的一部分则允许在室内穿戴。

帽子的选择要根据戴帽人的性别、年龄、职业、爱好和流行趋势，特别要同脸型相配。瘦长脸型戴鸭舌帽会显得脸部上大下小，而胖圆脸型戴鸭舌帽就比较合适。矮个子女性不要戴形状复杂的帽子，应戴小运动帽或帽檐后卷的帽子。年纪大的女性适合戴深色帽子或帽檐向下的帽子，以显得稳重、大方。

4. 围巾

围巾不仅御寒，而且还能使服装增色。围巾的搭配要和衣服、季节相协调，而且一般适合室外或部分公共场合穿着，进入房间后就应及时取下，否则会给人以闷热压抑的感觉。围巾一般可进行如下配色：深色的衣服宜配鲜艳围巾，浅色衣服宜配素色围巾。穿红色绒衣的女士配黑色透明围巾，会显得明眸皓齿、皮肤白晰；穿藏青色服装的中老年人配一条淡素色围巾，会显得精神焕发。

5. 手提包

小型手提包是女性日间出席正式场合时使用的重要饰物，精美的小型手提包使人赏心悦目，可以在动态中显示出独特的魅力，自古以来就受到高雅女性的青睐。做小型手提包的面料很多，有金属、漆皮、塑料、串珠、刺绣、纺织品等，其款式应是可以拿在手中的小皮包型或手提型。商务女性选择日常手提包的原则是看起来大小适中但容积率一定要大，因为，你的化妆包、钱包、工作笔记、手机、名片夹、钥匙，甚至雨伞、丝袜、纸巾等都需要一股脑儿地装进去。挂肩型提包是女性出席半正式或非正式社交场合的既美观又实用的装饰品。

6. 眼镜

眼镜最主要的功能是矫正视力，也能用以防止各种光线辐射对眼睛的损伤，保护眼睛不受外来物的侵害。同时一副质地优良、造型美观的眼镜也可以调节脸型，突出五官中最精彩的部位，掩饰面部的缺陷，与服装相融合，构成统一完美的独特效果，给人平添几分气质和风度。人们在选择眼镜时要考虑自己的脸型特点。方形脸的人适宜方形镜架的宽边、大镜片眼镜。圆形脸的人宜选择与眉毛相平的平框、方形中等镜片的眼镜，以方形的眼镜调节圆脸型，不宜选择圆形眼镜。长形脸的人宜选择色调较深、不透明的宽边方形或圆形眼镜。

夏天大家都会选择墨镜。墨镜也叫太阳镜，原本是用作抵挡阳光、保护眼睛的，现已成为一种装饰五官的脸部饰品了。礼仪规范对墨镜的要求：在参加室内活动时，不要戴墨镜；在室外遇有礼仪性活动时，也不应戴墨镜。有眼疾须戴墨镜时，应向主人或客人说明并致歉意。在与人握手、说话时，应将墨镜摘下。

7. 腰带

腰带在更多时候起装饰作用。男士的腰带比较单一，质地大多是皮革的，没有太多装饰，穿西装时，都要扎腰带。夏季只穿衬衫并把衬衫扎到裤子里去的时候，也要扎上腰带。颜色方面要遵从三一定律，即要求腰带的颜色与皮包、皮鞋的颜色一致。

女士的腰带样式多，质地有皮革、编织物、纺织品等。使用腰带要注意以下几个问题。

一是要和服装协调搭配。包括款式和颜色，比如穿西装套裙一般选择皮革的、花样较少的腰带，以便和服装的端庄风格搭配，要是穿轻柔织物连衣裙装时，腰带的选择余地大一些；暗色的服装不要配用浅色的腰带，除非出于修正形体的需要。

二是要和体型搭配。比如个子过于瘦高的人，可以用较显眼的腰带，形成横线，分割一下以增加横向宽度；如果上身长下身短，可以适当提高腰带到比较合适的上下身比例线上，造成比较好的视觉效果；如果身体过于矮胖，就要避免使用大的、花样多的腰带扣（结），也不要用宽腰带。

三是要和社交场合协调。职业场合不要用装饰太多的腰带，而要显得干净利落一些；参加晚宴、舞会时，腰带可以选用颜色亮丽的装饰腰带。

【思考练习】

1. 请你判断以下人士在正式场合的着装是否正确。

①A 女：制服，贵重饰物。

②B 女：制服，拖鞋。

③C 女：紧身衣服，黑色皮裙。

④D 女：套裙、旅游鞋。

⑤E 女：套裙、光脚、拖鞋。

⑥F 女：套裙、三截腿（是指女士在穿半截裙子的时候，穿半截袜子，袜子和裙子中间露一段腿肚子，结果导致裙子一截，袜子一截，腿肚子一截）。

⑦A 男：上身制服，下身牛仔，旅游鞋。

⑧B 男：制服脏破。

⑨C 男：西装、腰带、鞋子不同色。

⑩D 男：西装、上衣袖口上有商标、白袜子。

2. 服饰配色的基本原则有哪些？

3. 着装的原则有哪些？

4. 案例：

曹苗是一个刚毕业的设计专业的女大学生，今天她向往已久的公司通知她前去面试。她很兴奋，抓起书包就往外冲。二十分钟后，公司面试正式开始了。曹苗一进面试室的门就看到考官惊讶的眼神。

曹苗不禁把自己上下打量了一番：凌乱而油腻的长发、身上涂鸦的 T 恤衫、为彰显个性而刻意挖了几个洞的牛仔裤，还顶着熬夜后的两个黑眼圈。她不好意思地吐了吐舌头。

思考：曹苗面试时的装束合适吗？你能为她设计形象吗？

5. 案例：

某商业集团是国内一家效益很好的大型企业，经过多方努力终于要与德国某著名家电企业展开友好合作了。

谈判时，商业集团总经理李龙考虑一定要给对方精明强干、时尚新潮的良好印象，于是他没有穿西装，而是选择上身穿一件名牌 T 恤衫，下身穿一条牛仔裤，脚穿一双旅游鞋。当他精神抖擞、兴高采烈地带着秘书出现在对方面前时，对方瞪着不解的眼睛看着他上下打量了半天，露出非常不满意的神情。虽然谈判准时开始，但这次合作并未成功。

思考：导致双方未能成功合作的原因是什么？你认为在商务谈判中，男士着装应注意哪些方面？

6. 案例：

经理派王小姐到南方某城市参加商品交易洽谈会。王小姐认为这是领导的信任，更是见世面长本领的好机会。为了这次任务的成功完成，王小姐进行了精心细致的准备。当各种业务准备完毕后，她开始为选择什么形象参与会议才合适犯愁了。经过认真思考，根据对商务形象的认识，她塑造的形象是：身着浅红色吊带上装和白色丝织裙裤，脚上是白色漆皮拖鞋，一头乌黑的长发飘逸地披散在肩上，浑身散发着浓郁的香水味道。王小姐认为这样既能突出女性特点、清新靓丽，又具有时代感。她相信自己的形象一定能赢得客商的青睐。结果，出席会议的那天，王小姐看到参加会议的人们顿时觉得很尴尬，男士们个个都是西装革履，女士们都穿的是职业装，唯独王小姐穿的是“具有时代感、清新靓丽”的服装参会。整个会议开下来，王小姐神情都特别不自然。

思考：王小姐的商务形象合适吗？请你为她设计合适的商务形象。

【实践训练】

1．根据自己衣柜里的衣服进行搭配，并说出搭配理由和搭配方法。

2．假设你要代表公司出席一个商务谈判，请根据所学过的服饰礼仪知识为自己做一个服饰策划。

3．在了解自己属于哪种体型之后，找出自身体型的某些不足之处，利用服装的正确选配加以克服或改善。

4．给一位髋部过宽的女士进行服装搭配，如何利用服装扬长避短？请提出你的建议？

5．请根据自己的肤色，找出肤色搭配和谐的至少两个系列的服装色彩。如果服装以下列几种颜色为主，请根据服装色搭配惯例，选择相应的妆色（以文字的形式描述）：①鲜艳的红色；②宝石蓝；③浅粉色；④米色。

任务 2.3　仪态礼仪

【知识目标】

1．了解仪态礼仪的基本规范。

2．掌握仪态的基本要领和基本内容。.

3．掌握仪态训练的要领。

【能力目标】

掌握仪态的基本要求，能灵活地运用仪态礼仪，展现优雅的仪态，塑造良好的职业形象。

【任务导入】

你的仪态会说话

有人说，如果你不能在7秒钟内打动别人，也许你就要花7年的时间来证明你的优秀。就好比书店里的书，封面设计和内容是一样重要的，人也是一样。

苹果之父乔布斯与他夫人的相识，就是从一场演讲中被前排这位女士优雅的形象吸引住了而开始的。只有锁住了别人的目光，才能吸引机会，机会是给有准备的人把握的。

王总是一位集团公司的销售经理，经常往返于两个城市之间。又是一个周日的凌晨，他在另一个城市谈完生意，身心疲惫地坐在即将返航的客舱里，一眼望去全是“葛优躺”的人们。“呵呵，看来都是和我一样的辛苦命啊！”王总自嘲地笑着。这时从入口走过来一位妆容精致，身材匀称，面带微笑的女士，仿佛给疲惫的氛围注入一股清新剂。正巧这位年轻的女士就坐王总旁的空位，“不好意思打扰一下，旁边是我的位置，方便让我一下吗？谢谢您！”女士笑着说，王总连忙起身让座。

午夜的机舱异常安静，不少人早已发出轻鼾声。两小时的飞行，身旁的女士一直保持着优雅坐姿，就连闭目养神的样子都很端庄。王总对这位女士有了些许的好奇，在内心揣测她的背景与职业。但至少有一点可以肯定——她是一位有涵养的女性。

落地后，王总在机场门口等车来接，不远处又看到了刚才那位女士，她似乎也在等接机，那笔挺的站姿与一丝不苟的盘发，让阅人无数的王总笃定了这位女士的职业，他走过去很绅士地递上自己的名片：“您好，我是某公司的王 ××。公司正在寻找一位优秀的礼仪培训师做年度培训，我想您就是我想要找的人！”

就这样，这位女士在她优雅得体的仪态下得到一份“从天而降”的年度合作合同。是的，仪态会说话，我们的一言一行、一举一动都向所有人透露无限的视觉语汇，它可以更深刻地传递情感。

《礼记·玉藻》中提到九容：“足容重、手容恭、目容端、口容止、声容静、头容直、气容肃、立容德、色容庄。”此为君子容貌之常态，值得现在的职业人借鉴。这也是告诉我们在社交活动中行为举止的礼仪标准。洒脱的风度、优雅的举止，常常被人们所羡慕和赞赏，最能给人留下深刻的印象。我们往往可以从一个人的仪态来判断他的品格、学识、能力和其他方面的修养程度，优雅的举止又是社交的润滑剂，起推动交际进行的作用。英国哲学家培根认为：“在美的方面，相貌美高于色泽美，而优雅得体的动作美又高于相貌美。这是美的精华，是绘画所表现不出来的。”这就是说，与相貌美相比，仪态美显得更为重要。

【知识链接】

在社会交往中，仪态被视为第二语言。仪态语言专家惠斯代尔的研究表明，在人际沟通中有 65% 的信息是通过仪态语言表达的。“言为心声，行为心表”，的确，美好的行为是美丽心灵的体现，我们追求真、善、美，希望做一个成功者，那么，我们就应当注意自己的音容笑貌、言谈举止，让我们的一言一行、一举一动都符合行为规范，展现出美丽的风采。

一、仪态礼仪的基本规范

第一，举止文明。自然、大方、高雅而不粗俗，以表现其良好的文化素养。

第二，举止优雅。规范而美观，得体而适度，表现出不卑不亢的态度，风度翩翩。

第三，举止敬人。体现出对对方的尊重、友好与善意。

第四，举止有度。适当、适时、适宜，能够配合相关的场合，并且符合常规。

二、仪态的基本内容

仪态是一个人的姿态和风度，是一种动态的美，它包括表情、站姿、坐姿、走姿、手势等所有的行为举止，是一种无声的语言，展现一个人的学识和修养。俗话说："站如松，坐如钟，行如风。"实际上讲的就是约定俗成的举止美。仪态礼仪就是指仪态举止的规范和准则。

（一）表情

人最复杂的是表情，最能打动人的也是表情。表情是人类无声的语言，它能迅速、准确、生动、充分地传递人类的各种情感信息。美国心理学家艾伯特·梅拉比安在多年研究的基础上，得出非语言沟通感情表达公式：感情的表达 = 语言（7%）+ 声音（38%）+ 表情（55%）。

相对于语言，表情更为直观，更为形象，也更易为人们察觉和理解。现代传播学认为，眼神和笑容是表情中最为核心的部分。表情礼仪在此主要指眼神和笑容两方面的具体规范。

1. 眼神

眼睛被人们称为心灵的窗户，印度诗人泰戈尔说："一旦学会了眼睛的语言，表情的变化将是无穷无尽的。"这就说明，眼睛语言的表现力是极强的，是其他举止无法比拟的。

（1）眼神礼仪

与人交流，必须养成注视对方的习惯，做到"目中有人"，眼神始终都应当是友善的。从礼仪的角度来讲，注视对方有三个要素：注视的时间、注视的角度和注视的部位。

1）注视的时间。注视对方时间的长短是十分讲究的。与人交流一眼都不看对方或长时间盯着对方看都是不行的。表示友好时，注视对方的时间占相处时间的 1/3 左右；表示关注时，注视的时间占全部相处时间的 2/3；表示轻视时，注视对方的时间不到相处时间的 1/3。如果注视对方时间超过了相处时间的 2/3 以上，则确认不是对对方本人发生了兴趣，就是表示对对方抱有敌意。

2）注视的角度。注视的角度往往能准确地表达出对他人的尊重与否。平视适用于普通场合，与身份地位平等之人交往；仰视则主动居低处，抬眼向上注视他人，表示尊重对方；俯视通常用于身居高处时，既可表示对晚辈或下级的怜惜，也可表示轻视。因此与人交往时不要站在高处自上而下地俯视于人，而面对长辈或上司时，站立或就座在较低之处仰视对方，往往会赢得对方的好感。

3）注视的部位。一般情况下，注视的部位是双眼，表示对对方的尊重。可以用眼睛专注地看对方片刻，然后用目光笼罩对方整个面部，瞳孔的焦距呈散射状，将目光放虚一些，如图 2-9 所示。

公务注视区域在额头至两眼之间，表示严肃认真、公事公办；社交注视区域在两眼至嘴巴之间，表示礼貌、尊重对方；亲密注视区域在眼部至胸部，多用于关系密切的男女之间，表示亲密友爱。

双方交谈时，不要注视对方头顶、大腿、脚部和手部，尤其对异性，不看中间，不看下边，也不要上下扫瞄或盯住某个部位，否则容易引起对方误解。要看对方的脸部和眼睛，但当双方缄默无语或对方说错话时，就不要老是看着对方的脸，或看了一阵以后要马上转移你的视线。否则，注视对方势必会使对方显得更尴尬。

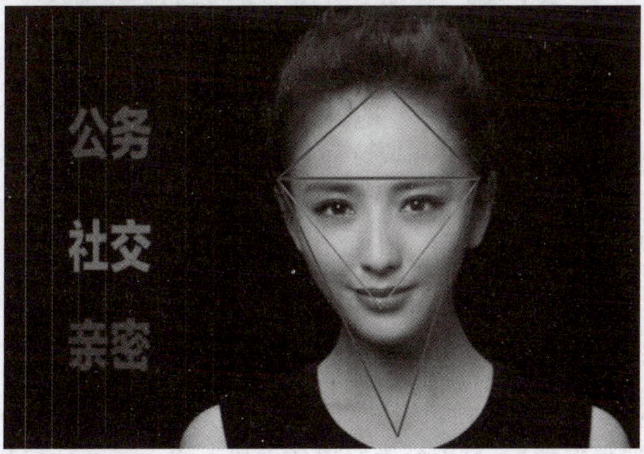

图 2-9　注视部位

眼神交流时，应忌避视、扫视、盯视、斜视、眯眼，忌责怪、漠视、呆板的目光。

让自己的眼睛在任何场合都会说话，眼神中流露出你的真诚和热情，灵活的眼神会给人一种流动的美感。我们要坚持不懈地对镜观察练习，练习优雅的眼神，相信充满欢愉的眼神会给对方和自己带来自信和好运。

2. 笑容

【礼仪案例】

价值百万的微笑

原一平是日本的一位保险推销员，1.53 米的个子，外表毫无优势可言。在最初成为推销员的七个月里，他一桩保险业务也没有谈成。为了省钱，他只好上班不坐电车，中午不吃饭，晚上睡公园的长凳。但他依旧精神抖擞，每天清晨五点起床徒步上班，一路上不断微笑着与擦肩而过的行人打招呼。有一位绅士看到他这副快乐的样子，深受感染，便因此签下了他生命中的第一份保单。这位绅士是一家大酒店的老板，还帮他介绍了不少的业务。从此，原一平的命运彻底改变了，由于原一平的微笑总能感染顾客，因此他成了日本历史上最出色的保险推销员，被誉为“推销员之神”。而他的微笑，也被评为价值百万美元的微笑。原一平的笑容在给顾客带来欢乐与温暖的同时，也给自己带来巨额的财富和一世的英名。

微笑，它同眼神一样是无声的语言，是真正的世界语言，是人际交往的通行证和润滑剂，是人们表达愉快感情的心灵外露，是善良、友好、赞美的象征。在绝大多数国际交往场合中，微笑都是礼仪的基础。一种有分寸的微笑，再配上优雅的举止，往往比有声语言更有魅力，可以收到“此时无声胜有声”的效果，如图 2-10 所示。

真正懂得微笑的人，总是容易获得比别人更多的机会，总是容易取得成功。

图 2-10　世界语言——微笑

（1）微笑礼仪

人们公认的美丽笑容，就是口角平均向上起，这是笑的关键，达・芬奇的名画《蒙娜丽莎》被誉为“永恒的微笑”。日本航空公司的空姐上岗之前要接受的主要礼仪训练就是微笑。学员要在教官的指导下进行长达六个月左右的微笑训练，训练在各种乘客面前及各种飞行条件下应当保持的微笑，这是空姐“八颗牙齿会跳舞的微笑”。笑是一种情感，是心理健康的一个标志，如何笑得真诚、可爱，也是有讲究的。我们要训练真诚、优雅、得体的微笑。

1）发自内心。最高级的微笑应该是发自内心的，不只是嘴咧开，而是用纸挡住鼻子以下的面部时，还可以看到眼睛中含着的笑。学会用眼睛笑，一是眼形笑，二是眼神笑。微笑得自然并且是发自内心的，人们就喜欢，就能取得信任。

2）笑意传情。微笑的内涵和功能是巨大的，微笑能表达许多语言无法传达的信息，从而使对方更深切地体会到你的感觉。笑和眼神、表情、气质等相结合，口到眼到，笑眼传情，情绪饱满的微笑才能亲切、动人而富有感染力。

3）适时地笑。笑，也得看场合，当笑则笑，不该笑时就别笑，这是发挥笑容功能的关键。比如，打破沉默之前，先露出笑容，马上拥有一个良好的氛围，要是先等对方笑后才露出笑容就晚了，因为没有哪一种沟通是不先付出就会成功的。在别人着急上火时笑会让人觉得不严肃；在别人悲伤痛苦时笑会被认为没有同情心；在别人有生理缺陷时笑会让人产生误会，以为你嘲笑他；在进入庄严肃穆的场合时笑会让人觉得你没有教养。

4）坚持训练。微笑是一门学问，是一种艺术，要笑得好并非易事，特别是符合礼仪要求的微笑，是非苦练不能成功的。具体训练方法如下：

①对着镜子练习，一方面观察自己笑的表现形式，另一方面要注意心态调整，想象对方是自己的兄弟姐妹或是多年不见的朋友。

②情绪记忆法，即回忆美好往事。

③他人诱导法，面对镜子，让他人讲笑话，以纠正笑姿。

④发声训练法，即距离镜子约 1 米，深呼吸，接着慢慢吐气，并将嘴角向两侧牵动，然后将嘴角往上颊面提高，发出“一”的发音。

（2）笑的禁忌

在正式场合笑的时候，应避免假笑、冷笑、怪笑、媚笑、窃笑、狞笑等失礼、失态的表现，虚假造作的微笑只能令人反感。

（二）站姿

站姿是生活中最基本的一种姿态。正确规范的站姿能够给人留下挺拔、俊美、精神、自信的良好印象。

1. 站姿的基本要领

俗话说："站要有站相，坐要有坐样。"古人云"站如松"，就是站得要像松树一样挺拔，要注意站姿的优美和典雅，站立时要求身体重心放在两脚中间，从侧面看，头部、肩部、上体与下肢应在一条垂直线上。其基本要领如下：

- 头端：头部正、头顶平，身体的中心要平衡。
- 梗颈：脖颈挺直，下颌微收。
- 展肩：双肩舒展，保持水平并稍微向后方下沉。
- 挺胸：躯干要尽量舒展，立腰，给人以挺拔之感。
- 收腹：微微收紧腹部，但要呼吸自然。
- 提臀：臀部肌肉向内、向上收紧，重点有向上提的感觉。
- 腿直：两腿直立，内侧肌肉夹紧，身体重心尽量提高。
- 平视：目视前方。
- 微笑：心情愉快，精神饱满，充满活力，给人以感染力。

男士站立时双脚可微微分开，但最多与肩同宽，站累时可向后挪半步，但上身仍须保持正直，手可直垂，也可放后。

女士站立时双脚直立贴紧，双膝和双脚靠紧，脚跟靠拢在一起，脚尖分开 30 度～ 45 度，形成 V 字状或丁字步，双手自然下垂，也可左手贴腹部，然后将右手搭在左手上。

男士和女士的标准站姿展示如图 2-11 所示。

图 2-11　标准站姿展示

2. 不同场合的站姿要求

（1）庄严场合：必须采取肃立的姿势，比如升国旗、奏国歌或接受接见等场合。肃立类似标准站立姿态，但神情严肃，中途不能乱动。

（2）服务场合：服务人员往往站立的时间很长，双腿可以平分站立，手的姿势可以是前握式，即右手握住左手手背，垂放于腹前并稍微上提，也可以是手背式，即两手背后交叉，右手放到左手掌心。

（3）礼仪场合：礼仪小姐的站立，一般采用立正的姿势或者丁字步。这时的丁字步重心不一定要放在前面的脚上，而可以同时放在左右腿上。

（4）社交场合：女士穿礼服或旗袍站立时，一般采用丁字步。

（5）职业场合：工作期间，带文件时，应把文件放在身侧，双手轻扶，眼光平和地注视对方或正前方，略含微笑，给人优美亲切的感觉。

无论哪种站姿，只有脚的姿势和手的位置在变，而身体一定要保持挺拔俊美。男士和女士的站姿如图 2-12 和图 2-13 所示。

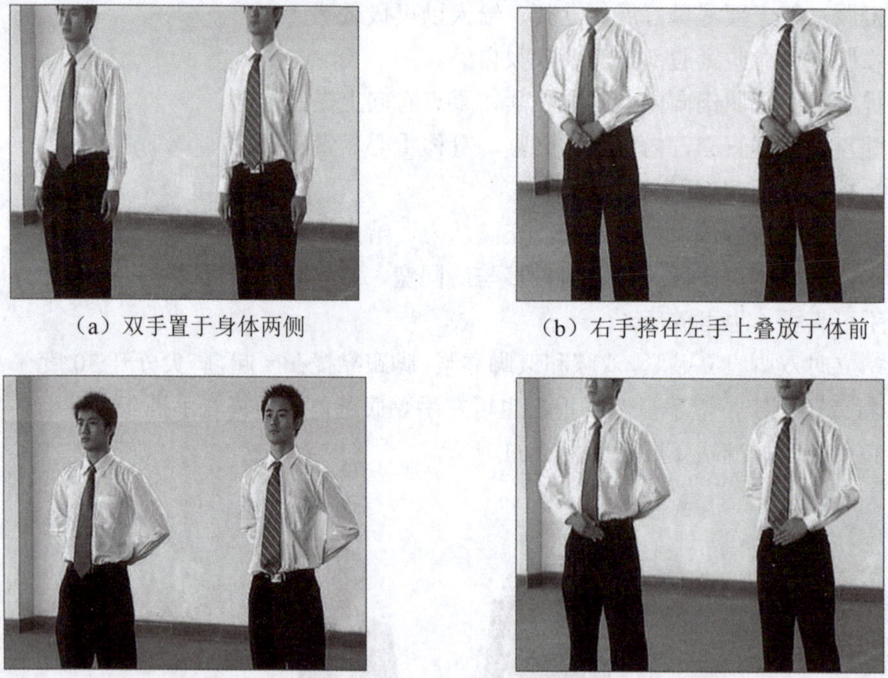

（a）双手置于身体两侧　　（b）右手搭在左手上叠放于体前

（c）双手叠放于体后　　（d）一手放于体前、一手背在体后

图 2-12　男士站姿

3. 站姿禁忌

（1）避免双脚叉开、交叠或呈内外八字态站立。

（2）避免脚在地上不停地划弧线。

（3）避免交腿斜靠物体站立。

（4）避免和别人勾肩搭背地站着。

（a）双手置于身体两侧

（b）右手搭在左手上叠放于体前

图 2-13　女士站姿

（5）避免双手抱在胸前，这样的姿态会有消极、防御、抗议之嫌。

（6）避免手插入口袋站立，这样给人感觉不严肃、拘谨小气。

（7）避免叉腰站立，这种站法往往含有进犯之意。

（8）避免身体抖动或晃动，这样会给人以漫不经心或没有教养的感觉。

（9）避免身体东倒西歪、弯腰弓背、耷拉脑袋、挺着肚子。

（三）坐姿

优雅的坐姿传递着热情、自信和友好的信息。男士的坐姿要求是坐如钟，即坐相要如钟一样端庄稳重。女士要坐如芍药、优雅大方。正确的坐姿既是对交往对方的尊重，也使自身的形体显得优美。

1. 坐姿的基本要领

坐姿上身和站姿要求相同：头端、梗颈、展肩、挺胸、平视、微笑。此外还需注意以下几方面：

（1）入座时，一般是从座位左侧入座，入座轻柔。女子入座时，要用手把裙子后面抚平再入座。

（2）入座后，上体自然坐直，两腿自然弯曲，双脚平落地上，可稍有前后之差。男士双腿自然分开，但不超过肩膀，双手掌心向下，自然放于膝盖上；女士双腿并拢，双膝紧靠或斜放一侧为宜，一般右手搭在左手上，可轻放于双腿上或是一侧腿上。男士和女士坐姿图如图 2-14 和图 2-15 所示。

（3）离座时，要先有表示，起身要缓慢，站好再走，一般从左侧离开。

2. 坐姿要求

按照国际惯例，坐姿可以分为端坐、侧坐、跪坐、盘坐等，且根据不同国家的生活方式和风俗习惯，各有要求。国际上公认的也是最普遍的坐姿是端坐和侧坐。无论是哪一种坐法，都应以娴雅自如的姿态来表达对别人的尊重，给他人以美的印象。

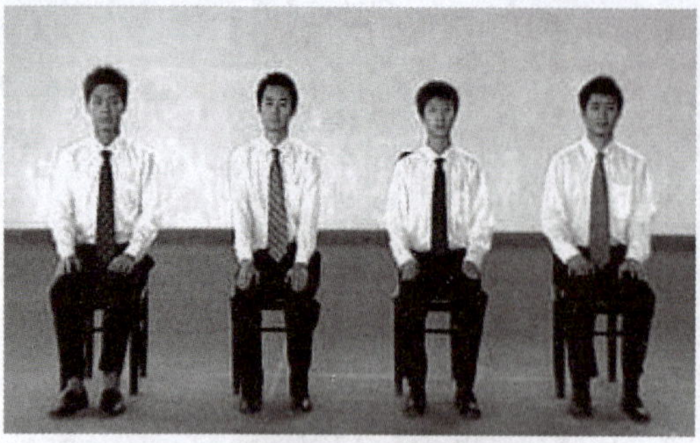

（a）标准式

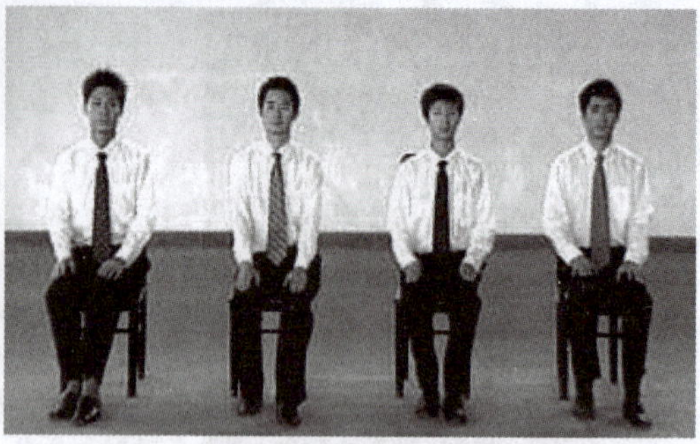

（b）前伸式

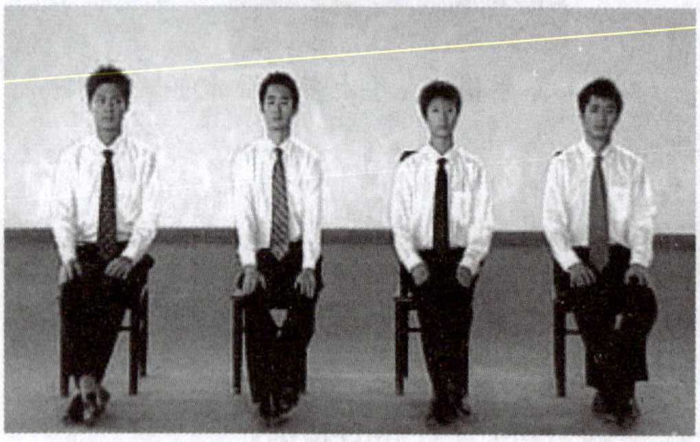

（c）前交叉式

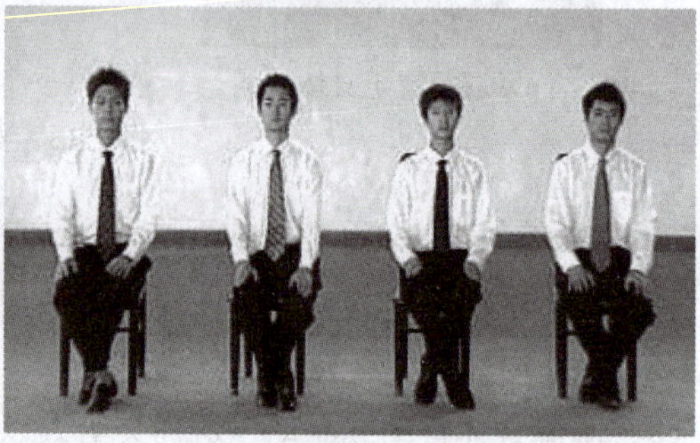

（d）交叉后点式

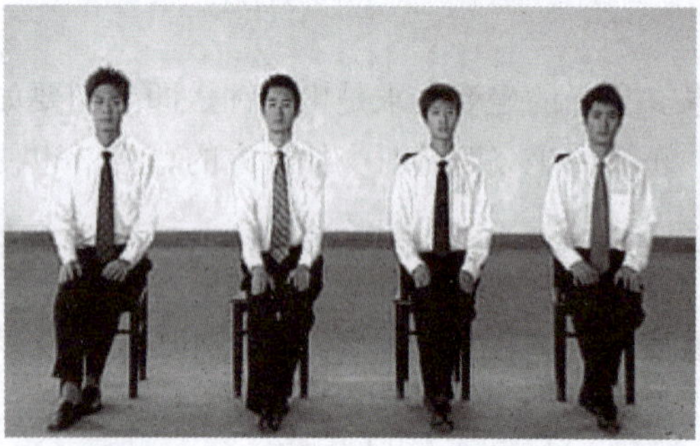

（e）曲直式

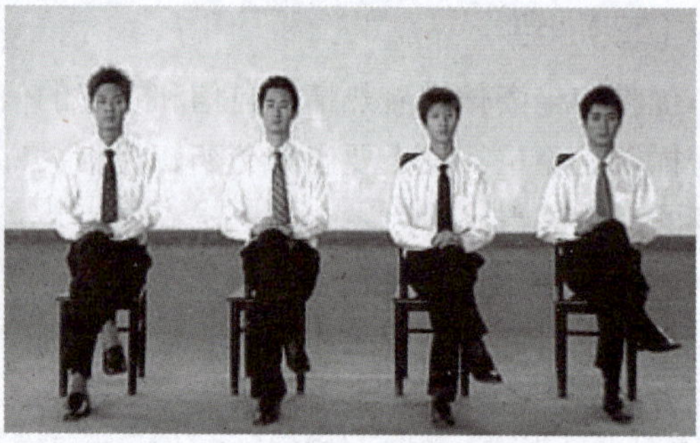

（f）重叠式

图 2-14　男士坐姿

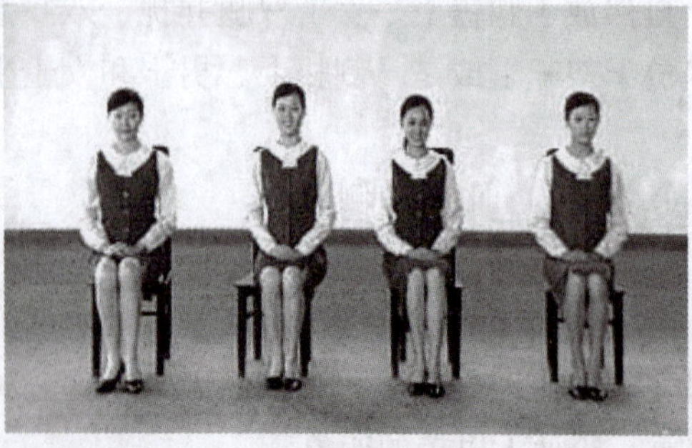

（a）标准式

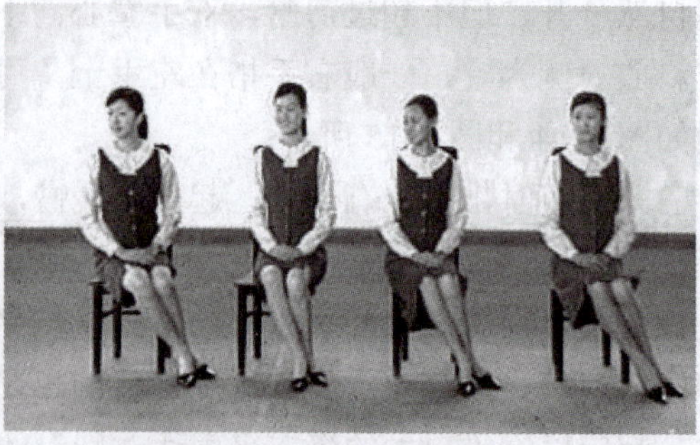

（b）侧点式

图 2-15　女士坐姿

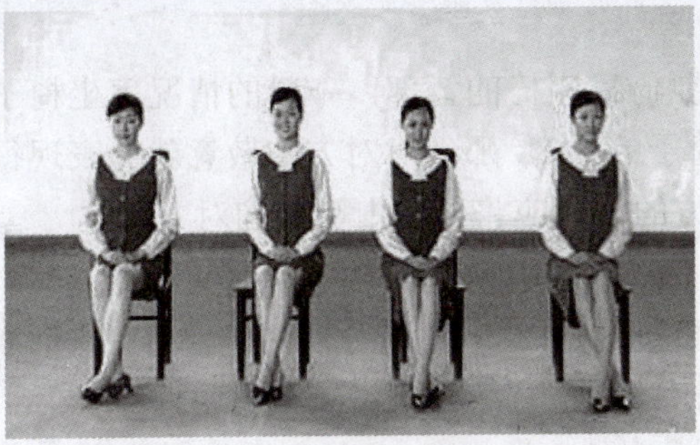
（c）前交叉式

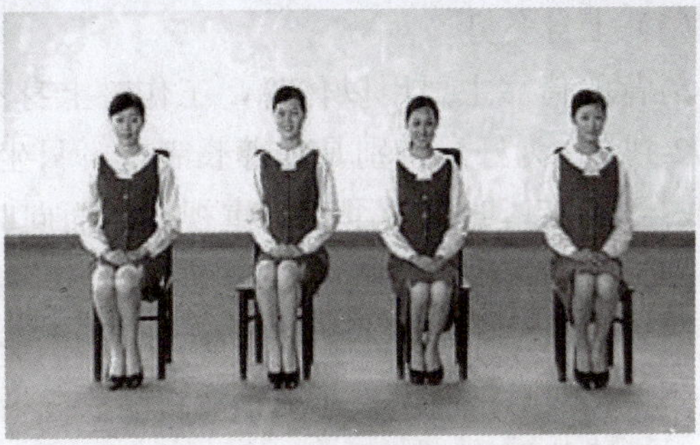
（d）后点式

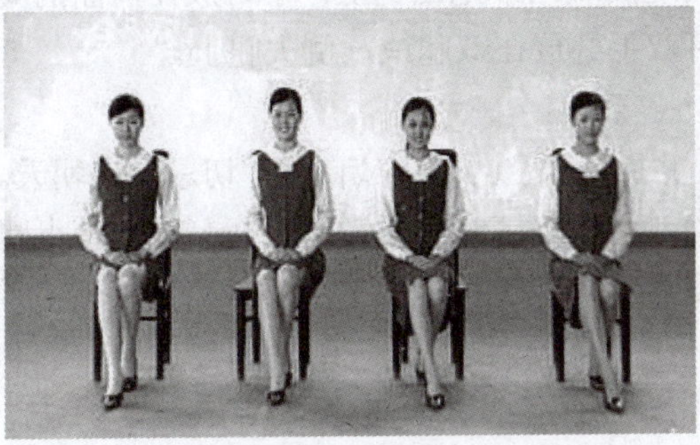
（e）曲直式

（f）侧挂式

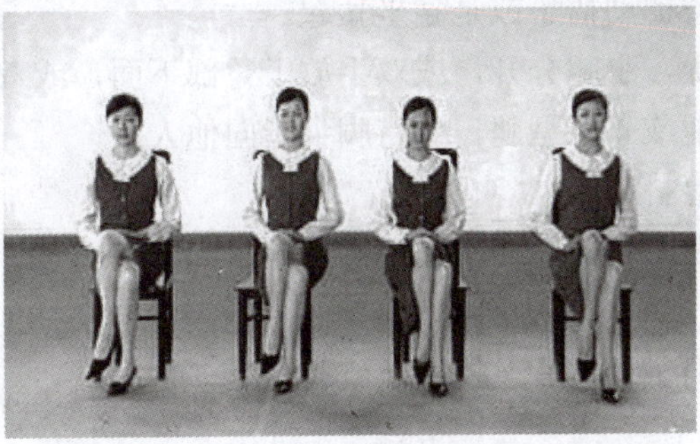
（g）重叠式

图 2-15 女士坐姿（续图）

（1）入座

入座时，也能体现落座者的修养。和客人一起入座或同时入座时，要分清尊卑，先请对方入座，自己不要抢先入座。入座时，应从左侧走到座位前面再转身，然后轻稳坐下，注意动作要轻盈舒缓，从容自如。落座的声音要轻，不要猛地墩坐，如同与别人抢座位一般。特别是不要忽地坐下、腾地站起，如同赌气，造成紧张气氛。

（2）落座

落座时，要保持上身平直，不要耷拉肩膀、含胸驼背、前俯后仰，给人以萎靡不振的印象。半躺半坐、跷二郎腿给人以放肆、无教养的感觉。两手交叉放在胸前或推开放在桌上，将手里的东西不停地晃动，一会儿拉拉衣服、整整头发、抠抠鼻子耳朵等，都会破坏坐姿。坐下后不要随意挪动椅子，离座时应起身缓慢，动作轻柔，尽量不要碰得桌椅响。

（3）上身姿势

椅背的倚靠主要用以休息，工作时上身不要倚靠座椅的背部。一般的情况下坐椅子的 1/2 到 2/3 为好，特别是在尊长者前，只坐椅子的 1/2，那么对对方的敬意就会表现得淋漓尽致。交谈时，为了表示重视，在面向对方的同时应将整个上身朝向对方。

（4）脚的摆放

男士双腿分开宽度不超过肩膀，女士坐姿注意双膝并拢，不可分开两腿。不可抖动双脚，不可将双腿直伸出去，更不能将腿放在桌椅上。

（5）手的摆放

双手切勿交叉抱在胸前，更不可把手夹在两腿间或双手抱在腿上。手可放在前面的桌子上或椅子扶手上，男士可放在双腿上，女士可双手叠放在双腿或一侧大腿上。

（6）坐姿优美

一般情况下，不跷二郎腿，若跷腿时双腿要并拢，悬空的脚尖应向下，切忌脚尖朝天。坐沙发时要注意臀部的位置，沙发座位较大较深，所以坐下时不要太靠里面，特别是小腿不要紧贴沙发边沿，把自己小腿挤成两个“大萝卜”。

3. 坐姿禁忌

（1）坐时不可前倾后仰，或歪歪扭扭。

（2）双腿不可过于叉开，或长长地伸出。

（3）坐下后不可随意挪动椅子或是猛坐猛起。

（4）不可将大腿并拢，小腿分开，或双手放于臀部下面，或双手放在两腿中间。

（5）避免高架二郎腿或 4 字型腿，或将脚尖指向他人。

（6）腿、脚不可不停抖动。

（7）与人交谈坐沙发时不应太靠里面，不能呈后仰状态。

（8）不要双手撑椅。

（9）不要把脚架在椅子上、沙发扶手上或茶几上。

（四）走姿

好的走姿会给人以动态之美，很自然地流露出朝气蓬勃、积极向上、充满自信的精神状态。

1. 走姿的基本要领

正确的走姿应以端正的站姿为基础。所谓“行如风”，即走起路来像风一样轻盈，柔美且稳重，有优雅的步态。优雅走姿的基本要领：以胸领动肩轴摆，提髋提膝小步迈，跟落掌接趾推送，双眼平视背放松。走路的美感产生于下体的频繁运动与上体稳定之间所形成的对比和谐以及身体的平衡对称。具体包括以下几个细节：

（1）头正：双目向前平视，面带微笑收下颌，表情自然平和。

（2）肩平：双肩平稳，手臂伸直放松，手指自然弯曲，摆动时以肩关节为轴，上臂带动前臂向前，手臂要摆直线，肘关节略屈，前臂不要向上甩动，向后摆动时，手臂外开在 30 度左右，前后摆动的幅度为 30 ～ 40 厘米。

(3) 身挺：上身挺直，挺胸收腹，重心稍向前倾。

(4) 步位直：女士走路时最好的步位是两只脚所踩的是一条直线，男士走路踩在两条平行线上。

(5) 步幅适度：步幅指行走时两腿之间的距离，步幅一般标准为一个脚长，身高超过 1.75 米以上的人步幅约为一脚半长。

(6) 步韵平稳：走路要用腰力，要有韵律感。女士走路还要求步履匀称、轻盈，显示温柔之美。

标准的走姿如图 2-16 所示。

图 2-16　标准的走姿

2. 变向时的行走规范

(1) 后退步（辞行礼）

向他人告辞时，应先向后退两至三步，再转身离去。退步时，脚要轻擦地面，不可高抬小腿，后退的步幅要小。转体时要先转身体，头稍候再转，如图 2-17（a）所示。

(2) 侧身步（接待礼）

当走在前面引导来宾时，应尽量走在宾客的左前方。髋部朝向前行的方向，上身稍向右转体，左肩稍前，右肩稍后，侧身向着来宾，与来宾保持两至三步的距离，如图 2-17（b）所示。当走在较窄的路面或楼道中与人相遇时，也要采用侧身步，两肩一前一后，并将胸部转向他人，不可将后背转向他人。

3. 不同着装、场合的走姿

(1) 走姿与着装

着西装要注意挺拔，保持平正，行走时两腿要直，走路的步幅可略大些，手臂放松，伸直摆动，女士臀部不要左右摆动。

女士穿旗袍时，就要走出女性柔美的风韵，要求身体挺拔，下颌微收，忌塌腰撅臀。走路的幅度不要太大，两脚前后走在同一条直线上，脚尖略微开，呈柳叶步。手臂在体侧摆动，幅度也不宜过大，臀部可随着脚步和身体重心的转移稍左右摆动。总之，每一处都要保持轻柔、高雅的姿态。

（a）后退步

（b）侧身步

图 2-17　走姿

（2）走姿与场合

在办公场所脚步应轻而稳，除非有紧急情况，否则不宜火急火燎地以小跑代替走路，有急事时可加快步伐。

迎接宾客，步伐应稳健大方；参加展览，脚步应缓慢轻柔；喜庆活动，步态应轻盈欢快。

吊丧活动，步态宜缓慢、沉重；办事联络，步伐要快捷、稳重，以体现效率，特别是男士走路，适当加快步伐有助于提升个人魅力。

4．走姿禁忌

（1）避免走内八字和外八字。

（2）避免低头含胸驼背。

（3）避免摇头摆肩膀、双臂大甩手。

（4）避免扭腰摆臀、左顾右盼。

（5）双腿不要过于弯曲或走曲线。

（6）步子不要太大或太小。

（7）避免脚擦地行走，或走路像机器人一样呆板、步履拖沓，发出难听的声响。

（8）避免几个人攀头搂颈并排走在路上，给人粗俗不雅之感。

女士的走姿一定要保持走在一条直线上，特别是穿裙装的时候。男士步伐应稳健、有力、洒脱，以展示阳刚之美；女士步幅则应略小，步伐应轻盈、蕴蓄、优雅、飘逸，以体现阴柔之秀。

（五）手势

手势动作是人际交往中使用范围最广的一种体态语言。如果说眼睛是人心灵的窗户，那么手就是人心灵的触角和指向，俗话说：“心有所思，手有所指”，手的魅力并不亚于眼睛，可以说手就是人的第二双眼睛。

手势表现的含义非常丰富，表达的感情也非常微妙复杂。如招手致意、挥手告别、拍手称赞、拱手致谢、举手赞同、摆手拒绝；手抚是爱、手指是怒、手搂是亲、手捧是敬、手遮是羞等。能够恰当地运用手势表情达意，会为交际形象增辉。

1. 手势规范

掌握正确的手势礼仪，务必注意以下事项：

（1）手势宜少不宜多

在交往中，为了增强说话者的语言感染力，一般可考虑使用一定的手势，但要切记手势不宜过多，动作不宜过大。切忌指手画脚和手舞足蹈。

（2）手势使用要适度

打招呼、致意、告别、欢呼、鼓掌皆属于手势范围，应该注意其力度的大小、速度的快慢、时间的长短，不可过度。鼓掌是表示欢迎、祝贺、赞许、致谢等的礼貌举止。在正式社交场合，观看文艺演出、重要人物出现、听报告、听演讲等都用热烈的掌声表示钦佩和祝贺。鼓掌的标准动作应该是用右手掌轻拍左手掌的掌心，鼓掌时不应戴手套，宜自然，切忌为了使掌声大而使劲鼓掌，应自然终止。鼓掌要热烈，但不要忘形，一旦忘形，鼓掌的意义就发生了质的变化而成喝倒彩、鼓倒掌，有起哄之嫌，这样是失礼的。注意鼓掌尽量不要用语言配合，那是无修养的表现。

（3）手势要有礼貌

谈到自己时应用手掌轻按自己的左胸，那样会显得端庄、大方、可信。在任何情况下都不要用大拇指指自己的鼻尖和用手指指点他人，用手指指点他人的手势是不礼貌的。在交际活动时特别注意避免当众搔头皮、掏耳朵、抠鼻孔、剔牙、咬指甲、挖眼屎、搓泥垢等，餐桌上更应注意这些不雅行为。

一般认为，掌心向上的手势有诚恳、尊重他人的含义，掌心向下的手势意味着不够坦率、缺乏诚意。攥紧拳头暗示进攻和自卫，也表示愤怒；伸出手指来指点是要引起他人的注意，含有教训人的意味。因此，在介绍某人、为某人引路指示方向、请人做某事时，应该掌心向上，以肘关节为轴，上身稍向前倾，以示尊敬。这种手势被认为是诚恳、恭敬、有礼貌的。

（4）手势要注意区域性差异

有些手势在使用时应注意区域和各国不同的习惯，因为各地习俗迥异，相同的手势表达的意思不仅有所不同，而且有的大相径庭。如在某些国家认为竖起大拇指、其余四指蜷曲表示称赞夸奖，但澳大利亚则认为竖起大拇指，尤其是横向伸出大拇指是侮辱行为；英国人竖起大拇指是拦车要求搭车的意思。用大拇指和食指构成一个圆圈，其他三指伸直，就是 OK 的手势，这一手势在欧洲表示赞扬和允诺的意思，特别在青年学生中广为流行。然而在法国南部、希腊、撒丁岛等地，它的意思恰好相反。在巴西，人们打 OK 这个手势表示的是“肛门”。阿拉伯人用两个小手指拉在一起表示断交，吉卜赛人掸去肩上的尘土表示“你快滚开”。由此不难看出，每种文化都有自己的手势语言，千姿百态的手势语言饱含着人类无比丰富的情感。它虽然不像有声语言那样实用，但在人际交往中能起到有声语言无法替代的作用。

2. 常用的手势

（1）横摆式

横摆式是常用的谦让礼的姿势，一般用于迎接来宾，表示“请，请进”。其动作要领如下：

①五指并拢，手掌自然伸直，手心向上，肘微弯曲，腕高于肘。开始做手势应从腹部之前抬起，以肘为轴地向一旁摆出，到腰部并与身体正面成 45 度时停止。

②另一手下垂，目视宾客，面带微笑，表现出对宾客的尊重、欢迎，如图 2-18（a）所示。

（2）直臂式

当需要给宾客指方向、示意“请上二楼”或指示距离较远的地方时，采用直臂式。其动作要领如下：

①五指伸直并拢，从身体的侧前方将右手由前抬到与肩同高的位置，前臂伸直。

②以肘关节为轴，小臂向上抬起，掌心斜上方，指尖与眉毛平齐，目视来宾，示意“请上二楼”，如图 2-18（b）所示。

（3）斜臂式（斜摆式）

斜臂式一般用于示意“请坐”或“小心台阶”。其动作要领如下：

①五指伸直并拢，从身体的侧前方以肘关节为轴由上而下摆动，指向斜下方（客人落座的地方或台阶）。

②在距身体 45 度处，手臂向下形成一条斜线，并微笑点头示意来宾，如图 2-18（c）所示。

（4）曲臂式

曲臂式一般用于示意“里边请”或“这边请”。其动作要领如下：

①五指伸直并拢，以肘关节为轴，手臂由体侧向体前摆动，摆到手与身体相距 20 厘米处停止，面向右侧，目视来宾。

②用手指指向来宾要去的方向，如图 2-18（d）所示。

（5）双臂横摆式

双臂横摆式一般多用于“请大家”。当举行重大庆典活动，接待较多来宾做“诸位请”或指示方向的手势时采用。表示“请”可以动作大一些。其动作要领如下：

①五指伸直并拢，从身体的侧前方将双手由前抬起到腹部，再向两侧摆到身体的侧前方，这是面向来宾时的手势，如图 2-18（e）所示。

②若是站在来宾的侧面，则两手从体前抬起，同时向一侧摆动，两臂间保持一定的距离。

（6）递接物品

①递送物品时，应注意的问题如下：

- 双手为宜：双手递物于人最佳，不方便双手并用时可采用右手，左手递物被视为失礼。

（a）横摆式　（b）直臂式　（c）斜臂式

（d）曲臂式　（e）双臂横摆式

图 2-18　常用手势

- 递于手中：递给他人的物品以直接交到对方手中为好。
- 主动上前：若双方相距过远，递物者当主动走近接物者。
- 方便接拿：在递物于人时，应当留出便于接取物品的地方，不要让对方感到接物无从下手。
- 正面面对对方：将带有文字的物品递交他人时，还须使之正面面对对方。
- 尖、刃内向：将带尖、带刃或其他易伤人的物品递于他人时，切勿将尖、刃直接指向对方，合乎礼仪的做法是使其朝向自己，或是朝向他处。

②接取物品时，应注意的问题如下：

- 应当目视对方，而不要只顾注视物品。
- 一定要用双手或右手，绝不能单用左手。
- 必要之时，应当起身而立，并主动走近对方。
- 当对方递过物品时，再以手前去接取，而切勿急不可待地直接从对方手中抢取物品。

（7）展示物品

一是将物品举至高于双眼之处，这适合被人围观时采用。

二是将物品举至上不过眼部，下不过胸部的区域，这适用于让他人看清展示之物。

（8）招手

向近距离的人打招呼时，伸出右手，五指自然并拢，抬起小臂挥一挥即可。距离较远时，可适当加大手势。不可向上级和长辈招手。

（9）表示再见

一般人习惯挥手表示再见。与宾客再见时，应用右手，手指自然并拢，掌心面对客人，手指与耳部平齐，左右摆动。

【拓展阅读】

国际上手势的差异

1. O字型手势

在我国和世界其他一些地方，伸手示数时O字型手势表示0或3，在美国、英国表示“赞同”“了不起”的意思，在法国表示零或没有，在日本表示“懂了”，在泰国表示“没问题”“请便”，在韩国、缅甸表示金钱，在印度表示“正确”“不错”，在突尼斯表示“傻瓜”，在巴西表示侮辱男人、引诱女人（即在拉美表示下流），在俄罗斯和土耳其是骂人的意思。

2. V字型手势

V字型手势在世界上大多数地方表示2，中国也用此表示2。美英等国用此表示胜利、成功，不过表示胜利时，手掌一定要向外，如果手掌向内，就是贬低人、侮辱人的意思了。在希腊，做这一手势时，即使手心向外，如手臂伸直，也有对人不恭之嫌。

3. 大拇指手势

伸出大拇指，在中国是夸奖的意思，表示“好”“了不起”等；在意大利，伸出手指数数时表示1；在希腊，拇指上伸表示“够了”，拇指下伸表示“厌恶”“坏蛋”；在美国、英国和澳大利亚等国，拇指上伸表示“好”“行”“不错”，拇指左、右伸则大多是向司机示意搭车方向；在尼日利亚，这种大姆指手势是在骂人；在日本，如果一个女子向一个男子伸出大拇指，就是在问对方是否有女朋友，男子向女子伸出大拇指，意思是邀请她出去玩。

4. 举食指手势

举食指在多数国家表示数字1，在法国则表示“请求提问”，在新加坡表示“最重要”，在澳大利亚则表示“请再来一杯啤酒”。

5. 叫人

在美国呼唤服务人员，要用食指向上伸直；日本人招呼侍应，则把手臂向上伸，手掌朝下，并摆动手指；在非洲各国餐厅吃饭，叫服务员通常是敲打餐桌；而在中东各国，轻轻拍手，服务员即会意而来。

（六）蹲姿

职场人士对掉在地上的东西，采用随意弯腰蹲下捡起的姿势是不合适的。在接待工作中，给客人送茶水、饮品时，如果是低矮的茶几，也应使用优美典雅的蹲姿。

1. 基本蹲姿

（1）下蹲拾物时，应自然、得体、大方，不遮遮掩掩。

（2）下蹲时，两腿合力支撑身体，避免滑倒。

（3）下蹲时，应使头、胸、膝关节在一个角度上，使蹲姿优美。

（4）女士无论采用哪种蹲姿，都要将腿靠紧，臀部向下。

2. 常见优雅蹲姿

（1）交叉式蹲姿

在下蹲时，左脚在前，右脚在后，左小腿垂直于地面，全脚着地，右腿在后与左腿交叉重叠，右膝由后面伸向左侧，右脚跟抬起，脚掌着地，两腿前后靠紧，合力支撑身体，臀部向下，上身稍向前倾，如图 2-19（a）所示。交叉式蹲姿适用女性，特别是穿短裙的女性，优点在于造型优美典雅。

（2）高低式蹲姿

下蹲时右脚在前，左脚在稍后，不重叠，两腿靠紧向下蹲，右脚踏实，小腿基本垂直于地面，左脚跟提起，脚掌着地，左膝低于右膝，形成右膝高左膝低的姿态，臀部向下，如图 2-19（b）所示。

（a）交叉式蹲姿

（b）高低式蹲姿

图 2-19　蹲姿

3. 蹲姿禁忌

（1）弯腰捡拾物品时，两腿叉开，臀部向后撅起，是不雅观的姿态。

（2）两腿展开平衡下蹲，其姿态也不优雅。

（3）下蹲时注意内衣不可以露、不可以透。

蹲姿三要点：迅速、美观、大方。若用右手捡东西，可以先走到东西的左边，右脚向后退半步后再蹲下来。脊背保持挺直，臀部一定要蹲下来，避免弯腰翘臀的姿势。男士两腿间可留有适当的缝隙，女士则要两腿并紧，穿旗袍或短裙时需更加留意，以免尴尬。

（七）上下楼梯仪态

上楼梯时，身体自然向上挺直，胸要微挺，头肩平正，臀部要收，膝要弯曲，整个身体的重心要一起移动。下楼时最好走到楼梯前先停一停，片刻扫视楼梯后，运用感觉来掌握行的快慢高低沿梯而下。上下楼梯要注意以下几个细节：

（1）坚持“右上右下”原则。上下楼梯、自动扶梯的时候，不要并排行走，而要从靠右侧上下，以便有急事的人可以从左边通过。

（2）注意停留时间。楼梯上来往的人很多，所以不要停在楼梯上休息、与人交谈或是慢悠悠地走，要减少在楼梯上的停留。

（3）讲究礼仪。上下楼梯时，不要和别人抢行，出于礼貌可以请对方先走。

【思考练习】

1. 目光是人们交流的一种无声语言，注视对方时应注意（ ）。

A. 要考虑注视的部位和角度，不用考虑注视的时间

B. 要考虑注视的时间和角度，不用考虑注视的部位

C. 要考虑注视的时间和部位，不用考虑注视的角度

D. 应该考虑注视的时间、部位和角度

2. 当对方缄默不语时，你的目光应该（ ）。

A. 东张西望　　B. 不再看对方，以免更加尴尬

C. 久久地直视对方　　D. 呆滞

3. 仪态礼仪的基本规范有哪些？

4. 站姿的基本要领有哪些？

5. 坐姿的基本要领有哪些？

6. 走姿的基本要领有哪些？

7. 手势规范有哪些？

【实践训练】

1. 请结合生活中的实例谈谈微笑的力量及在人际交往中的作用。

2. 眼神、微笑基本功训练：

（1）课堂上，每个人准备一面小镜子，做脸部运动，配合眼部运动。

做各种表情训练，活跃脸部肌肉，使肌肉充满弹性，丰富自己的表情仓库，充分表达思想感情。观察、比较哪一种微笑最美、最真、最善，最让人喜欢、接近、回味。

（2）早上起床后经常反复训练，出门前心理暗示“今天我真高兴”“今天我真美”。

3. 站姿训练：

（1）一个人靠墙站立，要求脚后跟、小腿、臀、双肩、后脑勺都紧贴墙，每次训练20分钟左右，每天一次。

（2）在头顶放一本书使其保持水平促使人把颈部挺直，下巴向内收，上身挺直，每天训练20分钟左右，每天一次。

4．坐姿训练：按坐姿基本要领，着重脚、腿、腹、胸、头、手部位的训练，可以伴随舒缓、优美的音乐，以减轻疲劳，每天训练 20 分钟左右，长期坚持。

5．走姿训练：在地面上放一条绳或画一条直线，行走时双脚内侧踩在绳或线上。若稍稍碰到这条线，即证明走路时两脚几乎是在一条直线上。训练时配上行进音乐，音乐节奏为每分钟 60 拍。

6．手势训练：按横摆式、直臂式、斜臂式、曲臂式、双臂横摆式、递接物品、展示物品等的基本要领进行手势训练。

7．蹲姿训练：按交叉式蹲姿、高低式蹲姿进行训练。

8．上下楼梯仪态训练：按基本要领进行上下楼梯仪态训练。

9．实训考核标准：针对仪态礼仪的各项内容进行自评分和小组评分，见表 2-2。

表 2-2　仪态礼仪训练评分表

考核项目	考核内容	分值	自评分	小组评分	实得分
表情训练	微笑	10			
	眼神	10			
仪态训练	站姿	10			
	坐姿	10			
	走姿	10			
	手势	10			
	蹲姿	10			
	上下楼梯	10			
训练综合评分	形体、微笑、眼神的协调表现	20			
	总分	100			

任务 2.4　言谈礼仪

【知识目标】

掌握语言交谈的原则、内容、技巧和禁忌。

【能力目标】

1．按语言交谈的礼仪要求自己，能文雅、有效地与他人交谈。

2．掌握交谈技巧，培养得体、灵活的语言交际能力。

【任务导入】

【礼仪典故】朝，与下大夫言，侃侃如也；与上大夫言，訚訚（yín）如也。君在，踧踖（cújí）

如也，与与如也。(《论语·乡党第十》)

【译文】孔子上朝，分寸把握得十分到位，在国君还没有到来的时候，他与同级以及下级大夫说话，和颜悦色且不隐瞒；与比自己地位高的大夫说话，则正直不卑且不乏诚恳。当国君来了以后，孔子则表现出恭敬且略有不安的样子，脚步缓慢平实，但又仪态适中。

【评析】以上典故表达了孔子交谈的技巧。与人交谈的方式并非一成不变的，和不同的对象交流运用不同的交流方式，才是比较得体的交谈技巧。

语言交谈是社会交往活动中传播信息的重要手段，是人们最平常和普遍的一种交际形式。通过言谈可以反映出一个人的思维能力、生活经历、文化知识、道德修养等诸多内在因素。一个善于使用语言与他人沟通的人，本身就具备了取得成功的可能性。

语言要求以语言的“礼”吸引人，以语言的“美”说服人。《论语》中说:“言之无文，行而不远”。斯坦福大学教授哈勒尔对毕业十年的企管硕士进行研究，试图找出成就显赫人士的特质，研究发现，学习成绩好坏与成就无关，说话能力非凡几乎是功成名就者的共同点，由此得出成功方程式：口才超群 = 成功富裕。

【知识链接】

言谈是一门艺术，那么，怎样掌握言谈这门艺术呢？我们要注意以下几个方面。

一、语言交谈的原则

【礼仪案例】

《说岳全传》里有这么一段，牛皋向一位老者问路。他在马上吼道：“唉，老头儿！小校场往哪去？”老人听了以后，非常气愤，不但没有给牛皋指路，反而指责牛皋没礼貌，牛皋听了之后便灰溜溜地走了。过了一会儿，岳飞来到这里，他先下马，然后上前施礼，用缓和的语气问道：“请问老丈，方才可见一个骑黑马的人？他向哪条路去了？”老人见岳飞很有礼貌，便耐心地给岳飞指点。正如俗话所说：“礼到人心暖，无礼讨人嫌。”此句大概就来源于此吧！

俗话说得好：智者善听，愚者滥言。真正有智慧的人，真正有思想、有内涵的人，在正规场合所说的话并不一定多，但一旦要说就能说到点子上，管用。

在语言方面，交谈的总的要求是：文明、礼貌、准确。

1. 尊重对方，语言文明

作为有文化、有知识、有教养的现代人，在交谈中一定要使用文明而优雅的语言。换言之，不文明、不优雅的话则不能去说。下述语言绝对不宜在交谈之中采用。

（1）粗话

有人为了显示自己为人粗犷，出言必粗。讲粗话是很失身份的。

（2）脏话

讲脏话，即口带脏字，讲起话来骂骂咧咧。讲脏话非但不文明，而且属于自我贬低。

（3）黑话

所谓黑话，即流行于黑社会的行话。讲黑话的人往往自以为见过世面，可以此唬人，实际上却显得匪气十足，令人反感厌恶，难以与他人进行真正意义上的沟通和交流。

（4）荤话

所谓荤话，即说话者时刻把艳事、绯闻、色情、男女关系之事挂在口头。爱说荤话者不仅证明自己品位不高，而且对交谈对象缺乏应有的尊重。

（5）怪话

有些人说起话来怪里怪气，或讥讽嘲弄，或怨天尤人，或黑白颠倒，或耸人听闻，成心要以自己谈吐之怪而令人刮目相看、希望一鸣惊人。这就是所谓说怪话。

（6）气话

所谓气话，即说话时闹意气、泄私愤、图报复，或乱发牢骚、指桑骂槐。在交谈中常说气话不仅无助于沟通，而且还容易伤害人、得罪人。

2. 态度诚恳，语言礼貌

在交谈中多使用礼貌用语，是博得他人好感与体谅的最为简单易行的做法。礼貌用语主要包括敬语、谦语和雅语。作为有文化、有教养的人，在交谈中一定要使用文明优雅的语言，多用敬语、谦语、雅语。

（1）敬语

在一些正规的场合以及一些有长辈或女性在场的情况下，应多使用敬语和谦语。对他人大多用敬语，对自己用谦语，即外敬内谦。敬语中使用较多的是“请”字，多含有谦虚、尊重对方的意思。“请”字用在指令性的句子中会显得有礼貌，语气委婉、柔和。如“请稍等”“请你过来一下”等。有人总结了四句话：“请”字开路，“谢谢”压阵，“对不起”不离口，“您好”“上午好”“下午好”“晚安”等问候语天天说。另外，交谈结束或与人作别之际，主动地道上一句“再见”，可以表达惜别之意与恭敬之心。

（2）谦语

谦语是向人表示谦恭和自谦的词语。最通常的用法是在别人面前谦称自己和自己的家人。如称自己为“愚”“晚辈”“学生”“在下”，谦称家人为“家父”“家慈”“舍妹”等，如言行失误时说“失礼了”“很抱歉”“不好意思”，等等。

（3）雅语

雅语是指一些比较文雅的词语。在一些正规的场合以及一些有长辈和女性在场的情况下，雅语被用来替代那些人们不喜欢听或比较随便，甚至粗俗的话语。如不说“死亡”而说“不在了”，不说“上厕所”而说“去洗手间”或“对不起，我出去一下”，一般人都会心领神会。多使用雅语，能体现出一个人的文化素养以及对他人的尊重。

3. 口语流畅，语言准确

在交谈中，语言必须准确，否则不利于各方之间的沟通。需要注意的问题主要如下：

（1）发音准确

交谈之中，要求发音准确，其含义有三：一是发音要标准，不能读错音、念错字，让人见笑或误会；二是发音要清晰，要令人听得一清二楚，而不是口齿不清、含含糊糊；三是音量要适中，音量过大令人感觉震耳欲聋，过小则让人听起来费劲，都不大合适。

（2）语速适度

语速，即讲话的速度。在讲话时，对其应加以控制，使之保持匀速，快慢适中。交谈过程中，语速过快、过慢或忽快忽慢，都会影响效果。

（3）口气谦和

在交谈中，讲话的口气一定要亲切谦和、平等待人。不要端架子、摆派头，不要以上压下、以大欺小、官气十足、倚老卖老、盛气凌人，不要随便教训、指责别人。

（4）内容简明

交谈时，应力求言简意赅、简单明白、节省时间、少讲废话。不要没话找话、短话长说、啰里啰唆、废话连篇、节外生枝、任意发挥、不着边际，让人听起来不明白。

（5）少用土语

交谈对象若非家人、乡亲，则最好在交谈之中不采用对方有可能听不懂的方言、土语，否则就是对对方不尊重。在多方交谈中，即便只有一个人听不懂，也不要采用方言、土语交谈，以免使这一人产生被排挤、冷落之感。

（6）慎用外语

在国内普通性质的交谈中，应当讲中文，并且要讲普通话。若无外宾在场，则最好慎用外语。与本国人交谈时使用外语，并不能证明自己外语水平高，反而有卖弄之嫌。

4. 举止大方，语言幽默

在交谈中，优雅大方的举止，再配上幽默的语言，极易迅速打开交际局面，使气氛轻松、活跃、融洽。

（1）目光

见面时，首先要以诚恳专注的目光正视对方片刻，面带微笑，显示出喜悦、热情的心情。对初次见面的人还应友善地微微点头行一个注目礼，表示出尊敬和礼貌。

（2）微笑

发自内心、自然大方，显示亲切，要由眼神、眉毛、嘴巴、表情等方面协调动作来完成。

（3）肢体语言

指凭借身体的动作或表情来表达某种意思、情绪的无声语言。比如，用点头、鞠躬、握手表达谢意，用眼神、握手、点头、拍肩膀、拥抱表达鼓励和安慰，用鼓掌、竖大拇指、喝彩表达称赞和夸奖，用点头、鼓掌、OK 手势表达同意和赞同，等等。

（4）交际的空间距离

- 亲密距离：0.5 米以内，是贴心朋友、恋人、夫妻、父母与子女之间的亲密区。
- 私人距离：0.5 ～ 1.5 米，是亲属、朋友之间的个人区。
- 社交距离：1.5 ～ 3 米，属于礼节上较正式的交往距离，与同事共事通常保持这种距离。
- 公共距离：大于 3 米，适用于开会或演讲的距离。

（5）幽默是人际交往的天使

美国幽默术专家特诺·赫伯说过：“把幽默当作礼物送给别人，会增强你的吸引力。”恩格斯认为，幽默是具有智慧、教养和道德上的优越感的表现。社交场合离不开幽默的谈吐，它会使社交者言谈生辉、光彩照人，具有强烈的感染力。

幽默不是天生的，人人皆可以习得。首先要做一个心中充满快乐的人，快乐是幽默的源泉。一个对生活工作充满自信的人，才有可能幽默风趣，快乐自己，感染他人。演说家毕更斯认为，“趣味思想这四个字意味着精神鼓励，可以安慰焦躁的症状，它是一种态度、一种心境”。其次是要有意识地开发幽默资源，平时应多积攒一些妙趣横生的幽默故事，如读些喜剧、讽刺小说、民间笑语，积累相声或小品的精华片断等。平时多观察多积累，用时就可以信手拈来。

二、语言交谈的内容

【礼仪案例】

被誉为“销售权威”的霍依拉先生的交际诀窍是：初次交谈一定要扬人之长、避人之短。有一回，为了替报社拉广告，他拜访梅伊百货公司总经理。寒暄之后，霍依拉突然发问：“您是在哪儿学会开飞机的？总经理能开飞机可真不简单啊。”话音刚落，总经理兴奋异常，谈话兴致大发，广告之事当然不在话下。不仅如此，霍依拉还被总经理热情地邀请去乘他的自备飞机呢！

进行交谈，最重要的是交谈内容的选择。言为心声，一个人谈话的具体内容可以反映出其教养、情趣、品位、阅历。在通常情况下，每次交谈的话题或多或少，数目不定，职场人士在选择话题时，必须明确哪些是可以选择的话题，哪些是不应该提出的话题。

（一）适宜的话题

在交谈之中，以下五类具体的话题都是适宜选择的。

1. 既定的话题

既定的话题，即交谈双方业已约定，或者其中某一方先期准备好的话题。例如，求人帮助、征求意见、传递信息、讨论问题、研究工作等一类的交谈，往往都属于主题既定的交谈。选择这类主题，最好双方商定，至少也要得到对方的认可。它多适用于正式交谈。

2. 高雅的话题

高雅的话题，即内容文明、优雅，格调高尚、脱俗的话题。例如文学、艺术、哲学、历史、考古、地理、建筑等，都属于高雅的主题。它适用于各类交谈，但要求面对知音，忌讳不懂装懂，或班门弄斧。

3. 轻松的话题

轻松的话题，即谈论起来令人轻松愉快、身心放松、饶有情趣、不觉劳累或厌烦的话题。例如，文艺演出、流行时尚、美容美发、体育比赛、电影电视、休闲娱乐、旅游观光、名胜古迹、风土人情、名人轶事、烹饪小吃、天气状况，等等。它适用于非正式交谈，并允许各抒己见、任意发挥。

4. 时尚的话题

时尚的话题，即以此时、此刻、此地正在流行的事物作为谈论的话题。此类话题适合于各种交谈，但其变化较快，在具体的把握上有一定难度。

5. 擅长的话题

擅长的话题，是指交谈的双方，尤其是交谈对象有研究、有兴趣、有可谈之处的话题。须知：话题选择之道，在于应以交谈对象为中心。例如，与医生交谈，宜谈健身祛病；与学者交谈，宜谈治学之道；与作家交谈，宜谈文学创作，等等。选择谈话双方都擅长的主题适用于各种交谈，但忌讳以己之长对人之短，否则会话不投机半句多。因为交谈是意在双向交流的谈话，故不可只有一家之言，否则难以形成共鸣。

（二）忌谈的话题

在各种交谈之中，有下列几类具体的主题理应忌谈。

1. 不得非议党和政府

不能非议国家、党和政府，在思想上、行动上应与党和政府保持一致。爱国守法是每个公民、每个企业界人士的基本职业规范，也是道德素养问题。

2. 不可涉及国家秘密与商业秘密

我国有《中华人民共和国国家安全法》《中华人民共和国保守国家秘密法》，涉及泄密的内容是不能谈论的。因此，在语言交谈中不应涉及国家秘密与商业秘密。

3. 不得非议交往对象的内部事物

与外人打交道时应该牢记客不责主的概念，即不能随便挑剔别人的不是。如果不是大是大非的问题，不能当面使对方出丑、尴尬、露怯、难以下台。

4. 不得背后议论领导、同事与同行

我们虽然主张批评和自我批评，但是家丑不可外扬。在外人面前议论自己的领导、同行、同事的不是，会让别人对你的人格、信誉产生怀疑。

5. 不得涉及格调不高之事

格调不高的话题包括家长里短、小道消息、黄色段子等。如果这些格调不高的话题从我们嘴里说出来，就会贻笑大方，会使对方觉得我们素质不高、有失教养。

6. 不得涉及个人隐私之事

个人隐私，即个人不希望他人了解之事。关心别人值得提倡，但是应做到关心有度，尊重隐私。与外人交谈时，应回避个人隐私。

三、语言交谈的技巧

【礼仪案例】

富兰克林·罗斯福从非洲回到美国，准备参加1912年的竞选。因为他是已故美国总统西奥多·罗斯福的堂弟，又是一位有名的律师，自然知名度很高。在一次宴会上，大家都认识他，但罗斯福却不认识在场的来宾。这时，他看出虽然这些人都认识他，然而表情却显得很冷漠，似乎看不出对他有好感的样子。

罗斯福想出一个接近自己不认识的人并能同他们搭话的主意。于是他对坐在自己旁边的陆思瓦特博士悄声说道："陆思瓦特博士，请你把坐在我对面的那些客人的大致情况告诉我，好吗？"陆思瓦特博士便把每个人的大致情况告诉了罗斯福。了解大致情况后，罗斯福在交谈中随口向那些不认识的客人提出了一些简单的问题，从中了解到他们的性格、特点、爱好，知道他们曾从事过什么事业，最得意的是什么。掌握这些后，罗斯福就有了同他们闲谈的资料，并引起了他们的兴趣，在不知不觉中，罗斯福便成了他们的新朋友。

语言交谈，是展示个人的修养、综合素质的重要过程。在职场交谈中，职场人士首先要考虑的是谈话内容能否让人正确了解、领会，然后再充分展现自己高超的谈话水平。为此，还应掌握一定的谈话技巧。

（一）接近对方

1. 寒暄问候

寒暄与问候是见面时的开场白，是交谈的序幕。人们见面时，若选用适当的问候语及寒暄语，如“您好”“认识您很高兴”“见到您十分荣幸”“久仰”“幸会”等，易于打破陌生的局面，缩短距离，起到拉近感情距离的功效，从而为双方进一步交谈做好铺垫。

2. 熟记人名

在社会交往中，如果能熟记并叫出对方的姓名，会令对方产生一种亲近感，接近也就显得更自然和融洽。相反，如果数次见面还叫不出对方的姓名，会令对方产生一种距离感，双方的心理隔阂由此而生。

（二）巧妙提问

提问是引出话题、展开谈话或转换话题的好办法。通过提问，可以获取自己所需要的信息，也让对方了解自己的需要和追求，从而达到交流与合作的目的。

1. 切境提问

切境，就是要求语言运用与所处的特定环境相适应、相切合。不同的交际场合，不同的交际时间，不同的交际目的，不同的交际对象，所使用的提问语言应有所不同，只有做到切境，才能问得恰当得体。

2. 注意内容

提问的目的在于与对方交流、沟通，因此，不要提涉及个人隐私和超出对方知识水平方面的问题，以免对方对提问产生抵触情绪，从而造成冷场。

3. 讲究方式

提问必须采取对方乐于接受的方式，查户口式的发问、穷追不舍地追问、跳跃式的发问，都会令对方反感，也达不到交谈与沟通的目的。比如接待一位上海人，若是这样问：“您是上海人吧？”“您刚到长沙吗？”，等等，对方恐怕只好一次次地重复回答“是”；若换一种问法：“您这次来到长沙有什么感触？”“上海发展很快，有什么新闻？”会使客人充分叙述自己的感受从而使交谈氛围自然融合起来。

（三）说服技巧

1. 调节气氛，以退为进

在说服时，首先应该想方设法调节谈话的气氛。如果和颜悦色地用提问的方式代替命令，并给人以维护自尊和荣誉的机会，气氛就是友好而和谐的，说服也就容易成功；反之，在说服时不尊重他人，拿出一副盛气凌人的架势，那么说服多半是要失败的。

2. 争取同情，以弱克强

渴望同情是人的天性，如果你想说服比较强大的对手时，不妨采用这种争取同情的技巧，从而以弱克强，达到目的。

3. 善意威胁，以刚制刚

很多人都知道用威胁的方法可以增强说服力，而且还不时地加以运用。但是，在具体运用时要注意以下几点：第一，态度要友善；第二，讲清后果，说明道理；第三，威胁程度不能过分，否则反会弄巧成拙。

4. 消除防范，以情感化

一般来说，在和要说服的对象较量时，彼此都会产生一种防范心理，尤其是在危急关头。这时候，要想使说服成功，就要注意消除对方的防范心理。那么消除防范心理最有效的方法就是反复给予暗示，表示自己是朋友而不是敌人。这种暗示可以采用种种方法来进行，如嘘寒问暖、给予关心、表示愿给帮助等。

5. 投其所好，以心换心

站在他人的立场上分析问题，能给他人一种为他着想的感觉，这种投其所好的技巧常常具有极强的说服力。要做到这一点，知己知彼十分重要，唯先知彼，而后方能从对方立场上考虑问题。

6. 寻求一致，以短补长

习惯于顽固拒绝他人说服的人，你得努力寻找与对方一致的地方，先让对方赞同你远离主题的意见，从而使之对你的话感兴趣，而后再想法将你的主意引入话题，而最终求得对方的同意。

（四）拒绝技巧

1. 看场合，再拒绝

私下拒绝，往往比当众拒绝好。有旁人存在，如果被拒绝，会使对方觉得很没面子，杀伤力太大。如果实在无法避开其他人，最好事后马上找机会，再与对方说明。

2. 表现友好，先肯定再拒绝

态度友善，先给予肯定再拒绝，能降低对方被否定的感受。与其说：“我不同意你。”不如微笑着说：“你的简报做得真精彩！不过某个部分无法完全说服我。”

3. 贬低自己胜过否定他人

比起单方面否定他人，可以表现谦虚、心有余而力不足的态度，适当贬低自己，平衡对方的期望落空，同时记得对事不对人。与其说：“我不能帮你”，不如换个方式说：“我很想帮你，但这件事情我实在不擅长。”或者推荐更适合的人选。

4. 巧妙借用别人的话来拒绝

巧妙借用别人的话，同时主动表示歉意或同情，可以让对方知道你的难处。例如，“实在很抱歉，我们公司规定不能够……”“我知道你很需要这个东西，只是我们主管有交代……”当对方知道不是你单方面就能作主，应该不会归咎于你，也会知难而退。

5. 短暂延迟，可暗示你有为难之处

毫不留情地立刻拒绝，具有强大的杀伤力。在面对别人提出的要求时，专心看着对方的眼睛，短暂沉默，足以暗示你有为难之处。或是把拒绝稍微延迟，告诉他：“让我想想好吗？”或者“我再打电话跟你联系。”可以降低他的期待，而且用电话往往比当面拒绝容易。但切记不要拖延太久，痴痴等待却落空，会让人更加不愉快。

（五）学会赞美

在人和人的交往中，适当地赞美对方，总是能够创造出一种热情友好、积极肯定的交往气氛。赢得别人对自己的赞许，是人类的一种本能的需要。人们正是在别人的赞美声中认识自己的存在价值，获得非常重要的社会满足感的。赞美别人要掌握一定的技巧。

1. 因人而异

因人而异、突出个性，有特点的赞美比一般化的赞美更能收到好的效果。老年人总希望别人不忘记他当年的业绩与雄风，同其交谈时，可多称赞他引以为豪的过去；对年轻人，不妨语气稍为夸张地赞扬他的创造才能和开拓精神，并举出几点实例证明他的确能够前程似锦；对于经商的人，可称赞他头脑灵活，生财有道；对于有地位的干部，可称赞他为国为民，廉洁清正；对于知识分子，可称赞他知识渊博、宁静淡泊等。当然这一切要依据事实，切不可虚夸。

2. 情真意切

能引起对方好感的只能是那些基于事实、发自内心的赞美。相反，你若无根无据、虚情假意地赞美别人，他不仅会感到莫名其妙，更会觉得你油嘴滑舌、诡诈虚伪。例如，当你见到一位其貌不扬的小姐，却偏要对她说：“你真是美极了。”对方立刻就会认定你所说的是虚伪至极的违心之言。但如果你着眼于她的服饰、谈吐、举止，发现她这些方面的出众之处并真诚地赞美，她一定会高兴地接受。

3. 翔实具体

交往中应从具体的事件入手，善于发现别人哪怕是最微小的长处，并不失时机地予以赞美。赞美用语越翔实具体，说明你对对方越了解，对他的长处和成绩越看重。让对方感到你的真挚、亲切和可信，你们之间的人际距离就会越来越近。如果你只是含糊其辞地赞美对方，说些“你工作得非常出色”或者“你是一位卓越的领导”等空泛飘浮的话语，只能引起对方的猜度，甚至产生不必要的误解和信任危机。

4. 雪中送炭

最需要赞美的不是那些早已功成名就的人，而是那些因被埋没而产生自卑感或身处逆境的人。他们平时很难听到一句赞美的话语，一旦被人当众真诚地赞美，便有可能振作精神，大展宏图。

5. 背后赞美

直接赞美对方时，对方极可能以为那是一种口是心非的应酬话、恭维话。然而，赞美若是通过第三者的传达，效果便截然不同了。此时，当事者必认为那是认真的赞美，毫无虚伪，于是往往真诚地接受，为之感激不已。

6. 大会表扬，刺激鼓励

对于有成就、贡献突出的工作者，应当在全体员工大会上进行表扬，这是许多领导者经常采用的一种激励方式。事实证明，这种激励方式虽然简单，但它产生的效果却是十分明显的。 因为人的社会性决定了每个人都希望自己能够得到他人的肯定与社会的承认。上司在特定场合对他的表扬便是对他热情的关注、慷慨的赞许和内心的承认。这种表扬还能够激发其他下属的上进之心，从而努力进取，为单位创造更大的效益。

（六）学会倾听

【礼仪案例】

芝加哥电话公司曾碰到一件很令人头疼的事情，一位曾咒骂接线生的顾客和公司较上了劲。他不仅恫吓电话公司要拆毁电话，而且还拒绝支付某种他认为不合理的费用。他给报社写信，还屡屡向公众服务委员会投诉，而电话公司也因此涉入数起诉讼。现在公司对此人一筹莫展，总经理甚至希望能从天而降一位能人异士来帮他解决此事。

最后，公司中的一位协调人员迈克见公司为这事为难，就自告奋勇地去访问这位蛮横的顾客。这位顾客一见到迈克就开始喋喋不休地发泄他的大篇牢骚，迈克并没有像电话公司的其他人那样不耐烦地打断他的谈话，而是静静地听着，并且同情他所说的每一句话。这次，这位爱发脾气的老先生破天荒地没有发脾气，整个访问在一片友好的气氛中结束。

后来，迈克又先后访问过他几次。每一次迈克都静听他发牢骚，并对他表示同情。慢慢地，这位顾客的态度变得友善了。至于迈克访问他所要解决的事情，在他们第一次见面时没有提到，在第二次、第三次以及后来的几次见面中也没有提到，但在最后一次见面时，迈克却成功地结束了这一案件，使所有的欠账都付清了，还使得他撤销了向公众服务委员会的申诉。

解决了这一棘手的事情，公司异常高兴。总经理大大地表扬了迈克，并且升了他的职。

在这一故事中，毫无疑问地，那位顾客自认为是在为公众而战，是在保障公众的权利不受无情的剥削，但实际上他要的是被尊重。他先通过挑剔、抱怨得到这种被尊重的感觉，后来当他从迈克那里得到这种感觉之后，他的那些不切实际的冤屈立刻消失得无影无踪了。

专心听别人讲话的气度是我们所能给予别人的最大赞美和尊重。倾听别人的谈话是一门艺术，它不仅可以满足对方的自尊心，从而使对方更有兴趣交谈，还可以获得重要的信息，了解对方的真实意图、性格和爱好，以便做出针对性的反应，促使交谈顺利进行。

外国有句谚语："用十秒钟的时间讲，用十分钟的时间听。" 善于倾听，是说话成功的一个要诀。根据美国俄亥俄州立大学一些学者的研究，成年人在一天时间里有 7% 用于交流思想。在这 7% 的时间里，有 30% 用于讲，有高达 45% 的时间用于听。这说明听在人们的交往中居于非常重要的地位。怎样才能掌握倾听的艺术呢？

1. 倾听的技巧

站在对方的立场去听，去反应，去认识，去理解，去记忆。

（1）专心听人说话

对别人最大的尊重是集中注意力，真正专注地听他讲话，真心诚意地倾听。如果你真的没有，或由于别的原因而不愿听人谈话，最好客气地提出来 :“对不起，我很想听你说，但我今天还有一件事要做。”礼貌地提出来，比勉强听或者坐着开小差更好一些。

（2）适时给予反馈

要注意谈话者的神态、表情等非语言传播手段，要以柔和的目光注视对方，还要学会用声音、动作去呼应。有时得用自己的语言复述对讲话人所表达信息和情感的理解，这表明你已经听到并理解了信息。你可以逐字逐句地重复讲话人的讲话，也可以用自己的语言解释讲话人的意思。如，“你的话可以这样概括……”；又如，当别人说“我不喜欢我的老板，再说，那个工作也很烦人。”时，你可以用自己的语言解释 :“你对你的工作不太满意。”

（3）置换位置

倾听者应设身处地地站在说话人的立场，了解其想要传达的所有信息，而不是只了解你想要知道的。让说话者能够试探你的意见和情感的同时，觉得你是以一种非裁决的、非评判的姿态出现的。不要马上就问许多问题，不停地提问给人的印象往往是听者在受“炙烤”。

（4）有始有终的意愿

要设法使交谈轻松自如，不可显示出不耐烦的样子，少讲多听，不要随意打断对方。最高明的听众是善于向别人请教的人，如与人交谈时，能向其请教一两个他擅长且不避讳的问题，一定会使其自尊心得到莫大的满足。

2. 倾听禁忌

倾听要避免先入为主，要避免面无表情，不要以自我为中心，也不要中途打断对方，要让他把话说完。因为在别人谈话的时候随意插话或问一些无关紧要的问题是最不礼貌的行为。适时而恰当地提出问题，配合对方的语气表述自己的意见。不离开对方所讲的话题，但可通过巧妙的应答，把对方讲话的内容引向所需的方向和层次。

四、语言交谈的禁忌

1. 忌打断对方

双方交谈时，上级可以打断下级，长辈可以打断晚辈，平等身份的人是没有权力打断对方谈话的。万一你与对方同时开口说话，你应该说“您请”，让对方先说。

2. 忌补充对方

有些人好为人师，总想显得知道得比对方多，比对方技高一筹。出现这一问题，实际上是没有摆正位置，因为人们站在不同角度，对同一问题的看法会产生很大的差异。当然如果谈话双方身份平等，彼此熟悉，有时候适当补充对方的谈话也并无大碍，但是在谈判桌上绝不能互相补充。

3. 忌纠正对方

不同国家、不同地区、不同文化背景的人考虑同一问题，得出的结论未必一致。尊重别人就是要尊重对方的选择。除了大是大非的问题必须旗帜鲜明地回答外，人际交往中的一般性问题不要随便与对方论争是或不是，不要随便去判断，因为对或错是相对的，有些问题很难说清谁对谁错。所谓做人必须宽容，不要把自己的是非判断标准随便强加于人。

4. 忌质疑对方

对别人说的话不随便表示怀疑。所谓防人之心不可无，质疑对方并非不行，但是不能写在脸上，这点很重要。如果不注意，就容易带来麻烦。质疑对方，实际是对其尊严的挑衅，是一种不理智的行为。人际交往中，这样的问题值得高度关注。

【拓展阅读】

一、基本礼貌用语

1. 十字礼貌用语

你（您）好，请，谢谢，对不起，再见。

2. 基本用语

问候语：早上好，晚上好，你好，午安，晚安。

致谢语：谢谢，谢谢您，多谢了，十分感谢，非常感谢。

拜托语：请多关照，承蒙关照，拜托，拜托了。

慰问语：辛苦了，受累了，麻烦您了。

赞赏语：太好了，真棒，棒极了，美极了。

谢罪语：对不起，实在对不起，实在抱歉，劳驾了，真过意不去，请原谅，望能海涵，给您添麻烦了，打扰了，请别在意，请别往心里去。

挂念语：身体好吗？最近怎么样？还好吧？生活愉快吗？工作顺利吗？

祝福语：托您的福，上帝保佑，您真福气，祝你节日快乐，祝你生意兴隆，恭喜发财。

理解语：只能如此，深有同感，所见略同。

迎送语：欢迎，欢迎光临，欢迎再次光临，欢迎您下次再来，再见，晚安，明天见，祝您旅途愉，快，祝你一路平安，祝你一路顺风。

征询语：您有什么事吗？需要我帮你做什么吗？您还有别的事吗？请您说慢点儿。如果您不介意的话，我可以帮您吗？

应答语：没关系，别客气，不必客气，照顾不周请多指正，谢谢你的好意。

道歉语：实在对不起，请您谅解，打扰您了，失礼了，完全是我们的过错，谢谢您的提醒，我们会尽量使您满意好吗？

委婉语：很遗憾，不能帮您的忙。承蒙您的好意，但我确实有许多工作要做。

二、敬语、谦语

与人相见说“您好”，问人姓氏说“贵姓”，问人住址说“府上”，

仰慕已久说“久仰”，初次见面说“幸会”，好久未见说“久违”，

向人询问说“请问”，请人协助说“烦请”，请人解答说“请教”，

请人办事说“拜托”，麻烦别人说“打扰”，求人方便说“借光”，

请改文章说“斧正”，接受好意说“领情”，求人指点说“赐教”，
得人帮助说“谢谢”，祝人健康说“保重”，向人祝贺说“恭喜”，
老人年龄说“高寿”，身体不适说“欠安”，看望别人说“拜访”，
请人接受说“笑纳”，送人照片说“惠存”，欢迎购买说“惠顾”，
希望照顾说“关照”，赞人见解说“高见”，归还物品说“奉还”，
请人赴约说“赏光”，对方来信说“惠书”，自己住家说“寒舍”，
需要考虑说“斟酌”，无法满足说“抱歉”，请人谅解说“包涵”，
言行不妥“对不起”，慰问他人说“辛苦”，迎接客人说“欢迎”，
宾客来到说“光临”，等候别人说“恭候”，没能迎接说“失迎”，
客人入座说“请坐”，陪伴朋友说“奉陪”，中途先走说“失陪”，
临分别时说“再见”，请人勿送说“留步”，送人远行说“平安”，
对方问己说“垂询”，别人思己说“垂念”，别人学生称“高足”，
升任职位说“高就”，别人书信称“华翰”，别人生日称“华诞”，
别人房屋叫“华厦”，对方到来说“驾临”，请人谅解说“见谅”。

三、称谓语

1.“令”字族：用在名词或形容词前表示对别人亲属的尊敬，有“美好”的意思。

- 令尊、令堂：对别人父母的尊称。
- 令兄、令妹：对别人兄妹的敬称。
- 令郎、令爱：对别人儿女的敬称。
- 令阃：对别人妻子的尊称。
- 令亲：对别人亲人的尊称。

2.“家”字族：用于对别人称自己的辈分高或年纪大的亲戚。

- 家父、家尊、家严、家君：称父亲。
- 家母、家慈：称母亲。
- 家兄：称兄长。
- 家姐：称姐姐。
- 家叔：称叔叔。

3.“舍”字族：用于对别人称自己的辈分低或年纪小的亲戚。

- 舍弟：称弟弟。
- 舍妹：称妹妹。
- 舍侄：称侄子。

【思考练习】

1. 请你指出在以下交谈中，男士犯了什么错误？

一男一女交谈。男士问：“您多大呢？”女士不快：“二十八岁。”男士又问：“结婚了吗？”女士答：“早结了。”男士再问：“有孩子吗？”女士不答，不快！

2. 请你指出在以下交谈中，男士犯了什么错误？

休闲场所，两女士聊天。

A 女："昨天天津下雨了，很大。"

一男士插话："真的？"

两女士不理该男士。

该男士又道："我怎么不知道？"

B 女："唐山昨天也下雨了。"

该男士又道："石家庄也下大雨了。"

【实践训练】

1. 案例：

刘红作为总经理秘书并没有外在的优势，她长得不漂亮，个子也不高，而且她的文采在整个办公室也不是出类拔萃的。但令人奇怪的是，她来 A 公司的时间不长，就受到了老板的青睐。几位先来的秘书心生忌妒，她是如何"后来居上"的呢？通过大家集体努力、仔细调查，终于发现她有个优点是别人都比不上的，那就是说话的方式。每当领导或者主任找她的时候，她总是仔细倾听，大部分时间注意看领导脸部眼睛之下、嘴角之上的三角区的位置，尤其在老板作指示的时候，虽然不知道她是否真正听明白了，但在老板说话每次停顿的时候，她都点头说个"是"，甚至在最后会把老板的意图重复一遍，谢谢老板对自己的帮助。难道说就是这个小技巧让她成功的？几个秘书沉不住气了，去刘红那里讨教。她如实地说："对于老板来说，喜欢自己作指示的时候有居高临下的感觉，更喜欢自己所说的话能够受到下属的崇拜，所以沟通之间这些小窍门还是非常有用的。"大家听了，连连称赞。不仅如此，在刘红的指点下，很快其他人也获得了领导的青睐。而老板也因为大家对他的态度尊敬有加，更加开心。

提问：为什么老总喜欢刘红？你认为人际交往中沟通的方式、方法重要吗？

2. 案例：

在一次小型的联欢会上，观众席上有一位女士问某位笑星："听说你在全国笑星中出场费是最高的，一场要一万多元，是吗？"这个问题让人为难：如果这位笑星的回答是肯定的，那会有许多不便，如果确有其事，他也就不好给予否定的回答。面对这样一个尴尬的问题，这位笑星给出了如下的回答。

这位笑星说："您的问题提得很突然，请问您是哪个单位的？"

"我是大连一个电器经销公司的。"那位女士说。

"你们经营什么产品？"笑星问。

"有录像机、电视机、录音机……"女子答道。

"一台录像机卖多少钱？"

"四千元。"

"那有人给你四百元你卖吗？"

"那当然不能卖，一种商品的价格是由它的价值决定的。"那女士非常干脆地回答他。

“那就对了，演员的价值是由观众决定的。”

提问：面对女士的尴尬问题，这位笑星采用了何种方法巧妙应答？请结合案例谈一下，在日常生活中遇到言语方面的因素而使自己处于不利境地时该如何解围？

3．案例：

吉拉德向一位顾客推销汽车，交易过程十分顺利。当客户正要掏钱付款时，另一位推销员跟吉拉德谈起昨天的篮球赛，吉拉德一边跟同伴津津有味地说笑，一边伸手去接车款，不料顾客却突然掉头而走，连车也不买了。吉拉德苦思冥想了一天，不明白客户为什么对已经挑选好的汽车突然放弃了。夜里 11 点，他终于忍不住给客户打了一个电话，询问顾客突然改变主意的理由。客户不高兴地在电话中告诉他：“今天下午付款时，我同你谈到了我的小儿子，他刚考上密歇根大学，是我们家的骄傲，可是你一点也没有听见，只顾跟你的同伴谈篮球赛。”

请分析吉拉德这次生意失败的根本原因。

模块3 社交礼仪

记住对方的名字，并把它叫出来，等于给对方一个很美妙的赞誉。而若是把他的名字忘了，或写错了，你就会处于不利的地位。

——卡耐基

在宴席上最让人开胃的就是主人的礼节。

——莎士比亚

使风度的魅力在餐桌上展示出神奇的力量。

——亚马尼

赠人玫瑰，手有余香。

——英国谚语

赠送礼物和接受礼物同样需要头脑。

——塞万提斯

本模块着重介绍称呼礼仪、介绍礼仪、握手礼仪、名片礼仪、宴请礼仪和馈赠礼仪。

任务 3.1 称呼礼仪

【知识目标】

1. 掌握不同场合的称呼礼仪。
2. 掌握面对不同对象的称呼礼仪。
3. 熟悉称呼中的禁忌。

【能力目标】

能够根据不同场合、不同对象选择恰当的称呼。

【任务导入】

在局办公室干了十多年的李主任遇到了一件他认为是平生最难解决的问题：前任局长调走后，上级没有把郑副局长顺理成章地“扶正”，而是“空降”了一位新局长。本来工作调动是再正常不过的事，但要命的是新调来的正局长姓“付”。

正局长姓“付”，副局长姓“郑”，怎么称呼听起来都让人感到非常别扭。遇到上级领导来局里检查工作，或者有兄弟单位的领导来局里办事抑或是参观学习，身为办公室主任的他给客人介绍单位领导时，指着付正局长说：“这是我们局的付局长。”指着郑副局长说：“这是我们局的郑局长。”客人肯定百分之百地会误把付正局长当成副局长，而把郑副局长当成正局长。这让郑副局长该有多尴尬，又让付局长情何以堪？得罪了两位局长大人，自己以后还怎么在人家手下混呀！直呼局长大名吧，明显是对局长大不敬，并且也极不合时宜；光叫局长不叫姓，只有一个局长在场还勉强能说得过去，要是两个局长同时在一起，这场面要多难堪有多难堪。

这天晚上，李主任躺在床上，辗转反侧，绞尽脑汁，怎么也睡不着。请问，该为李主任想一个什么办法来应对当前的难题呢？

选择正确、适当的称呼不但反映着自身的教养和对对方的尊敬程度，还体现着彼此双方之间关系的亲疏程度和社会风尚。一声充满感情并且得体的称呼不仅体现出一个人礼貌待人的美德，还能使对方感到愉快、亲切，易于交融双方的情感，为深层交际打下基础。

【知识链接】

所谓称呼，通常是指在日常交往应酬中，人们彼此之间所使用的称谓语。它是沟通人际关系的第一座桥梁。由于各国、各地区和各民族的语言不同，风俗各异，因而称呼的差别很大。如今，虽然一般社交礼仪的称谓逐渐趋向简单化，但也要注重亲近与尊重。熟谙其中奥秘的政治家们十分注意使用称呼的心理战术，有意地缩短或保持距离。

在社会交往中，要想对他人采用正确、适当的称呼，通常必须兼顾下述四项规则：一是必须符合常规，二是必须区分场合，三是必须考虑双方关系，四是必须坚持入乡随俗。

与此同时，对于工作中的称呼、生活中的称呼、涉外交往中的称呼以及正式场合的忌称，均应有所区别。

一、工作中的称呼

在职场上，所采用的称呼应该正式、庄重而规范。工作中的称呼大体上可分为以下四类。

1. 职务性称呼

职务性称呼是指以交往对象的职务相称，职务性称呼可以显示身份有别、敬意有加，是工作场合最常见的一种称呼。在实践中，可分为以下三种情况：

一是仅称行政职务，例如董事长、总经理等，多用于熟人之间。

二是在行政职务前加上姓氏，例如谭董事、李秘书等，适用于一般场合。

三是在行政职务前加上姓名，例如王涵董事长、林荫主任等，多见于极为正式的场合。

2. 职称性称呼

对具有职称者，尤其是具有高级、中级职称者，可以直接以其职称相称。在有必要强调对方的技术水准的场合，尤其需要这么做。可分为以下三种情况：

一是仅称技术职称，例如总工程师、会计师等，适用于熟人之间。

二是在技术职称前加上姓氏，例如谢教授、严律师等，多用于一般场合。

三是在技术职称前加上姓名，例如柳民伟研究员、何娟工程师等，常见于十分正式的场合。

3. 学衔性称呼

在一些有必要强调科技或知识含量的场合，可以以学衔作为称呼，以示对对方学术水平的尊重和对知识的强调。具体有下面四种情况：

一是仅称学衔，例如博士，多见于熟人之间。

二是在学衔前加上姓氏，例如侯博士，常用于一般性交往。

三是在学衔前加上姓名，例如侯伟博士，仅用于较为正式的场合。

四是在具体化的学衔之后加上姓名，即明确其学衔所属学科，例如，经济学博士邹飞、工商管理硕士马月红、法学学士刘霞等，此种称呼显得最为郑重其事。

4. 行业性称呼

在工作中，若不了解交往对象的具体职务、职称、学衔，有时不妨直接以其所在行业的职业性称呼或约定俗成的称呼相称。它通常分为以下两种情况：

一是以其职业性称呼相称。在一般情况下，常以交往对象的职业称呼对方。例如，可以称医生为大夫，称驾驶员为司机，称警察为警官等。此类称呼前，一般可加上姓氏或姓名。

二是以其约定俗成的称呼相称。例如，对公司、服务行业的从业人员，人们一般习惯于按其性别不同，分别称之为小姐或先生。在这类称呼前，亦可冠以姓氏或姓名。

二、生活中的称呼

在日常生活中所使用的称呼应当亲切、自然、合理，在生活中所常用的称呼，大致上有以下三类：

1. 对亲属的称呼

对亲属的称呼早已约定俗成，其关键是要使用准确，切忌乱用。不过，有时为表示亲切，也不一定非得符合标准。例如，儿子对岳父、岳母，儿媳对公公、婆婆，均可称为爸爸、妈妈，以示自己与对方不见外。

2. 对朋友、熟人的称呼

称呼朋友、熟人时，既要亲切、友善，又要不失敬意。大体上应分为下列三种情况：

一是敬称。对于有地位、有身份的朋友、熟人或长辈，通常应当采用必要的敬称。对长辈或有地位、有身份者，大都可以称之为先生。对科技界、教育界、文艺界人士，以及其他在某一领域有一定成就者，往往可称之为老师。对同行中的前辈或社会上的德高望重者，通常可称之为公或老。

二是亲近性称呼。对邻里、至交，有时可采用大爷、大妈、大叔、阿姨、姐、哥等类似的称呼。它往往会给人以亲切、信任之感。此类称呼前，还可以加上姓氏。

三是姓名性称呼。平辈之间或长辈称呼晚辈时，以及朋友、熟人之间可以直接称呼对方姓名，但晚辈却不宜如此称呼长辈。

有时，朋友、熟人还可只呼其姓而不称其名，仅在前冠以老、大、小。具体做法是，对年长于己者或平辈称老、称大，对年幼于己者或晚辈称小。对关系较为密切的同性或晚辈，朋友、熟人之间还可以直呼其名而不称其姓，但对异性却一般不宜如此称呼。

3. 普通性称呼

在日常交往中，对仅有一面之交、关系普通的交往对象，可酌情使用下述几种称呼：

一是以其职务、职称或学衔相称。

二是以其行业性称呼相称。

三是以约定俗成的泛尊称相称，例如同志、小姐、夫人、女士、先生等。

四是以当时所在地流行的称呼相称。

三、涉外交往中的称呼

由于国情、文化、习俗与宗教等方面的差异，在对外交往中所宜采用的称呼，往往与国内交往中常用的称呼有所不同。

1. 商界人士

需要称呼商界人士时，通常均应称呼对方为小姐、女士或先生。有时，可以同时加上对方的姓氏或姓名，例如玛丽小姐、比尔·盖茨先生等。在许多国家，人们并不习惯于称呼交往对象的行政职务。

2. 政界人士

与政界人士打交道时，一般亦可以小姐、女士或先生相称。此外，还有以下两种方式可行：

一是称呼行政职务。有时，还可同时加上小姐、女士或先生等称呼，例如市长先生。

二是称呼职务较高者为阁下。在多数情况下，阁下这一称呼可与职务及小姐、女士、先生等称呼同时使用，例如总理先生阁下、大使阁下等。但在美国、德国、墨西哥等国，却并无阁下之称。

3. 军界人士

在国外，人们称呼军界人士时，大都习惯于只称呼其军衔，而不称呼其职务。其基本方式有以下四种：

一是只称呼军衔，例如将军、中校、少尉等。

二是在军衔之后加上先生，例如少校先生、上尉先生等。

三是在军衔之前加上姓氏，例如朱可夫元帅、史密斯将军等。

四是军衔与姓氏、先生一起相称，例如布莱德雷上将先生，此种全称最为正规。

4. 宗教界人士

对宗教界人士，一般只宜称呼其神职。具体方式大致上有以下三种：

一是仅称其神职，例如牧师、大主教等。

二是神职之前加上姓氏，例如谢尔盖神父。

三是神职之后加上先生，例如传教士先生。

5. 教育界、科技界、卫生界、司法界人士

在称呼此类人士时，一般以其职称、学衔为主。其惯用方式主要有以下四种：

一是直接称呼其职称或学衔，例如教授、工程师、研究员、医生、法官、律师等。

二是在其职称或学衔前加上姓氏，例如蒙代尔教授、米罗大律师等。

三是在其职称或学衔后加上先生、小姐之类的称呼，例如法官先生、博士小姐等。

四是在其职称或学衔前后同时加上姓氏及先生或小姐，例如里奈博士先生。

6. 服务业人士

称呼服务行业的从业人员时，一般有下述两种常用方式：

一是称呼对方为小姐或先生。倘若了解对方的姓氏，有时亦可一并相称。

二是称呼对方为服务生。此种称呼在饭店、餐馆、歌厅、商店大都可以使用。

7. 社交界人士

在一切社交场合，小姐、女士、先生等称呼均最为适用。在一些国家里，称呼妇女时必须谨慎：已婚者应称之为夫人，未婚者应称之为小姐，而女士则多在不知其婚否时使用。在大多数情况下，小姐、夫人、女士、先生均可与姓氏或姓名一并称呼，与姓氏合称适用于一般场所，与姓名合称则显得非常正式。

8. 王公贵族

在称呼来自君主制国家的王公贵族时，必须采用其规范性称呼。

对国王、王后，一般应称为陛下。对王子、公主及国王的兄妹，通常应称为殿下。对拥有爵位、封号者，则必须直接以其爵位、封号相称，例如大公、勋爵、爵士等。对国君之母，应称之为王太后或太后。有时，可在王公贵族的头衔之前加上其姓氏或姓名相称。在某些国家，拥有爵位的贵族亦可被称为阁下或先生。

四、正式场合的忌称

在社会交往中，有一些称呼是忌讳使用的。它们共同的特点是失敬于被称呼者。这类

忌称主要有下述六种。

1. 错误性的称呼

它们均是称呼者粗心大意、用心不专所致。常见的有以下两种情况：

一是误读。其原因在于不认识被称呼者的姓名，或者念错了对方的姓名。我国人名中的一些姓氏，例如翟、江、郇、眭等，就很容易被人误读。

二是误会。指对被称呼者的职务、职称、学衔、辈分、婚否做出了错误的判断。例如，把一名未婚妇女称为夫人，显然就属于重大的失误。

2. 不适当的称呼

有一些称呼如果在正式场合使用，会显得不恰当。此类称呼主要有以下四种：

一是替代性的称呼。在正式场合，若直接以“下一个”“第几号”“那个女的”“哎”等替代性称呼去称呼他人，即为不适当的做法。

二是跨行业的称呼。学生喜欢互称同学，军人往往互称战友，工人可以互称师傅，专业造诣高者可称之为大师。但此种行业性极强的称呼一旦被用来称呼界外之人，通常则会给人以不伦不类之感。

三是不恰当的简称。某些同事之间使用的非正式的简称，例如，把范局长简称为范局，把沙司长简称为沙司，把周校长简称为周校，均不可使用于正式场合。

四是过于亲昵的称呼，例如亲、亲爱的、宝贝儿等。

3. 不通行的称呼

有一些称呼仅仅适用于某一地区，或者仅仅适用于国内。一旦超出一定范围，就有可能产生歧义。此类非通行性称呼主要有以下两种：

一是仅适用于某一地区。北京人常称呼他人为师傅，山东人则习惯称呼别人为伙计，湖南人称呼女性为美女，男性为帅哥等，这类地区性称呼在其他地区往往难以畅行无阻。

二是仅适用于国内。一些中国人常用的称呼，例如同志、爱人等，绝对不宜用于称呼一般的外国人。

4. 庸俗性的称呼

在公务交往中，一些庸俗而档次不高的称呼绝对不宜使用。动辄对他人以朋友、兄弟、死党、哥们儿、姐们儿相称，往往只会贬低自己的身份。应当指出的是，在正式场合，不论对外人还是自己人，最好都不要称兄道弟。要是张口闭口张哥、李姐、王叔，这样不仅不会使人感到亲切，反而会让别人觉得称呼者的格调不高。

5. 绰号性的称呼

给别人起绰号以及用绰号来称呼人都是自身缺乏修养的表现，应避免此类行为。一些对他人具有侮辱性质的绰号，则更是应被禁止使用的。

6. 网络流行语

随着网络的普及，网上经常出现各种时兴的称谓，如型男、大虾（侠）、欧巴、小鲜肉，这类称呼虽然生动又有趣，但使用在不是特别熟悉的人身上并不合适。

【思考练习】

1．请判断以下行为是否符合礼仪。

（1）同事小王对另一同事说："那个谁，把订书机递给我一下。"

（2）今天客户刘总将来公司面谈业务，小李提前赶到门口，见到刘总便热情迎上去，说到："刘总，您好！我在这里恭候您多时了。"

（3）一男士走进一间写字间，问立于门口的小姐："这是东海公司吗？"该小姐不理，继续与周围人交谈。

2．你会选择什么称呼呢？

一天，你正在办公室整理文件，突然看到已经退居二线的前任部门经理张有文进入了办公室，正朝你的方向走来。

问题：

（1）你会如何跟他打招呼？

（2）这种情况下的称呼应该注意什么礼仪？

3．案例：

有一个大学生在毕业前夕找工作。一天，他在网上看到了一家著名公司的招聘信息，这家公司的实力、招聘职位、待遇等都符合他的要求。他很高兴，觉得机会难得，于是赶紧给这家公司写了封求职信，并随信附上了一份简历。但是由于他不知道人事部主管招聘人员的姓名和性别，所以他就猜测用"亲爱的某某小姐，你好"来作为求职信的开头。然后，他迫不及待地把信邮了出去。

公司主管招聘的是一位年近50的女士。她拆开信，刚看到开头就把信扔到了垃圾箱里。当然，那个可怜的大学生最终也没有等到这家公司的面试通知。

思考：以上案例说明职场上的称呼应该注意什么礼仪？

【实践训练】

1．请收集平时遇到过的不恰当的称呼。

2．请收集职场上常用的称呼。

3．请收集网络上流行的称呼语，并分析其是否适合职场或平时使用。

任务 3.2　介绍礼仪

【知识目标】

1．了解介绍礼仪的必要性。

2．掌握自我介绍的规范要领。

3．掌握介绍他人的规范要领。

【能力目标】

能正确得体地进行自我介绍和介绍他人。

【任务导入】

雅思美容公司和汇祥化妆品公司是长期的合作伙伴关系。一天，汇祥化妆品公司的张总去拜访雅思美容公司的王总，张总被秘书领进了王总的办公室。王总的办公室里还有一个人，张总并不认识他。王总看到张总，热情地跟他打招呼，并没有向他引见另外的那个人。

张总和王总谈到产品的推广销售问题。王总建议把新产品给五湖广告公司做推广销售。张总立刻表示反对，高声说道："五湖广告公司？这家公司的信誉极差，员工的素质又低，你难道不知道吗？我真不知道五湖广告的总经理到底懂不懂管理。把咱们的产品给它去推广销售，还不如直接扔到海里去呢！"张总一口气说完，却见王总在不停地对他使眼色。张总在心里纳闷是不是自己说错了什么话。这时，那个一直坐在那里一言不发的人站起身来告辞，王总客气地把他送出门外。

王总回来后，急忙对张总解释道："唉呀，刚才那个人就是五湖广告公司的总经理啊！你说话的时候怎么也不注意一点呢？这下可把他给得罪了！"张总愣了愣，说："这怎么能怪我呢？我又不认识他，我进来的时候你也没给我介绍，我哪知道他就是五湖广告公司的总经理啊！"

从上面的故事，我们可以看出介绍的重要性。介绍是人际交往中与他人进行沟通、增进了解、建立联系的一种最基本的方式，是人与人进行相互沟通的出发点。在社交场合，如能正确地进行介绍，不仅可以扩大自己的交际圈、广交朋友，而且有助于自己进行必要的自我展示、自我宣传，可使自己在人际交往中消除误会、减少麻烦。

【知识链接】

根据介绍者即何人做介绍的不同，介绍可以分为自我介绍、介绍他人和集体介绍三大类型。

一、自我介绍

自我介绍，即在一定交际场合，在没有第三者介绍的情况下，自己将自己介绍给他人，使对方认识自己，通过该形式结识新的朋友。自我介绍实际上是一种自我推荐。

根据社交礼仪规范，进行自我介绍时，应注意自我介绍的方式、时机和分寸等问题。

（一）自我介绍的方式

自我介绍一般包括姓名、籍贯、职业、职务、工作单位或住址、毕业学校、经历、特长或兴趣等。自我介绍时应根据实际需要和所处场合来决定介绍的繁简，不一定把上述内容一一说出。依照自我介绍时表述内容的不同，自我介绍可分为下述五种方式。

1. 应酬式

应酬式的自我介绍，通常适用于某些公共场合和一般性的社交场合。介绍的对象主要是进行一般性接触的交往对象，或者早已熟悉，故此种自我介绍的内容要少而精。应酬式的自我介绍内容最为简洁，往往只包括姓名一项即可，如“您好，我是张飞。”

2. 工作式

出于工作需要而进行的自我介绍，内容一般包括公司名称、职位、姓名三项。它们是工作自我介绍内容的三要素，通常缺一不可。如“你好！我叫刘云，是 ×× 学院的英语老师。”

3. 交流式

主要适用于社交活动中，它是一种刻意寻求与交往对象进行进一步交流与沟通，并希望对方认识自己、了解自己、与自己建立联系的自我介绍，也叫社交式自我介绍或沟通式自我介绍。交流式自我介绍一般根据交往对象的具体情况而选择介绍的内容。如“我叫李丽，是 ×× 公司财务处处长，我和您的妹妹是高中同学。”

4. 礼仪式

礼仪式的自我介绍，通常适用于讲座、报告、演出、庆典、仪式等一些正式而隆重的场合，是一种意在表示对交往对象友好和敬意的自我介绍。礼仪式自我介绍的具体内容应包括姓名、单位、职务等项，但是还应多加入一些适宜的谦辞、敬语，以示自己礼待交往对象。如“各位来宾好！我叫秦涛，是 ×× 公司的董事长。现在，由我代表本公司热烈欢迎大家光临我们的剪彩仪式，谢谢大家的支持！”

5. 问答式

问答式的自我介绍一般适用于应试、应聘和公务交往。在普通性交际应酬场合，它也常见。一般讲究的是问什么答什么，并且要求有问必答。但是要注意围绕对象可能关注的方面有所侧重。如某毕业生应聘秘书职位，可以这样做自我介绍：“我叫文丽，长沙人，今年毕业于 ×× 学院商务英语专业，通过了英语六级考试，并获得中级秘书证。我性格开朗随和，做事认真踏实，就读期间曾在 ×× 公司做了一年兼职文秘，对办公室管理工作非常熟悉。”

（二）自我介绍的时机

自我介绍的时机比较复杂，涉及地点、当事人、旁观者、现场气氛等多种因素。在下列情况下，有必要进行适当的自我介绍：一是本人希望结识他人，二是他人希望结识本人，三是本人认为有必要令他人了解或认识本人。

自我介绍时应先向对方点头致意，得到回应后再向对方介绍自己的姓名、身份、单位等，有必要的话还可以同时递上事先准备好的名片。

（三）自我介绍的分寸

1. 节省时间

进行自我介绍一定要力求简洁，并尽可能地节省时间。总的原则，所用时间愈短愈好，并以半分钟左右为佳。如无特殊情况，最好不要长于一分钟。

2. 注意时机

进行自我介绍的适当时间，在此指的一是对方有兴趣时，二是对方有空闲时，三是对方情绪好时，四是对方干扰少时，五是对方有此要求时。

3. 讲究态度

进行自我介绍时，态度一定要自然、友善、随和，而且要充满信心和勇气。语气要自然，语速要正常，语音要清晰。自我介绍时不要打断别人的谈话，否则是很不礼貌的。

4. 讲究技巧

自我介绍要讲究新、奇，给人以深刻的印象，可以从介绍自己名字的含义入手，也可以从介绍生肖入手，从职业特征入手，从对事业的态度入手。

5. 实事求是

自我介绍时所表述的各项内容，一定要实事求是、真实可信。没有必要过分谦虚，一味贬低自己去讨好别人，但是也不可自吹自擂、吹嘘弄假、夸大其辞。

二、介绍他人

介绍他人，又称第三者介绍，是经第三者为彼此不相识的双方引见介绍的一种介绍方式。一个善于介绍他人的人在朋友圈中往往享有很高的威信和影响力。

在社交场合，介绍他人应注意介绍者和介绍的顺序、时机、方式、应对等问题。

（一）介绍者

1. 介绍者确定

在介绍他人中，介绍者的确定是有一定规定的。一般是社交活动中的东道主，社交场合的长者，公务交往中的专职人员（如公关人员、礼宾人员、文秘人员、办公室工作人员、接待人员等），家庭性聚会中的女主人，熟悉被介绍者双方者，正式活动中的地位、身份较高者或其主要负责人员，被介绍者一方或双方要求者以及在交际应酬中被指定的介绍者。

2. 介绍者要求

介绍者决定介绍他人时，要审时度势，了解被介绍双方各自的身份、地位以及有无相识的愿望。介绍他人之前，最好先征求一下双方的意见，如果不是确有必要，不要为身份、年龄相差太悬殊的双方作介绍。

介绍时得体的做法是先称呼受尊敬的一方，再将介绍者介绍出来。如“请允许我介绍一下，王经理，这位是……”。介绍他人时，手势动作要文雅，无论介绍哪一方，都应手心朝上，手背朝下，四指并拢，拇指稍张，指向被介绍的一方，并向另一方点头微笑。

（二）介绍的顺序

介绍时要坚持尊贵的一方有了解对方的优先权的原则，即介绍有先后顺序。基本要求是尊者优先，也是尊者居后，即应把身份、地位较为低的一方介绍给相对而言身份、地位较为尊贵的一方，以表示对尊者的敬重之意。

因此，介绍他人具体的先后顺序大致有如下九种情况：

第一，介绍长辈与晚辈认识时，应先介绍晚辈，后介绍长辈。

第二，介绍老师与学生认识时，应先介绍学生，后介绍老师。

第三，介绍女士与男士认识时，应先介绍男士，后介绍女士。

第四，介绍已婚者与未婚者认识时，应先介绍未婚者，后介绍已婚者。

第五，介绍同事、朋友与家人认识时，应先介绍家人，后介绍同事、朋友。

第六，介绍来宾与主人认识时，应先介绍主人，后介绍来宾。

第七，介绍社交场合的先来者与后来者认识时，应先介绍后来者，后介绍先来者。

第八，介绍上级与下级认识时，应先介绍下级，后介绍上级。

第九，介绍职位、身份高者与职位、身份低者认识时，应先介绍职位、身份低者，后介绍职位、身份高者。

社交场合，还应具体问题具体分析。如需要介绍两位地位不相上下的经理先生或是两位经理夫人相识，在这种职位难分高下，年龄大小不便明说的情况下，只有采取先温后火或先亲后疏的办法，才能过关。

（三）介绍的时机

通常有必要进行他人介绍的情况如下：在办公地点，接待彼此不相识的来访者；陪同上司、长者、女士、来宾时，遇见了其不相识者，而对方又跟自己打了招呼；在家中，接待彼此不相识的客人；与家人外出，路遇家人所不相识的同事或朋友；陪同亲友，前去拜会亲友所不相识者；打算推荐某人加入某一交际圈；受到为他人做介绍的邀请等。

（四）介绍的方式

在为他人作介绍时，介绍者对介绍的内容应当认真慎重，如果内容不当，很容易给人留下不良印象。介绍者的介绍语言要简明扼要，并且要使用敬辞。通常有以下六种形式：

1. 标准式

它适用于正式场合，其内容以双方的姓名、单位、职务等为主。如“请允许我来给两位介绍一下，这位是 ×× 公司人事处处长李晓英女士，这位是 ×× 公司总经理刘伟先生。”

2. 简单式

适用于一般的社交场合，其内容往往只有双方姓名甚至只提到双方姓氏，接下来，则要由被介绍者见机行事。如“我来介绍一下，这位是小王，这位是老周，你们认识一下吧。”

3. 引见式

适用于普通的社交场合。介绍者所要做的主要是将被介绍者双方引导到一起，而往往不需要表达任何具有实质性的内容。如“两位认识一下如何？大家其实都是校友，只不过以前彼此不认识。现在请你们两位自报家门吧。”

4. 推荐式

它适用于比较正式的场合，多是介绍者有备而来，有意要将某人举荐给某人，因此在其具体内容方面，通常会对被举荐人的优点加以重点介绍。如“这位是曹一鸣先生，这位是我们公司的邓健总经理。曹先生是 ×× 大学的经济学博士，管理学专家。邓总，我想您一定有兴趣和他聊聊吧？”

5. 强调式

适用于各种交际场合，其内容除被介绍者的姓名外，还会刻意强调一下其中某位被介绍者与介绍者之间的特殊关系，以便引起另一位被介绍者的重视。如“这位是 ×× 公司的销售经理陈杰先生。这位是刘晓梅，在 ×× 大酒店做楼面主管，我的侄女，请陈经理多多关照。”

6. 礼仪式

适用于正式场合，是最为正规的一种介绍。其内容大体与标准式介绍相同，但在语气、表达、称呼上，则更为礼貌、谦恭。如“何教授，您好！请允许我把 ×× 省 ×× 局的邹松先生介绍给您。邹先生，这位就是 ×× 大学工学院的何南教授。”

另外，我们在介绍过程中要避免过分赞扬某人而忽视另一个人，不要让人产生厚此薄彼的感觉。

介绍人在介绍后，不要随即离开，而应该陪着聊几句，等到被介绍的双方进入某个话题之后再借故走开；也可以在介绍的时候就给双方的交谈提示话题，一般可以有选择地介绍双方的共同点。当两位客人正在交谈时，不要立即给其中一个介绍别人，以免打断别人的交流，引起别人的不快。

（五）介绍的应对

作为被介绍者，当介绍者开始为被介绍者进行介绍时，被介绍者双方一般应起身站立，面带微笑，大方地目视介绍者或向对方点头致意，此时的神态应自然、专注、友好。

当介绍者介绍完毕后，被介绍者双方应依照合乎礼仪的顺序进行握手或举右手致意，并且彼此问候对方。此时的常用语有“您好”“很高兴认识您”“久仰大名”“认识您非常荣幸”“幸会，幸会”等。必要时，还可做进一步的自我介绍，或互换名片。

千万不要让人感到你对被介绍的人不在意，也不要摆出一副冷冰冰的样子，否则会让人感觉你很傲慢、不懂礼貌。在礼仪方面记住别人的名字你就能赢得别人的好感，并且你会因此而受益匪浅。

三、集体介绍

如果被介绍的双方，其中一方是个人，另一方是集体，应根据具体情况采取不同的办法。

一是，将一个人介绍给大家。这种方法主要适用于在重大的活动中对于身份高者、年长者和特邀嘉宾的介绍。介绍后，可让所有的来宾自己去结识这位被介绍者。

二是，将大家介绍给一个人。这种方法适用于在非正式的社交活动中，使那些想结识更多的、自己所尊敬的人物的年轻者或身份低者满足自己交往的需要。也适用于正式的社交场合，如领导者对劳动模范和有突出贡献的人进行接见。还适用于两个处于平等地位的交往集体的相互介绍，及开大会时主席台就座人员的介绍。

将大家介绍给一个人的基本顺序有两种：一是按照座次或队次介绍，二是按照身份的高低顺序进行介绍。千万不要随意介绍，以免使来者产生厚此薄彼的感觉，影响情绪。

【思考练习】

1．自我介绍的时机有哪些？

2．自我介绍要注意哪些分寸？

3. 介绍他人时，哪些人可以确定为介绍者？

4. 介绍他人的一般顺序是怎样的？

5. 案例：

张小姐和杨小姐都是刚毕业的学生，学的都是英语专业，学习成绩都很突出，二人同时应聘某公司的高级秘书职位。人事经理看了简历以后，难以取舍，于是通知两人面试。考官让她们分别先做简单的自我介绍。张小姐就将自己的年龄、毕业学校、专业、家庭情况和自己的性格介绍了下，并表达了自己对这职位的期望。

而杨小姐则这样介绍自己："关于我的情况简历上都介绍得比较详细了。在这我想侧重说三点：第一，英语口语不错，曾利用假期在旅行社做过导游，带过欧美团；第二，文笔较好，曾在报刊上发表过6篇文章；第三，能熟练地使用各种办公软件。"最后，人事经理录用了杨小姐。

思考：用人单位为什么录用了杨小姐？杨小姐的自我介绍好在哪里？

【实践训练】

1. 1分钟自我介绍展示。

2. 情景模拟实训。

（1）模拟实训：介绍他人实训。

（2）实训目的：通过设置不同场景掌握介绍他人的礼仪。

（3）小组训练：分小组进行介绍他人实训，每小组3～4人，模拟不同场景下为他人做介绍。

（4）场景设置：

①逛街路上，为同事和家人做介绍。

②社交舞会上，为认识的两位朋友作介绍。

③商务会谈时，为见面的双方作介绍。

④员工培训前，为培训专家作介绍。

（5）实训考核标准：针对介绍礼仪的各项内容进行自评分和小组评分，见表3-1。

表3-1 介绍礼仪训练评分表

考核项目	考核内容	分值	自评分	小组评分	实得分
介绍他人	介绍的时机	10			
	介绍的顺序	30			
	介绍时的态度和姿势	20			
	介绍的方式和内容	20			
	介绍时的应对	20			
总分		100			

任务 3.3 握手礼仪

【知识目标】

1. 了解社会交往中握手的意义。
2. 掌握社会交往中握手的时机、握手的次序、相握的方式、握手的禁忌。

【能力目标】

能规范运用握手礼仪，从而赢得交际的主动。

【任务导入】

凯特是一位热情而敏感的英国女士，在中国上海的一家分公司担任总经理。一天，她接待了来访的李经理。李经理是上海一家公司的销售部主管，他此次来的目的主要是为了说服凯特购买他们公司的产品。

李经理被秘书领进了凯特的办公室，秘书对凯特说："总经理，这是××公司的李经理。"凯特离开办公桌，面带微笑，走向李经理。李经理先伸出手来，让凯特握了握。凯特客气地对他说："李经理，很感谢你在百忙之中抽出时间来为我们公司介绍这些产品。这样吧，让我看一看这些材料，我再和你联系。"李经理还没反应过来到底是怎么回事，就已经被凯特送出了办公室。以后的几天，李经理多次打电话给凯特，但得到的是秘书始终如一的回答："总经理不在。"

到底是什么原因让凯特这么反感一个说话不超过两句的人呢？秘书好奇地询问凯特。听到秘书提起李经理，凯特余气未消："这个人根本不懂基本的商业礼仪，而且一点绅士风度都没有。他是一个男人，位置又低于我，怎么像个王子一样伸出高贵的手让我来握呢？他伸给我的手让我感到像是抓着了一条死鱼，冰冷、松软、毫无热情。当我握他的手时，他的手掌也没有任何反应。握手的这几秒钟，他就留给我一个极坏的印象。这种握手让我感到他不但内心冷漠，而且还愚蠢到不知道如何假装礼貌。作为一个公司的销售经理，居然不懂得基本的握手方式，这让我很失望。他们公司雇佣这样的人做销售经理，可见公司管理人员的眼光和素质也不高。这样一个由低层次的人组成的公司又怎么值得我去信任呢？我又怎么会让公司冒险去购买他们公司产品呢？我相信他们公司的产品会和员工的素质一样糟糕。"

握手，是大多数国家相互见面和离别时的礼节，是在社会交往中使用得最多的也是最灵活方便的行为语言，有极强的表现力。从握手的方式能感觉到对方的态度。

【知识链接】

学习握手礼，应掌握的主要问题有握手的时机、握手的次序、相握的方式、握手的禁忌等。握手礼如图 3-1 所示。

图 3-1　握手礼

一、握手的意义

握手，是交际的一部分，是常规的见面礼节。握手的力量、姿势与时间的长短往往能够表达握手人对对方的不同礼遇与态度，显露自己的个性，给人留下不同印象，也可以通过握手来了解对方的个性，从而赢得交际的主动。从握手中可以传递出许多信息，在轻轻一握之中，也可以传达出热情的问候，真诚的祝愿，殷切的期盼，由衷的感谢，还可以传达出虚情假意，敷衍应付，冷漠与轻视，所以，我们不能等闲视之。

二、握手的时机

何时宜行握手礼？这是一个非常复杂且微妙的问题，它通常取决于交往双方的关系、现场的气氛以及当事人个人的心情等多种因素。

1. 应与人握手的场合

应与人握手的场合：当遇到较长时间未曾谋面的友人时，在比较正式的场合同相识之人道别时，本人作为东道主的社交场合接待他人之时，拜访他人之后在辞行之时，被介绍给不相识者时，他人给予了自己一定的支持、鼓励或帮助时，向他人表示恭喜、祝贺之时，向他人表示理解、支持、肯定时，他人向自己赠送礼品或颁发奖品时，向他人赠送礼品或颁发奖品时，等等。

2. 不宜握手的场合

不宜和交往对象握手的场合：对方手部负伤时，对方手部负重时，对方手中忙于其他事时，对方与自己距离较远时，对方所处环境不适合握手时。

三、握手的次序

1. 一般规律

握手的礼仪顺序讲究尊者决定，即由身份尊贵的人决定双方有无握手的必要。通常应由位尊者首先伸出手来，即尊者先行。位卑者只能在此后予以响应，而决不可贸然抢先伸手，不然就是违反礼仪的举动。如果位尊者不想与位卑者深交，他不必伸手。

通常情况下，年长者与年幼者握手，年长者先伸手；长辈与晚辈握手，长辈先伸手；

老师与学生握手，老师先伸手；女士与男士握手，女士先伸手；已婚者与未婚者握手，已婚者先伸手；社交场合的先至者与后来者握手，先至者先伸手；上级与下级握手，上级先伸手；职位、身份高者与职位、身份低者握手，职位、身份高者先伸手。

2. 特殊情况

一个人需要与多人握手时亦应讲究先后次序，由尊而卑，即先年长者后年幼者，先长辈后晚辈，先老师后学生，先女士后男士，先已婚者后未婚者，先上级后下级，先职位、身份高者后职位、身份低者。

在公务场合，握手时伸手的先后次序主要取决于双方的具体职位、身份。而在社交、休闲场合，则主要取决于双方的具体年龄、性别、婚否。

在接待来访者时，通常应由主人先伸手表示对客人的欢迎；而客人告辞时，则应由客人先伸手，表示对主人的感谢。若这一次序颠倒，极易让人产生误解，造成客人反客为主，或主人急于让客人离开。

四、握手的方式

握手的标准方式：在人们问候之后或互致问候时，彼此之间保持 1 米左右的距离，双腿立正，上身略向前倾，伸出右手，四指并拢，掌心同时向着左方，拇指张开与对方相握。握手时要注意用力适度，上下稍许晃动三四次，随后松开手来，恢复原状。握手时的具体操作应注意以下几点。

1. 神态

在握手的同时，神情要专注，态度要自然、大方，面带微笑地看着对方的眼睛，以示毕恭毕敬。而且要边握手，边向对方致意，如“您好！”“欢迎您！”“见到您很高兴！”等。

2. 姿势

一般应起身站立。除非是长辈或女士，否则坐着与人握手是不合适的。

3. 力度

握手力度可以根据具体情况来掌握，一般以在两公斤左右为宜。与亲朋故友握手时，所用的力量可以稍微大一些，但是与异性以及初次相识者握手时，则千万不可用力过猛。

4. 时间

握手的全部时间应控制在 3 秒钟以内，握手时间太长了会使人感到不安，太短了则表达不出热烈情绪。在人多的场合，注意不要与一个人握手时间太长，以免引起别人误会，对异性而言尤其要注意这一点。

五、握手的禁忌

1. 忌心不在焉

在握手时，不可心不在焉。不可在握手时将另外一只手插在衣袋里或另外一只手依旧拿着东西而不肯放下。不可仅仅握住对方的手指尖或只递给对方一截冷冰冰的手指尖。

2. 忌伸出左手

一定要记住：一般只用右手，通常不用左手，除非没有右手。尤其是在与阿拉伯人、印度人打交道时要牢记此点，因为在他们看来左手是不洁的。

3. 忌戴着手套、帽子或墨镜

与对方握手时，一定要摘掉手套、帽子和墨镜，以表尊敬，女士与服装相配的装饰性手套除外。否则给人以不相信对方、嫌弃对方的感觉。

4. 忌交叉握手

在国际交往中，应力戒此举。特别是与基督教信徒交往时，要避免两人握手时与另外两人相握的手形成交叉状。这种形状类似十字架，在基督教信徒眼中是很不吉利的。

5. 忌无礼待人

不要拒绝与他人握手，不要在与人握手之后立即擦手。不要以肮脏不洁或患有传染性疾病的手与他人相握。

【拓展阅读】

其他见面礼仪

在国内外交往中，除握手之外，以下会面礼节也颇为常见。

一、致意礼

致意礼是人们在社交场合为表达敬意和问候的一种方式，是经常使用的一种见面礼节。致意是一种不出声的问候。致意方法有微笑、点头、举手、脱帽、欠身、注目等，在同一时间里可以只选用一种，也可以数种并用。

致意礼一般是位低者先行，往往同时使用两种以上，如点头与微笑并用，欠身与脱帽并用等。遇到对方向自己致意时，应以同样的方式向对方致意，毫无反应是失礼的。

二、鞠躬礼

鞠躬礼是对他人表示敬重的一种较为郑重的礼节。其起源于我国，主要适用于向他人表示感谢、领奖或讲演之后、演员谢幕、举行婚礼或参加追悼会活动等场合，也可以用在一般的社交场合，如下级向上级、学生向老师表示敬意等。在日本、韩国、朝鲜等国，鞠躬礼的运用十分广泛。

行鞠躬礼时，应脱帽立正，双目凝视受礼者，男士双手应贴放于身体两侧裤线处，女士的双手则应下垂搭放在腹前，然后上身弯腰前倾，目光随着身体的倾斜而自己下垂，鞠躬完毕，恢复站姿，目光再次移向受礼者。

鞠躬的倾斜度有 90 度、45 度、15 度。下弯的幅度越大，所表示的敬重程度就越大。90 度鞠躬一般用于三鞠躬，属最高礼节；45 度鞠躬通常是下级向上级、学生向老师、晚辈向长辈，以及服务人员对来宾表示致意所用；15 度鞠躬用于一般的应酬，如问候、介绍、握手、递物、让座、让路等都应伴随 15 度的鞠躬。鞠躬的次数可视具体情况而定。

通常受礼者应以与行礼者大致相同幅度的鞠躬还礼。但是上级或长者在还礼时不必鞠躬还礼，可以欠身点头或握手答礼。有时鞠躬时，还应同时问候“您好！”“欢迎光临！”

等。另外，行鞠躬礼不得斜视，不可戴帽，口中不能含着食物或香烟。

三、拱手礼

拱手礼是我国民间传统的会面礼，现多用于过年时举行团拜活动，向长辈祝寿，向友人恭贺结婚、生子、晋升、乔迁，向亲朋好友表示无比感谢，以及与海外华人初次见面时表示久仰大名。

拱手礼的行礼方式是起身站立，上身挺直，双手抱拳前伸，由内侧向外侧有节奏地晃动两三下。

四、拥抱礼

在西方，尤其是欧美国家，拥抱礼是十分常见的见面礼与道别礼。通常用来表示慰问、祝贺、欣喜等。

拥抱礼行礼方法：两人相对而立，右臂向上，搭在对方左后肩，左臂向下，左手扶住对方右后腰，握各自方位，双方头部及上身均向左相互拥抱，然后再向右拥抱，最后再次各向左拥抱，一共拥抱三次才算礼毕。一般礼节性的拥抱多用于同性之间。

在我国，除某些少数民族外，拥抱礼不常采用。

五、亲吻礼

亲吻礼西方国家、东欧国家、以及阿拉伯国家，是亲人以及亲密的朋友间表示亲昵、慰问、爱抚的一种礼。有时会与拥抱礼同时采用，即双方在会面时既拥抱，又亲吻。行亲吻礼时，通常以自己的唇部接触对方的面部，吻只是一种象征，故要求干净利索，不发声响，不留“遗迹”，否则就显得无礼。

在行礼时，双方关系不同，亲吻的部位也会有所不同。长辈吻晚辈时，应当吻额头；晚辈吻长辈时，应当吻下颌或吻面颊；同辈之间，同性应当贴面颊，异性则应当吻面颊。只有夫妻与恋人之间才可以互相亲吻嘴唇。

六、贴面礼

贴面礼一般见于法国，仅在熟人或者虽不熟悉但感到亲切的人中间才用。男女之间能不能行贴面礼，得看“暗号”——只有女方主动把脖子伸出、脸蛋偏过，男方才可以大大方方热情一把。这时候男士如果退缩，那才是真的失礼了。在行贴面礼时，通常从右颊开始，遵循右颊—左颊—右颊的顺序，碰三下即可。注意，有的地区是先从左颊开始，这时候就要小心看清别人的方向，否则就会酿成一场小小的“事故”。

七、吻手礼

吻手礼是西方国家社交场合常用礼节。行礼时，男士走到已婚妇女面前，保持一个适当的距离，立正垂首致意，然后以右手或双手捧起女士的右手，俯身以自己微闭的嘴唇，象征性地轻吻一下其手背或手指。

吻手礼的受礼者只能是妇女，而且应是已婚妇女。女士的手腕及其以上部位，是行礼时的禁区。

八、合十礼

合十礼也称合掌礼，即双手十指相合为礼。具体做法：双掌十指在胸前相对合，五指手指并拢向上，掌尖与鼻尖基本持平，手掌向外侧倾斜，双腿立直站立，上身微欠低头。在东南亚和南亚信佛教的国家以及我国的傣族聚居区里十分流行。

合掌礼的双手举得越高，表示对对方的尊敬程度越高。但原则上不可高于额头。

此外，还有缅甸人常用的跪拜礼，在尼泊尔、斯里兰卡、也门及波利尼亚等地人们盛行的吻足礼，以及盛行于西亚与北非沙漠地区和新西兰毛利人中的碰鼻礼。见面礼虽多种多样，且各自的讲究也不尽相同，但最重要的是行礼者要做到心中有底，真诚热情，用心专一。

【思考练习】

1. 请判断以下人士的行为是否正确。

①一男士与一女士见面，女士首先伸出手来，与男士相握。

②一青年男士与一中年男士握手，中年男士首先伸出右手，青年与之相握，双方微笑，寒暄。

③一男士戴墨镜在街道上行走，路逢一女士。女士伸出右手与之相握，该男士与之相握，使用双手。

2. 案例：

王先生遇见一位他很敬重的学者，这位学者正和其他人谈话。王先生想，在这么多人面前，应该更加表示对学者的尊敬。于是在握手时，他用左手盖在对方的手背上，以示亲密，并长时间地握住学者的手不放，寒暄了几分钟。

思考：王先生的行为是否合乎礼仪？

3. 案例：

郑瑞是某单位的经理，有一天，他被邀请参加一场晚宴，此次晚宴规模巨大，聚集了职场上的成功人士。在宴会上，郑瑞被朋友介绍给一位曹女士。为了表示自己的友好，他先把手伸了出去，可是那位曹女士居然没有反应，还在与一旁的朋友说说笑笑。郑瑞觉得非常尴尬，觉得手不能再缩回去了，撑了大概20多秒，那位女士还是不配合，后来他一着急说：“蚊子！”转手去打莫须有的蚊子。这种场面让周围的人都不禁捏了把冷汗。郑瑞也是满脸通红地离开了。

思考：郑瑞的行为是否合乎礼仪？

【实践训练】

1. 模拟实训：握手礼仪实训。

2. 实训目的：通过设置不同场景掌握握手礼仪。

3．分组训练：分小组进行，每小组 3 ～ 4 人，进行握手礼仪训练。

4．实训考核标准：针对握手礼仪的各项内容进行自评分和小组评分，见表 3-2。

表 3-2　握手礼仪训练评分表

考核项目	考核内容	分值	自评分	小组评分	实得分
握手礼仪	大方伸手	20			
	虎口相对	15			
	目视对方	15			
	面带微笑	10			
	力度七分	10			
	男女平等	10			
	三秒结束	10			
	礼貌致意	10			
	总 分	100			

任务 3.4　名片礼仪

【知识目标】

1．了解名片的用途、名片的分类。

2．掌握名片的交换和名片的存放。

【能力目标】

能够在不同场合规范有礼地使用名片。

【任务导入】

雷真是一家大公司的经理，平时因工作需要经常出差，于是他想给自己购买一份意外险，以免自己发生意外时连累家人和朋友。碰巧有一个保险公司的推销员打电话给他，问他想不想了解一下保险，雷真就与她约定了时间，说好见面详谈。

推销员按约定的时间来到了雷真的办公室。雷真抬头看到了一个衣着整齐、打扮得体的女孩子，心中不由得对这个推销员增加了几分好感。雷真正准备与她详谈一下保险的事情，却被告知公司要临时召开一个紧急会议。雷真向推销员表达了自己的歉意，并希望她能留下一张名片，以便回头再和她联系。

推销员一听此言，马上拿过自己的包。包是个好包，很名贵。她把包拉开，首先抓出一包话梅，接着拿出一包瓜子，最后居然拉出一只丝袜，然后一脸无辜地望着雷真，说她忘带了。

雷真哭笑不得，心想："这么一个马虎大意的女孩子，怎么能给我制订出一份详细周到的保险计划呢？"他随即打消了向她购买保险的念头。

名片是社会人际交往中一种最常用的介绍性媒介。名片作为自我介绍信和社交联谊卡，是个人形象和企业形象的有机结合体。在现代社会中，名片使用越来越频繁，我们有必要重视它。

【知识链接】

在人际交往中，要正确使用名片，就有必要对名片的用途、分类、交换、存放以及名片的制作五个方面的具体问题有所了解，并尽可能做到合乎规范。

一、名片的用途

在人际交往中，名片不但可以用作自我介绍、结交朋友、维持联系，还可以用来替代礼单、便函、留言条以及进行业务宣传、通知变更等。把名片递给对方就意味着对对方的友好、信任和希望与对方进一步交往的愿望。

二、名片的分类

根据内容、用途的不同，名片可以分为个人名片和单位名片两大类。个人名片主要适用于个人社会交往活动中，其又可分为应酬式名片、社交式名片、公务式名片三种。在人际交往中，讲究面对不同的交往对象时使用不同的名片。因此，一个人同时制作并携带多种名片不足为奇，而不分对象、不讲目的地滥用同一种名片则是不妥当的。

三、名片的交换

要使名片在人际交往中正常地发挥作用，就必须在交换名片时表现得法。交换名片时，需要注意的问题如下。

（一）交换名片的时机

适宜交换名片的时机主要如下：希望认识对方时，表示自己重视对方时，被介绍给对方时，对方提议交换名片时，对方向自己索要名片时，初次登门拜访对方时，通知对方自己情况的变更时，想要获得对方的名片时，等等。

不必把自己的名片递给对方，或与对方交换名片的情况如下：不想认识对方或不愿与对方深交时，对方对结识自己并无兴趣时，经常与对方见面或是双方之间地位、身份、年龄差别悬殊时。

（二）递送名片礼仪

1. 把握时机

通常在刚见面时、相谈甚欢时或交谈结束时递送名片最为合适。还要注意，一定要事先把名片准备好，时机一到马上拿出来，以免临时现翻乱找，给人以马虎的印象。

2. 讲究顺序

递送名片一般讲究“先客后主，先低后高”。即客人先把名片递给主人，地位低的人先把名片递给地位高的人。如果同时面对几个交际对象，递送名片时应讲究先后次序，或由尊而卑，或由近而远，或按顺时针方向来互换名片，但是不能跳跃式地有选择性地递送。

3. 态度恭敬

递送名片时应郑重其事，面带微笑，正视对方，最好是起身站立，走上前去，使用双手或者右手，将名片正面面对对方，然后递给对方。口头还应首先有所表示。可以说“请多指教”“今后保持联系”或是先做一下自我介绍，给对方一种谦逊大方的感觉。

在此须强调的是，国人交换名片一般是双手递接，无论属哪种情况，都要求名片的正面向着对方。注意不要用左手递交名片，也不要将名片背面面对对方或是颠倒着面对对方，不要将名片举得高于胸部，更不要以手指夹着名片给人。如果对方是少数民族或外宾，则最好将名片上印有对方所认识的文字的那一面面对对方。

（三）接收名片礼仪

1. 态度恭谦

当他人表示要递交名片给自己或交换名片时，应立即停止手中所做的一切事情，起身站立，面带微笑目视对方。接受名片时要双手捧接或用右手接过，不能单用左手接。

2. 认真阅读

接过名片首先要用半分钟左右的时间从头到尾将其认真默读一遍。若有疑问，则可当场向对方请教，此举意在表示重视对方。有时还可以有意识地重复一下名片上所列对方的职务、学位以及其他尊贵的头衔，以示敬仰。若接过他人名片后看也不看，或手头把玩，或弃之桌上，或装入衣袋，或交予他人，都是非常失礼的。

3. 感谢回敬

接受他人名片时，应口头道谢，或重复对方所使用的谦词敬语，如“请多关照”“请多指教”，切不可一言不发。与此同时，须将自己的名片回敬对方，以示有来有往。

（四）索取名片礼仪

一般最好不要去索要他人名片，如果因工作需要，在公共场合欲索取他人的名片，要想留下“退路”，应以婉转的口气见机行事。可以采取以下方法。

1. 交易法

主动递上自己的名片，“来而不往非礼也”，这是最省事的办法。

2. 明示法

向对方建议互换名片，直接告诉对方：“不知能否有幸与您交换一下名片？”不可直接询问对方:“你有名片吗？”或者伸手向对方讨要:“给我一张名片吧。”这是非常不礼貌的。

3. 谦恭法

询问对方:“今后怎样向您请教？”对长辈、嘉宾或地位、声望高于自己的人索要名片时，可采用这种暗示之法。

4. 联络法

询问对方："今后如何与您联系？"对平辈和身份地位相仿的人一般都可以这样暗示。

索取他人名片的具体做法，要根据实际情况运用。前两种做法主要适用于携带名片之人，后两种做法则主要适合未带名片者采用。

（五）婉拒对方索要名片礼仪

通常不论他人以何种方式索要名片都不宜拒绝，不过要是真的不想给对方，在措辞上一定要注意以不伤害对方的自尊为原则，可以说："不好意思，我忘了带名片。"或是"对不起，我的名片用完了。"让对方有台阶可下。若对方以无法与你联系为由索要名片，你可以说："我会主动与你联系的。"这样既婉言回绝了对方的要求，又不会使对方觉得尴尬。

四、名片的存放

要使名片在人际交往中充分发挥作用，则还应注意名片的存放问题。

1. 名片的放置

随身所带的名片或接过他人的名片看过之后，最好放在专用的名片包、名片夹里，以及上衣口袋之内。不要把它放在裤袋、裙兜、提包、钱夹里，那样做既不正式，又显得很不礼貌。在自己的公文包以及办公桌抽屉里，也应经常备有自己的名片，以便随时随地使用。

2. 名片的收藏

参加过交际应酬以后，为便于今后利用方便，不要将名片随意夹在书刊、材料里，压在玻璃板下或是扔在抽屉里面，应对所收到的名片加以分类整理收藏。可按姓名的外文字母或汉语拼音字母顺序分类，按姓名的汉字笔画的多少分类，按专业或部门分类，按国别或地区分类等。若收藏的名片很多，还可以编一个名片索引，以便将来查找起来方便。

对于不会转交给他人的名片，可以在名片上记录一些交换名片者的个人情况，以便加深印象，在今后的交往中有的放矢。

【拓展阅读】

名片的制作

名片虽小，但是其设计和制作往往能够体现出一个人的审美品味。为了使自己的名片规范而实用，还是应当细心斟酌，以求使名片体现自己的风格。

1. 规格

最常见的名片规格为9cm×5.5cm，即长9厘米、宽5.5厘米。也有人喜欢10cm×6cm的规格。另外还有一种女士专用名片，一般是8cm×4.5cm。如果没有特殊要求，不要把名片制作得过大。

2. 材质

印制名片材料有很多，如金、银、塑料、纸等，但最好选用纸张，并以耐折、耐磨、美观、大方的白卡纸、再生纸、合成纸、布纹纸、麻点纸、香片纸为佳。一般情况下，没必要选择质地特殊、价格昂贵的材料来制作名片。

3. 版式

名片通常有两种版式。一是横式，行序由上而下，字序由左而右。二是竖式，行序由右而左，字序由上而下。因为横式名片字序与现代人的阅读习惯相符，所以生活中我们所见的名片多采用横式。而竖式名片风格古朴，所以也受到许多人的喜爱。

4. 色彩和图案

名片色彩宜选庄重朴素的白色、米色、淡蓝色、淡黄色、淡灰色，并且以一张名片上只有一种颜色为好。最好不要印制杂色名片，即不要使一张名片上多种色彩杂陈，它会令人眼花缭乱。也不要印制黑色、红色、粉色、紫色、绿色名片，它们均会给人以不庄重的感觉。

在名片上允许出现的图案除纸张自身的纹路外，还有企业标志、企业蓝图、企业方位、企业主导产品等，但以少为佳。不提倡在名片上印人像、漫画、花卉、宠物，会给人以华而不实的印象。

5. 文字

在国内所使用的名片宜采用汉语简体字，而不要故弄玄虚地使用繁体汉字。如果是在国内少数民族聚居区、港澳台地区、外资企业以及境外使用的名片，则可以根据具体情况在名片的另一面印上与汉字信息相对应的少数民族文字、繁体汉字或外文。切勿在一枚名片上采用两种以上的文字，也不要将两种文字交错印在同一面上。

不论使用何种文字印制名片，均以采用标准、清晰、易识的印刷体为好。名片上的字体应该清晰易看，只有别人看得懂的名片才会发挥作用。

【思考练习】

1. 名片的用途有哪些？
2. 名片的分类有哪些？
3. 怎样索要他人的名片？
4. 案例：

某公司黄经理约见一位重要的客户余经理。见面之后，余经理就将名片递上。黄经理看完后就将名片放到了桌子上，两人继续谈业务，过了一会儿，服务人员将咖啡端上桌，请两位经理慢用。黄经理喝了一口，随手将咖啡杯子放在了名片上，自己没有感觉到，但客户余经理却皱了皱眉头。

思考：请分析黄经理的失礼之处，请问接过对方的名片后应如何放置？

【实践训练】

1. 模拟实训：交换名片实训。
2. 实训目的：通过设置不同场景掌握交换名片礼仪。
3. 小组训练：分小组进行，每小组 3 ～ 4 人，进行名片递送和接收。
4. 实训考核标准：针对名片礼仪的各项内容进行自评分和小组评分，见表 3-3。

表 3-3 名片礼仪训练评分表

考核项目	考核内容	分值	自评分	小组评分	实得分
递送名片	递送时机	10			
	递送顺序	20			
	递送态度和姿势	20			
接收名片	接收态度	20			
	接收阅读	20			
	感谢回敬	10			
总 分		100			

任务 3.5 宴请礼仪

【知识目标】

1. 了解宴会的类型和宴会准备礼仪。
2. 掌握中餐礼仪、西餐礼仪和饮酒礼仪。

【能力目标】

能够熟悉宴请礼仪规范，将礼仪运用于实际宴请中。

【任务导入】

案例一：《红楼梦》描述贾府一次中秋赏月的宴饮活动，“凡桌椅皆是圆的，特取团圆之意。上面居中，贾母坐下。左边是贾赦、贾珍、贾琏、贾蓉，右边是贾政、宝玉、贾环、贾兰，团圆围住”。宴会在圆桌上进行，座次仍是尊卑有序、长幼有序。贾母是“老祖宗”，在上面居中坐下。贾赦是大房，所以居左；贾政是二房，所以居右。

案例二：相传清朝时期有位官员出访外国。某日，该官员应该国首相之邀赴宴，餐桌上双方的交谈甚为融洽。中国官员学着外国人的样子使用刀叉，虽然既费劲又辛苦，但他觉得自己挺得体的，总算没丢脸。临近晚宴尾声时，习惯喝汤的中国官员盛了几勺精致小盆里的“汤”放到自己碗里，然后喝下。当时该国首相还不了解中国虚实，为不使中国官员出丑，他也盛了精致小盆里的“汤”一饮而尽，见此情形，其他文武百官只得忍笑奉陪。

宴请是最常见的交际活动，各国都有自己国家和民族的特点、习惯，在宴请或参加宴会时应十分注意礼节、讲究礼仪。中国是礼仪之邦，人们在宴请活动中重视礼节、礼貌，几千年来已形成了文化传统，其中表现伦理美、形式美的一些规律一直沿用到现在。

【知识链接】

我国古代封建社会的宴饮活动，不但座位安排很有讲究（面东为尊、左为上）而且迎接宾客要打躬作揖，席间宾主频频敬酒劝菜，筷要同时举起，席终净面后要端茶、送牙签等，礼仪十分繁缛。

现在时代不同了，过去那一套礼仪制度当然不再适用。现代家庭宴请虽然座次灵活安排，但总是以尊敬老人、尊敬师长、尊重宾客、爱护儿童为原则。宴会中的礼仪、礼节并非是对吃的情趣的束缚，而是表现人们的道德文化修养。

一、宴会礼仪

宴会，是指请人赴宴的聚会。是国际国内社会交往中比较常见的礼仪活动形式之一。人们通常把政府机关、社会团体举办的，具有一定目的和比较讲究礼仪的酒席，称为宴会。把私人举办的、规模较小的酒席称为筵席。

宴会常用于庆祝节日、纪念日，表示祝贺、迎送贵宾等事项。不同的宴会有着不同的作用，概括地说，宴会可以表示祝贺、感谢、欢迎、欢送等友好情感，通过宴会，可以协调关系，联络感情，消除隔阂，增进友谊，加强团结，求得支持，有利于合作等。

（一）国际上通用的宴请形式

根据不同的交际目的、邀请对象以及费用开支等因素，常见的宴请形式有以下几种。

1. 宴会

宴会指一种比较隆重、正式的设宴招待，按其规格又有国宴、正式宴会、便宴和家宴。

（1）国宴

特指国家元首或政府首脑为国家庆典或为外国元首、政府首脑来访而举行的宴会。其规格高，庄严而又隆重。按规定，宴会厅内悬挂国旗，安排乐队演奏国歌及席间乐，宾主双方致辞、祝酒。菜单和坐席卡上均印有国徽，出席者的身份规格高，代表性强，宾主均按身份排位就座，礼仪严格。

（2）正式宴会

正式宴会通常是政府和团体等有关部门为欢迎应邀来访的宾客，或来访的宾客为答谢主人而举行的宴会。这种形式除不挂国旗、不奏国歌以及出席者规格低于国宴外，其余的安排大致与国宴相同。

（3）便宴

便宴多用于招待熟悉的宾朋好友，是一种非正式的宴会。便宴形式简便，规模较小，不拘严格的礼仪，不用排席位，不作正式致辞或祝酒，宾主间较随便、亲切，用餐标准可高可低，适用于日常友好交往。常见的便宴按举办的目的不同有迎送宴会、生日宴会、婚礼宴会、节日宴会、特别宴会。

（4）家宴

顾名思义就是在家中设宴招待客人，以示亲切、友好。它在社交和商务活动中发挥着尊敬客人和促进人际交往的重要作用，西方人喜欢采取这种形式。家宴在形式上可分为家庭聚会、自助会、家庭冷餐会和在饭店宴请等几种。

2. 招待会

招待会是一种灵活、经济实惠的宴请形式。常见的招待会主要分为冷餐会、自助餐和酒会三种。

（1）冷餐会

冷餐会的特点是一种立餐形式，不排座位。菜肴以冷食为主，也可冷热兼备，连同餐具一同摆设在餐桌上，供客人自取。客人可以多次取食，站立进餐，自由活动，彼此交谈。这种形式既节省费用又亲切随和，得到越来越广泛的采用。我国举行大型冷餐会往往用大圆桌，设座椅，主桌安排座位，其余各席并不固定座位。食品和饮料均事先放置在桌上，招待会开始后，自行进食。

（2）自助餐

自助餐和冷餐会大致是相同的，只是现代自助餐比较丰富，而且有比较多的热菜，甚至有厨师当场烹制。

（3）酒会

也称鸡尾酒会，更显得活泼、方便。食品以酒水为主，略备小吃，不设座位，宾主皆可随意走动，自由交谈。这种形式比较灵活，便于广泛接触交谈。举行时间亦较灵活，中午、下午、晚上均可，持续时间两小时左右。在请柬规定的时间内，宾客到达和退席的时间不受限制。酒会多用于大型活动，因此，客人可利用这个机会进行社会交际和商务交际。

3. 茶会

茶会在西方一般有早、午茶时间，即上午 10 时、下午 4 时左右，以请客人品茶为主。茶会通常设在客厅，设茶几座椅，略备点心小吃，不排席位，入座时有意识将主宾和主人安排坐在一起，其他人随意就座。茶会通常体现茶文化，如茶道等，因此对茶叶、茶具及递茶均有所规定。我国通常称为茶话会。

4. 工作进餐

工作进餐是现代交往中又一非正式宴请形式，按用餐时间可分为工作早餐、工作午餐和工作晚餐，进餐时，边吃边谈。多以快餐分食的形式，既简便快速，又符合卫生要求，多与工作有关，一般不请配偶。双边工作进餐往往以长桌安排席位，便于宾主双方交谈、磋商。

（二）宴会准备礼仪

宴请是一种社交性活动，是对宾客的一种礼遇，必须按规定礼节礼仪的要求进行准备。

1. 确定宴请对象、范围、规格

宴请的目的一般很明确，如节庆日聚会、贵宾来访、工作交流、结婚、祝寿等。根据不同目的来决定宴请的对象和范围，即请哪些人，请多少人，并列出客人名单。在确定邀请对象时应考虑到客人之间的关系，以免出现不快和尴尬的局面。宴请规格的确定一般应考虑出席者的最高身份、人数、目的、主宾情况等因素。

2. 确定宴请的时间、地点

宴请的时间和地点，应根据宴请的目的和主宾的情况而定，一般来说，宴请的时间安排应对主人和宾客双方都较为合适为宜，最好事先征求一下主宾的意见，尽量为客人方便着想，避免与工作、生活安排发生冲突。在时间的选择上还不宜安排在对方的重大节日、重要活动之际或有禁忌的日子和时间。宴请的地点也应视交通、宴会规格和主宾的情况而

定，如是官方隆重的宴请活动，一般安排在政府议会大厦或客人下榻的宾馆酒店内举行。企事业单位的宴请，有条件的可在本单位的饭店或附近的酒店进行。

3. 邀请

邀请的形式有两种，一是口头的，一是书面的。口头邀请就是当面或者通过电话把活动的目的、名义以及邀请的范围、时间、地点等告诉对方，然后等待对方答复，对方同意后再作活动安排。书面邀请也有两种方式，一种是比较普遍的发请帖，还有一种就是写便函，后一种方式目前使用较少。书面邀请应注意以下礼仪：

（1）掌握好发送时间。国内邀请按被邀请人的远近，一般以提前 3 ～ 7 天为宜。

（2）发请帖的方法。请帖上面应写明宴请的目的、名义、时间、地点等，然后发送给客人。请帖发出后，应及时落实出席情况，作好记录，以安排并调整席位。

4. 菜谱的安排

宴会菜谱的确定应根据宴会的规格，所谓“看客下菜”。总的原则应考虑客人的身份以及宴请的目的，做到丰俭得当。整桌菜谱应有冷有热，荤素搭配，有主有次，主次分明，既突出主菜，如鲍鱼、鱼翅等，以显示菜肴的档次，又配一般菜以调剂客人的口味，如特色小炒、传统地方风味菜等，以显示菜肴的丰富。具体菜肴的确定，还应以合适多数客人的口味为前提，尤其要照顾主宾的饮食习惯。

5. 席位安排礼仪

中餐宴会往往采用圆桌布置，通常 8 ～ 12 人为一桌。如果有两桌或两桌以上安排宴请时，排列桌次应以“面门为上，以近为大，居中为尊，以右为尊”为原则，其他桌次按照离主桌“近为主、远为次，右为主、左为次”的原则安排。

6. 宴请程序

迎客时，主人一般在门口迎接。官方活动除主人外，还有少数其他主要官员陪同主人排列成行迎宾，通常称为迎宾线，其位置一般在宾客进门以后进入休息厅之前。与宾客握手后，由工作人员引入休息厅或直接进入宴会厅。主宾抵达后由主人陪同主宾进入宴会厅，全体宾客入席，宴会开始。若宴会规模较大，则可请主桌以外的客人先入座，贵宾后入座。若有正式讲话，可以一入席宾主双方即讲话，也可以安排在热菜之后、甜食之前由主人讲话，接着由主宾讲话。冷餐会及酒会讲话时间则更灵活，吃完水果，主人和主宾起立，宴会即告结束。

（三）赴宴的礼仪

宾客参加宴会，无论是代表组织，还是以个人身份出席，从入宴到告辞都应注重礼节规范。这既是个人素质与修养的表现，又是对主人的尊重。

1. 认真准备

接到邀请，能否出席应尽早答复对方，以便主人做出安排。一旦确定出席，就不要随意改动。应邀出席一项活动之前，要核实宴请的主人，活动举办的时间、地点，是否邀请配偶以及对服饰的要求。

出席宴会之前，一般应梳洗打扮。女士要化妆，男士梳理头发并剃须。衣着要求整洁、大方、美观，这给宴会增添隆重热烈的气氛。如果参加家庭宴会，可给女主人准备一份礼品，在宴会开始之前送给主人。礼品价值不一定很高，但要有意义。

2. 按时抵达

按时出席宴会是最基本的礼貌。迟到、早退、逗留时间过短，都被视为失礼或有意冷落。身份高者可略晚些到达，一般客人宜略早些到达。出席宴会要根据各地习惯正点或晚一至两分钟抵达，我国则是正点或提前一至两分钟抵达。出席酒会可以在请柬注明的时间内到达。抵达宴会活动地点，主动向主人问候。如果是庆祝活动，应表示祝贺。对在场其他客人，均应点头示意互致问候。

3. 礼貌入座

应邀出席宴会活动，应听从主人的安排，在进入宴会厅之前先掌握自己的桌次和座位。入座时注意桌上坐席卡是否写有自己的名字，不可随意入座。如邻座是长者或女士，应主动协助，帮助他们先坐下。坐姿要端正，不可用手托腮或将双臂肘放在桌上。坐时应把双脚踏在本人座位下，不可随意伸出，影响他人。不可玩弄桌上的酒杯、碗盘、刀叉、筷子等餐具。

4. 注意交谈

坐定后，如已有茶，可轻轻饮用。无论是主人还是宾客或陪客，都应与同桌的人交谈，特别是左邻右座，不可只与几位熟人或一两人交谈。若不相识，可自我介绍。谈话要掌握时机，要视交谈对象而定。不可只顾自己一人夸夸其谈，或谈一些荒诞离奇的事而引人不悦。

5. 文雅进餐

宴会开始时，一般是主人先致祝酒辞。此时应停止谈话，不可吃东西，注意倾听。致辞完毕，主人招呼后，即可开始进餐。

进餐时要注意举止文雅，取菜时不可一次过多。盘中食物吃完后如果不够，可以再取。吃东西要闭嘴咀嚼，不可发出声响。要将食物送进嘴里，不可伸出舌头去接食物。嘴里有食物时不可谈话。剔牙时，要用手或餐巾遮口，不可边走动边剔牙。

6. 学会祝酒

举杯祝酒时，主人和主宾先碰，人多时可以同时举杯示意，不一定碰杯。祝酒时不可交叉碰杯。在主人和主宾祝酒、致词时应停止进餐，停止交谈。主人和主宾讲话完毕与贵宾席人员碰杯后，往往到其他席敬酒，此时应起立举杯。碰杯时要注视对方，以示敬重友好。宴会上相互敬酒表示热烈的气氛，但切忌饮酒过量失言失态。如不能喝酒，可以礼貌地声明。

7. 告辞致谢

宴会结束一般先由主人向主宾示意，请其做好离席准备，然后从座位上站起，这是请全体起立的信号。一般以女主人的行动为准，女主人先邀请女主宾离席退出宴会厅。告辞时应礼貌地向主人道谢。通常是男宾先向男主人告辞，女宾先向女主人告辞，然后交叉，再与其他人告辞。席间一般不应提前退席，若确实有事需提前退席，应向主人打招呼后轻轻离去。

对主人的宴请表示致谢，除了在宴会结束告辞时表示谢意之外，若正式宴会，还可在2～3天内以印有“致谢”或P．R字样的名片或便函寄送或亲自送达表示感谢。

二、中餐礼仪

中国餐饮礼仪可谓源远流长。据文献记载，在周代，饮食礼仪已形成一套相当完善的制度，特别是经曾任鲁国祭酒的孔子的称赞推崇而成为历朝历代表现大国之貌、礼仪之邦、文明之所的重要方面。

作为汉族传统的古代宴请礼仪，自有一套程序：主人折柬相邀，临时迎客于门外。宾客到时，互致问候，引入客厅小坐，敬以茶点。客齐后导客入席，以左为上，视为首座，相对首座为二座，首座之下为三座，二座之下为四座。客人坐定，由主人敬酒让菜，客人以礼相谢。席间斟酒上菜也有一定的讲究：先敬长者和主宾，最后才是主人。宴饮结束，引导客人入客厅小坐，上茶，直到辞别。如今，这种传统宴请礼仪在我国大部分地区仍保留完整，如山东、香港及台湾等。

清代受西餐传入的影响，一些西餐礼仪也被引进。如分菜、上汤、敬酒等方式也因合理卫生的食法被引入中餐礼仪中。中西餐饮食文化的交流，使得我国的餐饮礼仪更加科学合理。

现代较为流行的中餐宴请礼仪是在继续传统与参考国外礼仪的基础上发展而来的。

（一）中餐席次和桌次的安排

1. 中餐宴会的席次安排

正式的中餐宴会一般均安排席位。在国际交往场合和商务交际场合，中餐习惯于按职务和身份高低排列席位。中国传统礼仪强调“左为尊”，但随着中国文化与西方文化的不断融合，中餐宴席的座次礼仪也从以往的“左为尊”演变为了国际化的“右为尊”，现在的宴请，主宾在主人的右手边。家宴首席为辈分最高的长者，末席为最低者。在宾客当中，如果遇到主宾的身份高于主人，为表示对他的尊重，可以把主宾摆在主人的位置上，而主人则坐在主宾位置上，第二主人在主宾的左侧。若无适当的女士出席，可把主宾夫妇安排在主人的左右两侧。一般席位讲究如下：

（1）右高左低：当两人一同并排就座时，通常以右为上座，以左为下座。这是因为中餐上菜时多以顺时针为上菜方向，居右者因此比居左者优先受到照顾。

（2）中座为尊：三人一同就餐时，居中坐者在位次上要高于在其两侧就座之人。

（3）面门为上：倘若用餐时，有人面对正门而坐，有人背对正门而坐，依照礼仪惯例则应以面对正门者为上坐，以背对正门者为下座。

（3）观景为佳：在一些高档餐厅用餐时，在其室内外往往有优美的景致或高雅的演出可供用餐者观赏，此时应以观赏角度最佳处为上座。

（4）临墙为好：在某些中低档餐厅用餐时，为了防止过往侍者和食客的干扰，通常以靠墙之位为上座，靠过道之位为下座。

（5）临台为上：宴会厅内若有专用的讲台时，应该以靠讲台的餐桌为主桌，如果没有专用讲台，有时候以背邻主要画幅的那张餐桌为主桌。

（6）各桌同向：如果是宴会场所，各桌子上的主宾位都要与主桌主位保持同一方向。

（7）以远为上：当桌子纵向排列时，以距离宴会厅正门的远近为准，距门越远，位次越高贵。

用中餐形式进行国际交往活动的座次安排方式如图 3-2 所示。

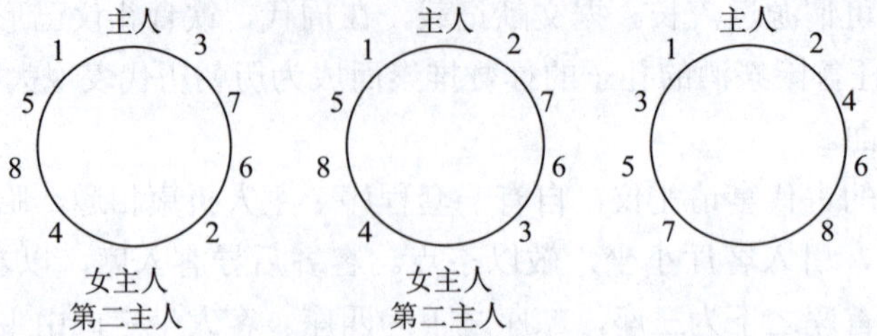

图 3-2　中餐座次安排

如果携夫人出席，通常将女士排在一起，即主宾坐在男主人右上方，其夫人坐在女主人右上方。

如遇主宾身份高于主人时，为表示对主宾的尊重，可以请主宾坐在主人的位子上，而主人则坐在主宾的位子上（1 号座位），第二主人坐在主宾的左侧（方式二和方式三中的 2 号座位）或按常规排列。

主宾携带夫人，出于礼节，主人的夫人应该陪同出席。如果主人的夫人因故不能出席，可请与主人有联系且身份相当的女士作第二主人；若无适当的女士出席，可把主宾夫妇安排在主人的左右两侧（方式二和方式三中的 1 号和 2 号座位）。

2. 中餐宴会的桌次排列

按照国际惯例，桌次高低以离主桌位置远近而定，右高左低。桌数较多时，要摆桌次牌，既方便宾主，也有利于管理。

中国传统文化中对东南西北四个方向都有很大的讲究，坐的座位也根据方向或者位次的不同而有不同的意义，中餐中的排座次是整个中国饮食礼仪中最重要的一部分，需要慎重对待。作为客人，赴宴讲究仪容，根据关系亲疏决定是否携带小礼品或好酒。赴宴守时守约，抵达后，先根据认识与否自报家门，或由东道主进行引见介绍，听从东道主安排，然后入座。

从古到今，随着餐桌的演变，座位的排法也随之变化。总的来讲，座次是尚左尊东、面朝大门为尊。中餐宴会多使用圆桌，如果是多桌中餐，则桌次一般以居中或最前面的桌子为主桌。一般说来，台下最前列的 1 ～ 2 桌是为贵宾和第一主人准备的，一般的赴宴者最好不要贸然入座。

不同的桌数有不同的摆设方式，如图 3-3 所示。

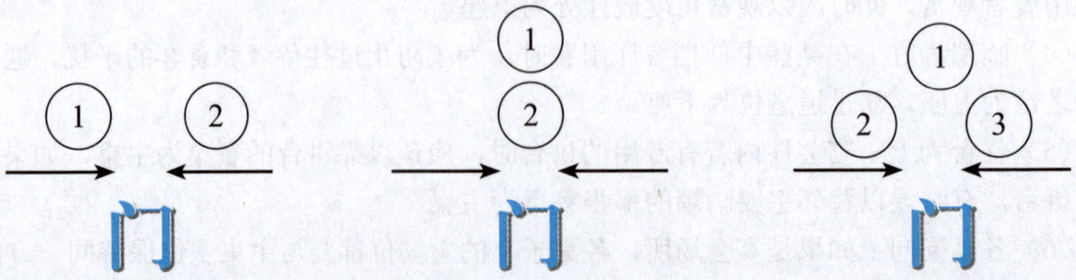

（a）两桌横排　　（b）两桌竖排　　（c）三桌竖排

图 3-3　中餐桌次安排

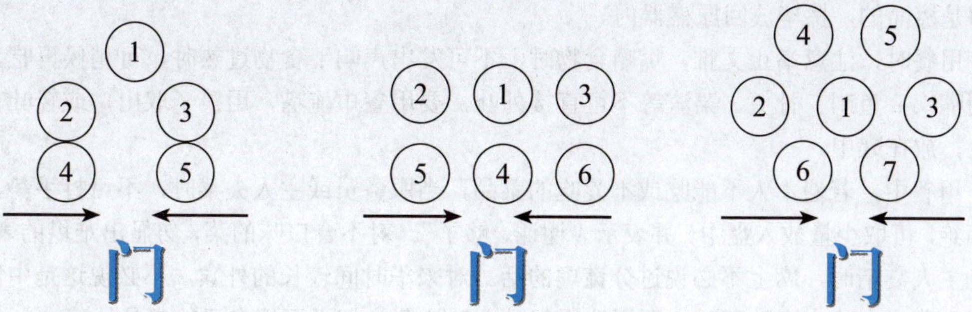

（a）五桌竖排　　（b）六桌横排　　（c）七桌横排

图 3-3　中餐桌次安排（续图）

（二）筷子的使用礼仪

中餐有别于西餐的餐具主要是筷子，在中国几千年的饮食文化中，筷子的使用已形成了基本的规则和礼仪。

1. 正确使用筷子

标准的握筷姿势如图 3-4 所示，过高或过低握筷或者变换指法握筷都是不规范的。

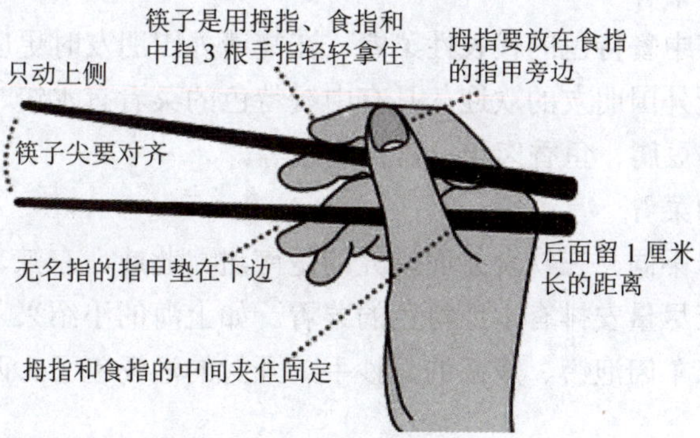

图 3-4　握筷姿势

2. 使用筷子的禁忌

在等待就餐时，不能用筷子敲打桌边、碗盏或杯子。在使用筷子夹菜时不要在菜肴里挑来挑去，上下乱翻，不要用筷子穿刺菜肴；遇到别的宾客也来夹菜，要注意避让，避免筷子打架；不要将筷子含在嘴里或把筷子当牙签使用；在进餐过程中进行交谈，不能把筷子当道具，指点别人；餐毕，筷子应整齐地搁在靠碗右边的桌上，并应等众人都放下筷子后，在主人示意散席时方可离座，不可自己用餐完毕，便扔下筷子离开。

（三）中餐进餐礼仪

宴会开始时，一般是主人先致祝酒辞。此时应停止谈话，不可吃东西，注意倾听。致辞完毕，主人招呼后，即可开始进餐。

用餐前，先将餐巾打开铺在腿上，用餐完毕叠好放在盘子右侧，不可放在椅子上，亦不可叠得方方正正而被误认为未使用过。餐巾只能擦嘴不能擦面、擦汗等。服务员送来的香巾是擦面的，擦毕放回原盛器内。

用餐时，注意举止文雅，嘴嚼食物时，不可发出声响；食物过热时，可稍候再吃，切勿用嘴吹；鱼刺、骨头、菜渣等不可直接外吐，要用餐巾掩嘴，用筷子取出，或轻吐在叉匙上，放在碟中。

用餐中，若遇本人不能吃或不爱吃的菜品，当服务员或主人夹菜时，不可打手势，不可拒绝，可取少量放入盘中，并表示“谢谢，够了”。对不合口味的菜，勿显出难堪的表情。作为主人宴请时，席上不必说过分谦虚的话。对来华时间较长的外宾，不必说这是中国的名酒名菜。在给宾客让菜时，要用公用餐具主动让菜，切不可用自己的餐具让菜。

用餐后，注意牙签的使用。正式宴会中，不宜当众使用牙签，更不能用手指甲剔牙缝中的食物，如果感觉有必要时，可以直接到洗手间去除掉。在餐桌上必须用牙签时，最好以手掩口轻轻剔牙，而边说话边剔牙或边吃边剔牙都不雅观。

（四）菜肴的选择和禁忌

菜肴的选择要结合宴请的形式、档次以及宴请对象的喜好和禁忌来进行。

1. 菜肴的选择

准备菜单时，有四类菜肴应优先考虑。

（1）中餐特色的菜肴

吃中餐要首选有中餐特色的代表性菜肴，在宴请外国朋友时更应当被重视，具有中餐特色的菜肴往往更受外国朋友的欢迎。具有中餐特色的菜肴有水饺、元宵、春卷、扬州炒饭、清炒豆芽、麻婆豆腐、鱼香肉丝、宫保鸡丁等。

（2）本地特色的菜肴

各地的菜肴风味不同，在饮食方面讲究的是南甜、北咸、东辣、西酸。在宴请外国朋友或外地朋友时，应尽量安排有本地特色的菜肴。如上海的小绍兴三黄鸡、天津的狗不理包子、西安的老孙家羊肉泡馍、成都的龙抄手、开封的灌汤包子、西双版纳的菠萝饭等都是国内久负盛名的。

（3）餐馆的看家菜肴

一般餐馆的看家菜肴是一个餐馆的招牌，进餐馆一般会重点向客人推荐，选择菜肴时也是优先考虑的。如全聚德的烤鸭、东来顺的涮羊肉都是非常有名的。

（4）主人的拿手菜肴

举办家宴，主人还可以露一手拿手菜，把自己做得最好、口味最地道的菜肴拿出来。

2. 选择菜肴的禁忌

不宜选择的菜肴主要有下列几类：

（1）一是民族禁忌、宗教禁忌不可触犯。如佛教徒只吃素，穆斯林不饮酒，满族、蒙古族、藏族、回族不吃狗肉，印度教徒忌食牛肉等。

（2）二是地方禁忌。如英美人士不吃动物的内脏、头、和脚，更不会吃宠物，日本人不吃皮蛋等。

（3）三是注意职业禁忌。如司机禁酒。

（4）四是注意个人禁忌。宴请时对每个人的个人禁忌都要有所了解，如有人不吃鱼，有人不吃蛋，还有糖尿病患者不能吃甜品等。

宴请客人时不知道客人喜欢吃什么关系不是很大，但必须知道客人不能吃什么。所以有经验的人会问客人不能吃什么。选择菜肴时千万不要冒犯客人的饮食禁忌。

（五）中餐宴请外宾时应注意的基本礼节

首先，应根据外宾所在国的宗教、民族和文化习惯，选择恰当的宴请日期。宴请欧洲国家或加拿大、美国客人时，应避开每月的13日，尤其是13日与星期五是同一天的。应避免使用13号房间，就餐人数应避开13人。

其次，中餐宴请外宾，应充分考虑到外宾的饮食结构和饮食特点。例如，德国人忌食核桃，美国人忌食动物内脏，匈牙利人不吃形状奇异的食物，如海参和带壳的虾、蟹等。

再次，中餐宴请外宾，切记不可反复劝菜和劝酒。西欧人、美国人、加拿大人一向崇尚独立、自由，讲究个性，不可反复劝菜和劝酒。否则，这种中国式的热情好客会被误认为是一种外来强迫，从而引起反感，影响宴会的友好气氛。

三、西餐礼仪

西餐是对西式饭菜的一种约定俗成的称呼。客观地讲，西餐其实是一个十分笼统的概念，因为不论从形式上还是从内容上来看，西方各国的饭菜都存在着很大的差异，难以一概而论。然而在中国人眼里，除了与中餐在口味上相去甚远之外，西餐仍然具有两个基本的共性：一是他们都源自西方国家的饮食文化，二是他们都必须使用刀叉取食。凡具备此两点者，在我国皆可以称为西餐。

随着中西方文化交流的深入发展，西餐目前已经逐渐进入了中国人的生活，并且受到了一定程度的欢迎。在现代社会交往中，不论人们爱不爱吃西餐，都有可能与之“相逢”。

吃西餐讲究4M原则，Menu（精美的菜单）、Manners（优雅的用餐礼节）、Music（动听的音乐）、Mood（迷人的氛围）。西餐又分为法式、英式和国际式，其用餐文化习俗各有不同，但基本礼仪要求还是一致的。西餐更重视的不是吃什么，而是进餐时的气氛、环境、衣着等，更注重精神享受。所以，学习一些有关西餐的基本常识和礼仪是很有必要的。

（一）席次的安排

1. 西餐台

西餐宴会常用长台，西餐台是可以拼接的，可根据宴会厅的形状和出席人数摆设成一字型台、T型台、马蹄型台、山字型台和中空型台等。大型宴会除主台外，可采用圆台。正式宴会一般均安排席位，也可只排主要客人的席位，其他客人只排桌次或自由入座。无论采取哪种方法，都要在入席前通知到每一位出席者，使大家心中有数。

2. 西餐席次安排要点

西餐的坐席排列，同一桌上席位高低，以距离主人座位的远近而定，右高左低。

西餐习惯男女交叉安排，即使是夫妻也是如此。以女主人的位置为准，主宾坐在女主人右边，主宾夫人坐在男主人右边。

举行两桌以上的西式宴会，各桌均应有第一主人，其位置应与主桌主人的位置相同，其宾客也依主桌的座位排列方法就座。

席位安排遇到特殊情况时可灵活处理，如主宾身份高于主人，为表示对主宾的尊重，可以把主宾安排在主人的位置上，而主人坐在主宾的位置，第二主人坐在主宾左侧。

西餐还有个规矩，即每个人入座或离座时均应从座椅的左侧进出。举行正式宴会时，座席排列按国际惯例：桌次的高低依距离主桌位置的远近而右高左低，桌次多时应摆上桌次牌。同一桌上席位的高低也是依距离主人座位的远近而定。图 3-5 为一般的西餐座次安排方式。

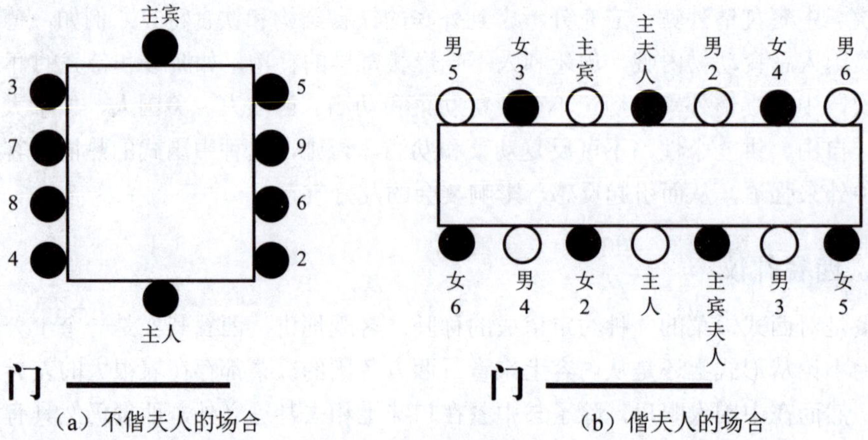

图 3-5　西餐座次安排

（二）西餐的菜序

品尝西餐，应知道西餐的菜序。所谓西餐的菜序，在此是指享用西餐时正规的上菜顺序。

1. 正餐的菜序

西餐的正餐，特别是较为正规的正餐，其菜序不仅复杂多样，而且十分讲究。在大多数情况下，西餐正餐往往会由七八道菜肴所构成。一顿完整的正餐，进餐时间约需 1 ～ 2 小时。

（1）头盘

西餐的第一道菜是头盘，也称为开胃菜。开胃菜的内容一般有冷头盘或热头盘之分，常见的品种有鱼子酱、鹅肝酱、熏鲑鱼、鸡尾杯、奶油鸡酥盒、焗蜗牛等。因为是要开胃，所以开胃菜一般都具有特色风味，味道以咸和酸为主，而且数量较少，质量较高。

（2）汤

与中餐有极大不同的是，西餐的第二道菜就是汤。西餐的汤大致可分为清汤、奶油汤、蔬菜汤和冷汤四类。品种有牛尾清汤、各式奶油汤、海鲜汤、美式蛤蜊周打汤、意式蔬菜汤、俄式罗宋汤、法式焗葱头汤等。冷汤的品种较少，有德式冷汤、俄式冷汤等。

（3）副菜

鱼类菜肴一般作为西餐的第三道菜，也称为副菜。品种包括各种淡水和海水鱼类、贝类及软体动物类。通常水产类菜肴与蛋类、面包类、酥盒菜肴品均称为副菜。因为鱼类等菜肴的肉质鲜嫩，比较容易消化，所以放在肉类菜肴的前面，叫法上也和肉类菜肴主菜有区别。西餐吃鱼菜肴讲究使用专用的调味汁，品种有鞑靼汁、荷兰汁、酒店汁、白奶油汁、大主教汁、美国汁和水手鱼汁等。

（4）主菜

肉、禽类菜肴是西餐的第四道菜，也称为主菜。肉类菜肴的原料取自牛、羊、猪、小牛仔等各个部位的肉，其中最有代表性的是牛肉或牛排。牛排按其部位又可分为沙朗牛排（也称西冷牛排）、菲力牛排、T 骨型牛排、薄牛排等。其烹调方法常用烤、煎、铁扒等。肉类菜肴配用的调味汁主要有西班牙汁、浓烧汁精、蘑菇汁、白尼斯汁等。禽类菜肴的原料取自鸡、鸭、鹅，通常将兔肉和鹿肉等野味也归入禽类菜肴。禽类菜肴品种最多的是鸡，有山鸡、火鸡、竹鸡，可煮、可炸、可烤、可焖，主要的调味汁有黄肉汁、咖喱汁、奶油汁等。

（5）蔬菜类菜肴

蔬菜类菜肴可以安排在肉类菜肴之后，也可以与肉类菜肴同时上桌，所以可以算为一道菜，或称之为一种配菜。蔬菜类菜肴在西餐中称为沙拉。与主菜同时服务的沙拉称为生蔬菜沙拉，一般用生菜、西红柿、黄瓜、芦笋等制作。沙拉的主要调味汁有醋油汁、法国汁、千岛汁、奶酪沙拉汁等。沙拉除了蔬菜之外，还有一类是用鱼、肉、蛋类制作的，这类沙拉一般不加味汁，在进餐顺序上可以作为头盘食用。还有一些蔬菜是熟食的，如花椰菜、煮菠菜、炸土豆条等。熟食的蔬菜通常是与主菜的肉食类菜肴一同摆放在餐盘中上桌的，称之为配菜。

（6）甜品

西餐的甜品是主菜后食用的，可以算做是第六道菜。从真正意义上讲，它包括所有主菜后的食物，如布丁、煎饼、冰淇淋、奶酪、水果等。

（7）热饮

西餐用餐结束之前，应为就餐者供应热饮，以此作为压轴。最正规的热饮是红茶或者不加任何东西的黑咖啡。二者只选其一，不宜同时享用。热饮的主要作用是帮助就餐者消化。热饮就餐者可以在餐桌上饮用，也可以换地方，例如到休息厅或客厅饮用。

2. 便餐的菜序

西餐的正餐多见于宴会或者其他重要的节假日。它虽然较为隆重，但往往耗资、耗时颇多。在一般情况下，人们总是将西餐正餐进行简化，即西餐便餐。其菜序主要由开胃菜、汤、主菜（各一份）、甜品、热饮等构成。

（三）西餐的餐具

学习西餐礼仪时，掌握西餐餐具的使用方法是重点内容之一。在所有的西餐餐具之中，餐刀、餐叉、餐匙以及餐巾是最具代表性的。以下分别对其加以介绍。

西餐餐具摆放如图 3-6 所示。

1. 刀叉

刀叉是人们对于餐刀、餐叉这两种西餐餐具所采用的统称。二者既可以配合使用，也可以单独使用。不过更多的情况下，刀叉都是配合使用的。

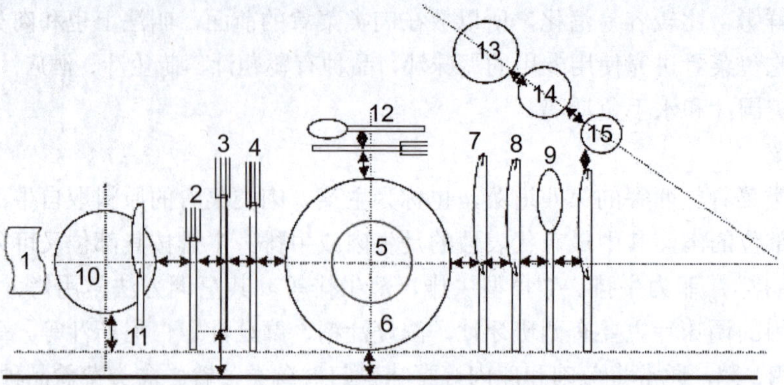

1. 餐巾 Napkin
2. 魚叉 Fish Fork
3. 主菜叉 Dinner or Main Course Fork
4. 沙拉叉 Salad Fork
5. 汤杯及汤底盘 Soup Bowl & Plate
6. 主菜盘 Dinner Plate
7. 主菜刀 Dinner Knife
8. 鱼刀 Fish Knife
9. 汤匙 Soup Spoon
10. 面包及奶油盘 Bread & Butter Plate
11. 奶油刀 Butter Knife
12. 点心匙及点心叉 Dessert Spoon and Cake Fork
13. 水杯 Sterling Water Goblet
14. 红酒杯 Red Wine Goblet
15. 白酒杯 White Wine Goblet

图 3-6　西餐餐具摆放

掌握刀叉的使用，需要具体学习刀叉的类别及摆放、刀叉的用法、暗示等三个方面的知识。

（1）刀叉的类别及摆放位置

在正规的西餐宴会上，菜肴是一道一道分别上桌的，而每吃一道莱肴，都需更换一副刀叉。享用西餐正餐时，在每一位就餐者面前的餐桌上，都会摆放上专门供其个人使用的刀叉，如吃黄油所用的餐刀、吃鱼所用的餐刀叉、吃肉所用的刀叉和吃甜品所用的刀叉等。这些刀叉除了形状各异之外，还有具体摆放的位置。

吃黄油所用的餐刀是没有与之相匹配的餐叉的，它放在就餐者左手的正前方。

吃鱼和吃肉所用的刀叉通常应当是刀右、叉左地分别纵向摆放在就餐者面前的餐盘两侧，方便就餐者依次分别从两边由外侧向内侧取用。

吃甜品所用的刀叉应最后使用，一般被横向放在每人所用的餐盘的正上方。

（2）刀叉的使用

正确持刀的方法为右手持刀，拇指抵刀柄一侧，食指按于刀柄上，其余三指弯曲握住刀柄。不用餐刀时，应将其横放在盘子的右上方。

正确持叉子的方法：若叉子不与刀并用时，右手持叉取食叉齿向上；当刀叉并用时，右手持刀，左手持叉，叉齿向下叉住肉；肉被割下后，先把刀放下，叉换右手，用叉子叉上肉送到嘴里。

刀叉并用的方式有英国式和美国式两种。英国式的使用方法要求就餐者在使用刀叉时，始终右手持刀，左手持叉，一边切割一边叉而食之，这种方法显得比较文雅。美国式的具体做法是右刀左叉，一鼓作气将要吃的食物全部切好，然后再把右手的餐刀斜放在餐盘的前面，将左手的餐叉换到右手，最后右手执叉就餐。

在使用刀叉就餐时，不管采用哪种方式，均应注意以下几点：

①切割食物时，不要弄得铿锵作响。

②切割食物时，应当从左侧开始，由左而右逐步进行。

③切割食物时，应当双肘下沉，前后移动，切勿左右开弓，把肘部抬得过高。

④每块被切割好的食物大小，应当入口刚刚合适，一般应当以餐叉而食之，不可以用刀扎着吃，也不可以用餐叉叉起之后一口一口地咬而食之。

⑤双手同时使用刀叉时，叉齿应当朝下，右手持叉进食时则应使叉齿朝上，临时将刀叉放下时，切勿使刀叉朝外。

⑥如果刀叉掉落地上，一般不应继续使用，而应请侍者另换一副。

（3）刀叉的暗示

通过刀叉的不同放置形式，可以由就餐者向侍者暗示本人是否还想再吃某一道菜肴。

①暗示尚未吃完。在进餐期间，就餐者如果将刀右叉左，刀刃朝内。叉齿朝下，二者呈“八”字形状摆在餐盘之上，就是暗示侍者此菜尚未用毕。

②暗示可以撤掉。就餐者如果吃完了某一道菜肴，或者因其不合适口味而不想再吃，则可以刀右叉左，刀刃朝内，叉齿向上并排纵放在餐桌上，或是刀上叉下并排横放在餐盘上。这种做法是在暗示侍者，可以将刀叉连同餐盘一道撤下桌去。

刀叉摆放如图 3-7 所示。

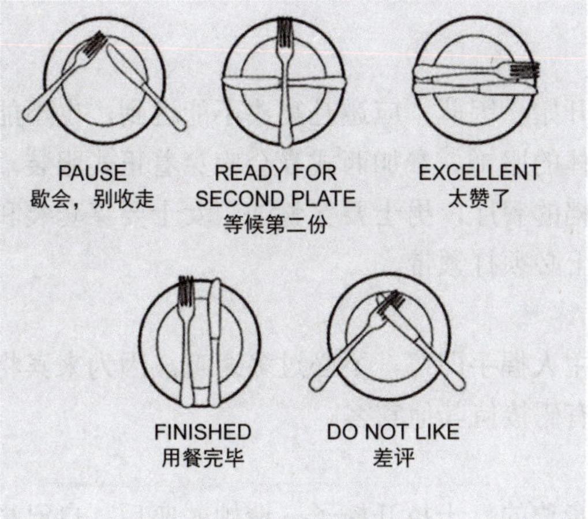

图 3-7　西餐刀叉摆放

2. 餐匙

餐匙又叫做调羹。品尝西餐时，餐匙是一种不可缺少的主要餐具。在西餐中餐匙有两种：一是汤匙，其形状较大，通常被放在就餐者右侧刀的最外端，并且与餐刀并列排放；二是甜品匙，在一般情况下，它被放在吃甜品所使用的刀叉的正上方，并且与之并列。

正确使用汤匙的方法：用右手拇指与食指持汤匙柄，手持汤匙，使其侧起，不要使汤滴在汤盘外面。餐桌上的小匙是用来调饮料的，无论喝什么饮料，用毕应将其从杯中取出，放入托盘。

使用餐匙时应注意以下几点：

（1）餐匙只可以饮汤、用甜品，决不可以直接去舀取红茶、咖啡以及其他任何主食、菜肴。

（2）以餐匙取食时，务必不要过量。一旦入口就要一次用完，不要把一匙的东西反复品尝多次。

（3）使用餐匙的动作要干净利索，不要在汤、甜品、红茶或者咖啡之中不停搅拌。

（4）已经使用的餐匙不可再次放回原处，也不可将其插入菜肴或是放在汤盘、红茶杯、咖啡杯之中。正确的做法是将其暂放于餐盘上。

3. 餐巾

餐巾在西餐里除了保洁服装、擦拭口部的作用外，还有一大特殊的作用，即暗示。

（1）暗示用餐开始。按惯例，享用西餐时，就餐客人均应向女主人自觉看齐，当女主人为自己铺上餐巾时，一般等于正式宣布用餐开始。

（2）暗示暂时离开。用餐时若需要中途暂时告退，往往不必大张旗鼓地向他人通报，而只要把本人的餐巾置于自己座椅的椅面上即可。

（3）暗示用餐结束。当女主人把自己的餐巾放在餐桌上时，意在宣告用餐结束，其他客人见此情景均应自觉地告退。

餐具的选用要根据上菜顺序来确定，一般来说，按照西餐的规矩，吃什么菜用什么餐具、喝什么酒水用什么酒杯。

（四）西餐进餐礼仪

1. 准时得体赴宴

西式宴会一般准时开始，因此，应邀赴宴决不能迟到，也不能到得太早。西餐礼仪中首先要注意的是穿着得体的服饰。参加西式宴会应穿着正式服装，上餐厅吃饭时穿着得体是欧美人的常识。去高档的餐厅，男士要穿整洁，女士要穿套装和有跟的鞋子。如果指定穿正式的服装的话，男士必须打领带。

2. 男女主人在门口恭迎

见到主人，只要与主人握手即可，不必过多寒暄。因为来宾将接踵而至，如跟主人聊天，不但不礼貌，而且有碍接待其他宾客。

3. 女士优先

入席时，男士应替身边的女士拉开椅子，请她入座后，自己再坐下，进餐时也要随时照顾女士。女士接受服务后，不要忘记向男宾道谢。

4. 关注女主人的举动

在西式宴会中，女主人是宴会中真正的主人，在宴会中自始至终扮演着最重要的角色。宴会自始至终，来宾必须时刻注意女主人的举动，以免失礼。比如说，偶有迟到的客人入座，当她从座位上站起来迎接、招呼时，席上的男宾，也必须陪同站起来。在家中招待客人时重要的一道菜多半由男主人端上，尤其是需要切分的禽类或烤肉。每一道菜上来时，也要经女主人招呼，女主人拿起自己的叉子时，才能一起进食。

5. 注意餐巾使用

在入席之前，每位客人的面前都摆着一条白色的西式餐巾，是为了避免进食时弄污衣服的。在西方的家庭中，日常进餐多将它塞在领口，但参加宴会时都是放在膝上的。较大的餐巾通常只打开一半，对折摊开用。餐毕离席时，把餐巾拿起，随意地搁在餐桌上即可。

6. 注意食物吃法

吃肉类时有两种方法：一种是边割边吃，另一种是先把肉块（如牛排）切好，然后把刀子放在食盘的右侧，单用叉子进食。

食用肉饼、煎蛋、沙拉时都不用刀，只用叉。肉盘中如有肉汁，想吃的话可用面包蘸着吃。吃面包不能用刀叉，只能用手撕着吃。

食用炸薯片、炸肉片、芹菜、芦笋等物也不用刀叉，跟面包一样，可用手拿着吃，但取食时仅限于用拇指和食指沾取，食后可用摆在面前的小手巾抹手。

吃甜点时可用叉或匙。

7. 餐间交谈

谈话时无需将刀叉放下，可以一面说着话，一面拿着叉子。如果客人把叉子放下，女主人可能以为他吃完那道菜了。女主人如果问客人是不是愿意再添一点菜，客人可借机表示欣赏女主人所做的菜。比如，当主人问客人:"让我再给你一点鸡，好吗？"客人可以说:"好，谢谢你，这鸡真好吃。"或者说："谢谢你，我不要了，这鸡是很好吃。"

8. 餐毕礼节

和中国礼节一样，女主人要一直陪着吃得最慢的客人。在吃完所要吃的东西以后，就应该把刀、叉并排横放在盘子上。汤匙应留在汤碗中，如果碗底有碟子托着的话，就放在碗碟上。茶匙不可留在杯中，而应放在茶碟上。当想再喝一杯茶或咖啡时，茶杯、茶碟及茶匙应全部递给女主人。

客人在进餐过程中离席，或在女主人表示吃饭结束之前离席都是不礼貌的，必需离席的话，则应请女主人原谅。当女主人表示宴会结束时，就从座位上起立，与此同时，所有的客人也都应随着起立。按礼节来说，在女客人起立后，男客人应帮助她们把椅子归回原处。

（五）自助餐礼仪

自助餐的特点是布置简单、便于交流、食物及费用节约、可以招待多人并免排座次，同时自助餐为宾客提供了菜品摆放布置餐台和装饰物，最大化体现了食物的艺术性。自助餐多安排在正式商务活动后，很少安排在晚间举行，用餐时宾客随到随用，用完后与主人告辞即可离去，用自助餐时注意以下几点：

一是排队取菜，要求迅速，不能因犹豫而使身后的人久等。

二是要循序取菜，依次取冷菜、汤、热菜、点心、甜品和水果。取菜前可全场转一圈，先了解情况再取菜。

三是要量力而行，在自助餐上多吃是允许的，浪费是不允许的。

四是要多次取菜，即"多次少取"原则。一添再添都是可以的，但不可一次性取用过量，否则是很失礼的。每次取菜只为自己先取一种，吃好后再取用其他品种，不能将多种食物混装一盘。

五是要避免外带。

六是要送回餐具。用餐完毕后，应整理好餐具，送回指定位置。就座用餐时，也可由服务员收拾，但离席前需对餐具稍加整理。

七是要照顾他人。若有同伴不熟悉用餐，可向其介绍或给予建议，但不可自作主张为对方代取食物。

八是要积极交际。用自助餐时，进行适当交际活动是最主要的任务，用餐是次要的，不可一心一意埋头吃，吃完就走。应找机会与主人攀谈，与朋友叙叙，并争取多结识几位新朋友。介入陌生交际圈时，可请求主人或圈内人引见或是寻找机会加入，也可以毛遂自荐加入，但必须要征得圈内人的同意。

四、饮酒礼仪

在正式的宴会上，不管是中餐还是西餐，酒都是美妙和神秘的东西。不过，不论是国酒还是洋酒，尊重不同酒的文化是最重要的。最常见的酒有白酒、啤酒、葡萄酒、香槟酒，不常见的还有威士忌等。白酒的文化是干杯，葡萄酒的文化却是品尝，品尝它的味道和口感，享受它的色彩和美感。因此，饮酒时，如果不了解酒的文化会显得缺乏修养，甚至被人暗暗嘲笑。优雅并且正确地掌握饮酒礼仪体现了现代人的品位和魅力。以茶待客，以酒会友，古往今来酒水一直在人际交往中扮演着重要角色，逢年过节更是少不了它们的身影，以至于无酒不成宴。

酒水是在日常交往中比较正式的场合使用的饮料的一种统称，含有酒精的饮料就是我们所说的酒，还有所谓软饮料，就是不含酒精的饮料，比如水、果汁以及其他类型的饮料。

（一）西餐与餐酒的美妙搭配

正式的西餐宴会上，酒水是主角。酒与菜的搭配也十分严格。一般来讲，吃西餐时，每道不同的菜肴要搭配不同的酒水，吃一道菜便要换一种酒。

1. 西餐用酒的种类

西餐宴会上的酒水，可以分为餐前酒、佐餐酒和餐后酒三种。

（1）餐前酒又叫开胃酒，是在正式用餐前或在吃开胃菜时与之搭配的。餐前酒有鸡尾酒、雪利酒和香槟酒。

（2）佐餐酒又叫餐酒，是在正式用餐时饮用的酒水。常用的佐餐酒为葡萄酒，而且大多数是干葡萄酒或是半干葡萄酒。有一条重要的讲究，就是“白酒配白肉，红酒配红肉”。这里所说的白肉，即鱼肉、海鲜、鸡肉，这样一种海鲜跟禽类的肉，做熟了之后，一般是白色的，味比较淡，白葡萄酒味比较淡，所以淡味酒配淡味菜吃比较好。白葡萄酒最佳的饮用温度是 10 摄氏度至 15 摄氏度之间，13 摄氏度左右喝最好，我们的手本身有温度，为了不对白葡萄酒加温，拿酒杯时应用手指捏杯腿。所说的红肉，即牛肉、羊肉、猪肉，吃红肉一般配味比较重的红葡萄酒。红葡萄酒标准饮用温度在 18 度左右。

西餐桌上会放三个杯子。这三个杯子放置在客人右手的正前方，由外侧向内侧依次走。

最外面的杯子是白葡萄酒杯，中间的杯子是红葡萄酒杯，最里面的杯子是清水杯。由外侧到里侧越来越大，白葡萄酒杯最小，红葡萄酒杯居中，清水杯最大。

食物和酒类可以分为四种口味，这也就界定了酒和食物搭配的范围，即酸、甜、苦和咸味。

①酸味：酒不能和沙拉搭配，原因是沙拉中的酸破坏了酒的醇香。但是，如果沙拉和酸性酒类同用，酒里所含的酸就会被沙拉的乳酸分解掉，这当然是一种绝好的搭配。所以，可以选择酸性酒和酸性食物一起食用。酸性酒类与含咸味的食品共用，味道也很好。

②甜味：用餐时，甜食会使甜酒口味减淡。糖分过高的甜点会将酒味覆盖，失去原味，所以吃甜点时，应该选择略甜一点的酒类，这样酒才能保持原来的口味。

③苦味：苦味酒和带苦味的食物一起食用，苦味会减少，因此如果想减少或除去苦味，可以将苦味酒和带苦味的食物搭配食用。

④咸味：一般没有盐味酒，但有许多酒类能降低含咸味食品的盐味。许多国家和地区食用海产品如鱼类时，都会配以柠檬汁或酒类，主要原因是酸味能减低鱼类的咸度，食用时味道更加鲜美可口。

（3）餐后酒指的是用餐之后用来助消化的酒水。喝红茶也行，喝黑咖啡也行，当然也可以喝酒。外国人有个习惯，吃完了主菜，主人会致欢迎词和告别词，一般致词的时候会干杯，那么这个时候喝香槟酒也有可能。餐后酒最常见的是利口酒，又叫甜酒。最有名的餐后酒则是有“洋酒之王”之称的白兰地酒。

2. 葡萄酒试酒礼仪——浅尝细品

通常在选择好葡萄酒后，由做东的人试喝酒，一般由男士来试酒。试喝酒的过程应如下：

（1）整瓶酒送来后，先确认和自己点的葡萄酒牌子是否一样，如果没问题就示意服务生开酒。

（2）拿起盛着葡萄酒的酒杯向外倾斜，首先看看酒杯内是否有如木屑的东西，这些东西可能会影响酒的品质。再看看葡萄酒的颜色，已成熟的酒（低下档的轻清型葡萄酒例外），杯沿的酒带褐黄色，而杯中央的酒色泽较深。未成熟（可贮藏更久再饮用）的酒内外则多呈紫红色。

（3）拿着酒杯向内逆时针摇晃，如果是左手拿杯的人则可以顺时针摇晃。把酒向内倾斜，低头用鼻子闻闻味道是否香浓。呷一口酒，不要太多，转动舌头去品味，在餐厅用酒时，你需要在此刻决定是否接受这瓶酒。

（4）如果试喝酒结果满意，便可示意服务生继续倒酒。如不满意，可对服务生表示不接受。这时，服务生可能会自己也喝一点证实，如果酒真是有问题，高级西餐厅一般会收回该瓶酒。

需要注意的是，喝酒前应用餐巾抹去嘴角上的油渍，以免有碍观瞻，且影响对酒香味的感觉。

葡萄酒杯的拿法：正确的握杯姿势是用三个手指轻握杯脚。为避免手的温度使酒温升高，应用大拇指、中指、食指握住杯脚，小指放在杯子的底台起固定作用。

（二）日常交往的饮酒礼仪

酒席、宴会的祝酒，既能表示对客人的尊敬，又可增添席间的热烈气氛。用酒来表达对宾客的欢迎或谢意，是我国人民的传统风俗习惯，也是世界各族人民增进友谊的一种方式。

1. 斟酒礼仪

主人在为客人斟酒时，常说“满上满上”，这个“满”不是指满到杯口几乎溢出来，而指斟满八成就行了。主人斟酒时，客人可行叩指礼，表示感谢主人斟酒。行叩指礼时，客人把拇指、中指捏在一块，轻轻在桌上叩几下。

2. 敬酒礼仪

饮酒之乐除了酒质优良带来的乐趣外，饮酒的气氛和场面更是一种享受，因此，文明饮酒便显得尤为重要了。

敬酒也是一门学问。向人敬酒，是表示祝愿、祝福等。在敬酒时，应注意以下事项：

（1）敬酒要考虑顺序。一般情况下敬酒应以年龄大小、职位高低、宾主身份为序，敬酒前一定要充分考虑好敬酒的顺序，分清主次。即使与不熟悉的人在一起喝酒，也要先打听一下对方的身份或是留意别人如何称呼，这一点心中要有数，避免叫错人名或称呼而出现尴尬或伤感情的局面。还应了解对方的饮酒习惯，即为何人祝酒、何时祝酒等，以便作必要的准备。

（2）敬酒要注意身份。根据社交礼仪的规定，提议大家干杯、向来宾祝酒的只能是男主人，其他人则不宜这么做。在为欢迎某位贵宾而特意举行的欢迎宴会上，在男主人祝酒之后，男主宾也可祝酒。碰杯时，主人和主宾先碰，人多可同时举杯示意，不一定碰杯。主人和主宾讲完话并与贵宾席人员碰杯后，往往到其他各桌敬酒，遇此情况应起立举杯。规模较大的宴会上，主人应依次到各桌敬酒，而每一桌可派代表到主人的餐桌去回敬一杯。

（3）敬酒要注重礼节。敬酒时要双手举起酒杯并向对方微笑点头示意。碰杯时，要目视对方致意。在中餐里，干杯前可以象征地和对方碰一下酒杯。碰杯的时候，应该让自己的酒杯低于对方的酒杯，以表示你对对方的尊敬。用酒杯杯底轻碰桌面也可以表示和对方碰杯，当你离对方较远时，可以用这种方式代劳。祝酒时注意不要交叉碰杯。在主宾和主人致辞、祝酒时，应暂停进餐，停止交谈，注意倾听，也不要借此机会吸烟。另外，为了表达对主人的尊敬，客人在接受主人的敬酒之后，一定要找个合适的机会回敬主人酒。

此外，不管是主人还是客人，都不要让女性喝醉酒。参加各种宴会切忌喝酒过量致使失言、失态。饮酒时边喝边透过酒杯看人、拿着酒杯边说话边喝酒或口红印在酒杯沿上等，都是失礼的行为。对于虔诚的穆斯林不允许敬酒，甚至不能上酒。

（三）拒绝饮酒的礼仪

拒绝他人敬酒通常有三种方法：第一种方法是主动要一些非酒类的饮料，并说明自己不饮酒的原因；第二种方法是让对方在自己面前的杯子里稍许斟一些酒，然后轻轻以手推开酒瓶，按照礼节，杯子里的酒是可以不喝的；第三种方法是当敬酒者向自己的酒杯里斟酒时，用手轻轻敲击酒杯的边缘，这种做法的含义就是“我不喝酒，谢谢”。当主人或朋友们向自己热情地敬酒时，不要东躲西藏，更不要把酒杯翻过来，或将他人所敬的酒悄悄倒在地上。

“酒能成礼，过则伤德”“不喝伤心，喝多伤肝、伤胃、伤情”，因此饮酒时应注意酒的禁忌，方可避免酒后失礼。酒量好固然最好不过，但酒德好、酒礼好，才是在享受美酒的同时给人们带来最大的乐趣，愿这种乐趣永远倍伴着您、我、他。

【拓展阅读】

日本饮酒礼仪

喝酒在不同地区、不同民族、不同国家还有许多不同的风俗和礼节。

日本自古以来就是喜欢饮酒的民族，即使喝得酩酊大醉也不以为耻。成年人不仅在宴会上饮酒，在一天工作后，也往往要走进酒馆喝上两杯再回家。按照日本人的风俗，饮酒是重要的礼仪。同日本人共同进餐饮酒，应随时注意将别人及自己的酒杯斟满，酒不满杯在日本人看来是不礼貌的。还要了解日本人相互斟酒的习俗，客人在主人为其斟酒后，应马上接过主人的酒瓶给主人斟酒。在宴饮之中，客人和主人均不往自己酒杯里斟酒，而是互相斟酒。日本人认为这是主客之间平等的表示，即便是高级经理同一般办事员一起对斟，也是双方互相斟酒。

日本传统饮酒的方法：在桌子中间摆上一只装满清水的碗，并在每人桌上放一块洁净的白纱布，主人将自己的酒杯在清水中涮一下，杯口朝下在纱布上按一按，使水珠吸干，斟酒后双手递给客人，看着客人一饮而尽；客人饮完，也将酒杯在清水中涮一下，在白纱布上吸干，同样斟满酒，双手递还主人，请主人饮尽。如此交杯换盏，尽兴而饮，表示主宾之间的亲密无间。如果是一般朋友，不必如此饮酒。在日本饮酒时，将酒杯放在桌上让主人斟满是失礼行为。斟酒时要右手拿着酒壶，左手从下面托着，千万不能碰酒杯。客人要右手持酒杯，左手轻托杯底，接受对方斟酒。在一般情况下，第一杯酒接受为礼节，第二杯客气地谢绝不为失礼。日本人喝完酒往往都将酒杯扣在桌上，但是谢绝了第二杯酒的人，千万不要将酒杯扣起，要等大家都喝完，一起把酒杯扣在桌上，才是礼貌的做法。

中国人讲“酒逢知己千杯少”，日本人则是“千杯之后成知己”。可见喝酒不但是中国社会，也是日本社会重要的交际手段。

饮酒碰杯礼

碰杯礼的由来有两种说法。第一种来自古希腊。古希腊人认为，在饮酒的时候，鼻子能闻酒香，眼睛能看酒色，舌头能尝酒味，唯独耳朵不能感受。为了弥补这一缺憾，他们想出在饮酒前互相碰杯的主意，使耳朵能听到酒杯的清脆响声。久而久之，这种做法逐渐成为饮酒礼节。第二种来自古罗马。在古罗马武士“角力”竞赛前，双方先要喝一杯酒，以示相互勉励。但由于酒是事前准备好的，为了证明酒中没有毒，在喝酒时，决斗双方先把酒倒出互相拌和，然后一饮而尽。这种风俗逐步成为酒席上的碰杯礼节。

饮酒干杯礼

据说“干杯”一词起源于16世纪的爱尔兰，原意为“烧面包”。当时的爱尔兰饮酒者常有这样的习惯，将一片烤面包放入一杯威士忌酒或啤酒中，以改善酒味和消除酒的不纯洁性。直到18世纪，干杯才有了今天的含义，并发展成配以祝酒颂词。干杯时人们往往要相互碰杯，碰杯的响声与教堂敲钟一样，是为了驱除恶魔。过去干杯还必须右手执杯，伸直与肩齐，这是为了向对方表明自己腰间没有暗藏武器，以示友好。

欧美人用酒礼仪

欧美人敬客、宴请多用酒，其用酒讲究种类、配制和礼节。

（1）客人来访，久坐之后主人要以酒敬客，常以淡酒为主。女客若酒量小或不会喝酒，多以桔子汽水或啤酒解渴，这是常见的敬客酒。

（2）如果是家庭请客或外交宴请，多采用鸡尾酒。饭前用酒往往也选择鸡尾酒，饭时改用白酒和红酒，先白后红。在用鱼虾海味的时候饮清淡的白酒，可以使海味更觉可口；随之后进禽鸟牲畜等肉类食品时，则改用醇香的红酒，愈醇愈佳。席毕还要用白兰地或香槟酒，这是常见的宴请酒。

（3）时逢庆贺典礼的欧美各国，最考究的是饮用香槟酒。在客人用过水果或甜食之后，若是面前放上镂有花纹的广口半球形底鸳鸯脚杯时，便是主人要敬香槟了。

【思考练习】

1. 常见的宴请形式有哪些？
2. 用中餐时主宾的座次应怎样安排？
3. 简述中餐和西餐用餐的礼仪规范。
4. 西餐上菜的顺序是怎样的？
5. 在西餐中，喝汤和吃面包的正确方式是怎样的？
6. 敬酒时要注意什么礼仪？
7. 案例：

李先生一家为了答谢好友邵先生一家，在家宴请。邵先生一家吃得津津有味。这时邵先生被鸡肉卡住了牙缝，于是，邵先生拿起桌上的牙签，当众剔出滞留在牙缝中的鸡肉，还将剔出来的鸡肉丝吐在烟灰缸里。看着烟灰缸里的鸡肉丝，李先生夫妇一点胃口也没有了。

思考：邵先生的不文明行为表现在哪儿？假如是你，如何处理？

8. 案例：

黄先生在西餐厅独自享用午餐，风度优雅。侍者将主菜刚送上来，黄先生的手机响起，他只好放下刀叉，把餐巾放在餐桌上，起身去回电话。几分钟后，黄先生重新回到餐桌前，却发现桌上的酒杯、牛排、刀叉、餐巾全都被侍者收走了。

思考：请问黄先生就餐中存在什么问题？正确的做法是？

9. 案例：

前几天小武和小军两人见面，小武邀请小军带着爱人来家做客。按照既定的日子，小军携妻赴约。小军夫妻都三十出头，目前正计划要孩子。于是小军对小武喝酒的提议婉言拒绝。可是，小武不知趣，席间不断地劝酒。小军万般无奈喝了一杯，没想到小武就此不放。小军急了，弄得席间气氛很紧张。

思考：请指出小武的失礼之处。

【实践训练】

1．模拟实训：西餐宴请礼仪。

2．实训目的：掌握西餐宴请的基本礼仪技巧。

3．分组训练：分小组进行，每小组 6 ～ 8 人，以小组为单位，进行西餐宴请模拟。

4．实训考核标准：针对宴请礼仪的各项内容进行的自评分和小组评分，见表 3-4。

表 3-4 西餐宴请礼仪训练评分表

考核项目	考核内容		分值	自评分	小组评分	实得分
西餐宴请礼仪	西餐座次安排		30			
	餐具的摆放	用餐前	5			
		中途休息	5			
		用餐完毕	5			
	西餐用餐	喝汤动作	10			
		切食物动作	10			
		叉食物动作	10			
	餐巾的使用	用餐时	5			
		中途离席	5			
		用餐结束	5			
	用餐仪态表现		10			
总分			100			

任务 3.6 馈赠礼仪

【知识目标】

1．理解馈赠原则。

2．掌握馈赠礼仪。

3．掌握受赠和拒收礼品的礼仪。

【能力目标】

能够根据不同场合、不同对象恰当地选择并赠送礼品。

【任务导入】

案例一：美国作家欧·亨利在其著名的小说《麦琪的礼物》里讲了这样一个故事：一位妻子十分想在圣诞节来临时送给丈夫一份礼物，她盼望能买得起一条表链，以匹配丈夫祖上留下的一只表。因为没有钱，于是她把自己秀丽的长发剪下来卖了。圣诞之夜，妻子对丈夫献上了自己的礼物——精美的表链。而丈夫也在惊愕之中拿出了他献给妻子的礼物，竟是一枚精致的发卡。原来，丈夫为给妻子买礼物把自己的表卖了。这时，他们紧紧地拥抱在一起，彼此的爱成为这圣诞之夜唯一的却是最珍贵的礼物。

案例二：国际著名影星奥黛丽·赫本十分爱狗，多年来一直豢养着一只叫杰西的长耳罗塞尔种的小猎犬。白天，杰西那无忧无虑和温柔的品性，令赫本感受到平和的亲情，夜晚杰西暖融融地依偎在赫本的脚旁，伴她入睡。然而有一天，杰西误吃了毒药，很快就死了，赫本爱犬心切，竟无法控制自己，一连数日，终因悲伤过度而一病不起。这时，她的朋友克里斯多夫·格里文森托人给她送来了又一只长耳罗塞尔狗，它叫彭妮，小巧玲珑，毛色白亮，十分可爱。彭妮给了赫本无限的慰藉，赫本说："彭妮不仅使我恢复了健康，也赐给我无限的幸福，它真是来自天堂的宝贝。"

人们相互馈赠礼物，是人类社会生活中不可缺少的交往内容。中国人一向崇尚礼尚往来。《礼记·曲礼上》说："礼尚往来。往而不来，非礼也；来而不往，亦非礼也。"

自古以来，人们就用赠礼的方式来表达相互的祝贺、敬意、友谊、爱情和感谢等，如汉代的"折柳送别话依依"的习俗。古谚有云："千里送鹅毛，礼轻情意重。"在现代交往中，馈赠礼品是沟通人际关系的润滑剂，无论是好友，还是合作伙伴，相互馈赠礼品都能增进彼此的感情，是社会生活中不可缺少的交往内容。

【知识链接】

一、馈赠原则

馈赠看似简单，其实很微妙。送给谁（WHO）、为什么送（WHY）、送什么（WHAT）、何时送（WHEN）、在什么场合送（WHERE）、如何送（HOW），都大有讲究，必须遵守其约定俗成的礼仪。在馈赠礼物时要考虑馈赠对象、馈赠目的、馈赠内容、馈赠时机、馈赠场合、馈赠方式，简称馈赠 5W1H 原则。

1. 馈赠对象

馈赠对象即馈赠客体，是赠物的接受者。馈赠时要考虑到馈赠对象的性别、年龄、职位、身份、性格、喜好、数量等因素。根据馈赠对象确定馈赠内容，安排馈赠时机，选择馈赠方式，方能达到馈赠效果。

2. 馈赠目的

馈赠目的即馈赠动机。任何馈赠都是有目的的，或为表达友谊，或为祝颂庆贺，或为酬宾谢客，或为慰问哀悼。馈赠动机应高尚，以表达情谊为宜。

3. 馈赠内容

馈赠内容即馈赠物，是情感的象征或媒介，包括赠物和赠言两大类。赠物可以是一束鲜花、一张卡片或一件纪念品。赠言则有多种形式，如书面赠言、口头赠言、临别赠言、毕业留言等。馈赠时，应考虑赠物的种类、价值的大小、档次的高低、包装的式样、蕴含的情义等因素。

4. 馈赠时机

馈赠时机即馈赠的具体时间和情势，应根据馈赠主客体的关系和馈赠形式来把握。

5. 馈赠场合

馈赠场合即馈赠的具体地点和环境，主要应区分公务场合与私人场合，根据馈赠的内容和形式来选择适当的场合。

6. 馈赠方式

馈赠方式主要有亲自赠送、托人转送、邮寄运送等。毫无疑问，亲自赠送是最能体现馈赠规格的。

二、赠送礼仪

（一）礼品的选择

1. 根据馈赠目的选择礼品

送礼在本质上应被视为向他人表示友好、尊重与亲切之意的途径或方式。只有本着这一目的，才能正确地选择适当礼品，才能准确表达自己的情意，才能使所赠礼品发挥正常功效。

（1）礼品轻重要得当

礼品的贵贱轻重，往往是衡量交往人的诚意和双方关系的重要标志。因此，礼物的轻重选择应使对方能够愉快接受，争取做到少花钱、多办事，多花钱、办好事。

（2）礼品要有意义

任何礼物都表示了送礼人的情意，不应该以金钱来衡量礼品的价值。好的礼品应是投对方所好、富有意义的。因此，选择礼物时要考虑它的珍贵性、实用性、艺术性、趣味性、纪念性等多方面的因素，力求给人留下深刻、持久的印象。

公司庆典一般送上一篮鲜花，慰问病人可以送鲜花、营养品、书刊等，朋友生日可以送卡片、蛋糕等，庆祝节日可以送健康食品、当地特产，旅游归来可以送当地人文景观纪念品及土特产，走亲访友一般送精致水果、糖酒食品等。

2. 根据馈赠对象选择礼品

（1）考虑彼此的关系现状

选择礼品时，不同的关系应当选择不同的礼品。应根据与馈赠对象的亲缘关系、地缘关系、业缘关系、性别关系、友谊关系、文化习惯关系、偶发性关系等在选择礼品时有所不同，区别对待。例如，玫瑰是爱情的象征，是送给女友或夫人的佳礼，但若把它随便送给一位普通关系的异性朋友，就可能引起不必要的误会。

（2）了解受赠对象的爱好和需求

根据受赠对象的爱好和实际需求来选择礼品，往往可以增加礼品的实效性，增强受赠对象对送礼者的好感和信任。在受赠对象看来，只有了解和关心他的人才会明白他的需求。正如鲜花赠予美人，宝刀赋予烈士，可以使礼品获得增值效应。若对方为富贵者，应讲究稀有难得；若对方生活水平一般，应讲究实惠耐用；探亲访友，应讲究实用有趣；馈赠长辈，应讲究庄重精致；赠送小辈，应讲究新颖益智；馈赠外宾，应讲究民族特色。例如老师在学生取得佳绩时可以赠予有益的书籍，给书法爱好者赠送文房四宝，给音乐爱好者赠送乐器等。

（3）尊重对方的个人禁忌

在礼品的选择过程中，应细致了解受赠对象的个人禁忌，以免所选礼品适得其反。一般而言，不应忽视的禁忌有以下四类。

第一，个人禁忌。如送情侣表给一位刚刚守寡的妇女，送一条烟给一位从不吸烟的长者，都会触犯对方的私人禁忌。

第二，民俗禁忌。如俄罗斯人最忌讳送钱给别人，因为这意味着施舍和侮辱；汉族人忌送钟、伞，因为这意味着不吉利。

第三，宗教禁忌。如对穆斯林不能送人形礼物，也不能送酒、雕塑和女人的画片，因为他们认为酒是一切万恶之源。

第四，伦理禁忌。如各国均规定不得将现金和有价证券送给并无私交的公务人员。

3. 礼品的包装

正式的礼品都应精心包装。良好的包装将使礼品显得更加精致、郑重、典雅，给受赠者留下美好的印象。在赠送礼品给外国友人时，尤其应当注意这点。

礼品包装时应注意，包装的材料、容器、图案造型、商标、文字、色彩的选择和使用要符合相关政策法规和习俗惯例，不要触犯受赠方的宗教和民族禁忌。

有的国家数字上的禁忌也是礼品包装所要注意的问题。如日本忌讳 4 和 9 这两个数字，因此，出口日本的产品就不能以 4 为包装单位，像 4 个杯子一套，4 瓶酒一箱这类包装，在日本都将不受欢迎；同样地，欧美人忌讳 13。

礼品包装时，应根据世界各国的生活习俗，选择适宜的色彩。日本人忌绿色、紫色；美国人喜欢白色，偏爱黄色，喜欢蓝色和红色；穆斯林特别讨厌黄色，因为它象征死亡，喜欢绿色，因为它能驱病除邪。

（二）礼品的赠送

1. 赠送的时机

赠送礼品必须选择恰当的时机。时机上应注意把握以下四点：

一是选择好最佳时机。如亲友结婚、生子，交往对象乔迁、晋级、遭受挫折、生病住院，向对方表示感谢等，都是送礼的良佳时机。

二是选择具体时间。可以在双方一见面时，也可以在双方即将结束会谈告别时，还可以选择在双方谈兴正浓，都很愉悦时。无论你选择什么时刻，馈赠都应该起到锦上添花的效果。一般说来，馈赠时间的选择贵在及时，超前和滞后都达不到馈赠的目的。

三是控制好送礼时限。送礼时限应以简短为宜，只要向对方说明送礼的意图及相应的礼品解释后即可，不必过分渲染。

四是注意时间忌讳。不必每逢良机便送礼，致使礼多成灾。尽量不要选择对方不方便的时候送礼，比如对方刚刚做完手术尚未痊愈之时就不宜立即送礼。

2. 赠送的地点

送礼时应注意区分公务场合与私人场合。在公务交往中，一般应选择工作场所或交往地点赠送礼品。而在私人交往中，则宜私下赠送，受赠对象的家中通常是最佳地点。

3. 赠送的方法

（1）说明意图

应在适当的时机和场合赠送礼品，送礼前应先向对方致意问候，简要委婉地说明送礼的意图，如“祝你工作顺利”“真是感谢你上次的帮助”等。

（2）介绍礼品

赠送礼品时，送礼者应对礼品的寓意、使用方法和特色等适当明确解释。邮寄赠送或托人赠送时，应附上一份礼笺，用规范、礼貌的语言解释送礼缘由。在当面赠送礼品时，则应亲自道明送礼原因和礼品寓意，并附带说一些尊重、礼貌的吉言敬语。

（3）仪态大方

在面交礼品时，送礼者应着装规范，起身站立，面带微笑，目视对方，双手递交。将礼品交与对方后，与对方热情握手。

三、受赠礼仪

1. 心态开放

接受礼品时，受赠者应保持客观、积极、乐观的心态，要充分认识到对方赠礼行为的郑重和友善，不能心怀偏颇，轻易比较礼品的价值高低或作出对方有求于己的判断。

2. 仪态大方

受礼时，受赠者应落落大方，起身相迎，面带微笑，目视对方，耐心倾听，双手接受，受礼后与对方热情握手。

3. 受礼有方

按照国际惯例，一般受礼后一定要当面拆启包装，仔细欣赏，面带微笑，适当赞赏。中国人比较含蓄，不习惯当面打开，所以与国人交往时也可遵守这一传统习惯。另外，不是有礼必受，对于有违规逾矩送礼之嫌的，应果断或委婉拒绝。

4. 表示谢意

接受礼品时，应充分表达谢意。应让对方觉得真诚、友好，若是贵重礼品，往往还需要用打电话、电子邮件等方式再次表达谢意，必要时还应选择适当的时机加以还礼。

四、拒收礼品的礼仪

应拒绝收纳的礼品：你并不熟悉的人送给你极其昂贵的礼品，隐含着需要你发生违法乱纪行为的礼品，你觉得似乎自己接受后会受到对方控制的礼品。

在拒收礼品时，应保持礼貌、从容、自然、友好，先向对方表达感激之情，再向对方详细说明拒收的原因，切不可生硬地拒绝，以免对方难堪。

【思考练习】

1. 请判断以下礼品赠送的方式是否符合礼仪。

（1）一写字间内，几个人就座办公。一男宾带烟酒入内，说：“我找王哥。”然后对其中一男士说：“王哥，这是我一点小意思。”

（2）一男一女登门拜访他人。登门之际，女宾向女主人赠送一束鲜花。

（3）写字间内，主方向来宾赠送礼物。秘书把一包装之物递给其上司，上司双手交给客人。

2．你会选择什么礼物呢？

你的一位女性朋友过生日，请你从以下四件礼物中选择最合适的礼物送给她：鲜花、手机、衣服、羽毛球拍。

问题：（1）如何选择礼品？（2）选择礼品应遵循哪些原则？

3．案例：

某知名教授曾谈起一件令人哭笑不得的事。有一次他到某少数民族地区讲学，当地人很热情，非要按当地习俗送他一顶小帽子。当帽子送到这位教授手上时，同去的工作人员都强忍着笑看着他，因为当地人送了一顶绿色的小帽子给他。这让这位教授哭笑不得。

思考：以上案例说明了馈赠要注意什么？

【实践训练】

1．请同学们收集各种鲜花的花语以及花朵数量代表的不同含义。

2．感恩节到了，为了表示对你们辅导员（或老师）的感谢，请准备一份感恩节的礼物送给他（她）。要求：结合所学知识分组讨论，准备礼物，师生共同评议。

3．母亲节和父亲节你会为父母准备什么样的礼物？为什么？

模块4　工作礼仪

了解自己想要做的是什么工作，并且去寻找它。向往前进的青年必须从自己的喜好、热忱当中，获得动机和鼓励，作为走向成功的生活的开始。

——卡耐基

你所接听或拨出的每次电话，对方都是你生命中的贵人，或者你将成为他生命中的贵人。

——刘景澜

国尚礼则国昌，家尚礼则家大，身尚礼则身修，心尚礼则心泰。

——颜元

尊重上级是一种天职，尊重同事是一种本分，尊重下级是一种美德，尊重客户是一种常识，尊重所有人是一种教养。

——佚名

本模块着重介绍求职礼仪、通信礼仪、办公礼仪、接待礼仪和会议礼仪。

任务4.1 求职礼仪

【知识目标】

1. 掌握求职前礼仪的基本要求。
2. 掌握求职中礼仪的基本要求。
3. 掌握求职后礼仪的基本要求。

【能力目标】

能够在准备求职、现场面试、等待求职结果的过程中遵循相应的礼仪。

【任务导入】

有一批应届毕业生实习时被导师带到某单位实验室里参观。全体学生坐在会议室里等待单位领导的到来，这时有秘书给大家倒水，同学们表情木然地看着她忙活，其中一个还问了句："有绿茶吗？天太热了。"秘书回答说："抱歉，刚刚用完了。"林晖看着有点别扭，心里嘀咕："人家给你水还挑三拣四。"轮到他时，他轻声说："谢谢，大热天的，辛苦了。"秘书抬头看了他一眼，满含着惊奇，虽然这是很普通的客气话，却是她今天唯一听到的一句。

门开了，单位领导走进来和大家打招呼，不知怎么回事，静悄悄的，没有一个人回应。林晖左右看了看，犹犹豫豫地鼓了几下掌，同学们这才稀稀落落地跟着拍手，由于不齐，越发显得零乱起来。领导挥了挥手："欢迎同学们到这里来参观。平时这些事一般都是由办公室负责接待，因为我和你们的导师是老同学，非常要好，所以这次我亲自来给大家讲一些相关情况。我看同学们好像都没有带笔记本，这样吧，王秘书，请你去拿一些我们部里印的纪念手册，送给同学们作纪念。"接下来，更尴尬的事情发生了，大家都坐在那里，很随意地用一只手接过部长双手递过来的手册。领导脸色越来越难看，来到林晖面前时，已经快要没有耐心了。就在这时，林晖礼貌地站起来，身体微倾，双手握住手册，恭敬地说了一声："谢谢您！"领导闻听此言，不觉眼前一亮，伸手拍了拍林晖的肩膀："你叫什么名字？"林晖照实作答，领导微笑点头，回到自己的座位上。早已汗颜的导师看到此景，微微松了一口气。

两个月后，毕业分配表上，林晖的去向栏里赫然写着某单位实验室。有几位颇感不满的同学找到导师："林晖的学习成绩最多算是中等，凭什么选他而没选我们？"导师看了看这几张尚属稚嫩的脸，笑道："是人家点名来要的。其实你们的机会是完全一样的，你们的成绩甚至比林晖还要好，但是除了学习之外，你们需要学的东西太多了，修养是第一课。"

求职礼仪是指求职过程中应注意的一些礼貌礼节和仪表仪态。要在现代社会就业的激烈竞争中脱颖而出，谋得满意的职位，除了个人的努力和能力，求职者所表现出来的礼仪修养是非常重要的因素。用人单位普遍认为，好的个人素养是成为好员工的前提条件，有的时候它甚至比努力和能力更重要，因此，求职者在求职过程中所表现出来的礼仪修养将成为影响求职成功与否的一个重要因素。

【知识链接】

求职礼仪是一个全面系统的概念，主要包括求职前准备过程中应注意的一些礼仪，求职中应注意的一些礼仪和求职后的礼仪。

一、求职前礼仪

（一）求职资料准备过程的礼仪

求职资料是求职者向用人单位展示自我的主要窗口，是求职者的门面，求职资料准备得好不好将成为我们能不能成功敲开用人单位大门的第一步，要准备好求职资料，注意并认真遵守一些礼仪是非常重要的一环。

1. 求职的基本资料应准备齐全

推荐书、求职信、个人简历、成绩单、资格证书、毕业证书、个人作品、业绩证明、照片等资料应提前准备齐全，以便用人单位需要时能及时提供，特别是照片，一定要附于求职资料上，以方便用人单位对号入座。提供完整的信息，给用人单位一个全面清晰的印象，是对用人单位表示尊重的一种最基本的礼节。

2. 求职信、简历的制作应遵守一些礼仪

（1）求职信、简历制作的基本礼仪

① 信息应真实可靠，不弄虚作假。

② 用语应礼貌、规范，语法正确，没有错别字，避免使用过于口语化、网络化或怪异的文字。应尽量使用职业化的语言，以显示职业素养和认真的态度。

③ 表达既要自信，又要谦虚，不可显得过于张扬，切忌表露出炫耀的痕迹。

④ 求职信或简历的基本内容应比较完整，以方便用人单位较全面地了解求职者。

通常，求职信或简历的正文应包括以下三个基本内容：

个人基本情况介绍。包括姓名、性别、籍贯、政治面貌、毕业院校、所学专业等。

学习经历介绍。包括在校期间学习的情况、各类获奖和评优评先的情况、爱好和特长、担任过学生干部的情况、参加过社团活动或社会实践活动的情况，所任职务、承担的任务等。

工作经历介绍。包括曾经工作过的单位名称、职位、个人工作成绩、培训或深造进修情况、工作变动情况、职务升迁情况等。

（2）求职信、简历制作应注意的其他事项

①仔细研究用人单位的招聘广告，并在简历中注明用人单位要求的信息是尊重用人单位和方便用人单位处理信息的表现，会给用人单位留下好的印象。

②内容数量适中，不要过于复杂和罗嗦，尽量不要超过两页，排版应美观，字体稳重端庄，字号大小合适，赏心悦目，方便阅读。

③一定要留下明确的联系方式，如手机号码、邮箱、QQ 号或微信号，以方便用人单位联系到你。

④应多准备几份求职资料，虽然面试时考官已经有了你的资料，但那往往都已经订成厚厚的一叠。如果你能在他忙于翻查资料时及时递上他想要的那一份，会给考官以好的印象。

（二）事先了解用人单位的基本信息是一项基本的求职礼仪

在求职的过程中，事先了解用人单位的一些基本信息是非常必要的，包括用人单位的发展历程、产品技术、市场布局、营销理念、企业文化、价值观念、所招聘岗位的基本信息等，这是一种有礼仪有修养的表现。

了解用人单位的基本信息能帮助求职者在选择用人单位时，分析该用人单位是不是适合自己，确保每一份简历都是在经过慎重考虑后带着诚意发出。能使简历制作得更契合用人单位的需求，更具有针对性，也显示出求职者对用人单位的热情和用心，能显著提高简历投递的成功率。能确保求职者在面试时始终保持从容，提高面试回答的准确率，也显示出自己有备而来的诚心和尊重用人单位劳动的良好修养，能提高面试的成功率。

关于用人单位的基本信息可以通过多种途径获得，如：新闻报道、报刊杂志、广告、官方网站、微信公众号、各种搜索引擎等。

（三）求职资料投递过程的礼仪

求职资料投递过程是成功求职很重要的一步，在这个过程中，我们需要讲究必要的礼仪。

第一，切忌投递揉皱或折角的简历，这会给人以不认真不诚恳的感觉，用人单位会以此来推测你未来对待工作材料的态度。

第二，无论是以实体信封形式投递还是以电子邮件方式投递，都应在信封上或邮件主题中明确注明应聘岗位名称，以方便用人单位整理。

第三，如采用电子邮件投递，不要使用彩色或印有各种生活化图案、甚至有个性化签名的信纸，一般情况下不要让用人单位看到求职者生活中个性的一面。

第四，尽量将求职用的邮箱和日常用的邮箱分开，而且邮箱名要通俗易懂易看易记，不要采用很怪异的文字，以免用人单位不方便回复。

第五，除非用人单位明确要求以附件形式发送求职资料，否则尽量不要以附件形式发送，发送附件会给用人单位带来下载处理的负担，而且用人单位可能会以担心病毒为由直接将该邮件弃置甚至删除。

第六，电子邮件不宜过大，以防造成用人单位无法打开或打开速度过慢，甚至导致对方服务器瘫痪，这些都可能引起用人单位不悦而不会收看。

第七，切忌在用人单位的网络招聘广告下面直接回复你的求职信息，这样是极不礼貌的表现。用人单位通常会指定特定的邮箱以供求职者发送求职资料，求职者应尊重其要求。

第八，切忌请别人代为投递求职资料，亲临现场投递是一种尊重和诚恳认真的表现。

如果确实无法亲自投递，也最好打电话向用人单位说明情况以求得谅解。

（四）求职资料投递后等待通知前的礼仪

投递求职资料后等待通知前，若求职者做好以下几个方面，那么求职成功的机会就会增大。

第一，应尽量保持手机等联络工具畅通，以方便用人单位通知面试信息。

第二，等待过程中应尽量减少离开求职地的次数。

第三，收到通知时及时记录面试时间和地点，以防遗忘。

第四，同时应聘多个公司时，应把各公司对应的职位记录下来。

（五）仪表准备过程也应注意一些礼仪

应聘者的仪容仪表是给主考官的第一印象。当你进入面试现场时，你给面试官的第一印象将在很大程度上决定你会不会被录用，如果打扮得体，不仅表示你对面试官的尊重，还能够给面试官留下一个好的印象，因此好的仪容仪表对于求职成功与否非常重要。

总的来讲，仪表准备的最基本礼仪是穿着得体，得体首先要求整洁合身，其次穿着风格应与所应聘职位工作性质保持一致，以体现职业性。如应聘市场与销售类职位，宜穿西服正装；而应聘 IT 或技术研发类职位时，着装可随意些。某公司的一位人力资源部的负责人曾说过一句很经典的话：“一个人不会因为没系领带而失去一份工作，但会因为系错了领带而失去一份工作。”我们具体从男士仪表与女士仪表两个角度来看仪表准备。

1. 男士仪表

男士应注意脸部的清洁，胡子一定要刮干净，头发梳理整齐。

男士宜准备正式的西装。夏天如不能着西装外套，也要穿长袖衬衫，系领带，不宜穿短袖衬衫或休闲衬衫。

西装的色调以给人稳重感觉的深素色为主，如藏青色、蓝色、黑色、深灰色等。裤子以恰好可以盖住皮鞋的鞋面为好。衬衫的色系应与西装颜色相搭配，显得和谐美观，最简单最保守的搭配是白色。领带宜选用丝质面料，最好是单色的。底为单色，印有重复出现的小圆点的领带格调高雅，也可以用。领带在胸前的长度以达到皮带扣为好。衣服的领口、袖口应保持干净，不能有污浊的痕迹。

应穿着黑色的皮鞋，鞋面应保持清洁光亮。袜子应尽量选用深色，能与裤子颜色融为一体，皮带要和西装相配套，一般选用黑色。即男士着装应遵循“三一律”：皮鞋、皮带、皮包颜色一致，一般为黑色。

另外，运动裤、牛仔裤无论是什么名牌，都不是正装，不宜在面试的时候穿着。

2. 女士仪表

女士最好化一个淡雅的职业妆，切忌浓妆艳抹。如果使用香水，应该用清新、淡雅的香型，切忌使用劣质香水。发型要显得稳重，切忌怪异。

女士面试时的着装，要简洁、大方、合体。职业套装是最简单，也是最合适的选择。

低胸、紧身的服装，过分时髦和暴露的服装都不适合面试时穿着。衣服的质地不要太薄、太透，薄和透有不踏实不庄重的感觉。可以着彩色的套装，以表现应聘者的品位和气质，但应以青春、活力、典雅的格调为主，不宜过于花哨抢眼，以免显得庸俗肤浅。裙子不宜太长，这样显得不利落，但是也不宜穿得太短。如果着裙装，则一定要着丝袜，着丝袜是端庄的表现，以透明近似肤色的颜色为最好。为防破损，最好多准备一双随身携带以备更换。

应穿着简单大方的皮鞋，后跟不宜太高，颜色应与套装的颜色相协调。如果不知道该如何配色，最简单的办法就是穿黑色的皮鞋。如佩戴饰物，应注意和服装整体的搭配，最好是简单低调又能衬托气质，切忌造型夸张或让人眼花缭乱。

随身携带的手包，款式和颜色可以有所变化，以打破套装的沉闷，但总体来讲应与套装相协调。

二、求职中礼仪

求职中礼仪主要是指简历通过初选，接到用人单位应试通知后，直到完成应试的整个过程中的礼仪，其中最关键的是赴面试过程中的礼仪、等待面试过程中的礼仪以及面试过程中的礼仪。

（一）赴面试过程中的礼仪

赴面试的过程中，我们需要注意以下细节：

第一，赴面试前应保持充足的睡眠，以保证面试当天精力充沛。

第二，赴面试前应仔细查清楚前往面试单位的交通路线，提前做好准备，避免迟到或迷路。切忌无故失约，如临时有事确实无法参加面试，也应及时通知用人单位，迟到或失约却又不及时通知用人单位是一种非常没有礼貌的行为。

第三，一般不应带人陪同自己面试，带人陪同面试会让用人单位怀疑你独立工作的能力。

第四，赴面试前应再次温习用人单位的基本信息，以做到胸有成竹，避免张冠李戴、弄错公司与职位名的无礼和尴尬。

第五，最好比预定面试时间提前一些到达用人单位，但尽量不要超过半小时，以十至二十分钟为宜，否则会让用人单位怀疑你的时间管理能力。

第六，最好随身携带一个精致的笔记本，还有笔，这样既能显示出你对面试的重视，又能在需要时方便记载。

（二）面试现场等候时的礼仪

一个成功的面试，在面试现场等候过程中的表现也非常重要，因为从你踏入公司大门的那一刻起，面试就已经开始了，你的一言一行、一举一动都已经纳入了用人单位的眼帘，他们已经开始在心里给你打分了。所以，等候过程中仍不能放松，应保持基本的礼仪和修养：

第一，切忌在面试现场聊天或喧哗，制造不雅的声音，手机应调至静音或振动状态，如需接听电话，应尽量小声或移至非工作区域，以免影响现场工作人员工作。

第二，切忌在等候时出现照镜子、补妆等不雅行为，如需整理形象，应去洗手间。

第三，切忌在等候过程中打瞌睡。

第四，在等候期间，切忌只顾低头玩手机，甚至向现场工作人员询问 WIFI 账号与密码。

第五，等候过程中，可以阅读用人单位提供的宣传资料或其他介绍资料，以增加对用人单位的了解，同时也显示出你对此次应试的重视。

（三）面试过程中的礼仪

面试是求职者与招聘单位进行面对面实质性接触的环节，也是决定求职者能否被录用的关键性环节。礼仪是个人修养的体现，反映着一个人的教养，甚至是人格和品质，是用人单位非常看重的方面。因此，重视面试礼仪是面试成功的重要因素，同时重视面试礼仪也是对招聘单位的一种尊重。面试过程中的礼仪主要包括以下几个方面：

1. 见面礼仪

第一，切忌贸然闯入面试室，进门前一定要先轻轻敲门，得到考官的许可后方可入内。入室时不要先把头探进去张望，而应整个身体一同进去。

第二，走进面试室后，应先将房门轻轻关上，然后保持微笑走向考官。

第三，向主考人员致意，并用“您好”“你们好”等敬语向考官打招呼。

第四，除非考官主动，切勿主动伸手欲和对方握手。

第五，不应急于坐下，而应等待考官示意再坐下，如良久得不到示意，也应先询问可不可以坐下，得到许可后方可坐下，并表示“谢谢”。

第六，留意每位考官面前的名字牌，如果没有名牌，也要尽可能记住每位考官的姓名和称呼，不要弄错。

2. 谈话礼仪

（1）注视

和考官谈话的时候，眼睛要正视对方，以显示你的真诚和自信。面试过程中目光不能四处游离，应始终保持与考官接触，若考官有好几位，应以主考官或中间的考官为主，同时兼顾其他考官，以示平等和尊重。

（2）倾听

好的交谈是建立在倾听基础上的。倾听既是一种重要的礼节，也是个人沟通能力的表现。

倾听首先要表示出对对方谈话的兴趣。要真诚地注视对方，集中注意力认真听，并记住所听到内容的重点。身体微微倾向说话者，并始终用目光注视说话者，保持微笑。自然流露出对对方的敬意，并根据谈话内容适时地作出回应，如点头表示同意、会意地微笑等。

考官谈话过程中，切忌随意打断，或就某一问题与考官发生争辩，而应耐心地听考官说完，再心平气和地表达自己的看法。回答提问时声音要自信，口齿要清晰，使用敬语，如“您”“请”等，尽量少用口头禅，多使用与岗位和专业有关的词语，以显示你的庄重和职业化。

3. 仪态礼仪

正确雅观、成熟庄重的仪态举止，能给人以有教养、有礼貌的印象，从而获得考官的欣赏，使面试成绩获得加分。具体来讲有以下一些注意事项：

（1）走姿

走动时应抬头挺胸、稳健有力、精神饱满，给人以充满自信和活力的感觉。

（2）站姿

站立时身形应当挺直，双手自然下垂，不可把手插在裤袋里或交叉在胸前，双脚对齐，两脚的距离不宜过宽，以一足为宜，过宽是不雅观的表现。

（3）坐姿

坐姿要端正，身体微微向前倾，以显示对考官的重视和兴趣，头部端正，不左右摇晃，切忌翘二郎腿或摇晃小腿，女性尤其应注意双腿不分开，手自然放在双腿上。

（4）手势

手势不宜过多，过多给人以夸张的感觉，过少又显得呆板，应适度加以运用以增强语言的表现力以及自己的表达能力。不要有意无意地出现一些诸如搔头、搓手、抠指甲、扯衣服、拨弄头发等小动作，这些小动作只会表现出求职者的焦虑和不自信。

（5）表情

表情应放松、自然，始终保持微笑和热情，目光安定，自信有神，亲切和善，切忌情绪不稳定、轻易喜形于色。

4. 结束礼仪

面试接近尾声时，应耐心等待考官宣布结束，对所有考官表示感谢后，起身并把椅子扶正再离开。出门时，不要忘记转身再次面向考官，再次致谢并说“再见”后轻轻关上门，礼貌地离开。

最后，不要忘记向接待过你的前台或给过你帮助的现场工作人员表示感谢后再离开。

三、求职后礼仪

面试结束并不意味着求职完成，还有一些后续的工作需要引起求职者的重视，把这些后续工作做好，才是一个比较完整的求职过程，其中需要注意的礼仪主要有以下几个方面：

（一）写一封正式的感谢信

面试结束后，及时写一封正式的感谢信寄到招聘单位，这样既显得求职者懂得礼貌和感恩，同时也能再次正式地表明对招聘单位热切的向往之情，这些都能加深招聘单位对求职者的印象和好感，增加求职成功的机率。

感谢信一般在面试后三天内寄送到招聘单位或发送到招聘单位专用邮箱。通常不鼓励电话致谢，因为电话不一定能被当时面试时的招聘人员或考官接到，而且，在繁忙的工作当中，接到与工作无关的电话，通常会让人反感或过耳即忘，所以感谢信是最好的选择。感谢信要简短，最好不超过一页。内容中除表示感谢外，应重点表明对招聘单位和职位的兴趣以及向往之情，也可表明你对胜任工作的信心以及对未来从事该岗位工作的展望。

（二）了解面试结果

面试结束后，求职者通常急于知道面试的结果，但注意切忌过早打听，因为面试过后招聘单位通常要经过进一步地讨论和筛选，才能最终确定录用者或下一轮面试的候选人，这个过程少则 3 到 5 天，多则一两周甚至更长。求职者在这段时间内一定要沉住气耐心等候消息，到差不多的时候再去打听。

如果在面试过后两周或者已经过了招聘单位事先表明的通知期限，仍没有收到招聘单位的结果通知，这时可以发邮件或致电给招聘单位，询问对方是否已经作出决定。

（三）接到录用通知后

接到录用通知后，招聘单位可能会要求求职者做好一些入职前的准备工作，如购买指定颜色和款式的工作制服，准备好身份证、学历学位证原件等个人资料以备核实，求职者应尽量按照招聘单位的要求做好这些工作，以顺利入职。

【拓展阅读】

女生一页简历768个字，多家名企被打动

一份只有一页的简历，如何通过知名公司的简历关？重庆某大学大四学生吴芳芳就做到了，她投出去的20多份简历全部都有回应。还在找工作的大学生们，来看一看她的简历，或许能得到启发。

没有塑料封皮包装，也没有精美花哨的设计，重庆某大学自动化专业大四学生吴芳芳的简历显得很单薄，只有一页，总共768个字。吴芳芳不喜欢条条框框，更不喜欢啰啰嗦嗦，所以坚持只用一页。“简历不用篇幅太长，语言逻辑不能有问题，条理清晰即可。”

内容很全面：七大板块，描述言简意赅

这份简历共分七块：个人概况、教育背景、个人技能、所获证书、在校工作经历、社会工作经历和自我评价。每块之间，都有红色直线作为分割线。除了个人概况和教育背景，每一部分的说明都只有3～4条。

“别尽想着忽悠面试官，有什么写什么，我的在校工作经历和社会工作经历，每一点都是一句话概括，写我的职位是什么，锻炼了什么，一目了然。”“一些公司的HR，特别是知名公司的，每天要浏览那么多份简历，怎么可能有时间把每份简历都仔细看完，如果你写得太多，反而会使你的亮点被忽视。”吴芳芳说。

一投一个准：12天10场笔试10多场面试

就是这样一份只有一页的简历，让她通过了多家全国著名公司的简历关。

吴芳芳从9月就开始制作简历，“等到10月、11月招聘会高峰期到来时才去制作简历，这样你就比别人晚了一步。提前做好就有充足的时间修改完善。”吴芳芳的第一份简历是一张表格，她感觉一些多余的线条会让简历显得不够简洁，于是就调整为使用红色的分割线。简历的页脚位置加上了“与您一起，共创辉煌”的字样。她说，对方看了心里会舒服一些，也会显得你的求职更有诚意。

每投出一份简历之前，吴芳芳都要仔细对照所投公司和岗位的要求，对小部分内容做出修改。“要突出自己的能力，有侧重点。如果你投的是技术岗，肯定专业课成绩和软件操作更重要一些；如果是管理岗，你要突出相关的实习经历。千篇一律肯定不行，最好对症下药。”

“我一共投了20多份简历出去，全部都有回应。”上个月，吴芳芳在12天的时间里参加了近10场笔试和10多场面试，共收到了3个offer。最后，她选择了个人发展前景好、

离家近的广西某汽车公司。

简历只是最终的一个呈现形式，关键还在于你的大学是怎么过的。”吴芳芳说，无论简历形式怎么变，都离不开大学经历这个“本”。

她告诉学弟学妹，如果要读研，就去图书馆当一名“学霸”，适当参加一些社会活动；如果要找工作，就要平衡自己花在学习与参加校内校外活动的时间。

吴芳芳的成绩并不是年级里最好的，她的一个朋友成绩比她好，但简历的通过率不如她，其中一个原因就是社会活动经历太少；吴芳芳还有个同学大学期间曾赴日本做项目，活动也参加很多，无奈专业课成绩不够优秀。吴芳芳与他一同投三星，但他的简历没通过。吴芳芳说：“他的简历写的东西比我多，但是不少都跟岗位没有什么关系。”

【思考练习】

1．请判断以下求职过程中的做法是否符合礼仪。

（1）李明为了省事，制作了一份自认为非常精美的简历，一次性打印了50份，向所有他看中的公司进行投递。

（2）胡静几日前参加了一场校园招聘会，为了提高成功率，她向好几家公司都投递了自己的简历，今天，她接到一家公司的面试通知，为了搞清楚是哪家公司，她直接问道：“你们是哪家公司？”。

（3）孙梦梦来到一家公司面试现场，发现还有很多人在等待应聘，她想着闲着无事，不如上网查查还有哪些企业在招聘，多给自己留一个机会，于是拿出手机边查边等了起来。

2．今天是你面试的日子，对方是一家你向往已久的企业，然而没想到的是，今天早上手机突然出了问题，闹钟没有及时响起，导致你将迟到。

问题：

（1）你会如何化解这场危机？

（2）赴面试过程中应该注意什么事项？

3．案例：

我大学读的是法律，再加上有两年医药工作的经验，应该说我的资本还是有一点的，去应聘一个文秘岗位，总觉得是十拿九稳的事情，不用花太多心思做准备。于是只在面试当天把自己的简历熟悉了一下，穿上平时常穿的便装，梳了梳头发，素面朝天便出发了。到了现场一看，已经有几个应聘者在了，看样子都经过一番精心打扮，个个穿着正式，而且化了妆，坐在那儿嘴里念念有词，显然都在温习。看她们那个认真劲儿，我这才有了竞争的真实感，后悔太过大意没认真准备了。

面试官有两位，看上去都非常严肃，被他们凌厉的眼睛齐刷刷上下打量一番，我就慌了神，开始不自信了，头也不由自主地低了下去，事先准备好的说辞全忘了，脑子里一片空白。这时候比较年长的面试官让我做自我介绍，我几乎把记得的自己的简历背了一遍，但语调僵硬得就像一根直线，声音也发虚，手也习惯性地去摸头发，一说完我就知道，这回完了。

另一位面试官打量了我一番，然后说道：“看你今天打扮如此休闲自在，应该是对这个岗位胸有成竹，那你能告诉我你应聘这个岗位的优势所在吗？”。这本来是个展现自我的好机会，只要把自己的特长、经验说清楚，胜出的概率还是很大的，可被这样咄咄逼人的一问，我马上变得紧张了。平时的小动作一下子不由自主地全出来了，一会儿摸摸头发、一会儿摸摸耳朵、擦鼻子……我都不知道手该往哪儿放，两位面试官看着我直皱眉头，问了两个问题就叫我出去了。

请问：从以上案例可以看出，求职礼仪应该注意的细节有哪些？

【实践训练】

1. 请同学们选择一个招聘岗位，就应聘这个岗位为自己设计一个合适并能体现自己特色的求职礼仪计划。

2. 请三位同学上台扮演应聘者，各自做一个简短的自我介绍，其他同学扮演面试官。

3. 请同学们选择三个不同的岗位，分别写出三份不一样的求职信。

4. 模拟实训

（1）模拟实训：公司应聘

（2）实训目的：通过情景模拟掌握应聘的基本礼仪技巧

（3）训练分组：分小组进行，每小组 6 ～ 8 人，以小组为单位，分饰招聘单位和应聘者进行模拟应聘。

（4）实训考核标准：针对求职礼仪的各项内容进行考核评分，见表 4-1。

表 4-1　求职礼仪实训考核评分表

考核项目	考核内容	分值	面试小组评分	教师评分	实得分
仪容（15 分）	面部干净整洁、发式整齐	5			
	妆容适度	5			
	表情运用合理	5			
仪态（20 分）	站姿端庄	5			
	坐姿得体	5			
	走姿优雅	5			
	手势运用自如	5			
服饰（15 分）	着装干净整洁、大方得体	5			
	服装搭配得体	5			
	佩饰运用得体	5			
自我介绍（10 分）	介绍要点	5			
	语言表达	5			
回答问题（20 分）	应聘问题 1	10			
	应聘问题 2	10			
主观印象（20 分）	总体面试效果	20			
	总 分	100			

任务 4.2　通信礼仪

【知识目标】

1．掌握接打电话、手机的礼仪要求。

2．掌握邮件和信函书写、收发的礼仪要求。

【能力目标】

1．能熟练得体地使用电话、手机进行通信。

2．能熟练使用电子邮件收发信函。

【任务导入】

小杨曾是建筑工程公司的小泥工，一个客户的电话需求改变了他一生的命运。当时一客户看中了一套二手房，但又不放心房屋的质量，于是打电话想找专业人士帮他参谋参谋。当时公司并无这项业务，但小杨接到电话后，利用休息时间帮助这个客户非常仔细地检查了房屋的质量，关注每个细节，检查了近两个小时，最后得出结论，房屋质量没什么问题，可以放心居住。客户满心欢喜，当场就给了数目可观的“看房咨询费”。小杨由此得到启发：看房参谋是个有前途的新型职业。为了取得客户的信任，他系统地学习建筑专业知识，并拿到了毕业证书，成立了看房参谋公司，生意红红火火，顺利赚取了人生第一桶金。

现代社会是一个信息社会，对于广大职场人士来说，信息就是财富。目前，多种多样的现代化通信工具层出不穷，应用最多、最广的是电话、手机、电子邮件及商务书信等，它们已成为职场人士获取信息、传递信息的有效工具。因此，现代通信礼仪的重要作用也逐渐显现出来。

【知识链接】

通信礼仪，即指在利用电话、手机、电报、电传、传真、电子邮件等各种通信手段时所应遵守的礼仪规范。

一、电话礼仪

当前，在各种通信手段之中，电话的普及程度高居排行榜之首。与其他任何形式的人际交流一样，你在接打电话时给对方留下的第一印象是至关重要的。卡耐基曾说：“礼貌地接打电话时其实就是对自己或所属部门的一次推销和宣传。”

【礼仪案例】

阿志是位优秀的推销员。这天晚上下班回家后，因为劳累，他早早地脱下衣服、躺到床上。正当他准备进入梦乡之际，突然想起要打一个业务电话。他看看手表，才八点多钟，这时候打电话应该不会影响客户的休息。

阿志从床上爬起来，重新系上领带、穿上西装、梳好头发、整理好自己的思路，在电话旁边放上记录电话用的纸和笔，又对着镜子看了一下自己的笑容，然后才拿起话筒。

阿志的妻子奇怪地问他："你不过是打个电话而已，干嘛搞得这么复杂？"阿志回答道："尽管客户看不见我，但他可以从电话中听出我的形象。"

电话是职场人士在社会交往中使用最频繁、最重要的通信工具。在职场往来中，接打电话包含着丰富的礼仪技巧，从通话中能够体现出职场人士的素质和综合水平，一段良好的通话往往可以起到事半功倍的效果。可以说，电话是职场人士的第一张"名片"，电话形象是个人形象的重要组成部分。

（一）打造良好的电话形象

1. 重要的第一声问候

当打电话给某单位，若一接通，就能听到对方亲切、优美的声音，心里一定会很愉快，也会使双方对话能顺利展开，对该单位有了较好的印象。同样是说："你好，这里是XX公司。"若声音清晰、悦耳、吐字清脆，则会给对方留下好的印象。因此要记住，接电话时，应有"代表单位形象"的意识。

2. 面带微笑保持喜悦的心情

打电话时要面带微笑保持良好的心情，这样即使对方看不见你，但是从欢快的语调中也会被你感染，给对方留下极佳的印象。由于面部表情会影响声音的变化，所以即使在打电话的过程中，也要抱着"对方看得见"的心态去应对。

3. 好姿态带去清晰明朗的声音

打电话过程中绝对不能吸烟、喝茶、吃零食，即使是懒散的姿势对方也能够"听"得出来。若坐姿端正，所发出的声音也会亲切悦耳，充满活力。因此打电话时，即使看不见对方，也要当作对方就在眼前，尽可能注意自己的姿势。

4. 迅速的接听并正确自我介绍

听到电话铃声，应准确迅速地拿起听筒，最好在三声之内接听。如果电话铃响了五声才拿起话筒，应该先向对方道歉。接通电话后，通话者首先向对方正确介绍自己，即"自报家门"。电话中自我介绍的方式是：在私人电话中，报本人的姓名；在公务电话中，报本人所在的单位全名和职务。

5. 挂电话前的礼貌：尊者先挂电话

要结束电话交谈时，一般应当由打电话的一方提出，然后彼此客气地道别，说一声"再见"再挂电话，不可只管自己讲完就挂断电话。交际礼仪的规则是地位高者先挂电话。

如果自己有重要的事情，不宜继续通话，应该说明原因，并告诉对方"有空时，我马上打电话给您"。挂电话放下话筒的动作不可粗鲁，应轻放话筒。

6. 尊重隐私

当别人打电话或接听电话时，做到不偷听、不旁听。当代别人接听电话时，要做到不随意传播，也不可当着众人的面大声转述电话的内容。

（二）拔打电话礼仪

1. 做好打电话前的准备

打电话是有目的和原因的，打电话之前，就应该确定对方的电话号码、姓名以及单位信息等。同时准备好纸和笔，以方便在通话过程中需要记录重要的数据或信息。拿起听筒前，应明白接通后先说什么，然后再讲什么，思路要清晰，要点要明确，尤其给陌生人、上司或者长辈打电话时，更应该有备而谈。如果通话内容过多，应该先以询问的口气问对方是否有时间，得到对方的允许后方能开始对话，如果对方没空，应与对方再约时间商谈。

2. 选择合适的通话时间和空间

（1）打电话时间的选择

第一，休息时间不打。第二，就餐时间不打。第三，节假日不打（如情况紧急，应先说明："抱歉，事情紧急，打扰您了"）。

通常，通话的最佳时间，一是双方约定的时间，二是别人方便的时间，即别人不忙的时间。另外，不方便打电话时可以用其他方式替代，如发信息。

（2）打电话空间的选择

第一，不要占用国家、公司资源。第二，不在公众空间（如影剧院、餐厅、商场、会议中心等）打电话。

（3）通话时间应该遵守"三分钟原则"

第一，打电话的时间应有效地控制在三分钟之内：长话短说、废话不说、没话别说。第二，标准化做法：重要电话列提纲。第三，金字塔型新闻写作法：最重要的事首先说。

3. 讲究礼节

标准的礼貌用语：整个通话过程中，一定要注意使用文明礼貌的用语，比如："您好""请""请稍等""麻烦""谢谢"等。

快慢适度的节奏：打电话的时候一定要把握好说话的速度。拔打电话时，说话节奏一定不能太快，这跟面对面交谈不一样。

合适的音量：拔打电话时，为了不影响他人的工作，通话时要控制自己的音量，不要高声谈笑，话筒轻拿轻放，不要用力摔挂。

（三）接听电话礼仪

1. 及时接听并热情规范问候

在接听电话时，我们一般遵守"铃响不过三声"原则，最好在响第二声后提起话筒。

工作场合接听电话时，首先应问候，然后自报家门。对外接待应报出单位名称，若接内线电话应报出部门名称。比如："您好，xx 公司"；"你好，销售部办公室，我是 xx。"自报家门是让对方知道有没有打错电话，万一打错电话就可以少费口舌。规范的电话体现的不仅是对对方的尊重，而且也反映出本单位的高效率和严管理。

家里接电话可以有很多选择，规范一点的可以用"你好！"问候对方。在家里，关键是要让对方感到亲切友好，而这种亲切友好主要是通过接听电话的人的语调、语气来体现的，过于规范化的电话反而会让人觉得"公事公办"的冷淡。

2. 认真记录并了解来电话的目的

接听电话时，要及时对电话的关键内容予以重复、核实并进行记录，随时牢记 5W1H 技巧。所谓 5W1H 是指：① When 何时；② Who 何人；③ Where 何地；④ What 何事；⑤ Why 为什么；⑥ HOW 如何进行。在工作中这些资料都是十分重要的。打电话、接电话具有相同的重要性。电话记录既要简洁又要完整，有赖于 5W1H 技巧。

上班时间打来的电话几乎都与工作有关，公司的每个电话都十分重要，不可敷衍。接电话时也要尽可能问清事由，避免误事。首先应了解对方来电的目的，如自己无法处理，也应认真记录下来，委婉地探求对方来电目的，方可不误事而且赢得对方的好感。

在办公室工作的人员，应该有意识地训练自己的听辨能力。假如对方是老顾客，经常打电话来，一开口就能听出他或她的声音，那么可以用合适的称谓问好："您好，王经理。"这样一来，会给对方留下特别受到重视的感觉，增强对方对你的好感。

3. 礼貌应对拨错的电话

接听电话时，最好每一个电话都讲究礼貌，保持良好的接听态度。当接到拨错的电话时，应礼貌温和的告知"不好意思，您打错了。"

4. 热情代转他人电话

如果对方电话是找其他人，应告知对方"稍等片刻"，并迅速找人。如果呼喊远距离受话人，可用手轻捂话筒，再喊受话人；如果受话人不在，应向对方解释一下，如"对不起，他现在不在办公室，你等一会儿再打来，好吗？"；如果代接电话需要转到别的部门，应客气地告诉对方，准备将来电转到相关部门，或是提供其他部门电话，如"对不起，这件事是由财务部处理，如果您愿意，我帮您转过去好吗？（我将财务处的电话告诉您好吗？）"等。

二、手机礼仪

【礼仪案例】

案例一：在某市，曾经发生这样一件令人啼笑皆非的事。一位巡警在经过一辆豪华旅游车时，突然听到一阵急迫的呼救声："抓贼呀，抓贼呀，抓偷手机的贼！"巡逻经过此地的边防官兵听到后，急忙将这辆旅游车拦住，可官兵们上车一看，根本没有偷手机的贼，乘客们全都在呼呼大睡。忽然，"抓贼呀……"的"喊声"再次响起。官兵们循声找去，原来这"呼救"是从一名熟睡的乘客手机里传出的。可想而知，如果这样的铃声到处都是的话，公众秩序一定大乱。

案例二：邱女士在北京音乐厅听一场由著名大师指挥的交响乐。音乐演奏到高潮处，全场鸦雀无声，大家都在凝神谛听，突然手机铃声响起，在宁静的大厅中显得格外刺耳。演奏者、观众的情绪都被打断，大家纷纷用眼神责备这位不知礼者。

手机的使用越来越普及，在一些公共场合使用手机，如果不懂得一些手机礼仪，可能会引起周围人们的不满。以下的"手机礼仪"可提醒大家在日常生活使用中做一个有涵养的人。

（一）遵守公共秩序

在公共场合，尤其是楼道、电梯、路口、人行道等人来人往的地方，尽量不使用手机。如果非要在公共场合使用手机，应尽量把自己的声音压低，不能大声说话而影响他人。

在要求“保持寂静”的公众场所，如音乐厅、电影院、歌剧院等表演比赛的场合不要使用手机，这是对演员、观众最起码的尊重，也是进入上述场合的起码礼仪。如果非得使用，可采用静音的方式发送手机短信。

在聚会期间，如开会、会见、上课时应自觉关闭手机，或将手机设定至震动或静音状态，这是对会议主持人、老师、听众的尊重。

（二）安全使用手机

不要在驾驶汽车时使用手机电话，或查看短信，以防止发生车祸。

不要在病房、加油站等地方使用手机，以免发信号干扰治疗仪器、有碍治疗或引发油库火灾、爆炸。

不要在飞机飞行期间使用手机，否则会干扰仪器，导致飞机失事等严重后果。

（三）手机携带礼节

在正式场合中，要妥善放置手机。外出时，一般应将手机放于公文包或手提袋内，将手机挂在胸前、别在腰间、或直接拿在手里都不是文明之举。

职场中，对职场人士来说，最好不要把手机挂在脖子上，这会让人觉得很不专业。

和别人洽谈的时候，最好的方式还是把手机关掉，起码也要调到震动状态。这样既显示出对别人的尊重，又不会打断发话者的思路。

在餐桌上，关掉手机或是把手机调到震动状态还是必要的。避免正吃到兴头上的时候，被一阵烦人的铃声打断。

（四）手机使用过程礼节

1. 保持手机畅通

使用手机，主要是为联系方便，因此一般情况下应保持手机畅通。告诉对方手机号码应该准确无误，如果换用手机号码，应及时通知主要的交往对象，以保证彼此联络的顺畅。还要注意及时交纳话费，如果因欠费而停机，致使失去了重要的客户，那是得不偿失的。

2. 重视手机隐私

重视隐私包含两个方面的内容。一是要保护自己的隐私，一般而言，在公务名片上不印手机号码，不随便告诉他人自己的手机号码；二是要尊重别人的隐私，不随意借用别人的手机，更不应该把别人的手机号码随便告诉其他人。还要注意不要滥用手机的拍照功能，不可偷拍别人。

3. 选择合适的手机铃声

时下个性化的铃声正迅速走俏。这些个性化铃声为生活增添了色彩，人们进行选择无可非议。但是过于个性化的铃声应注意使用场合。比如类似于动物叫声的铃声在办公室等一些严肃的场合不断响起的话，是一种不雅的表现，对周围人是一种干扰。

4. 重视手机短信礼仪

手机短信也是时下比较常用和流行的一种传播信息的方式，但是在使用短信时，也应注意文明规范，如：不可发送短信四处诈骗；不可发送短信骚扰他人；不可发送低级趣味的黄色短信；不可利用短息传播反动、封建、犯罪的内容等。

另外，手机都有手机短信群发功能、转发功能，使节假日给亲友发送短信祝福提供了很多方便，但短信的群发功能、转发功能导致了短信祝福语雷同，让人感觉新意不够，诚意不够。如能针对不同的人发出不同的手机祝福短信，更能反映你的真情实意、你的品位和水准。逢年过年发送祝福短信时，特别要注意署名。

三、书信礼仪

书信是一种向特定对象传递信息、交流思想感情的应用文书。“信”在古文中有音讯、消息之义，如“阳气极於上，阴信萌乎下”（扬雄：《太玄经·应》）；另外，“信”也有托人所传之言可信的意思，不论是托人捎的口信，还是通过邮差邮递的书信，以及近年出现的邮寄录音带、录像带、电子邮件等都具有这种含义。

（一）邮件礼仪

电子邮件，又称电子函件或电子信函。它是利用计算机所组成的互联网络，向交往对象所发出的一种电子信件。使用电子邮件进行对外联络，不仅安全保密、节省时间、不受篇幅的限制、清晰度极高，而且还可以大大地降低通信费用。

【礼仪案例】

一位印度商人曾对中国记者谈起过这样一件事：在新德里举行的“中国实用技术产品展览会”上认识一位浙江参展商，对他参展的缝纫机非常感兴趣，想做该产品代理商，并交换了名片，表示希望对合作事宜继续沟通。展会结束后，印度商人拟定一份合作计划，并按名片上提供的邮件地址发送过去。但此信却石沉大海，一直没有回复。数天后他又按名片提供的电话打过去，中国商人很抱歉地表示邮箱是他秘书帮他申请的，他几乎没有用过。印度商人一下打消了合作念头，因为他觉得连电子邮件都不会使用的企业家在信息时代走不了多远。

在社会交往中，邮件成为了一种简单而又平常的沟通工具。电子邮件的书写格式，回复邮件时的注意事项，以及在使用电子邮件对外进行联络时都应注意一些礼仪规范。

1. 电子邮件的格式

（1）邮件主题

主题是接收者了解邮件的第一信息，因此要提纲挈领，使用有意义的主题行，这样可以让收件人迅速了解邮件内容并判断其重要性。注明标题应注重以下几点：

第一，一定不要空白标题，这是最失礼的；

第二，标题要简短，不宜冗长；

第三，标题要能反映邮件的内容和重要性，切忌使用含义不清的标题，如“王先生收”；一封邮件尽可能只针对一个主题，不在一封邮件内谈及多件事情，以便于日后整理；

第四，可适当使用大写字母或特殊字符（如“x！”等）来突出标题，引起收件人注意。

但应适度，特别是不要随便用“紧急”之类的字眼。

（2）称呼语

邮件的开头要称呼收件人，这既显得礼貌，也明确提醒收件人，此邮件是面向他的，要求其给出必要的回应。在多个收件人的情况下可以称呼：大家、ALL。

如果对方有职务，应按职务尊称对方，如“x 经理”；如果不清楚职务，则应按通常的“x 先生”“x 小姐”称呼，但要把性别先搞清楚。称呼全名也是不礼貌的，不要逮谁都用个“Dear xxx”，显得很熟络。

（3）问候语

电子邮件开头结尾最好要有问候语，最简单的开头写一个“Hi”，中文的写个“你好”；结尾常见的写个 Best Regards，中文的写个“祝您顺利”之类的也就可以了。

（4）正文

电子邮件正文多用 1.2.3.4. …之类的列表，以清晰明确。保持你的每个段落简短不冗长，没人有时间仔细看你没分段的长篇大论。

尽可能避免拼写错误和错别字。使用拼写检查这是对别人的尊重，也是自己态度的体现。如果是英文电子邮件，最好把拼写检查功能打开。在邮件发送之前，务必自己仔细阅读一遍，检查行文是否通顺、拼写是否有错误。

合理提示重要信息。不要动不动就用大写字母、粗体斜体、颜色字体、加大字号等手段对一些信息进行提示。合理的提示是必要的，但过多的提示则会让人抓不住重点，影响阅读。

不要动不动使用 ^_^ 之类的笑脸字符，在商务信函里面这样显得比较轻佻。商务信函不是你的情书，所以 ^_^ 之类的最好慎用。

（5）结尾签名

每封邮件在结尾都应签名，这样对方可以清楚地知道发件人信息。

2. 回复邮件的礼仪

（1）及时回复电子邮件

收到他人的电子邮件后，应即刻回复对方一下，理想的回复时间是 2 小时内，特别是对一些紧急重要的邮件，一般不要超过 24 小时。但如果事情复杂，你无法及时确切地回复，那至少应该及时地回复说“收到了，我们正在处理，一旦有结果就会及时回复。”如果你正在出差或休假，应该设定自动回复功能，提示发件人，以免影响工作。

（2）进行针对性回复

当回复电子邮件答复问题的时候，最好把相关的问题抄到回件中，然后附上答案。不要用极简单的方式，那样显示太生硬了，应该进行必要的阐述，让对方一次性理解，避免再反复交流，浪费资源。

（3）回复不得少于 10 个字

对方给你发来一大段邮件，你却只回复“是的”“对”“谢谢”“已知道”等字眼，这是非常不礼貌的。至少也要凑够两句话，显示出你的尊重。

（4）不要就同一问题多次回复讨论

如果收发双方就同一问题的交流回复超过 3 次，这只能说明交流不畅、讲不清楚。此时应采用电话沟通等其他方式进行交流后再做判断。电子邮件有时并不是最好的交流方式。对于较为复杂的问题，应及时对之前讨论的结果进行小结，删减瘦身，突出有用信息。

（5）要区分 Reply 和 Reply All（区分单独回复和回复全体）

如果只需要单独一个人知道的事，单独回复给他一个人就行了。如果你对发件人提出的要求做出结论响应，应该 Replay All，让大家都知道，不要让对方帮你完成这件事情。如果你对发件人提出的问题不清楚，或有不同的意见，应该与发件人单独沟通，不要当着所有人的面，不停地 RE 来 RE 去地与发件人讨论。你们讨论好了再告诉大家。不要向上司频繁发送没有确定结果的邮件。点击“回复全部”前要三思而行！

（6）主动控制邮件的来往

为避免无谓的回复浪费资源，可在文中指定部分收件人给出回复，或在文末添上以下语句：“全部办妥”“无需行动”“仅供参考，无需回复”。

3. 使用电子邮件的礼仪规范

第一，电子邮件应当认真撰写。向他人发送的电子邮件，一定要精心构思，认真撰写。在撰写电子邮件时，一是主题要明确；二是语言要流畅；三是内容要简洁。

第二，电子邮件应当避免滥用。若无必要，轻易不要向他人乱发电子邮件。不过一般而言，收到他人的重要电子邮件后，即刻回复对方一下，是必不可少的。

第三，电子邮件应当注意编码。由于中文文字自身的特点加上一些其他的原因，我国的内地、台湾省、港澳地区，以及世界上其他国家的华人，目前使用着互不相同的中文编码系统。因此，当一位商界人士使用中国内地的编码系统向生活在除中国内地之外的其他一切国家和地区的华人发出电子邮件时，由于双方所采用的中文编码系统有所不同，对方很有可能会收到一封由乱字符所组成的天书。

第四，电子邮件应当慎选功能。电子邮件软件可以强化电子邮件的个人特色，但是此类功能在正式场合中，特别是商界人士是必须慎用的。这主要是因为，一方面，对电子邮件修饰过多，收发时间增长，既浪费时间又浪费金钱，而且往往会给人以华而不实之感；另外一方面，电子邮件的收件人所拥有的软件不一定能够支持上述功能。

（二）信件礼仪

学会写信是一种文化素质和个人涵养的最基本体现，掌握基本的书信礼仪不仅有助于提高个人文化礼仪素养，而且还有助于增进交流。亲笔给亲戚朋友写信，不仅可以传达自己的思想感情，而且能给受信人以“见字如面”的亲切感。但若不注重书信礼仪中的一些基本规范，就不能准确表达写信人的初衷，相反可能还会适得其反。

1. 书信的构成

书信由笺文和封文两部分构成。

笺文即写在信笺上的文字，也就是寄信人对收信人的招呼、问候、对话、祝颂等。笺文是书信内容的主体，书信的繁简、俗雅及其他方面的风格特征，几乎都由内容主体决定。

封文即写在信封上的文字，也就是收信人的地址、姓名和寄信人的地址、姓名等。封文是写给邮递人员看的，使邮递人员知道信从哪里来、寄往哪里去。

完整的书信应该是笺文封文俱全，将笺文装入写好封文的信封内，然后将口封好邮寄。

2. 书信的格式

信文由称谓、正文、敬语、落款及时间四部分组成。

① 称谓：应在第一行顶格写，后加冒号，以示尊敬。称谓应尊循长幼有序、礼貌待人的原则，选择得体的称呼。

② 正文：正文是信函的主体。可根据对象和所述内容的不同，灵活地采用不同的文笔和风格。问候语要单独成行，以示礼貌。有“你好”“近好”“节日好”等。先询问对方近况和谈与对方有关的情况，以表示对对方的重视和关切。回答对方的问题或谈自己的事情和打算。简短地写出自己的希望、意愿或再联系之事。

③ 敬语：写信人在书信结束时对对方表达祝愿、勉慰之情的短语。多用“此致、即颂、顺祝”等词紧接正文末尾。下一行顶格处，用“敬礼”“X 安”“安康”等词与前面呼应。

④ 落款及时间：在信文的最后，写上写信人的姓名和写信日期。署名应写在敬语后另起一行靠右位置。一般写给领导或不太熟悉的人，要署上全名以示庄重、严肃；如果写给亲朋好友，可只写名而不写姓；署名后面可酌情加启禀词，对长辈用“奉”“拜上”，对同辈用“谨启”“上”，对晚辈用“字”“白”“谕”等词。

另外，信封上应依次写上收信人的邮政编码、地址、姓名及寄信人的地址、姓名和邮政编码。

【拓展阅读】

微信礼仪三字经

聊微信，很普遍，此十条，当记全：
激进帖，不要转，远是非，心自安。
低俗帖，不去看，品味高，人人羡。
涉机密，不妄谈，如不然，牢坐穿。
涉隐私，慎勿言，非所愿，侵人权。
不喜帖，自不转，咒人者，最讨厌。
经典帖，当勤翻，涨姿势，悟内涵。
发精彩，朋友圈，发琐事，惹人烦。
好文章，美图片，转发前，先点赞。
既为友，需常联，久不言，黑名单。
微信好，双刃剑，适可止，勿迷恋。
以上内容，与大家共勉。

【思考练习】

1. 请你判断以下情景中电话的使用是否符合礼仪。

（1）一男士在办公室内打电话：“王明太不够义气，有好事也不叫上我……”

（2）一女士接听电话：“您好！大华公司销售部。您找大华公司人事部？抱歉！您拔错了。需要的话，我可以帮您查一下。”查手册，又道：“人事部的电话是 88556566。不客气，再见。”

（3）一男士接电话：“你好！大华公司。你找明华公司？下次看清楚，我们是大华公司！”

（4）一男士夜间休息，电话铃响，被惊醒。

（5）会议正在进行中，领导正在讲话，全场安静。一手机铃响，另一手机铃又响。

2．案例：

余先生看了某房产公司的售楼广告后，想在郊区买一套排屋。打电话咨询房屋的有关信息，售楼小姐告诉他现在无房可售，要等第二期开盘。问第二期房屋大概什么价格，回答说不知道。再问大概什么时候开盘，回答说不知道。问能否留个电话通知一下，售楼小姐说用不着，你自己看报纸广告。余先生在电话中听到售楼小姐一边打电话一边与其他人聊天，还有咂吧咂吧吃东西的声音。余先生想：从对方所反映的电话形象看，这是一个缺乏规范的公司，对客户既不积极又不主动，根本不懂得起码的电话礼仪，挤牙膏一样，一问一答，令人不快。这样的房产公司，其房屋的品质令人怀疑。于是余先生决定买另一家品牌公司的房产。

请问：售楼小姐犯了电话礼仪中哪些禁忌？员工形象是公司最重要的形象，如果你作为售楼小姐，如何树立良好的员工形象？

3．案例：

利达公司销售部文员刘小姐要结婚了，为了不影响公司的工作，在征得上司的同意后，她请自己最好的朋友陈小姐暂时代理她的工作，时间为一个月。陈小姐大专刚毕业，比较单纯，刘小姐把工作交代给她，并鼓励她努力干，准备在蜜月回来后推荐陈小姐顶替自己。某一天，经理外出了，陈小姐正在公司打字，电话铃响了，陈小姐与来电者的对话如下：

来电者：“是利达公司吗？”　　陈小姐：“是。”

来电者：“你们经理在吗？”　　陈小姐：“不在。”

来电者：“你们是生产塑胶手套的吗？”　　陈小姐：“是。”

来电者：“你们的塑胶手套多少钱一打？”　　陈小姐：“1.8 美元。”

来电者：“1.6 美元一打行不行？”

陈小姐：“不行的。”说完，“啪”挂上了电话。

上司回来后，陈小姐也没有把来电的事告知上司。过了一星期，上司提起他刚谈成一笔大生意，以 1.4 美元一打卖出，总的定量是 1100 万打。陈小姐突口而出：“啊呀，上星期有人问 1.6 美元一打，我说不行的。”上司当即脸色一变说：“你被解雇了”，陈小姐哭丧着脸说：“为什么？”

请问：陈小姐在电话礼仪方面犯了哪些错？

【实践训练】

1．情景模拟实训：接打电话礼仪。

2．实训目的：掌握接打电话的程序、要求及注意事项，掌握用礼貌的语言与客户沟通的技巧。

3．实训情境：

情境一：正方公司李经理正在召开工作例会，公司的合作伙伴华恒公司的杨总来了电话要找钱经理。请演示秘书李思接电话的情境。

情境二：正方公司秘书张瑶接到东风贸易公司黄总电话，说航班延误，下午才能到机场，到时想直接去展销会现场，但不知道怎么坐车，请张秘书告诉他。

情境三：下午，谢楠接到一位客户的投诉电话，抱怨他买的联想手机品质不好，给他增加了很多麻烦。他非常恼火，情绪激动，言语有些过激，如何处理？

情境四：一位客户打电话来，抱怨你的一位同事，说他态度不好，答应提供服务却未能兑现。你既要保护同事和公司的信誉，又要使客户得到安慰和帮助。

4．训练分组：分小组进行，每小组 2 ～ 4 人，以小组为单位，自选情境，分别扮演情境中的对象，模拟接打电话。

5．实训考核标准：针对电话礼仪的各项内容进行自评分和小组考核评分，见表 4-2。

表 4-2　电话礼仪考核评分表

序号	考核项目	分值（分）	评价标准	自评分（分）	教师计分（分）	备注
1	接打电话准备工作	20	能制作完整的电话记录单，保持电话的清洁，接打电话时机的选择得当			
2	接打电话时的语言	30	电话交谈内容有次序、简洁、明了、用语规范、谈吐文雅、反应机敏			
3	接打电话时的步骤	30	能遵循接打电话的顺序和要求			
4	做好电话记录	20	电话记录单字迹清晰、内容有次序、意思清楚明了			
总分		100				

任务 4.3　办公礼仪

【知识目标】

1．掌握办公场所中的个人形象礼仪。

2．处理好与同事关系。

3．掌握与上司沟通的艺术。

【能力目标】

掌握办公礼仪的基本知识，培养良好的交际能力和办公事务处理能力，增强职业素养，做个受欢迎的职场人士。

【任务导入】

“咱们关系怎么样？”是宋先生的一句口头禅。通常说完这句话，不等你回答，宋先生自己又接着说，“不错吧，是不是？”望着他那笑成两条缝的小眼睛，谁好意思否认呢？既然是关系不错的铁哥们儿，就得像个哥们儿的样子。比如说没有烟抽了，宋就挨桌子地搜寻，看到谁的抽屉里有，管它半盒还是一盒，抓住就装到自己的口袋里；上班时要是渴了，不管是谁的茶杯，端起就喝；最有失分寸的是，他连刮胡刀都没有，今天用这个的，明天用那个的。谁要是不高兴，那句口头禅就从笑成弥勒佛似的嘴里溜了出来，让你哭也不是、笑也不是。单位里的人背地里谈起宋先生，都忍不住摇头摆手。

尊重他人，讲究分寸，是衡量一个人素质高低的标准。像宋先生这样不拘小节、爱占便宜的人，不会受人欢迎，更不会有人愿意与他合作。他的个人发展也势必受到影响。

人生有两大重要地盘：一个是家庭，另一个是办公室。职场人士白天的大部分时间是在办公室里度过的，办公室里不仅有工作、有事业，还有与许多上司和同事的人际交往，每一个人都希望在事业上有所成就，并在单位建立起融洽的人际关系，这一切离不开礼仪。

【知识链接】

办公礼仪就是职场人士在办公场所应遵守的礼仪规范。主要包括如何建立个人礼仪形象，与同事融洽相处，做个受欢迎的职场人士以及如何赢得上司的赏识和信赖等。

一、塑造良好的职场形象

职场上的每一个人都是一个品牌，其礼仪形象要求如下：

（一）衣着品味优雅得体

建立自己的品牌形象，就要既注重内涵的培养，又需要全方位地注重自己的仪表。从衣着、发式、妆容、饰物到仪态等都是你要关心的。其中，衣着品味最为关键，它表明了你对工作、对生活的态度。特别是对办公室人士而言，衣着本身就是一种武器，它反映出你个人的气质、性格甚至内心世界。办公人员的着装一般体现下列三个规则：

1. 符合角色

俗话说，干什么要像什么。要达到“像什么”，其着装是重要因素之一。不同的社会角色对人们的仪表、言行、着装都有不同的要求。作为办公室工作人员的着装应注意场合，要求庄重、整洁。要符合这些要求，应以正装为佳，要求面料精良、做工细致、合身舒适。

2. 重在避短

人们的体型千差万别，各怀其长，各有其短。办公人员的着装要注意扬长避短，但重在避短、变丑为美。

3. 遵守惯例

所谓惯例就是人们在长期实践生活中实行的、已被人们所共同认可的、约定俗成的东西。一个办公室工作人员在夏天时绝对不可以穿拖鞋、短裤、背心甚至赤膊出现在办公室。女士着装要美观大方，切忌露背装、低胸吊带、超短裙，在办公室里玩“性感”。总之，办公室穿着要优雅得体，符合办公环境和气氛，令人觉得你既清爽又知性，再加上亲切有礼的仪态，有利于快速建立你的品牌形象。

（二）保持守时的好习惯

“成功是一种习惯”说的是习惯好的人更容易成功。守时便是一个非常好的习惯。李嘉诚为了做到绝对守时，把自己的手表拨快十分钟。无论你多么才华横溢，也别过分地践踏公司的规章制度。富有责任心的员工往往每天提前一点到达，对一天的工作做个规划，走在别人前面。如果你是新人，更应该提前上班，显示你对这份工作的专心和投入。有心的员工往往会利用最后几分钟，定下心来，将一天的工作做个妥善的总结。

（三）保持办公桌的整洁

人们往往从一张办公桌的状态推断当事人的个性和性格。如果一个人会整理办公桌面，保持其办公室的桌椅及其他办公设施整洁、美观、大方，可以基本上认定此人做事井井有条、讲究效率。注重企业品牌建设的企业，都非常重视办公场所的整洁卫生。注意办公场所的空气清新，勤开窗户通风，办公室不是餐厅，不是抽烟室，吃东西、抽烟可在休息室或吸烟室进行。做好文件分类和归档工作，给自己一个高效率的工作空间。

（四）爱惜办公室公共设备

单位里的一切公共设备是为了方便大家、提高工作效率，无论打电话、传真、复印或上网，都要注意爱惜保护它们。使用公共设备遵循先来后到的原则。设备坏了，可尝试自己修或请人来修，不可一走了之。用完后要保证环境和设备干净整洁，以便他人继续使用。

1. 有效使用计算机

信息化时代，单位基本上都给员工配备了计算机，以实现办公自动化、信息化，提高工作效率。在公司上网毕竟是利用公司的资源，应适可而止，更不要在工作时间玩游戏。

2. 正确使用复印机

复印机是公司里使用频率较高的公共设备。在公司里一般不要复印私人的资料。使用完毕后，不要忘记将你的原件拿走，并将复印机设定在节能待机状态。如果复印纸用完，一定记得添加。若纸张卡塞，应处理好后再离开。

二、建立双赢的同事关系

同事是与自己同处一个环境一同工作、一同进餐甚至一同娱乐的人。与同事相处得如何直接关系到自己的工作、事业的进步与发展和身体的健康。每个职场人士，都应深谙同事相处之道，建立双赢互动的人际关系。

（一）团队精神很重要

现代社会集体协作多、各自为政少，因此具有团队合作精神已成为职场人士必备的基本素质。团队合作就是要求职场人士在工作中要同心协力、互相支持、共同合作。工作中出现问题或差错时，不互相推诿，是自己的责任要主动承担。任何时候都不可贬低别人而抬高自己，造成同事间不团结。

（二）尊重同事，也欣赏自己

在办公室里，同事之间应相互尊重，对待同事应一视同仁，不以职位高低论尊卑，不厚此薄彼、有亲有疏。切记不可倚老卖老欺侮生人。有教养的职员不但尊重同事，而且尊重同事的客人。

在这世界上欣赏自己是非常重要的事，欣赏自己是你一生的幸福基石，是赢得好人缘的基础。欣赏自己是在内心深处完全地接受自己，就是既接受自己的长处和拥有，也接受自己的短处和缺少。因为一个完全接受自己的人也容易接受和重视他人，这在心理学上称为“视网膜效应”。一个人要人缘好、受欢迎，一定要养成欣赏自己与肯定自己的习惯，因为在“视网膜效应”的运作下，一个看到自己优点的人才有能力看到他人的可取之处。

（三）讲究职场说话艺术

说话是建立良好人际关系的最直接的工具，很多时候，有些人吃亏就是因为不会说话。因此与同事交谈，说什么、怎么说、什么话能说、什么话不能说都非常讲究。首先，要谈吐礼貌。平常礼貌用语不离口，常说“请”“谢谢”“对不起”等。其次，多赞美少责怪，多鼓励少嘲讽。平常多赞美、鼓励对方以赢得友谊，一旦工作中发生矛盾，应宽容有度，不斤斤计较，要真诚坦率地与对方沟通，从而有效地解决问题，不要一味责怪或嘲讽对方而招致对方的反感。再次，语言表达要得体。即在不同场合和对不同对象都应得体表达，包括用字遣词、谈话内容、语气声音等，都应做适当调整。在办公室里，与同事说话应该简洁明快、声音轻柔，不要高声喧哗、旁若无人。除非急事，有什么话慢慢讲，别人也一样会重视你的。平常说话要谨慎，特别是工作中的机密必须守口如瓶。最后，办公室说话禁忌；不要对别人评头品足、搬弄事非；不要滔滔不绝。办公室不是向人汇报自己的身世或闲聊的地方，也不要偷听别人讲话或插话等。

（四）与同事保持适当距离

与人交往，保持适当的距离才能产生美。保持适当距离，不但不会疏离感情，反而能更好地团结协作。保持距离指物理距离和心理距离两个方面内容。

1. 保持适当的物理距离

对方和你的关系如何，可以通过他与你保持的距离来判断。把个体空间划分为四种距离：亲密距离、个人距离、社交距离和公众距离。办公室同事之间交往应属于社交距离，大约在 1.2 ～ 2.1 米之间。因此从礼仪上讲，一般保持一两个人的距离最为适合，这样做既让对方感到亲切的气氛，又保持一定的距离，让人感觉最为舒服。

2. 保持适当的心理距离

办公室是公事公办的地方，绝对不是玩感情的地方。有时同事之间摩擦不断，恰恰是交往太过密切、随意，从而侵犯别人的私人领地之故。进入别人的办公室前应先敲门，不要私自翻阅同事办公桌上的文件、信件，更不要去查看别人的计算机。未经许可随意挪用他人物品，事后又不打招呼的作法，实在显得没有教养。保持适当的距离，尊重别人的私人空间，才能赢得别人的尊重。

（五）适当“让利”，放眼将来

与同事相处就要适当让利、放眼将来。在办公室里，处处可以听到不和谐的声音，同事关系难处，大多数是因为过于计较自己的利益，老是争求种种的“好处”，时间长了难免引起同事们的反感，无法得到大家的尊重，而且这样做总是在有意或无意中伤害了同事，最后使自己变得孤立。其实多一点谦让，多与人分享，这种豁达的处世态度无疑会赢得人们的好感，也会增添你的人格魅力，会带来更多的“回报”，俗话说“吃小亏占大便宜”，从一定程度上说明了这个道理。

三、讲究与上司沟通的艺术

办公室里如何脱颖而出，迈向职场成功之路？除了自身工作努力、拥有骄人的业绩外，与上司建立良好关系是关键。因此学会与上司交流的手段和技巧，不仅会使你与上司之间的信息交流通畅，也会有助于你搞好与上司的关系，进而提升你在职场的竞争力。

（一）品读你的上司

了解上司是进行良好沟通的前提。

1. 了解上司的个性、思维和处事风格

你只有对上司的个性及处事风格有较全面细致的了解，才能与上司步调一致，及时预测职场的风向。大多情况下，上司惯招用或提拔对工作问题与自己有相似看法的人。上司能有资格当你的上司，肯定有他的一套工作方法，有比你厉害的地方。所以你需要努力地去向他学习，这样才能听懂上司的语言，跟得上上司的思维。想超越上司，精神是可贵的，要超越老板，应首先学到他所有的，然后才能谈得上超越。

2. 读懂上司的体态语

行走职场，领会上司的意图并不仅仅依靠语言，一个眼神、一个手势或一个表情皆能洞察上司的意图。上司与下属之间的眼神交流更能无声地传达出他们之间的关系如何、默契与否。

另外，适当地了解上司的业余爱好有时也有助于工作的开展。

总之，了解上司，并采用适当的应对手法，是与之和谐相处的前提。

（二）积极主动与上司沟通

与上司建立良好关系的最重要的秘诀就是一定要积极地与上司进行工作上的沟通，应懂得主动争取每一个沟通机会。千万不要因心理恐惧而极力逃避与上司的沟通。如果你能善于沟通、乐于沟通，总有一天你会发现，你的工作总是能最好、最快地完成。

1. 接受指示，对上司的问话要做清晰的回答

如果上司明确指示你去完成某项工作，那你一定要用最简洁有效的方式明白上司的意图和工作重点。既然是接受指示，就应当将指示接收下来。即使有什么问题，也不要急于进行讨论和争辩。能快速准确地领会领导意图，是赢得上司好感的基础。

“小李，昨天下午说过的那个报表，还记得吗？今天一定要交给我啊！”“知道了，老总，你没看到我在写吗？”如果作为下属这样子回答上属，上属会喜欢你吗？不会，甚至可能感到痛苦。

如果上司问你话，一定要有问必答，最好是问一句答三句，让上司清楚。回答的比询问的多，上司就放心；回答的比询问的少，上司就怀疑你心里有鬼、工作肯定没有做好。

另外，上司问话时，立即站起来作答，这是基本的礼貌。

2. 汇报工作，有技巧地提出自己的意见

上司很希望从下属那里得知更多的情况，作为下属，应及时向领导做汇报。在接受上司指示之后，应该积极开动脑筋，尽快拟定一份工作方案，并向领导汇报请求审批。在工作中要主动报告工作进度让上司放心，不要等事情做完了再讲。一旦有错误，及时得到领导的帮助和指点，避免犯大错误。特别对于上司所关注的重点，应着重或详细地进行汇报。

总结中切莫忘了上司的正确领导和同仁的共同努力。汇报时应注意客观、准确，尽量不带有个人的色彩，以免引起上司的反感。汇报时要充分尊重上司，在各方面维护上司的权威，支持上司的工作，这也是下属的本分。汇报工作要积极主动，有技巧地提出自己的意见。

你养成了这个习惯会赢得上司的喜欢。另外，经常与上司沟通、坦言自己的工作想法很重要。这有助于上司了解你的为人，从而将你视为“谈得来”“叫得动”的员工。

3. 商讨问题，把握分寸讲究说话技巧

许多人觉得难与上司沟通，解决的办法是不要受地位或头衔的困扰，本着开放、平等和互动的原则进行交流。在商讨问题时，应考虑如何说服上司，让上司理解自己的主张、同意自己的看法。

首先，要选择恰当的提议时机。一般来说，上午10点左右或是午休结束后的一个小时里较合适。当然如果是紧急事情则不必考虑什么是合适的时机。

其次，带着方案去找上司。应事先设想上司会提什么问题，自己该如何回答。要带着较成熟的方案去找上司，没有解决问题的方案不要去找上司。

再次，把握分寸，讲究说话技巧。上司时间珍贵，因此在与上司交谈时，应当简明、扼要和完整。另外，适当运用你的人格魅力，自信是成功的一半。注意不要把自己的观点强加于人。如果上司没有当场表态同意你的观点或方案，你应该在阐述完自己的意见后礼貌地告辞，给上司思考和决策的时间。总之，在商讨问题的过程中要时刻注意把握分寸，保持良好的沟通环境。

（三）赢得上司的赏识和信赖

如何让上司赏识你信赖你？既要具备职场必备的高素质，高质量履行自己职责，以业绩说话，又要讲究处世技巧，让上司知道你的付出。

记得让上司赏识和信任的最重要的一条是业绩。完成工作任务是获得与上司良好关系的前提。上司欣赏的人应具备以下重要的职业素质：

1. 勇于创新，敢于负责

很多获得提升、受到重用的员工有着共同的特征、共同的行为模式——主动、创新和不怕犯错的勇气和态度。主动、创新和不怕犯错是企业心目中理想员工的共同特征，最主要的是员工要有“自己的看法”，企业最怕“没有看法”的人。

2. 掌握情绪

有人说，决定一个人成功的不是智商，也不是情商，而是逆商，即面对困境时所表现的坚韧。因此，在你最沮丧的日子里，也要向老板和同事显示出你最快乐的一面。一旦工作出现失误，要快速对情况做出评估，制定出控制损失的积极的可行性计划，然后直接找上司告知问题所在以及你准备采取的解决办法。

3. 善于学习

当今社会的发展日新月异，没有人可以在学校里取得文凭（哪怕是博士文凭）就可以一劳永逸了。书本学习能力只是一个方面，更重要的是向别人学习的能力，即善于向他人学习成功的经验或失败的教训，还要有自学的能力，不断地在工作中自我总结。上司往往欣赏的是善于学习、反应敏捷、接到任务后便迅速准确及时完成的下属。

4. 尊重上司

如果不懂得尊重上司，即使你才华横溢，自然也得不到对方的赏识。在工作中尊重上司就是要为他分忧。当上司交给你一项临时任务时，不管你正在忙什么，都要先完成上司所交的任务。你在接电话的同时也要对上司的出现做出反应。让上司久等是一种不礼貌的表现。永远不要忘记你上司的时间比你的更宝贵。另外，尊重上司并不意味着与上司可以亲密无间、称兄道弟，上司就是上司，要尊重其私人空间，特别不要侵犯其隐私，以免给自己带来不必要的负担。

就算是平常的日子，在离开公司之前向你的主管打声招呼也是好的。

5. 信守诺言

作为下属，一旦接受了上司委派的任务，就要尽量按时完成。这表明你对他的敬重，也表现出你的能力。

6. 工作积极主动，甘愿付出

中国人常说“吃亏便是福”。其实是表面吃亏，机会却会随吃亏的同时降临到你的头上。那些不愿做额外工作的职员，事业将会停滞不前或被那些任劳任怨、热情而勤奋的同事淘汰。

7. 坦然面对上司批评

如何正确对待上司的批评，关键是心态问题。上司对你的工作不满意才会批评你，因此，下属首先应抱着自责和检讨的心理去接受批评。神态上应该尽可能地保持谦逊的姿势、虚心的神情，眼神要表现出对上司批评的专注。上司如果是个高水平的领导，你虚心接受批评的同时，能力也会大有长进。因此，聪明的下属会怀着感恩的心去接受，并诚恳地请求上司给予指导。

面对批评不要当面顶撞或过多地辩解。聪明的下属应审时度势，压制自己的情绪化冲动，理智地看待上司的批评，并把它转化为受其关注的一次契机。在挫折和磨难中不断加强内涵修养，提升自己的人格。

8. 同类错误不犯第二次

上司会给员工犯错误的机会，但是不会“容忍”下属犯同样的错误。人非圣贤，孰能无过。聪明人的可贵之处不是他们不犯错误，而是能在犯错误之后接受教训、总结经验，不犯第二次错误，你要培养这种素质。你犯过一次错之后要敢于说：“这是我第一次犯这种错误，也是最后一次。”接下来的事就是要将你的承诺兑现！

9. 拥有一技之长并适当表现自己

一个精明的员工不仅要会做事，而且还要会表现自己，才有机会脱颖而出。如果你拥有一技之长，本身就说明个人素质尤其是职业素质超过一般人，但还要适当地表现自己，让上司知道你、赏识你。因此千万不要放弃任何一次推销自己的机会，不要甘于不引人注目。做出成绩也要适时地包装、呈现出来，让上司知道你的付出，从而重用提拔你，如同蛋糕裱花一样，看似无关紧要，实质上却是职场人士走向成功的第一步。毕竟上司的认可程度在一定时间段内直接影响着我们的价值体现。

10. 要疏密得当

与上司交往过密会引起同事的猜忌，从而使自己变得孤立。并且如果事无大小，动不动就往上司那儿跑，上司也会觉得你除了奉承就没有别的事了。所以在公司里，与上司亲密过头会使他改变对你的赏识，甚至后悔对你的信任。你不如在办公室外与上司多接触，这样你与上司谈话内容就丰富得多。

【思考练习】

1. 塑造职场个人形象要注意哪些方面？
2. 如何建立良好的同事关系？
3. 与上司沟通要注意哪些方面？

【实践训练】

1. 案例一：失败的面试

刘琴毕业了，在春季校园招聘会上，她给很多单位投递了自己的简历，应聘秘书职位。没过多久，其中一家知名外资企业就打来电活，约她下周二去面试。面试那天，小刘穿着平时在学校里常穿的一条牛仔裤和一件T恤衫，因为在小刘的印象中，外国人的穿着都是非常随便的。可是进了面试的考场，她才发现，应聘单位的男士们全都穿着西服套装，而在场的女士们也都穿着清一色的职业套裙。结果，小刘因为“着装过于随便”而没有获得第二轮深度面谈的机会。小刘百思不得其解——为什么这么优秀的企业还要“以貌取人”呢？自己的专业成绩都是格外优秀的啊！在面试时为什么一定要穿“职业装”呢？

思考：如果你是职业指导专家，你应如何对刘琴提出的问题进行解答呢？

2. 案例二：一字不当，险失合作良机

一外地客商到某公司商谈投资合作事宜，公司上下非常重视，早早做出了各种安排。公司经理拿出专门的时间在会客室专候，并准备了烟茶水果，还派自己的秘书提前在公司门口等候。客商进公司大门后，迎候在门厅的公司经理秘书马上上去和客商握手，可能是知道事情的重要性，反倒有些紧张，竟然对客商说："我们经理在那边（指会客室），他叫你过去。"客商一听，当即非常生气：他叫我去？我又不是他的下属，凭什么叫我？你们现在就是这样对待合作者的？那以后还了得？合作应当是关系平等的。于是这位客商回答说："贵公司如有合作诚意，叫你们经理到我住的宾馆去谈吧。"说完拂袖而去。

思考：如果那位秘书不说"叫"而说"请"，情况又会如何？

3. 案例三：一语不当，令其他部门不悦

"喂，财务室吗？我是总经理办公室。今年全年的工资统计表你们做出来了吗？"这是某公司总经理秘书在给公司的财务室打电话。财务室回答说："统计出来了"。这位秘书又说："我正在给领导写年终总结，急等着要这个表，你给我送来吧。"财务室的人听了这话有些不高兴，说："我们也正忙着，你自己来抄好了。""叭"，电话挂断了。

思考：如果那位秘书换一种口气，请求对方给予支持协助，情况又会如何呢？

4. 案例四：一语不慎，加深领导缝隙

某公司两位领导A和B本来关系就有些紧张，因为工作上的不同意见，也因为涉及自己领导前途的一些斗争。但是这种矛盾还是很隐蔽的，表面上两个领导关系也还过得去。正巧上级来了一个工作检查组，在陪同问题上，A领导认为两个领导中有一人陪同就行了，不必两人都去。于是让秘书去传达一下自己的看法，不料秘书在向领导B转达领导A的意思时却把话说成："A领导说啦，你去他就不去了。"B听了，心里思忖：我去他就不去了，这是什么意思？虽然勉强去了，但是心里越发不是滋味。后来在一次会议上，这种长久潜伏下来的不快终于爆发了，弄得会议不欢而散，两个领导的矛盾一下子成了公司人尽皆知的秘密。事情越闹越大，最后只得上级领导出面才把问题解决。

思考：办公人员的说话技巧有哪些？

5. 案例五：从丑小鸭到白天鹅

当李婷应聘到A市某化妆品公司成为一名行政秘书的时候，她非常欣喜。因为当今时代社会竞争如此激烈，能够找到一个专业对口的工作是非常不容易的。

但是，进公司几天之后，她所有的欣喜荡然无存了。在经理们的眼里，她不过是干杂事的小职员，所以只拿一些七零八碎的琐事让她做，同事们也只把她当作不起眼的年轻的女孩子，常叫她跑跑腿。尤其是先到公司来的几个名牌大学的毕业生，更是拿自己的学校背景来挤兑她。但是李婷想了一下，还是坚持把工作做好。首先，她借助于自己在学校的时候练就的打字方面的基本功，每一次都认真地完成工作，成为录入速度最快、错误率最低的"高手"。不仅如此，她还对计算机知识进行深入学习，熟练制作PPT文件，甚至还会了Flash制作软件等计算机操作。

一次，领导着急制作一份创意的文件，需要在PPT文件中加入Flash，其他的秘书由于对计算机不太了解，所以都束手无策。而当时计算机专业工作人员都在休假，所以李婷自告奋勇。任务完成得很圆满，从此领导对她刮目相看。除此之外，因为公司业务是美容行业，她又查找了许多相关知识进行学习，有时候客户来找经理等待的时候，她也不失时机地推销公司产品。很多客户都对她赞不绝口。同事们最开始的时候还是很忌妒她，但是当她的实力真正体现出来的时候，大家不得不对她非常认可，她也从大家眼中的“丑小鸭”变成了“白天鹅”。

思考：请问李婷是如何从“丑小鸭”变成“白天鹅”的？你从李婷身上学到了什么？当你身处逆境时，经常的选择是什么？

6. 案例六：远近亲疏的尺度

佳丽是某酒店的秘书，专门负责公司三位经理的文字和协调工作。三位经理三个特点：王经理为人幽默，李经理严肃认真，佟经理和善圆滑。但是很遗憾，他们之间似乎有一些矛盾。

佳丽是一个比较单纯的人，虽然她学习上名列前茅，但是在工作上往往不知道应该如何进行沟通协调。因为王经理幽默，所以她和王经理接触得就比较多，不仅在单位里聊天次数增多，也经常私下里去王经理家串门吃饭，过年过节更是只到王经理家探望拜访。如果有什么问题出现她自然就选择请教王经理。久而久之，她和李经理、佟经理之间的关系就比较疏远了。有几次她需要和这两位经理打交道的时候毫无例外地碰了钉子。一次李经理竟然对她说：“这件事你找王经理就可以了，又何必来求我呢？”虽然佟经理为人圆滑，但佳丽也能感觉到他对于自己的戒备。这种情况下，佳丽感觉到了问题的严重性，想办法开始补救，增加了向李经理和佟经理请教的次数，并且经常有意识地及时和他们沟通。过了很长时间，关系才终于有所缓和，工作的氛围比以前轻松多了，她自己也因为工作努力得到了提升。

思考：佳丽开始的失误体现在哪些方面？如果遇到这种情况，你会如何处理？如果当前有一个问题需要解决，三个人意见不统一应该如何处理？

任务 4.4 接待礼仪

【知识目标】

1. 了解接待工作的内容。
2. 了解接待工作的程序。
3. 掌握接待过程的礼仪和送客的礼仪。

【能力目标】

能够在接待工作中正确运用礼仪，塑造良好的组织形象。

【任务导入】

泰国某机构为泰国一项庞大的建筑工程向美国的公程公司招标。经过筛选，最后剩下

4家候选公司。泰国人派遣代表团亲自到美国去各家公司商谈。代表团到达芝加哥时，那家工程公司由于忙乱中出了差错，又没仔细复核飞机到达时间，未去机场迎接泰国客人。泰国代表尽管初来乍到不熟悉芝加哥，还是自己找到了芝加哥商业中心的一家旅馆。他们打电话给那位急促不安的美国经理，在听了他的道歉后，泰国人同意第二天11时在经理办公室会面。第二天美国经理按时到达办公室等候，直到下午三四点钟才接到客人的电话说："我们一直在旅馆等候，始终没有人前来接我们。我们对这样的接待实在不习惯。我们已订了下午的飞机赴下一个目的地。再见吧！"

请指出美国公司在接待礼仪方面做得不对的地方有哪些？

日常接待是单位接待工作中一项频繁而重要的工作，它代表着一个企事业单位的形象，也反映着职场人士的职业素养。随着经济体制改革的深入和市场经济的不断发展，企事业单位间的业务往来与日俱增，对内、对外业务交往的涉及面也越来越广，接待工作越来越频繁、越来越重要。因此职场人士掌握必备的日常接待礼仪是工作的重要组成部分。

【知识链接】

一、接待工作的内容

接待工作大体可以分为：业务往来接待、顾客投诉接待、视察指导接待、检查团组接待、参观学习接待等。从接待客人的性质来看，有生产厂家、供货单位，有本企事业的顾客，有相关领域的企事业。从隶属关系来看，有行业领导、地方领导和执法单位等。就客人身份而言，有领导者和一般工作人员之分。

二、接待工作的程序

接待工作是一项繁杂、琐碎、影响很大的工作，稍有疏漏就会带来不良影响，甚至造成巨大损失。接待工作的程序化可以避免"忙中出错"。

（一）准备阶段

接待工作是从接到通知后就开始进入准备阶段，一般应从以下几个方面着手：

1. 了解客人基本情况

接到来客通知，首先要了解客人的单位、姓名、性别、职业、级别、人数等；其次，要掌握客人的意图，了解客人的目的和要求及在食宿和日程安排上的打算；然后要了解客人到达的日期、所乘车次、航班和到达时间；最后将上述情况及时向主管领导汇报，并通知有关部门和人员作好接待准备。

2. 制订接待方案

接待一般的客人，可以根据惯例直接提出具体接待意见。接待重要客人或高级团体，可根据客人的意图、要求和领导的意见，制订接待方案。方案应包括：客人的基本情况、接待工作的组织分工、陪同人员和迎送人员名单、食宿地点及房间安排、伙食标准及用餐形式、交通工具、费用支出意见、活动方式及日程安排、汇报内容的准备及参加人员等。上述内容要视接待客人的规格而定，可以根据实际需要灵活行事。接待方案要报送单位领导批准。

3. 布置接待场所

整洁干净的环境是对来访者的尊重和礼貌的表示。办公室接待客人，应将办公室收拾干净，窗户明亮，桌椅整洁，东西整齐，空气清新，茶水备好，有时还应备些水果。

若来访者较多，或来访者规格较高，来访的目的又比较严肃，应在专门的接待室进行接待。接待室除配置一些沙发、茶几、衣架等家俱外，还应点缀一些花卉盆景及字画报刊等。

（二）正式接待阶段

客人抵达后，进入正式接待阶段。要根据情况的变化随时采取应变措施。

1. 迎接客人

一般客人可由业务部门或经理办公室人员到车站（机场、码头）迎接，重要客人应安排有关领导前往迎接。去迎接的人员应在客人到达之前到场等候。

2. 安排生活

客人到达后，应把客人引进事先安排好的客房。客人住下后，应把就餐的地点、时间告诉来宾。对重要客人，应安排专人送（或陪）客人到餐厅就餐。

3. 协商日程

客人食宿安排就绪后，对一般客人，可由接待人员出面与其商议活动日程；对重要客人应由领导出面，进一步了解客人的意图和要求，共同商议活动的日程。最后根据确定的活动时间、内容、方式等重新修订印发活动日程，并把变动情况迅速通知有关方面，以便进行下一步工作。这项工作一般也可以在准备阶段事先协商沟通好。

4. 组织活动

按照日程安排精心组织好各项活动。如与客人洽谈供货合同，可提前做好准备。如客人下去参观浏览，应安排好交通工具和陪同人员。

5. 听取意见

在客人活动全部结束之后，要单独安排时间请单位领导和客人会面，听取意见，交换看法。特别是对上级派来的视察团、检查团等，这项活动尤其应安排妥当。

6. 安排返程

根据客人要求，订购返程车（机、船）票，并及时送到客人手中，同时商议离开驻地的时间。安排好送行车辆和送行人员，协助客人结算各项费用，征求客人对接待工作的意见，以便改进工作，送客人到车站（机场、码头）作最后告别。

7. 总结收尾阶段

将客人送走后，接待工作基本结束，但仍应善始善终做好收尾工作。要及时将客人所乘的车（机、船）的班次通知客人所在单位以便接站。

三、接待过程的礼仪

（一）主动招呼来访者

以愉快的心情向来访者打招呼。必须站起来向到访者致以真挚的问候："欢迎！""欢迎您的到来！"；中午十一点前可以说声："早安！"；午后可以说一声："你好！"。除必要的问候外，还应主动帮助客人提取、装卸行李。但不要拿客人的公文包或女士随身小提包。

（二）迅速、准确地传达联络

当你清楚来访者的公司名称及姓名后，如果宾客需要联系的是您的同事，向宾客说一声："请稍等一下，我立刻通知 XXX 先生（或女士）。"然后迅速与有关人员联络。

（三）引领访客

引领客人前，如果客人已在边上等候了，不能忽视的要点是，引领开始时向访客说一声："对不起，令你久候了。"场所的不同，引领访客时的要点也不同。

1. 走廊上

引领人员走在客人两三步之前，配合步调，让客人走在内侧。

当访客走在走廊的正中央时，引领人员走在走廊上的一旁，偶尔向后望，确认访客跟上。

当转弯拐角时，应走在客人的左前方数步的位置，要用手示意方向，同时礼貌地说："请往这边走。"

2. 楼梯上

先告知客人，目的地在 X 楼。

上楼时，应该让客人走在前面，因为一般以为高的位置代表尊贵。引领人员走在后面。下楼时，引领人员走在前面，客人在后面。

上下楼梯时，引领人员应该注意客人的安全，一般客人走内侧、靠扶手的一侧，引领人员走外侧（不应并排行走，而应当靠右侧行走），如图 4-1 所示。上、下楼梯时要提醒客人"小心台阶"等。

（a）上楼引领

（b）下楼引领

图 4-1　引领客人上下楼梯

3. 电梯内

（1）电梯无人时：引领人员要在客人之前进入电梯，按住"开"的按钮，请客人进入电梯。到达目标楼层时，引领人员同样按住“开”的按钮，请客人先下电梯。

（2）电梯有人时：无论上下都应客人、上司优先。

（3）待客人走出电梯后，自己立刻步出电梯，并热诚地为其引导行进的方向。

（4）在电梯轿厢内，陪同人员应靠边侧站立，面对或斜对客人。中途有其他客人乘梯时，陪同人员应礼貌地问候。在日本，电梯内的位置有“上下座”之分。“上座”是在电梯按钮一侧最靠后的位置；其次是这个位置的旁边；再其次是这个位置的斜前方；最差的“下座”就是挨着操作盘的位置，因为这个人要按楼层的按钮，相当于“司机”。

4. 座次安排

如果引领人员将客人引领到领导办公室，进门之前，要先轻轻叩门，得到允许后方可进入，切不可冒然闯入。进入房间后，应介绍领导和客人，介绍时要注意措词，应用手示意。如果引领人员是将客人引到接待地点，开门后引领人员站在门的侧面，说：“请进。”请客人进去。客人进入接待室后，便请他坐上座。上座安排如下：

（1）面门为上：采用“相对式”就座时，通常以面对房门的座位为上座，应让之于来宾；以背对房门的座位为下座，宜由主人自己在此就座。

（2）以右为上：“并列式”排位的标准做法是宾主双方面对正门并排就座。此时，以右侧为上，应请来宾就座；以左侧为下，应归主人自己就座。

（3）居中为上：如果来宾较少，而东道主一方参与会见者较多时，往往可以由东道主一方的人员以一定的方式围坐在来宾的两侧或者四周，而请来宾居于中央，呈现出“众星捧月”之态。

（4）以远为上：离房门近者易受打扰，离房门较远者则受到的打扰较少。

（5）佳座为上：长沙发优于单人沙发，沙发优于椅子，椅子优于凳子，较高的座椅优于较低的座椅，宽大舒适的座椅优于狭小而不舒适的座椅。

（6）自由为上：有时，未等主人让座，来宾便自行选择了座位，并且已经就座，此刻主人亦应顺其自然。在客人登门拜访之时，主人务必要使自己临场的一切表现都中规中矩。

5. 敬茶礼节

当客人入座后，你要立即准备上茶。敬茶的步骤如下：

（1）事前的准备：首先，先洗手；然后，检视茶具的清洁。

（2）倒茶的方法：检查每个茶杯的杯身花样是否相同；茶水的温度以八十度为宜；注意入量大约为茶杯容量的七成；注意每一杯茶的浓度要一样；检查杯数与人数是否相同。

（3）端茶的方法：敬茶人员注意在叩门后，向客人微笑点头后才进入；离开时，于门口向客人点头施礼才离去。双手将茶逐一拿给客人，或者用左手托着茶盘，右手将茶拿给客人；端茶给客人时，要先给坐在上座的重要宾客，然后按顺序给其他宾客；一般要从客人的右后方将茶递给客人，说声：“请喝茶。”

6. 乘车礼节

自轿车发明以来，车内座位就根据安全、舒适、方便等因素，被人们规定了尊卑、主次之座位。乘坐轿车，也为我们的工作生活带来了巨大的便捷。乘车要保持风度、以礼待人。

乘坐轿车时，应当注意的礼仪问题主要涉及座次、举止、上下车顺序等几个方面。

（1）上下车的姿态

上车下车，看似简单，其实大有学问。对于女士而言，则尤显重要。女士上下轿车时，要采用背入式和正出式。上车时，将身子背向车厢入座，坐定后随即将双腿同时缩入车厢。如穿长裙，在关上门前应先将裙子理好。下车时，应将身体尽量移近车门，车门打开后，先将双腿踏出车外，然后将身体重心移至双脚，头部先出，最后再把整个身体移离车外。这样可以有效避免“走光”，也会显得姿态优雅。如穿低胸服装，不防加披一条围巾或护住胸口，以免弯身下车时出现难为情的局面，并保持身体稍直。上下车的姿态如图 4-2 和图 4-3 所示。

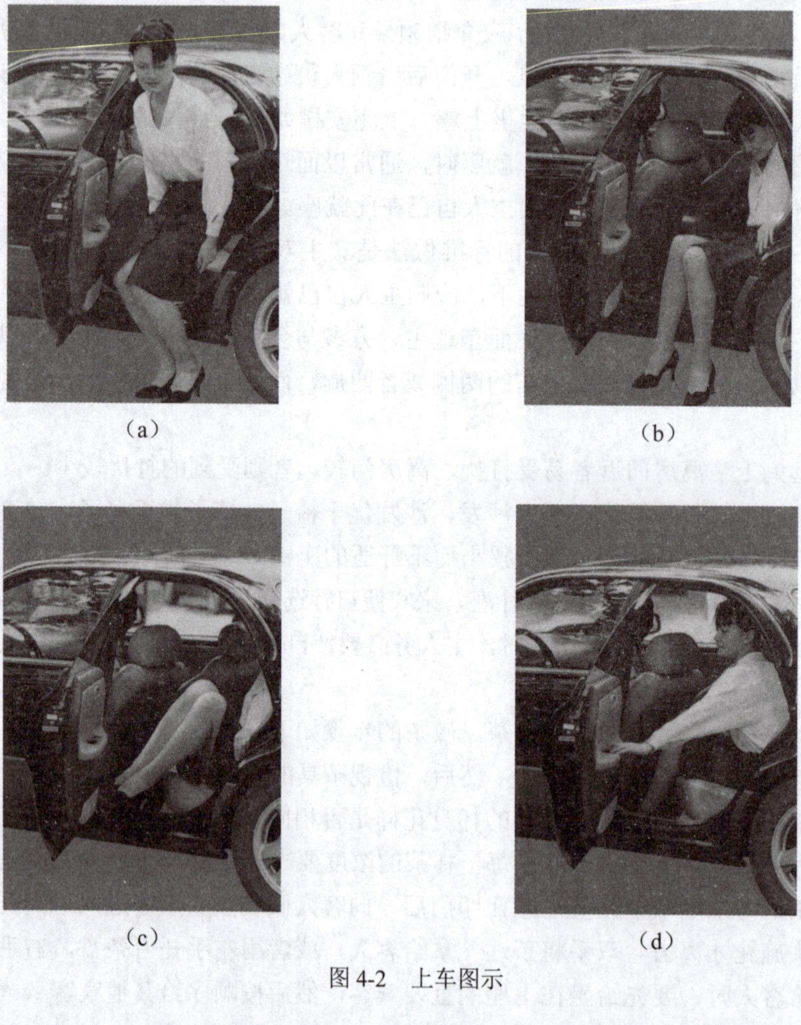

（a）　（b）　（c）　（d）

图 4-2　上车图示

在接待工作中，要主动为客人开启、关闭车门，并让宾客先上先下。

（2）座次有别

在比较正规的场合，乘坐轿车时一定要分清座次的尊卑，并在自己合适之处就座。而在非正式场合，则不必过分拘礼。座次礼仪规则可概括为“四个为尊，三个为上”。“四个为尊”是客人为尊、长者为尊、领导为尊、女士为尊，此四类人应为上座；“三个为上”是方便为上、安全为上、尊重为上，以这三个原则安排座次，其中“尊重为上”原则最重要。

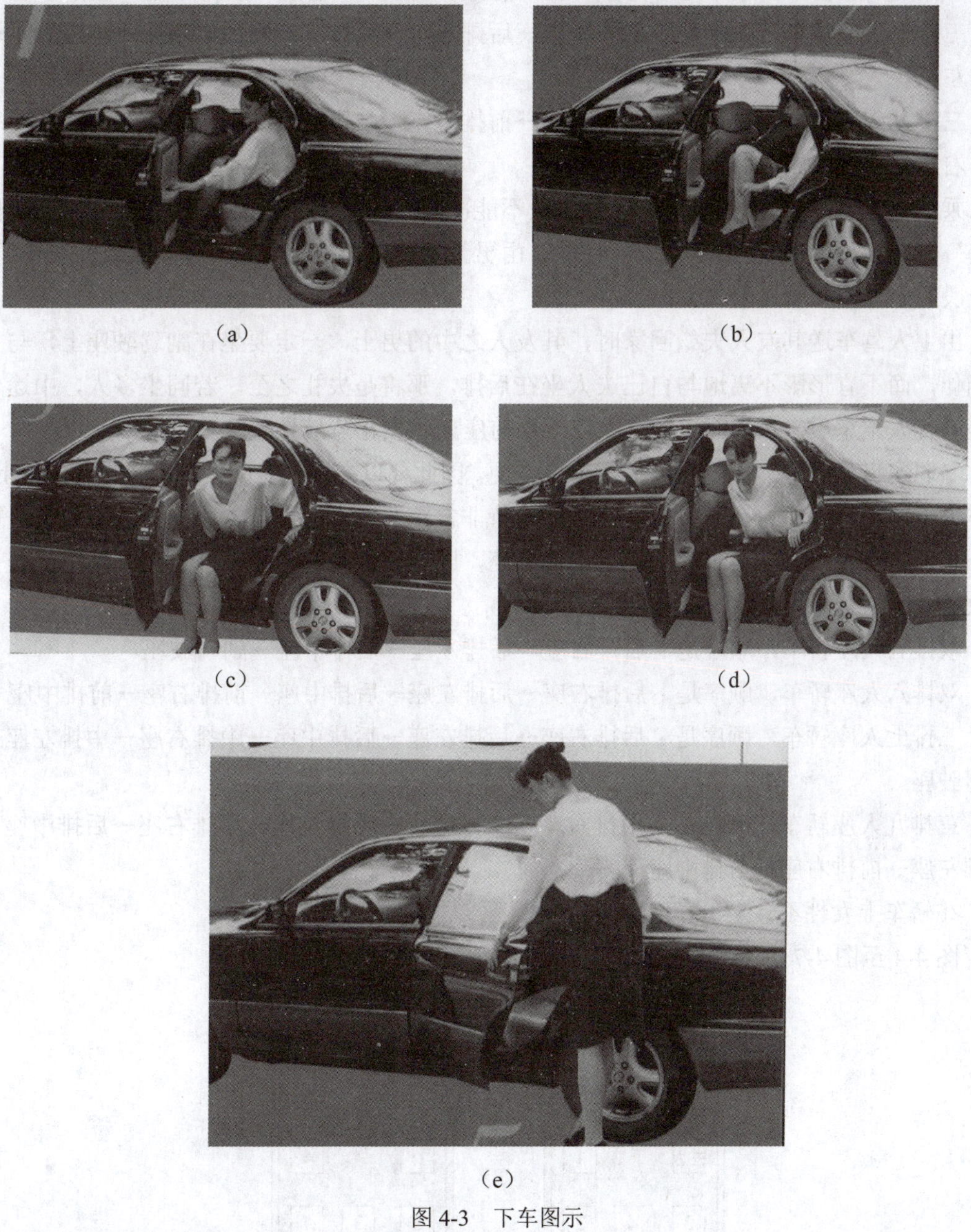

(a)　(b)　(c)　(d)　(e)

图 4-3　下车图示

在礼仪上来讲，轿车上座次的尊卑主要取决于下述四个因素：

①轿车的驾驶者。驾驶车的司机一般有两种人：一种是轿车主人，另一种是专职司机。国内目前所见的轿车多为双排座与三排座，车上座次尊卑的差异如下：

主人亲自驾车时。当主人或领导亲自驾车的时候，此时一般称之为社交用车，上座为副驾驶座。这种情况，一般前排座为上，后排座为下；以右为尊，以左为卑。这种坐法体现出“尊重为上”的原则，体现出客人对开车者的尊重，表示平起平坐、亲密友善。

双排五人座轿车，顺序是：副驾驶座→后排右座→后排左座→后排中座。

双排六人座轿车，顺序是：前排右座→前排中座→后排右座→后排左座→后排中座。

三排七人座轿车，顺序是：副驾驶座→后排右座→后排左座→后排中座→中排右座→中排左座。

三排九人座轿车，顺序是：前排右座→前排中座→中排右座→中排中座→中排左座→后排右座→后排中座→后排左座。

乘坐主人驾驶的轿车时，最重要的是不能冷落主人，也就是不能令前排座位“虚位以待”，一定要有人坐在那里，以示相伴。由男士驾驶自己的轿车时，若夫人或女友在场，她一般应坐在副驾驶座上。

由主人驾车送其友人夫妇回家时，其友人之中的男士，一定要坐在副驾驶座上，与主人相伴，而不宜形影不离地与自己夫人坐在后排，那将是失礼之至。若同坐多人，中途坐前座的客人下车后，在后面坐的客人应改坐前座，此项礼节最易疏忽。

专职司机驾车时。由于右侧上下车更方便，因此要以右尊左卑为原则，同时后排为上，前排为下。需特别注意有所区别的是：在接待非常重要客人的场合，比如说政府要员、重要外宾、重要企业家，这时候上座是司机后座，因为该位置的隐秘性好，而且是车上安全系数较高的位置。

双排五人座轿车，顺序是：后排右座→后排左座→后排中座→副驾驶座。

双排六人座轿车，顺序是：后排右座→后排左座→后排中座→前排右座→前排中座

三排七人座轿车，顺序是：后排右座→后排左座→后排中座→中排右座→中排左座→副驾驶座。

三排九人座轿车，顺序是：中排右座→中排中座→中排左座→后排右座→后排中座→后排左座→前排右座→前排中座。

在轿车上女性不宜坐于异性中间。

图 4-4 至图 4-7 为乘车座次图示。

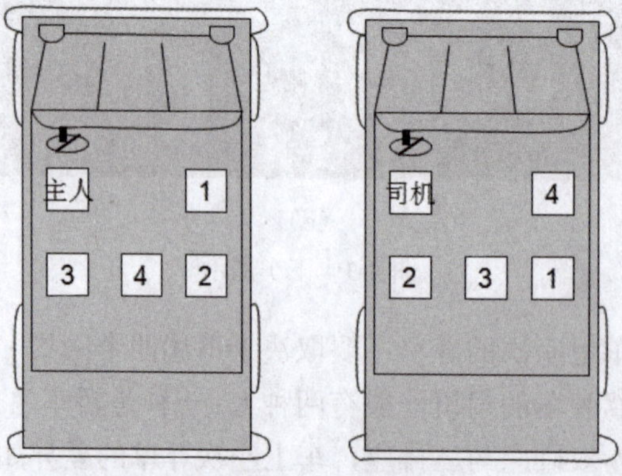

图 4-4　双排五人座轿车乘车座次

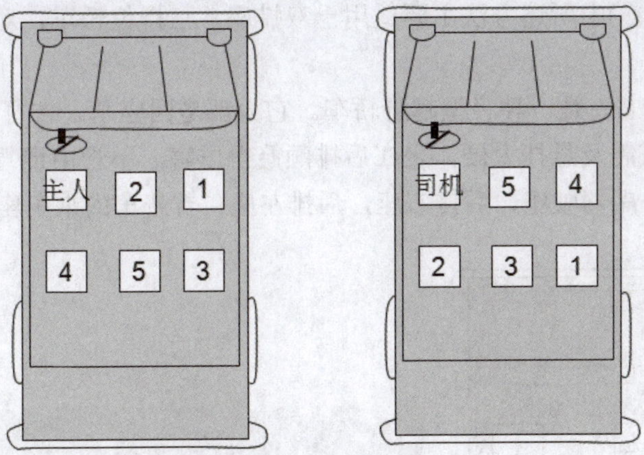

图 4-5　双排六人座轿车乘车座次

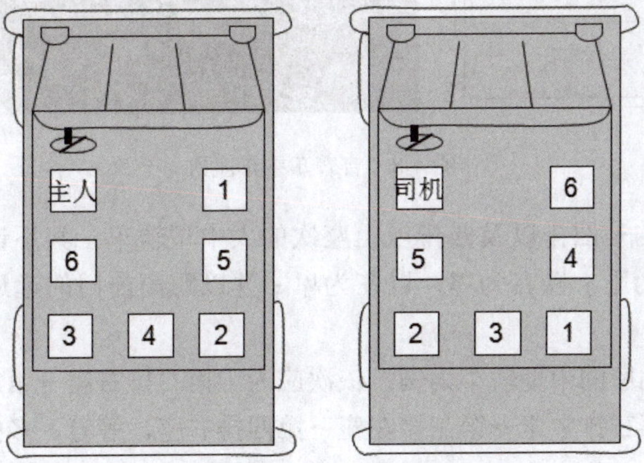

图 4-6　三排七人座轿车乘车座次

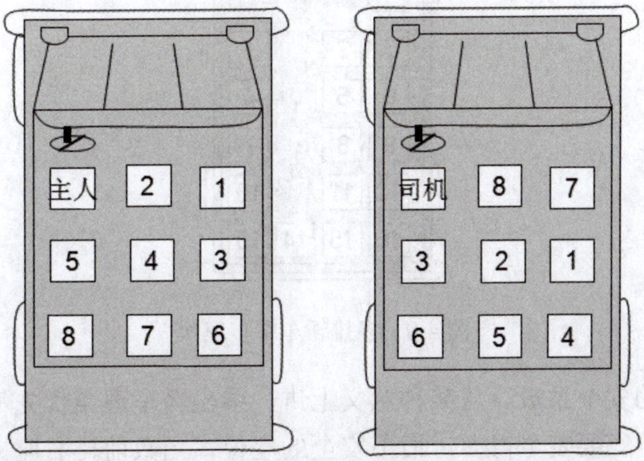

图 4-7　三排九人座轿车乘车座次

②轿车的类型。①中所述方法主要适用于双排座、三排位轿车，对于其他一些特殊类型的轿车并不适用。

吉普车，简称吉普，是一种轻型越野轿车。它大都是四座车。吉普车底盘高，功率大，主要功能是越野，减震及悬挂太硬，坐在后排颠簸得厉害。不管由谁驾驶，吉普车上座次由尊而卑均依次是：副驾驶座，后排右座，后排左座。吉普车的乘车座次如图 4-8 所示。

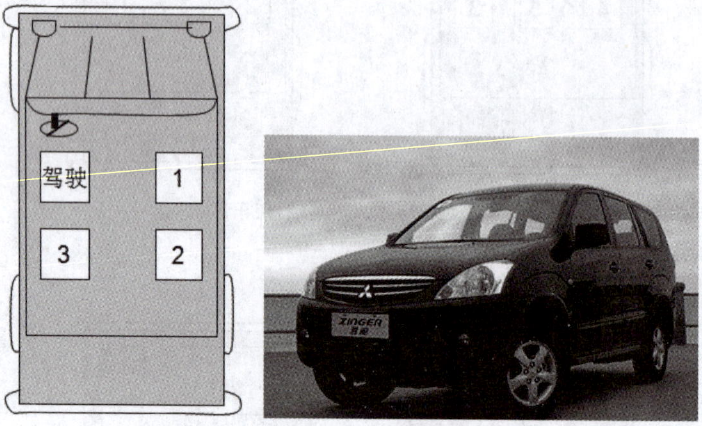

图 4-8　吉普车乘车座次

多排座轿车指的是四排以及四排以上座次的大中型轿车。其不论由何人驾驶，均以前排为上，以后排为下；以右为尊，以左为卑；并以距离前门的远近，来排定其具体座次的尊卑。

以一辆六排十七座的中型轿车为例，依次应为：第二排右座→第二排中座→第二排左座→第三排右座→第三排中座→第三排左座→第四排右座，等等。多排轿车乘车座次如图 4-9 所示。

图 4-9　多排轿车乘车座次

③轿车上座次的安全系数。从某种意义上讲，乘坐轿车理当优先考虑安全问题。在轿车上，后排座比前排座要安全得多。最不安全的座位，当数前排右座。最安全的座位，则当推后排左座（驾驶座之后），或是后排中座。

当主人亲自开车时，之所以以副驾驶座为上座，既是为了表示对主人的尊重，也是为了显示与之同舟共济。由专人驾车时，副驾驶座一般也叫随员座，通常坐于此处者多为随员、译员、警卫，等等。有鉴于此，一般不应让女士坐于专职司机驾驶的轿车的前排座，孩子与尊长也不宜在此座就座。

④轿车上嘉宾的本人意愿。通常，在正式场合乘坐轿车时，应请尊长、女士、来宾就座于上座，这是给予对方的一种礼遇。然而，与此同时更为重要的是，不要忘了尊重嘉宾本人的意愿和选择，并应将这一条放在最重要的位置。应当认定：必须尊重嘉宾本人对轿车座次的选择，嘉宾坐在哪里，即应认定那里是上座。即便嘉宾不明白座次，坐错了地方，轻易也不要对其指出或纠正。这时，务必要讲“主随客便”。

四、礼貌送客礼仪

1. 加以挽留

客人离开时，我们可以根据客人的安排礼貌地加以挽留，此时，若顺水推舟是不太礼貌的。

2. 起身在后

在客人起身道别之后，主人才能起身，否则会有逐客的意思。

3. 相送一程

在客人离开时，主人应该相送一程，可以是门口、电梯口、楼下、车旁、停车场等。

（1）门口送客礼仪

客人离开时，我们应起身相送，最基本的送客礼节是送到门口，但需要注意的是：不能在客人前脚刚迈出房间门，就听到我们“啪”的关门声，至少等客人走远了，我们再轻轻关上门。

（2）电梯送客礼仪

把客人送到电梯间，帮忙按一下电梯按钮，这也是我们送客人的时候得体的作法，但是不要出现客人转身进入电梯，回过头我们已经不见了的情况，说不定会让客人觉得敷衍哦。

（3）车旁送客礼仪

如果对方有开车，我们可以把他（她）送到车旁，更加显出我们的诚意。同理，等到车子消失在我们的视线范围之外了，我们再转身。

（4）全员送客礼

公司所有的工作人员都参与送别，这是送别礼中的最高级别，彰显我们百分之百的诚意。

【思考练习】

1. 接待工作的内容有哪些？
2. 接待工作的程序有哪些？
3. 乘坐无人控制的电梯时应注意什么问题？
4. 小颖是公司的秘书，经常和经理出去联系业务，请问当经理亲自开车出去办理业务时，小颖坐在轿车的哪个座位比较合乎礼仪？

5．案例：丘吉尔开车

有一次，丘吉尔准备去参加一个重要会议，司机早早去接他。偏偏那天丘吉尔心情特别好，想过把开车瘾，就和司机换了位置，自己开着车去会场。

他们快到会场时，一个工作人员看到了丘吉尔在驾驶汽车，一下子神情慌张起来，跑到大会负责人那里，着急地说："坏了坏了，不知道来了什么大人物！"

负责人很奇怪："为什么呢？"工作人员回答道："丘吉尔为他开车呢！"

思考：如果由你给丘吉尔安排座位，你会安排他坐在哪个位置呢？丘吉尔和司机换位置自己开车去会场，我们有必要指出或纠正吗？

【实践训练】

1．请设计几种接站方式，做好车辆的准备，模拟接站和上下车的礼仪。

2．分小组进行情景人物扮演，其他同学观摩并点评。

（1）现在正走在走廊里……（位次演练）

（2）现在准备拐弯……（手势、语言演练，如说："这边请"等）

（3）准备上楼梯……（位次、手势、语言演练，如说"注意楼梯""当心""有台阶，请注意"等）

（4）准备下楼梯……（位次、手势、语言演练）

点评要点：位次是否准确，手势及语言是否规范等。

3．情景实训：

奇迹商业集团准备为一家外资企业推荐一套自己集团目前研发的最先进的生产线。经过前期沟通后，外资企业的副总决定带人到奇迹商业集团进行实地考察并落实合作事宜。奇迹商业集团接到消息后，迅速安排办公室负责此次接待。

以小组为单位，依据模拟情景，设计接待方案并自行分配角色、设计对白，要求整个情景模拟活动过程中要体现所学的接待礼仪规范。

任务4.5 会议礼仪

【知识目标】

1．了解会议筹备礼仪，了解会议流程礼仪。

2．掌握与会人员礼仪规范和会场布置及座次安排礼仪。

【能力目标】

掌握会议礼仪中现代人应遵循的会议礼仪的相关礼仪知识，能灵活地筹备相关会议，进行会场布置及座次安排。

【任务导入】

宏利公司行政部今年上半年组织了公司几次大型的会议活动，但效果不尽如人意，会务组织工作出现了许多问题，公司总经理很不满意。为此，行政经理高明在提交的本部门上半年工作总结中对前段时间的会务工作做了反思，指出出现问题的最大原因在于行政部工作人员在会务组织服务工作上经验的缺乏。行政部决定进行员工会议礼仪培训，由行政办公室李主任负责主讲。如果你是李主任，你将给行政部工作人员培训哪些会议礼仪知识呢？

在人们的各类活动中，会议是最普遍的形式之一，已经成为人们沟通信息、交流情感、协调问题、实施计划的主要活动形式。面对着大大小小的各类会议，掌握一些会议的礼仪是必不可少的。

【知识链接】

会议，又称集会或聚会，是指有领导、有组织地使人们聚集在一起对某些议题进行商议或讨论的集会。在日常交往中组织和参加的会议主要有三种：行政性会议，如行政会、董事会等；业务性会议，如展览会、供货会等；社交性会议，如茶话会、联欢会等。

会议的目的是为了沟通信息、协调行动、建立联络、结交朋友等。会议礼仪就是指组织和参加会议中必须遵守的礼仪规范。良好的会议风范，既是尊重自己，也是尊重别人。

一、会议筹备礼仪

会议的组织工作，是一项细致而又复杂的工作。作为会议活动的主办方，在会议活动举办前要对会议活动过程中的各个环节进行精心策划、周密部署、认真准备，以防止会议活动过程中出现差错，影响会议活动目的的达成。

（一）会议时间选择

会议时间选择很有讲究，一般应避开重大节假日和企业业务繁忙期，以避免遇到交通拥堵、一票难求或是影响企业的日常工作。太冷或太热的天气和风雨交加的天气不利于会议的顺利召开，特别是不适合举行室外会议活动。

（二）会议场所选择

会议场所的选择要考虑各方面因素，满足会议的多种需要：

交通要便利。会场位置必须方便与会者前往。

大小要适中。要根据会议内容，特别是与会者人数多少来确定，要保证与会者人人有座位且稍有富余，否则会影响会议效果。

设施要齐全。会场要有良好的设备配置，桌椅家具、通风设备、照明设备、空调设备、音像设备等要尽量齐全有效，卫生设施应便利。会议特殊需要的设备，如计算机、投影仪等更应特别关注，会前都要亲自调试，一旦发现问题，马上解决。如果有外籍人士参加时，就要安排好必需的传声设备，如同声翻译器等。

要方便停车。应考虑附近有无停车场所，以方便与会人员前往。

费用要合理。租借场地的成本费用需合理，既讲究排场，又要勤俭节约。

（三）确定参会人员

会议的参加者是根据会议的宗旨确定的。参会人应当有针对性和代表性。召开会议之前，确定参会人员或单位的范围的原则是从有利于工作出发，严格控制参加会议人员的范围，坚决杜绝与会议无关的人员参加。

（四）策划好会议议程

会议礼仪的要旨是要维护组织形象，处处不忘尊敬他人。尽量争取开小会、开短会。筹备会议时要精心安排好会议议程，尽量避繁就简，可列可不列的议程，最好不列。内容相近、性质相同的议程，最好合并。根据确定的议题安排日程，以保证会议有秩序地进行。

（五）会议通知的发放

现代社会，人们讲究效率，对那些无意义、无目的、空洞乏味、可开可不开的会议普遍有抵触情绪。因此，当我们筹备会议时，应尽量避免这一点，尽早地向预定的会议出席人发出正式的会议通知。

1. 会议通知的内容

会议通知的内容，按照惯例，应当包括会议的主题，出席会议者的范围，举行会议的地点和具体时间等。如果会期较长，或者会议的参加者来自外地，甚至海外，那么会议通知还包括会议的具体日程安排、报到的时间和地点、食宿安排及其费用、往返的交通费用如何解决以及咨询和联系的电话号码等各项内容。

2. 会议通知的发送方式

会议事宜一经商定好，就要立即发出通知。发会议通知的形式有很多种，如口头通知、电话通知、广播通知、登报通知、书面通知，以及用黑板报或小字报形式进行。一般情况下，口头通知、电话通知、用黑板报或小字报形式发通知主要适用于本单位、本系统内部举行的会议。而书面通知和登报通知则显得礼仪性较强，也更加正式。对外单位的商务活动中，用得最多的形式为书面通知。对外发出的书面通知，应设计精美，至少要用计算机打印，交付邮局邮寄。必要时，还可以在信封上加注“会议通知”，以免被耽搁。

发出会议通知的时间，一般应确保会议参加者尽早接到，比如书面通知，至少要较会议日期提前一周或两周寄到会议参加者手中，便于其早做安排。当然，如果会议规模较大，需要做准备的内容较多，为使参会者有充分的准备时间，可以提前一季度或一年发出通知。比如举行国际性或国内大型会议就是如此。

（六）建立会议接待组织

1. 建立组织

召开一个会议，要有许多人参与组织和服务工作，应有明确的分工，各负其责。可以成立一个专门的会务组或接待组，使他们在统一领导之下，其他相关部门和人员各自独立地开展工作，具体负责与会人员的迎送、交通工具的安排、报到、分发会议文件、食宿等项工作。

2. 明确任务

全体工作人员应当明白本次会议的目的，主要解决什么问题，更要明确自己的工作任务及具体要求，以保证不出差错，不贻误工作。

3. 会议准备

现代化的会议离不开各种辅助器材，召开会议之前，就应该把各种辅助器材准备妥当。会议需要准备：桌椅、名牌、证件、茶水、签到簿、名册、会议议程、黑板、白板、笔、各种视听器材、产品资料和样品等。

4. 接待和报到

外地代表到达时，应安排工作人员到车站、码头、机场接站。

到驻地后，持通知书到大会报到处报到。报到处接待人员应礼貌接待，验看有关证件后即安排食、宿，登记联系的地点、方式，并发给证件、文件等。

二、会议流程礼仪

1. 会议前工作流程

会议前工作流程如图 4-10 所示。

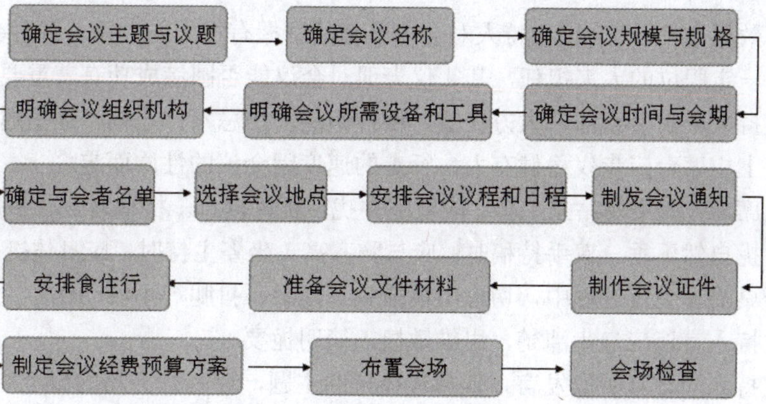

图 4-10　会议前工作流程

2. 会议中工作流程

会议中工作流程如图 4-11 所示。

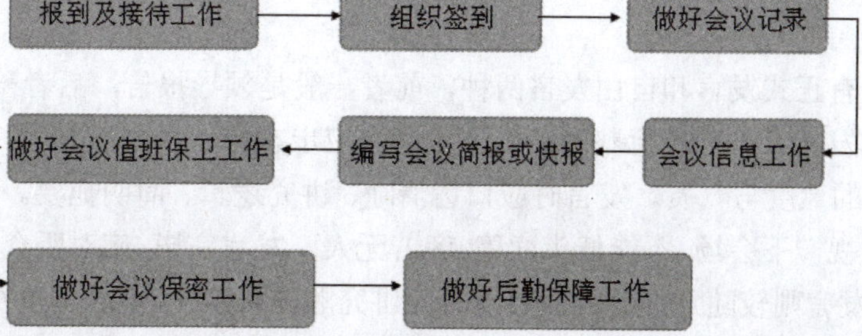

图 4-11　会议中工作流程

3. 会议后工作流程

会议后工作流程如图4-12所示。

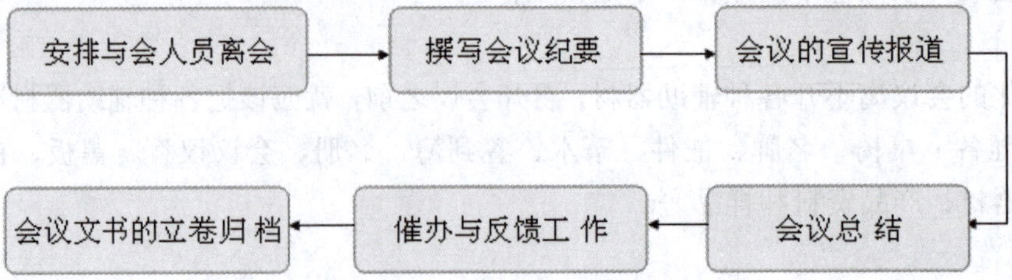

图4-12　会议后工作流程

三、与会人员礼仪规范

不管是参加本单位会议还是其他单位的会议，不管是参加大中型会议还是小型的会议，不管是以贵宾身份还是以一般与会者身份，在会议过程中参会人员的言谈举止都必须得体大方，合乎身份。

1. 主持人的礼仪

会议的效果如何，与会议主持人对会议节奏的掌握有很大的关系。各种会议的主持人，一般由具有一定职位的人来担任，其礼仪表现对会议能否圆满成功有着重要的影响。

（1）主持人应衣着整洁，大方庄重，精神饱满，切忌不修边幅，邋里邋遢。

（2）走上主席台应步伐稳健有力，行走的速度因会议的性质而定。

（3）入席后，如果是站立主持，应双腿并拢，腰背挺直。持稿时，右手持稿的底中部，左手五指并拢自然下垂。双手持稿时，应与胸齐高。坐姿主持时，应身体挺直，双臂前伸。两手轻按于桌沿，主持过程中，切忌出现搔头、揉眼、抖腿等不雅动作。

（4）主持人言谈应口齿清楚，思维敏捷，简明扼要。

（5）主持人应认真听取发言，把握住会议的主题，控制好会场的整个局势，并根据会议性质调节会议气氛，或庄重，或幽默，或沉稳，或活泼。

（6）主持人对会场上的熟人不能打招呼，更不能寒暄闲谈，会议开始前，或会议休息时间可点头、微笑致意。

（7）主持人要允许大家发言，发生辩论时，有人强词夺理、出言不逊，主持人有责任出面干预。

2. 会议发言人的礼仪

会议发言有正式发言和自由发言两种，前者一般是领导报告，后者一般是讨论发言。

（1）正式发言者，应衣冠整齐，走上主席台应步态自然，刚劲有力，体现一种成竹在胸、自信自强的风度与气质。发言时应口齿清晰、讲究逻辑、简明扼要。如果是书面发言，要时常抬头扫视一下会场，不能低头读稿、旁若无人。发言完毕，应对听众的倾听表示谢意。

（2）自由发言则较随意，应要注意：发言应讲究顺序和秩序，不能争抢发言；发言应简短，观点应明确；与他人有分歧，应以理服人、态度平和、听从主持人的指挥，不能只顾自己。

发言之前，应首先面带笑容向会议的主持人和主席台上就座的其他人士点头致意，表示对他们能听你发言的感谢，然后从容道来。在结束发言时，应在最后说一句“谢谢大家”。如果没有自己的见解，或是对某个问题还没有形成清晰明确的看法，最好不要发言。

在一般情况下，发言应按预定的顺序进行。如果临时准备发言，应事先以打招呼、递纸条、举手等方式征得主持人的同意，切勿采取突然行动，破坏会场秩序。

如果有会议参加者对发言人提问，应礼貌作答，对不能回答的问题，应机智而礼貌地说明理由，对提问人的批评和意见应认真听取，即使提问者的批评是错误的，也不应失态。

3. 会议参加者礼仪

（1）会议参加者应衣着整洁、仪表大方、不卑不亢、落落大方。

（2）准时入场，进出有序，依会议安排落座，开会时应认真听讲，不要私下小声说话或交头接耳，发言人发言结束时，应鼓掌致意，中途退场应轻手轻脚不影响他人。

（3）参加会议就座时，要注意自己的仪态，减少不必要的动作。

（4）在会场上要认真聆听，并进行必要的记录，在别人发言开始或结束时要进行礼节性的鼓掌。在他人发言时，不要看与发言无关的材料，不要四处走动，也不要打瞌睡，更不要与别人谈笑风生或对台上发言的人指指点点、品头论足，以免引起别人反感。

四、会场布置及座次安排礼仪

（一）会场布置

会场布置和安排是会议的又一项重要工作。一般举行正式会议，尤其有其他组织的人参加时，应以专用会议室或会议厅作为会场。

会场环境的好坏直接影响着与会者的情绪，因此绝不能马虎。一般而言，越是正式的会议，就越要选择环境良好的会场，要使会场干净、整洁、无噪声、通风效果好。同时还要根据会议内容，营造出一种与会议内容相吻合的气氛，比如表彰会气氛热烈，庆祝会气氛要隆重，讨论会气氛要认真，办公会气氛要严肃等。总之，会场的布置应与会议内容相协调。

（二）座次安排

布置会场时，座次的安排也是必须要考虑的。正式场合座次问题的礼仪性极强，因此稍有疏忽就可能影响与会者的情绪。总体来讲，座次的安排可依照礼宾次序行事。具体讲，一是要注意安排好主席台上的位置。一般在主席台上就座的多为领导和贵宾，所以要按照一定的礼宾次序来排定。主席台，设在与代表席对面的地方。现在一般在主席台前设讲台，用于发言人讲话。主席台上可适当摆放鲜花点缀。主席台背后悬挂会标或旗帜，会议名称的标语悬挂在主席台上方。二是要注意安排好会场里的主次位置，即主持人与听众的位置要互相协调好。根据会议礼仪惯例，“主次”位置的安排有以下几种类型：

1. 小型会议座次安排

小型会议，一般指参加者较少、规模不大的会议。它的主要特征是全体与会者均应排座，不设立专用的主席台。小型会议的排座，目前主要有以下三种具体形式。

（1）自由择座：它的基本作法是不排定固定的具体座次，而由全体与会者完全自由地选择座位就座。

（2）面门设座：它一般以面对会议室正门之位为会议主席之座。其他的与会者可在其两侧自左而右地依次就座。

（3）依景设座：所谓依景设座，是指会议主席的具体位置不必面对会议室正门，应当背依会议室之内的主要景致之所在，如字画、讲台等。其他与会者的排座，则略同于前者。

2. 大型会议座次安排

大型会议，一般是指与会者众多、规模较大的会议。它的最大特点是会场上分设主席台与群众席。前者必须认真排座，后者的座次可排可不排。

（1）主席台排座

在大型会议上，主席台应面对会场主入口，听众应当面对主席台而坐。在其每一位成员面前的桌上，均应放置双向的桌牌。一般可设主席团、发言席和群众席。主席台排座，具体又可分作主席团排座、主持人坐席、发言者席位等三个不同方面的问题。

主席团，在此是指在主席台上正式就座的全体人员。国内目前排定主席团位次的基本规则有三：一是前排高于后排，二是中央高于两侧，三是左侧高于右侧。具体来讲，主席团的排座又有单数（如图 4-13（a）所示）与双数（如图 4-13（b）所示）的区分。

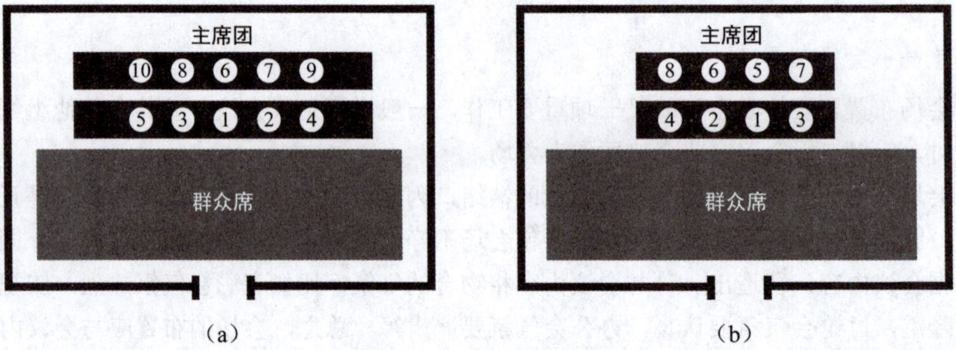

图 4-13　主席团排座

主持人坐席：会议主持人，又称大会主席。其具体位置有三种方式可供选择：一是居于前排正中央；二是居于前排的两侧；三是按其具体身份排座，但不宜令其就座于后排。

发言者席位：发言者席位又叫作发言席。在正式会议上，发言者发言时不宜就座于原处发言。发言席的常规位置有二：一是主席团的正前方（如图 4-14（a）所示），二是主席台的右前方（如图 4-14（b）所示）。

（2）群众席排座

在大型会议上，主席台之下的一切座位均称为群众席。群众席的具体排座方式有二：

①自由择座：不进行统一安排，而由大家各自择位而坐。

②按单位就座：与会者在群众席上按单位、部门或者地位、行业就座。它的具体依据既可以是与会单位、部门的汉字笔画的多少、汉语拼音字母的前后，还可以是其平时约定俗成的序列。按单位就座时，若分为前排后排，一般以前排为高，以后排为低；若分为不

同楼层，则楼层越高，排序便越低。

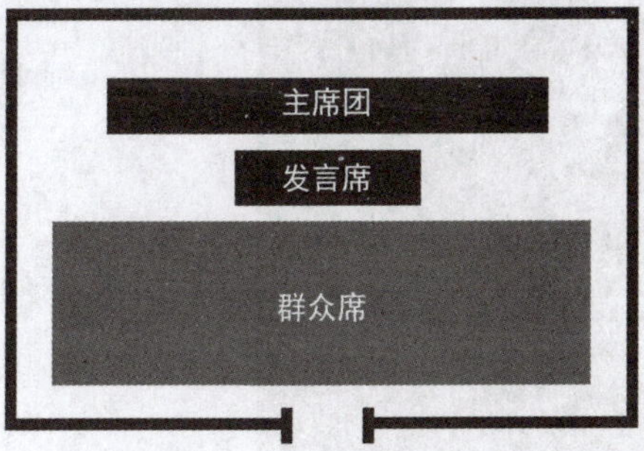

（a）

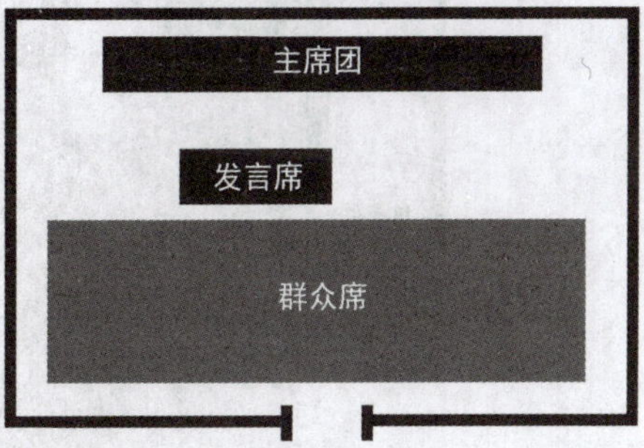

（b）

图 4-14　发言席位置

在同一楼层排座时，又有两种普遍通行的方式：一是以面对主席台为基准，自前往后进行横排；二是以面对主席台为基准，自左而右进行竖排。

【拓展阅读】

几种常见的会议

董事会会议：由公司董事会成员出席，定期召开。一般在董事会专用的会议室由董事长召集或由董事长授权委托的人召集，讨论涉及单位组织发展的重大事项和战略、政策等。

公司股东年会：每年召开一次，由公司的股东就重大问题进行讨论，表决通过董事会提交的事项，形成股东大会决议。

管理人员会议：由公司经营决策层人员参加，讨论解决企业经营管理的具体问题。

颁奖仪式：是为表彰和奖励在某项工作中业绩突出的单位或个人而举行的庆典性仪式。

洽谈会：又叫谈判会，是指有关各方代表充分阐述己方的各种设想，听取他方的不同意见，并通过详细陈述己方的理由，反复同对方交换看法或做出某种让步，消除相互间距离，最后各方取得一致，达成协议。

签字仪式：是组织与对方组织经过会谈、协商形成了某项协议、协定后，互换正式文本的仪式。

新闻发布会：又称记者招待会。政府、社会团体或个人都可公开举行。邀请各新闻媒介的记者参加发布会，主要是为了把较为重要的成就以及信息通报给所有的新闻机构。所以，在发布会上发布的消息对于产品和产品形象、组织和组织形象都有重要的价值。

展览会：是一种非常直观、形象、生动的传播方式。展览会通常以展出实物为主并进行现场示范表演。这种直观、形象的活动，容易给参观者留下深刻的印象。

恰到好处的倒水服务

遇到天热时就要随时加倒水，续水时瓶口要对准杯口，不要把瓶口提得过高，以免溅出杯外，如图 4-15 所示。

图 4-15 倒水服务

放茶杯动作不要过高（从下往上放），更不要从他人肩部和头上越过。

手指不能印在杯口上，不要不端茶杯直接倒水或把杯盖扣放桌上。

如发现宾客将杯子放在桌面或茶几上，工作服务人员询问是否斟换，记得使用托盘并将杯盖盖好。

如果普通玻璃杯续水，右手从距杯底约 1/3 处拿杯子，再添水。

【思考练习】

1. 会议筹备礼仪有哪些？
2. 会议流程礼仪包括哪些方面？
3. 与会人员礼仪规范包括哪些？
4. 座次安排有哪几种类型？

【实践训练】

实训内容：某省教育局准备召开该省大专院校教育改革工作会议，由该省一所大专院校出面承办此次会议，这所大专院校将如何做好此次教育改革会议的礼仪工作？

实训要求：分小组进行，每小组设计出详细方案，然后进行交流，教师点评。

模块 5　仪式礼仪

所谓洽谈，就是一连串的不断要求和一个又一个的妥协。

——佚名

一场成功的谈判，每一方都是胜者。

——佚名

善气迎人，亲如兄弟；恶气迎人，害于兵戈。

——管仲

本模块着重介绍谈判礼仪、签约礼仪和庆典礼仪。

任务5.1　谈判礼仪

【知识目标】

1．了解商务谈判的基本原则，了解商务谈判前的准备工作。

2．掌握商务谈判的相关礼仪要求。

【能力目标】

能够按照商务谈判礼仪的基本要求做好商务谈判工作，展现良好的职业能力。

【任务导入】

中国某企业与德国某公司洽谈某种产品的出口业务。按照礼节，中方提前十分钟到达会议室。德国客人到达后，中方人员全体起立，鼓掌欢迎。德方谈判人员男士个个西装革履，女士个个都身着职业装；反观中方人员，只有经理和翻译身穿西装，其他人员有穿夹克衫的，有穿牛仔服的，还有穿工作服的。现场德方人员脸上没有出现期待的笑容，反而显示出一丝的不快。更令人不解的是，预定一上午的谈判日程，半个小时内就草草结束，德方人员匆匆而去。

从中方人员提前十分钟来到会议室，可以看出中方还是比较重视这次谈判 的，并且在德方人员到达时全体起立、鼓掌欢迎，这些并没有问题。但实际上一 见面德方人员就不愉快，其原因在于中方代表的着装上，因中方代表着装混乱，在德方看来，中方不重视这次谈判，因此心生不快，匆匆结束谈判。

商务谈判礼仪一方面可以规范自己的行为，表现出良好的素质修养；另一方面可以更好地向对方表达尊敬、友好和友善，增进双方的信任和友谊。因此要求商务谈判人员应从自身的形象做起，在商务活动中给人留下良好的第一印象。

【知识链接】

商务谈判又称商务洽谈，是指买卖双方就共同感兴趣的问题或某笔交易进行磋商、协调、调整各自利益的过程。绝大多数正式的商务谈判本身就是按照一系列约定俗成的既定礼仪和程序所进行的庄重的会晤。在商务谈判中，正确的态度应当是既要讲谋略又要讲礼仪。

一、商务谈判的基本原则

商务谈判的基本原则就是要求谈判双方以礼待人，尊重别人，理解别人。在商务谈判中具体要遵循知己知彼原则、互惠互利原则、平等协商原则、求同存异原则、依法办事原则和礼敬对手原则。

二、商务谈判前的准备工作

谈判会能否成功，在于谈判前周密艰苦的准备工作。准备充分是谈判会成功的最重要因素。谈判会的准备主要包括技术性准备和礼仪性准备两方面内容。

（一）技术性准备

谈判者事先要充分地掌握有关各方的状况，目标明确，运用正确的谈判手法和谈判策略。技术性准备主要包括制定目标和方案、选择合适人员、收集大量而真实的资料、熟悉谈判程序。谈判者还应当学习谈判策略。

（二）礼仪性准备

如果担任东道主安排谈判，要恰如其分地运用礼仪，确定谈判的地点，布置好谈判的环境，排定谈判的座次，以此赢得对方的信赖，获得对方的理解和尊重。

1. 确定商务谈判的地点

谈判地点可分为主座谈判、客座谈判、主客座谈判以及第三地点谈判。

（1）主座谈判。所谓主座谈判，指的是在东道主单位所在地所举行的谈判。通常认为，此种谈判往往使东道主一方拥有较大的主动性。

（2）客座谈判。所谓客座谈判，指的是在谈判对象单位所在地所举行的谈判。一般来说，这种谈判显然会使谈判对象占尽地主之利。

（3）主客座谈判。所谓主客座谈判，指的是在谈判双方单位所在地所轮流举行的谈判。这种谈判，对谈判双方都比较公正。

（4）第三地谈判。所谓第三地谈判，指的是谈判在不属于谈判双方单位所在地的第三地点进行。这种谈判，较主客座谈判更为公平、更少干扰。

显而易见，上述四类谈判对谈判双方的利与弊往往不尽相同，因此各方均会主动争取有利于己方的选择。谈判会地点一经商定，就不能轻易改变。

2. 布置商务谈判的环境

要求谈判者在安排或准备谈判会时，应当布置好谈判的场所。会场的布置应趋向庄重、简约大方，并体现热情、诚挚的气氛，这将有利于谈判双方在融洽、温馨的氛围内展开话题、达成共识。

3. 安排商务谈判的座次

一些小规模的谈判会不必拘泥座次，一般正式谈判会都极重视座次的安排，这既是谈判者对规范的尊重，也是谈判者给予对手的礼遇。举行正式谈判时，有关各方在谈判现场具体就座的位次，要求是非常严格的，礼仪性也是很强的。从总体上讲，排列正式谈判的座次，可分为两种基本情况。

（1）双边谈判

双边谈判，指的是由两个方面的人士所举行的谈判。在一般性的谈判中，双边谈判最为多见。双边谈判的座次排列，主要有两种形式可供酌情选择。

①横桌式。横桌式座次排列，是指谈判桌在谈判室内横放，客方人员面门而坐，主方人员背门而坐。除双方主谈者居中就座外，双方的其他人士则应依其具体身份的高低，各

自先右后左、自高而低地分别在己方一侧就座。双方主谈者的右侧之位，在国内谈判中可坐副手，而在涉外谈判中则应由译员就座，如图 5-1 所示。

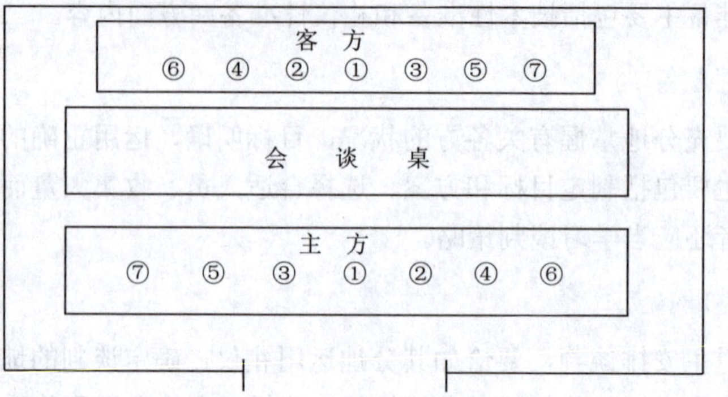

图 5-1 双边谈判——横桌式

②竖桌式。竖桌式座次排列，是指谈判桌在谈判室内竖放。具体排位时以进门时的方向为准，右侧由客方人士就座，左侧则由主方人士就座，如图 5-2 所示。在其他方面，则与横桌式排座相仿。

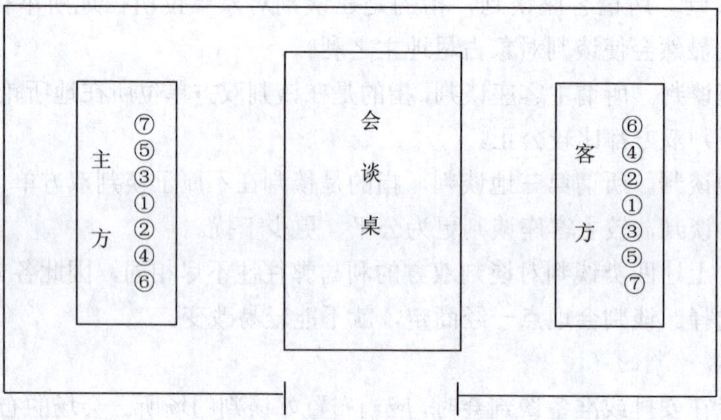

图 5-2 双边谈判——竖桌式

（2）多边谈判

多边谈判，在此是指由三方或三方以上人士所举行的谈判。多边谈判的座次排列主要分为三种形式。

①自由式。自由式座次排列，即各方人士在谈判时自由就座，而毋须事先正式安排座次。

②主席式。主席式座次排列，是指在谈判室内面向正门设置一个主席之位，由各方代表发言时使用。其他各方人士则一律背对正门、面对主席之位分别就座。各方代表发言后，亦须下台就座，如图 5-3 所示。

③“圆桌会议”式。按照国际惯例，举行多边谈判时，为了避免失礼，一般以圆桌为谈判桌来举行“圆桌会议”。这样一来，尊卑的界限就被淡化了，如图 5-4 所示。即便如此，

在具体就座时，依旧讲究有关各方的与会人员尽量同时入场，同时就座。至少主方人员不应在客方人员之前就座。

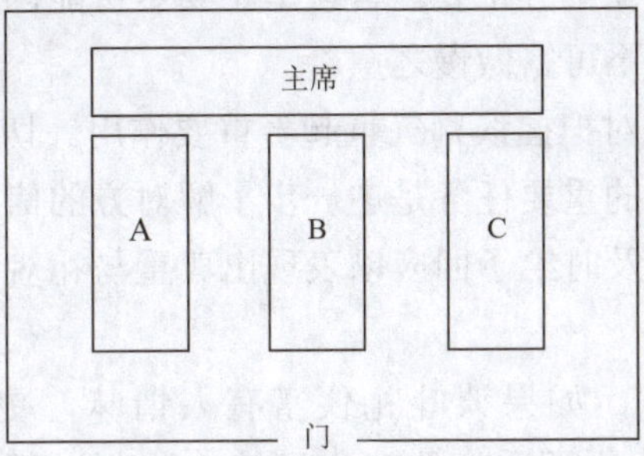

图 5-3 双边谈判——主席式

图 5-4 多边谈判——“圆桌会议”式

三、商务谈判的礼仪

商务谈判并不是你死我活的斗争，而是一种为合作而进行的准备。因此，高超的谈判者在谈判会的整个过程中，礼敬于人，时时、处处、事事表现出对对方的敬意，从而取得满意的谈判结果。

1. 着装礼仪

代表本公司与客户进行商务谈判，在仪表上务必要有严格的要求和统一的规定。总之，谈判人员仪表应该庄重大方，追求整体和谐。如果在谈判桌上穿着太随意，留给他人的第一印象就是不尊重自己、不尊重别人、不重视谈判，很难想像能取得良好的谈判效果。

2. 迎送礼仪

迎送礼仪也是商务谈判中的一项基本礼仪，要确定好迎送的规格，准确掌握来宾抵离的时间，做好接待工作。作为东道主，应在规定时间之前到达谈判地点，迎接对方。迎见地点可选在大楼门口，也可在谈判厅门口。见面后，主人应与谈判对方一一握手，请客人入座后才入座，也可同时入座。

3. 举止礼仪

谈判双方接触的第一印象十分重要。言谈举止要尽可能创造出友好、轻松的谈判气氛。做自我介绍时要自然大方，不可露傲慢之意。

谈判之初的动作、表情对把握谈判气氛起着重要作用。切忌双臂在胸前交叉，那样显得十分傲慢无礼。谈判之初的重要任务是进一步了解对方的信息，因此要认真听对方谈话，细心观察对方举止表情，并及时给予回应以表现出尊重与礼貌。

4. 谈吐礼仪

商务谈判离不开“谈”，如果谈吐礼仪富有人情味，更易使对方接受。谈判的主要任务包括查询、磋商、解决矛盾、处理冷场等。谈判过程中出现矛盾是在所难免的，在解决矛盾的过程中，对方回答问题时不宜随意打断，答完时要向解答者表示谢意，不可因发生矛盾就怒气冲冲，甚至进行人身攻击或侮辱对方，时刻注意发言措辞应文明礼貌。

【思考练习】

1. 商务谈判的基本原则有哪些？
2. 商务谈判的地点可做何安排？
3. 正式谈判时，谈判现场具体就座的位次排列可分为哪几种情况？
4. 案例：

一天下午，医药公司要与外地某企业举行会谈，会上欲就双方技术合作事项达成协议。业务部秘书小王做了大量前期准备工作。但在会议当天临近中午时，小王发现有关质量监督管理方面的资料没有准备。他急忙通过各种方式查找这类资料。资料终于找到了，可会谈也开始了，小王只好提心吊胆地等待会谈结果。

会谈开始后，双方就事先准备好的协议草案展开了充分的讨论。最后，外地企业代表提出质量监督管理方面的问题，因为这对于合作项目的成功起着重要的作用。然而，由于小王所在公司的代表手中缺乏此方面材料，无法给对方以满意的答复，会议没有做出任何决定，只得暂时休会。

思考：这次商务谈判为什么没有结果？小王及所在公司可做哪些补救的措施？

【实践训练】

1. 情景模拟实训：上海华宏商贸公司与长沙晨光造纸厂关于包装箱的合作洽谈。
2. 实训目的：通过情景模拟掌握商务谈判的基本礼仪技巧。
3. 训练分组：分小组进行，每小组 6 ～ 8 人，以小组为单位，分成甲方和乙方，进行一次模拟谈判。
4. 实训考核标准：针对谈判礼仪的各项内容进行自评分和小组考核评分，见表 5-1。

表 5-1　谈判礼仪考核评分表

考核项目	考核内容	分值	自评分	小组评分	实得分
座次安排	横式安排	15			
	竖式安排	15			
礼仪规范	仪容礼仪	10			
	服饰礼仪	10			
	言谈礼仪	10			
	举止礼仪（含问候、介绍、握手、递送名片等）	40			
	总分	100			

任务 5.2　签约礼仪

【知识目标】

了解签约的准备礼仪，掌握签约的程序礼仪。

【能力目标】

能按照签约礼仪的基本要求做好签约工作，展现良好的职业能力。

【任务导入】

通过长期洽谈，南方某市的一家公司终于同美国的一家跨国公司谈妥了一笔大生意。双方在达成合约之后，决定正式为此举行一次签字仪式。

因为当时双方的洽谈在我国举行，故此签字仪式便由中方负责。在仪式正式举行的那一天，让中方出乎意料的是美方差一点在正式签字之前“临场变卦”。

原来，中方的工作人员在签字桌上摆放中美两国国旗时，误以中国的传统做法“以左为上”代替了目前所通行的“以右为上”的国际惯例，将中方国旗摆到了签字桌的右侧，而将美方国旗摆到了签字桌的左侧。结果让美方人员恼火不已，他们甚至因此而拒绝进入签字厅。这场风波经过调解虽然平息了，但它却给了人们一个教训：在商务交往中，对于签约的礼仪不可不知。

【知识链接】

签约，即合同的签署。它在商务交往中，被视为一项标志着有关各方的相互关系取得了更大的进展，以及为消除彼此之间的误会或抵触而达成了一致性见解的重大的成果。因此，它极受商界人士的重视。签约仪式是双方经过会谈协商达成某项书面协议并签字、再互换正式文本的仪式。它是一件严肃而庄重的大事，礼仪规范较严格，气氛应庄重而热烈。

一、签约仪式的准备礼仪

在商务交往中，人们在签署合同之前，通常会竭力作好以下几项准备工作。

（一）预备待签文本

1. 文本定稿

会谈结束后，双方应指定专人负责合同的定稿、翻译、校对、印刷与装订等工作，主方负责待签文本。文本一旦签订即具有法律效力，因此对待文本的态度应严肃郑重，而且此文本是正式的、不能更改的。

2. 确定使用文字

签署涉外商务合同时，比照国际惯例，待签的合同文本应同时使用有关各方法定的官方语言，或是使用国际上通行的英文、法文。此外，亦可同时并用有关各方法定的官方语言与英文或法文。使用外文撰写合同时，应反复推敲、字斟句酌，不要望文生义或不解其义而乱用词汇。

3. 印制装订

待签文本应以精美的白纸印制而成，并按大八开的规格装订成册。并以仿皮、软木或其他高档质料作为封面。

（二）布置签约场所

签字场地可选择专用的，也可用会议厅或会客室来替代。举行签约仪式的场地大小应与参加签约仪式的人数、规格以及协议内容的重要程度相协调。布置的总原则要求庄重、整洁而安静。

1. 整体陈设

标准的签字厅应当室内满铺地毯，除了必要的签字用桌椅外，其他一切的陈设都不需要。正规的签字桌应为长桌，其上最好铺设深绿色的台呢。

2. 桌椅摆放

按照仪式礼仪的规范，签字桌应当横放于室内。其后可摆放适量的座椅。签署双边性合同时，可放置两张座椅，供签字人就座。签署多边性合同时，可以仅放一张座椅，供各方签字人签字时轮流就座，也可以为每位签字人各自提供一张座椅。签字人就座时，一般应当面对正门。

3. 签约桌摆设

在签字桌上，循例应事先安放好待签的合同文本以及签字笔、吸墨器等签字时所用的文具。与外商签署涉外商务合同时还需在签字桌上插放有关各方的国旗。插放国旗时，在其位置与顺序上，必须按照礼宾序列而行。例如，签署双边性涉外商务合同时，有关各方的国旗须插放在该方签字人座椅的正前方。

4. 其他布置

签约仪式的会标要求醒目。有时在签约仪式结束后还会举行小型酒会，举杯共庆会谈成功，工作人员应事先准备好香槟酒、酒杯等。

（三）安排签约座次

签约仪式中，各方代表对于礼遇均非常在意，因而商务人员对于在签约仪式上最能体现礼遇高低的座次问题应当认真对待。

签约时各方代表的座次，是由主方代为先期排定的。合乎礼仪的做法是：在签署双边性合同时，应请客方签字人在签字桌右侧就座，主方签字人则应同时就座于签字桌左侧。原则上，双方随员人数应大体上相近。

一般而言，举行签约仪式时，座次排列的具体方式共有三种基本形式：并列式、相对式、主席式，它们分别适用于不同的具体情况。

1. 并列式

并列式座次安排是举行双边签字仪式时最常见的形式。它的基本做法是：签字桌在室内面门横放。双方出席仪式的全体人员在签字桌之后并排排列，双方签字人员居中面门而坐，客方居右，主方居左，如图 5-5 所示。

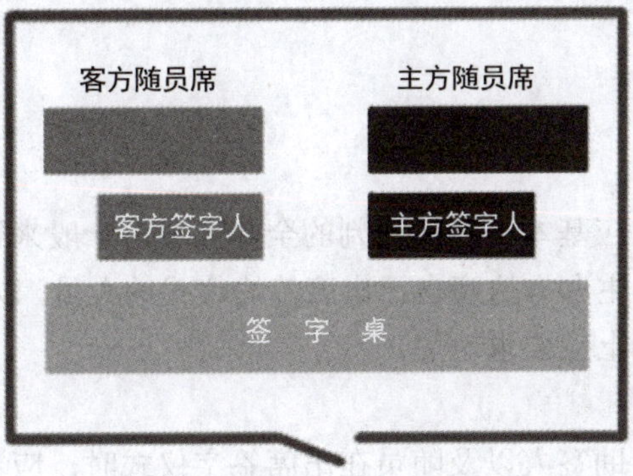

图 5-5　签约座次——并列式

2. 相对式

相对式座次安排与并列式签约仪式的座次基本相同。二者之间的主要差别只是相对式排座将双边签字仪式的随员席移至签字人的对面，如图 5-6 所示。

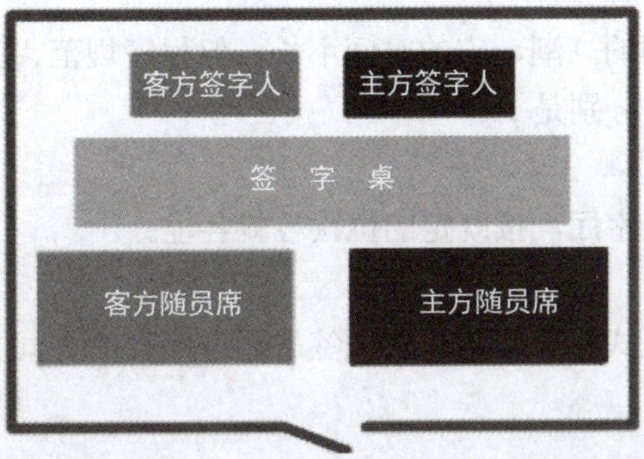

图 5-6　签约座次——相对式

3. 主席式

主席式座次安排主要适用于多边签约仪式。其操作特点是：签字桌仍须在室内横放，签字者座椅仍须设在桌后面对正门，但只设一个，并且不固定其就座者。举行仪式时，所有各方人员，包括签字人在内，皆应背对正门、面向签字席就座。签字时，各方签字人应以规定的先后顺序依次走上签字席就座签字，然后即应退回原处就座，如图 5-7 所示。

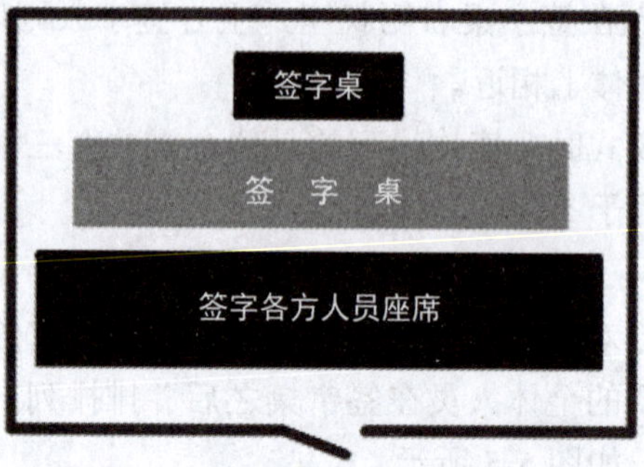

图 5-7 签约座次——主席式

（四）规范签约人员

1. 签约人员确定

出席签字仪式的人员应基本是参加谈判的全体人员。一般来说，双方参加洽谈的人员均应在场。客方应提前与主办方协商自己出席签约仪式的人员，以便主办方做相应的安排。具体签字人在地位和级别上应要求对等。

2. 签约人员服饰要求

按照规定，签约人、助签人以及随员在出席签字仪式时，应穿着具有礼服性质的深色西装套装、中山装套装或西装套裙，并且配以白色衬衫与深色皮鞋。男士还必须系上单色领带，以示正规。

在签约仪式上服务的礼仪人员、接待人员，可以穿自己的工作制服，或是旗袍一类的礼仪服饰。

二、签约仪式的程序礼仪

签字仪式是签署合同的高潮，它的时间不长，但程序规范、庄重而热烈。签字仪式的正式程序一共分为六项，分别是：

1. 签字仪式开始

有关各方人员进入签字厅，按既定的位次各就各位。

2. 签字人签署文本

签字人采用轮换制正式签署文本，首先签署己方保存的合同文本，再接着签署他方保存的合同文本。

3. 交换合同文本

签字人正式交换有关各方已经正式签署的合同文本。此时，各方签字人应热烈握手、互致祝贺，并相互交换各自一方刚才使用过的签字笔，以示纪念。全场人员应鼓掌表示祝贺。

4. 共同举杯庆贺

交换已签的合同文本后，有关人员尤其是签字人，当场干上一杯香槟酒是国际上通行的用以增添喜庆色彩的做法。

5. 拍摄合影留念

有的签字仪式允许从头至尾的拍照而不受限制，但有的只允许拍摄其中某一场面。不论哪种要求，在会见外宾时如安排中外双方人员合影留念，一般应请双方人员列成一行，客方人员按其身份自左至右居于右侧，主方人员按其身份自右至左居于左侧。如一行站不开时，可参照前高后低的规则，排成两行或三行。

6. 按照秩序退场

先请双方最高领导者和客方先退场，然后东道主再退场。整个签约仪式以半个小时为宜。

【思考练习】

1．签约的准备工作有哪些？

2．签约的程序有哪些？

3．案例：

李易最近代表公司谈成了一笔大生意，心情十分不错。虽然双方还没有签约，但李易认为已经不存在什么问题了，因为在谈判桌上对方的代表已经亲口承诺了，所以对于即将到来的签约仪式他也没有做什么准备。举行签约仪式这天，对方的签字代表西装革履、精神抖擞地步入签字厅，而李易却随便地穿了一件休闲服，还带着昨日整夜狂欢而留下的满脸倦容走进了签字厅。对方看到他的样子微微皱了皱眉头，脸上露出不满的神情。签约仪式马上开始了，李易和助手却突然发现他们的待签文本找不到了。助手急得满头大汗，李易却毫不在乎地说："有什么大不了的，告诉对方代表等我们找到待签文本之后再签字吧！"对方代表听到李易这种不负责任的话后，再也按捺不住心头的怒火，径直走到李易面前说："我看你们也不用再找什么待签文本了，这次的签约仪式就此取消吧，我们所谈的那桩生意也就此作罢吧！"说完，对方代表就推开门走了出去，留下李易及身后的助手目瞪口呆地站在那里……

思考：分析一下李易的失礼之处。

【实践训练】

1．情景模拟实训：上海光大集团与日本松下公司签约仪式。

2．实训目的：通过情景模拟掌握签约的基本礼仪技巧。

3．训练分组：分小组进行，每小组 6 ～ 8 人，以小组为单位，分成甲方和乙方，进行一次模拟签约仪式。

4．实训考核标准：针对签约礼仪的各项内容进行自评分和小组考核评分，见表 5-2。

表 5-2 签约礼仪考核评分表

考核项目	考核内容	分值	自评分	小组评分	实得分
座次安排	并列式	10			
	相对式	10			
	主席式	10			
礼仪规范	待签文本准备	10			
	仪容礼仪	10			
	服饰礼仪	10			
	言谈礼仪	10			
	举止礼仪（含问候、介绍、握手、递送名片等）	30			
总 分		100			

任务 5.3　庆典礼仪

【知识目标】

1. 了解庆典活动的类型，掌握庆典活动的组织原则，掌握庆典活动的组织策划。
2. 了解庆典活动的接待礼仪，掌握参加庆典活动的礼仪规范。

【能力目标】

能按照庆典礼仪的基本要求做好庆典工作，展现良好的职业能力。

【任务导入】

袁华今天特别兴奋，因为他和几个朋友共同投资建成的一个大型商场马上就要开业了。为了今天的这个开业典礼，他可谓是煞费苦心。他先将开业典礼选在周末，因为这天观看的人会比较多，又借助自己的社会关系邀请了几个社会名流和有关领导来参加开业典礼，还邀请一些新闻人士，这样一来这次开业典礼的影响就会更大了。

忙完这些，袁华就赶紧指挥公司的员工布置典礼现场，并告诉他们一定要坚持热闹、喜庆的原则。员工们遵从他的指示在典礼现场悬挂了很多彩带，还别出心裁地挂了很多宫灯，使现场颇有隆重、热烈的气氛。

典礼开始之后，围观的群众比较多，为了不使现象混乱，袁华一边让工作人员维持秩序，一边派人接待那些来宾。典礼结束后，他向来宾一一道别并致谢，还送给每位来宾一个精巧的纪念品。

送走来宾，袁华立刻安排工作人员在商场门口站立，迎接第一批顾客，并向他们发放了一些糖果、巧克力、玩具和其他一些纪念品。这些细节以及典礼的隆重、热闹令顾客们接踵而来。毫无疑问，这次开业典礼举办得非常成功。有了这个良好的开始，后来顾客经常光顾这家商场，商场的营业额也因此居高不下。

【知识链接】

庆典活动是围绕重大事件或重大节日而举行的庆祝活动仪式。庆典活动的目的是为了激发某种感情、鼓舞斗志、宣传教育、扩大知名度和影响、树立良好的公众形象。庆典活动必须符合礼仪规范才能收到预期效果。

一、庆典活动的类型

庆典活动的种类很多。有为了纪念某一节日、纪念日而举行的，有为了庆祝某一成就、获得某一荣誉而举行的，有为了庆祝组织机构的成立而举行的，更多的是为一个工程、项目的动工、竣工、开业、结业而举行的。庆典活动一般是举行典礼或仪式。常见的庆典活动有：节庆典礼、庆功典礼、开业典礼、奠基典礼、竣工典礼、通车典礼、通航典礼等。

二、庆典活动的组织原则

庆典活动的策划组织要注意以下问题：

1. 适时

庆典活动有一个适时举行的问题。如企业庆典活动通常要把企业时机、市场时机结合起来考虑，使庆典活动与市场时机相契合。有些典礼的时间是固定的，如节日、纪念日，这些庆典一般只能提前，不能推后。有些庆典则要选择时机，如开业、竣工等，除了要筹备好以外，还要考虑有关领导能否出席、气候及前后节庆情况等因素。

2. 适度

庆典活动是一种礼仪性活动。我国有关方面专门作出规定，要严格控制，认真执行申报制度。同时要有精品意识，典礼过多、过滥会影响庆典活动的质量和效果。典礼的规模、形式还要和单位、项目情况大体相符，工程不大却弄一个特大规模的庆典，只会成为笑柄。

3. 隆重

典礼是一种热烈庄重的仪式，需要一定的隆重程度。这样既可以鼓舞人心，又可以扩大影响。在现场布置、形式选择、程序安排等环节下功夫，努力营造隆重热烈的气氛。同时还要力求有创意，一般化的庆典活动无法给人留下深刻印象，不可能取得预期的效果。

4. 节俭

庆典活动既要隆重热烈，又要简朴务实。在规模、规格上要严格控制，邀请人员的级别、数目要适当，不能一味追求“高、大、全”。在项目、程序上尽量从简，可以省去的一些环节就应当坚决省去。

三、庆典活动的组织策划

庆典活动要取得成功并收到预期效果，必须对庆典活动进行认真的策划和严密的组织。以下环节是需要加以重视的：

1. 制定庆典活动方案

每一个庆典活动必须制定一个活动方案，包括典礼的名称、规格规模、邀请范围、时间地点、典礼形式、基本程序、主持人、筹备工作、经费安排等。庆典活动要执行国家有关规定，重大庆典活动一般要报上一级机关审批，如县一级举办重大庆典活动，要报市委、市政府审批并报省委、省府办公厅备案。其他庆典活动要经有关领导审批。

2. 成立筹备组确定庆典的形式

庆典一经决定举行，应马上成立对此全权负责的筹备组。成员通常应当由各方面的有关人士组成，他们应当是能办事、会办事、办实事的人。庆典的形式多种多样，可以根据庆典的原由、目的选用正规的大会、宴会、招待会、舞会等形式。不管哪种形式的庆典活动都要体现出庆典的特色。

3. 安排庆典活动程序

庆典既然是庆祝活动的一种形式，应当以庆祝为中心，把每一项具体活动都尽可能组织得热烈、欢快而隆重。不论是举行庆典的具体场合、庆典进行过程中的某个具体场面，还是全体出席者的情绪、表现，都要营造出红火、热闹、欢愉、喜悦的气氛。合理安排庆典程序，一般包括：重要来宾留言、题字；主持人宣布活动开始，奏国歌或奏乐，介绍重要来宾；领导人致词和来宾代表讲话；剪彩、参观活动等。有时还安排座谈、宴请、文艺节目等活动。

4. 确定参加活动的对象

庆典活动影响的大小，实际上往往取决于来宾身份的高低及其数量的多少。在力所能及的条件下，要力争多邀请一些来宾参加开业仪式。应邀人员一般是各界代表、与活动主题相关的有关人士。地方领导、上级主管部门与地方职能管理部门的领导、合作单位与同行单位的领导、社会团体的负责人、社会贤达、媒体人员等都是邀请时应予优先考虑的重点。为慎重起见，用以邀请来宾的请柬应认真书写，并应装入精美的信封，由专人提前送达对方手中，以便对方早做安排，也便于自己准确掌握来宾的情况。

5. 选择有力的舆论宣传

要做好舆论宣传工作。既然举办庆典活动的主旨在于塑造本单位的良好形象，那么就要进行必不可少的舆论宣传，以吸引社会各界对自己的注意，争取社会公众对自己的认可或接受。为此要做的常规工作有：一是选择有效的大众传播媒介，进行集中性的广告宣传，其内容多为庆典活动举行的日期、地点，庆典之际对顾客的优惠等；二是邀请有关的大众传播界人士在庆典活动举行之时到场进行采访、报道，以便对单位进行进一步的正面宣传。

6. 布置庆典活动现场

举行庆祝仪式的现场是庆典活动的中心地点。对它的安排、布置是否恰如其分，往往会直接地影响到庆典留给全体出席者的印象。应根据庆典内容确定庆典现场的布置，一般包括音响、音像设备，会场、舞台或现场的横幅、标语、彩旗、鲜花、气球等的设置。需要剪彩的，还要准备缎带、剪刀、手套、托盘。依据仪式礼仪的有关规范，布置举行庆典的现场时需要通盘思考的主要问题有：

（1）选择地点。在选择具体地点时，应结合庆典的规模、影响力以及本单位的实际情况来决定。本单位的礼堂、会议厅，本单位内部或门前的广场，外借的大厅等，均可选择。场地的大小应同出席者人数的多少相适应。

（2）美化环境。为了烘托出热烈、隆重、喜庆的气氛，可在现场张灯结彩，悬挂彩灯、彩带，张贴一些宣传标语，并且张挂标明庆典具体内容的大型横幅。届时还可以请乐队、锣鼓队演奏音乐或敲锣打鼓，烘托气氛。但是这类活动应当要适度，不要热闹过了头成为胡闹，或者“喧宾夺主”。

（3）场地的大小。在选择举行庆祝仪式的现场时，应当牢记并非愈大愈好。从理论上讲，现场的大小应与出席者人数的多少成正比。也就是说场地的大小应同出席者人数的多少相适应。

（4）音响的准备。在举行庆典之前务必要把音响准备好。尤其是供来宾们讲话时使用的麦克风和传声设备，绝不允许在关键时刻临阵“罢工”，让主持人手忙脚乱、大出洋相。在庆典举行前后，播放一些喜庆、欢快的乐曲，只要不抢占“主角”的位置，通常是可以的。但是对于播放的乐曲，应前期进行审查。

7. 精心安排来宾的接待工作

庆典的接待小组，原则上应由年轻、精干、身材与形象较好、口头表达能力和应变能力较强的男女青年组成。重要来宾的接待要由有关负责人亲自完成，要安排专门的接待室，以便在庆典正式开始前让来宾休息、交谈，要有专人引导入场、签到、留言、剪彩等。

8. 选择合适的馈赠礼品

举行庆典活动时赠予来宾的礼品，一般属于宣传性传播媒介的范畴之内。根据常规，向来宾赠送的礼品应具有如下三大特征：其一是宣传性。可选用本单位的产品，也可在礼品及其外包装上印上本单位的企业标志、广告用语、产品图案、开业日期等。其二是荣誉性。要使之具有一定的纪念意义，并且使拥有者对其珍惜、重视，并为之感到光荣和自豪。其三是独特性。它应当与众不同，具有本单位的鲜明特色，使人一目了然，并且令人过目不忘。

9. 精心拟定好庆典的具体程序

一次庆典举行的成功与否与其具体的程序不无关系。庆典礼仪规定，拟定庆典的程序时，有两条原则必须坚持。第一，时间宜短不宜长。以一个小时为其极限。这既是为了确保其效果良好，也是为了尊重全体出席者，尤其是为了尊重来宾。第二，程序宜少不宜多。程序过多不仅会加长时间，而且还会分散出席者的注意力，并会给人以庆典内容过于凌乱之感。

10. 做好后勤保障和安全保卫工作

要做好庆典活动的后勤保障工作，包括茶水供应、纪念品发放、现场秩序维护和安全保卫工作。

四、庆典活动的接待礼仪

与一般商务交往中来宾的接待相比，对出席庆典仪式的来宾的接待更应突出礼仪性的特点。不但应当热心细致地照顾好全体来宾，而且还应当通过主方的接待工作，使来宾感受到主人真挚的尊重与敬意，并且想方设法使每位来宾都能心情舒畅。

接待小组成员的具体工作有以下几项：

（1）来宾的迎送。在举行庆典仪式的现场迎接或送别来宾。

（2）来宾的引导。由专人负责为来宾带路，将其送到既定的地点。

（3）来宾的陪同。对于某些年事已高或非常重要的来宾，应安排专人陪同始终，以便关心与照顾。

（4）来宾的接待。应指派专人为来宾送饮料、上点心以及提供其他方面的关照。

五、参加庆典活动礼仪规范

按照仪式礼仪的规范，作为东道主在出席庆典时，应当严格注意的问题涉有以下七点：

1. 仪容要整洁

出席本单位庆典的人员，事先都要洗澡、理发，男士还应刮光胡须。无论如何，都不允许本单位的人员蓬头垢面、胡子拉碴、浑身臭汗，有意无意去给本单位的形象“抹黑”。

2. 服饰要规范

有统一制服式样的单位，应要求以制服作为本单位人士的庆典着装。无制服的单位，应规定届时出席庆典的本单位人员必须穿着礼仪性服装。

3. 时间要遵守

遵守时间。上到本单位的最高负责人，下到级别最低的员工，都不得姗姗来迟、无故缺席或中途退场。如果庆典的起止时间已有规定，则应当准时开始、准时结束。要向社会证明本单位言而有信。

4. 表情要庄重

在举行庆典的整个过程中，员工都要表情庄重、全神贯注、聚精会神。在起立或坐下时把座椅搞得乱响、一边脱帽一边梳头，或是在此期间走动和找人交头接耳，都应被视为是损害本单位形象的极其严重的事件。

5. 态度要友好

主要是对来宾态度要友好。遇到来宾要主动热情地问好。对来宾提出的问题，都要立即予以友善的答复。不要围观来宾、指点来宾，更不可对来宾持有敌意。不论来宾在台上台下说了什么话，主方人员都应当保持克制，不要吹口哨、“鼓倒掌”、敲打桌椅、胡乱起哄。不允许打断来宾的讲话、向其提出挑衅性质疑、与其进行大辩论或是对其进行人身攻击。

6. 行为要自律

既然参加了本单位的庆典，主方人员就有义务以自己的实际行动来确保它的顺利与成功。在出席庆典时，主方人员在举止行为方面应当注意的问题有：不能“想来就来，想走就走”；不要在庆典举行期间到处乱走、乱转；不要让来宾觉得自己心不在焉。

7. 发言要简短

在本单位的庆典中发言，须谨记以下四个重要的问题。一是上下场时要沉着冷静。在开口讲话前应平心静气。二是要讲究礼貌。在发言开始时，勿忘说一句“大家好”或“各位好”。在提及感谢对象时，应目视对方。在表示感谢时，应郑重地欠身施礼。在讲话末了，应当说一声“谢谢大家”。三是发言一定要在规定的时间内结束，而且宁短勿长，不要随意发挥、信口开河。四是应当少做手势。在发言时坚决不用含义不明的手势。

外商人员在参加庆典时，同样有必要“既来之，则安之”，以自己上佳的临场表现来表达对主人的敬意与对庆典本身的重视。倘若在此时此刻表现欠佳，是对主人的一大伤害。所以宁肯坚辞不去，也绝不可去而失礼。

外单位的人员在参加庆典时，若是以本单位代表的身份而来而不仅仅代表自己的话，更是特别要注意自己的临场表现，丝毫不可对自己的所作所为自由放纵。

【拓展阅读】

剪彩由来

剪彩的由来有两种说法：

一种说法是：剪彩起源于西欧。

在古代，西欧造船业比较发达，新船下水往往吸引成千上万的观众。为了防止人群拥向新船而发生意外事故，主持人在新船下水前，在离船体较远的地方，用绳索设置一道“防线”。等新船下水典礼就绪后，主持人就剪断绳索让观众参观。后来绳索改为彩带，人们就给它起了“剪彩”的名称。

另一种说法是：剪彩起源于美国。

1912年，在美国的一个乡间小镇上，有家商店的商主慧眼独具，从一次偶然发生的事故中得到启迪，以它为模式开一代风气之先，为商家创立了一种崭新的庆贺仪式——剪彩仪式。

当时，这家商店即将开业，店主为了阻止闻讯之后蜂拥而至的顾客在正式营业前耐不住性子、争先恐后地闯入店内，将用以优惠顾客的便宜货争购一空，而使守时而来的人们得不到公平的待遇，便随便找来一条布带子拴在门框上。谁曾料到这项临时性的措施竟然更加激发了挤在店门之外的人们的好奇心，促使他们更想早一点儿进入店内，对行将出售的商品先睹为快。

事也凑巧，正当店门之外的人们的好奇心上升到极点、显得有些迫不及待的时候，店主的小女儿牵着一条小狗突然从店里跑了出来，那条“不谙世事”的可爱的小狗若无其事地将拴在店门上的布带子碰落在地。店外不明真相的人们误以为这是该店为了开张志喜所搞的“新把戏”，于是立即一拥而入，大肆抢购。让店主转怒为喜的是，他的这家小店在开业之日的生意居然红火得令人难以想象。

向来有些迷信的他便追根溯源地对此进行了一番“反思”，最后他认定，自己的好运气全是由那条被小狗碰落在地的布带子所带来的。因此，此后在他旗下的几家“连锁店”陆续开业时，他便将错就错地如法加以炮制。久而久之，他的小女儿和小狗无意之中的“发明创造”经过他和后人不断地“提炼升华”，逐渐成为一整套的仪式。它先是在全美、后是在全世界广为流传开来。在流传的过程中，这种仪式也被人们赋予了一个极其形像且美妙的名字——剪彩。沿袭下来就成了今天盛行的“剪彩”仪式。

【思考练习】

1．庆典活动包括哪些类型？

2．庆典活动组织的原则有哪些？

3．庆典活动的接待礼仪包括哪些？

4．参加庆典活动礼仪规范有哪些？

5．案例：

某酒店为庆祝开业，在酒店门口举行隆重而盛大的开业典礼。邀请了全市的重要领导及知名人士前来，同时还预备了电视台对现场进行记录和报道。典礼开始时，主持人在热情洋溢的祝辞时，麦克风却不断地尖叫，令现场人员直捂耳朵。主持人还没有讲完，话筒就突然从支架上掉到地上摔坏了。等换好话筒，天又下起了大雨，只好中途暂停。后将活动移到酒店大厅进行，刚准备就绪，又突然停电，整个现场一片混乱。

思考：根据以上案例分析一下商务庆典活动的组织策划要注意哪些方面。

【实践训练】

1．实训内容：庆典礼仪训练。

2．实训目的：通过参加实训让学生了解庆典筹备工作内容和参加庆典的礼仪运用。

3．实训前期工作：班级课余组织观摩相关的庆典活动。

4. 实训分组：分小组进行，每小组6～8人，以小组为单位，通过各种途径收集相关资料，做成PPT，策划一次庆典活动。小组上台展示本组的庆典方案，其他组点评。

5．实训考核标准：针对庆典礼仪的各项内容进行自评分和小组考核评分，见表5-3。

表5-3　庆典礼仪考核评分表

考核项目	考核内容	分值	自评分	小组评分	实得分
知识点	知识点掌握程度	20			
资料收集	资料收集质量	20			
团队合作	合作意识	20			
PPT制作	PPT内容	10			
	PPT效果	10			
讲解效果	讲解表现	20			
	总分	100			

模块 6 服务礼仪

诚者，天之道也；思诚者，人之道也。

——孟子

有一种内在的礼貌，它是同爱联系在一起的。它会在行为的外表上产生出最令人愉快的礼貌。

——歌德

怀着善意的人，是不难于表达他对人的礼貌的。

——卢梭

本模块着重介绍酒店服务礼仪、导游服务礼仪和销售服务礼仪。

任务 6.1 酒店服务礼仪

【知识目标】

1. 了解酒店服务人员服务礼仪的主要内容。
2. 了解前厅服务人员的素质要求、服务礼仪内容和标准。
3. 了解客房服务人员的素质要求、服务礼仪内容和标准。
4. 了解餐饮服务人员的素质要求、服务礼仪内容和标准。

【能力目标】

掌握酒店服务人员礼貌服务的主要内容，掌握前厅、客房、餐饮服务人员的素质要求和礼仪内容及标准。

【任务导入】

正是中午时分，在一家涉外宾馆的中餐厅里，用餐的客人很多，服务小姐忙碌地在餐台与餐台间穿梭着。

有一桌的客人中有好几位外宾，其中一位外宾在用完餐后，顺手将自己用过的一双精美的景泰蓝食筷放入了随身携带的皮包里。服务小姐在一旁将此情此景都看在眼里，她不动声色地转入后堂，不一会儿，她捧出一只绣有精致花案的绸面小匣，走到这位外宾身边说："先生，您好。我们发现您在用餐时，对我国传统的工艺品——景泰蓝食筷表现出极大的兴趣，简直爱不释手。为了表达我们对您如此欣赏中国工艺品的感谢，餐厅经理决定将您用过的这双景泰蓝食筷赠送给您，这是与之配套的锦盒，请笑纳。"

这位外宾见此状、听此言，自然明白自己刚才的举动已被服务小姐尽收眼底，颇为惭愧。只好解释说，自己喝多了一点，无意识间误将食筷放入了包中。感激之余，更执意表示希望能出钱购下这双景泰蓝食筷，作为此行的纪念。餐厅经理亦顺水推舟，按最优惠的价格记入了主人的账单。

聪明的服务小姐既没有让餐厅受损，也没有令客人难堪，完满地解决了问题，并收到了良好的交际效果。

【知识链接】

一、酒店服务人员服务礼仪的主要内容

服务质量是酒店的生命，要提高服务质量，不仅要主动、热情地向客人提供服务，而且要提供无微不至的暖心化的周到服务，这三者相辅相成，缺一不可。

1. 主动服务

所谓主动服务，就是要服务在宾客开口之前。

2. 热情服务

所谓热情服务，是指服务人员出于对自己从事的职业有肯定的认识，发自内心地、满腔热情地向客人提供良好的服务。表现为精神饱满、热情好客、动作迅速、满面春风。

3. 周到服务

周到服务是指在服务内容和项目上想得细致入微，处处方便客人、体贴客人，千方百计帮助客人排忧解难。周到服务还体现在不但能做好共性规范服务，还能做好个性服务。

二、前厅服务礼仪

前厅是指进入酒店大门后到酒店客房、餐厅之前的公共区域，是每一位宾客抵离酒店的必经之地。前厅部的机构包括预订中心、接待收银处、宾客服务部、礼宾部、商务中心、车队。业务范围通常包括登记、接待、订房、分房、换房、问讯、电话、订票、留言、行李、退房、接机等各项服务。

前厅部是酒店经营服务重要的组成部门，是酒店的“形象窗口”和“神经中枢”。其服务质量直接关系到整个酒店的经济效益，因此，对前厅服务人员的素质和礼貌礼仪服务应有较高的要求。

1. 前厅前台基础服务礼仪

前厅前台基础服务礼仪见表 6-1。

表 6-1　前厅前台基础服务礼仪

项目内容		服务礼仪内容
前厅基础服务礼仪	门厅迎送服务礼仪	①热情问候：鞠躬、称呼、问候； ②规范接车：护顶服务、细心、开门的顺序； ③撑伞迎接； ④扶助老、弱、病、残； ⑤帮助提携行李（先征求意见）； ⑥主动帮助客人招呼车辆； ⑦热情送客：鞠躬、道别
	行李服务礼仪	①问候； ②提携行李； ③耐心等候客人办理入店手续：在客人身后 1 米处看好行李； ④引领客人：在客人左斜前方 1.5 米； ⑤电梯服务：先进后出（没有电梯服务员）； ⑥规范开门：先敲门，再用钥匙开门； ⑦请客人进门； ⑧规范放行李：重的物品放下面、箱子的把手向外； ⑨认真介绍客房设备设施：根据客人的具体情况灵活处理； ⑩告别客人离开客房：先问客人有何吩咐、先退一步、问客人是否可以关门
前台接待服务礼仪	接待服务礼仪	①热情问候； ②主动提供服务； ③实事求是地耐心介绍客房； ④礼貌验查证件； ⑤礼貌递送单据、证件； ⑥礼貌递送钥匙； ⑦祝客人住店愉快

续表

项目内容		服务礼仪内容
前台接待服务礼仪	预订服务礼仪	①热情接待； ②耐心了解客人的情况； ③耐心介绍客房类型、设备设施、价格； ④客房满员要向客人表示歉意； ⑤帮助客人填写订房单； ⑥电话预订要礼貌接听、认真记录； ⑦遵守预订承诺
	问讯服务礼仪	①主动迎接问好； ②耐心回答问题； ③用词准确； ④竭尽全力； ⑤不能答复客人时要表示歉意

2. 大堂副理服务礼仪

大堂副理也称“大堂值班经理”，是酒店与客人之间密切联系的纽带。其工作包括：协调酒店各部门的工作，代表酒店处理日常发生的事件，帮助客人排忧解难，并监督问题的处理。大堂副理对客服务常用礼仪有：问候礼仪、应答礼仪、致谢礼仪、电话礼仪、拜访客人礼仪、婉拒客人礼仪、客人乘电梯服务礼仪、引导服务礼仪。

大堂副理每天要为客人解决问题，客人的要求有的是合理的，有的是不合理的。不合理的非正当的要求是不能给予满足的，婉拒客人的方式对大堂副理来说显得格外重要。酒店其他岗位的工作人员遭到同类需要婉拒客人时，可参照下列规范和操作标准执行。

客人的要求有一定的合理性，但受到种种条件的制约无法满足时，应当向客人表示同情，然后委婉拒绝：“您提的要求是可以理解的，让我们想想办法，一定尽力而为。”

客人提出的要求不合理时，必须沉得住气，应避免态度生硬、说话难听。在原则性、敏感性问题上，态度应当明确，不能违反酒店的管理规定。应当表现得有修养，体现风度而不失礼。可以这样说：“非常抱歉，我们只允许这样做。”

可用温和曲折的方式表达拒绝之意，这比直接拒绝更容易让客人接受。比如，可以用主动提问的方式引导客人自我否定，借客人的口达到拒绝的目的。可以这样说“……您说这样做对吗？”借他人之口说出“不”比直接拒绝更容易让客人接受，也不失客人的面子。

三、客房服务礼仪

客房是酒店经营服务产品中的重要组成部分，它为宾客提供每天 24 小时的服务，客房是宾客最温暖的第二个家。酒店客房服务包括：迎送服务、接待贵宾、客房小酒吧服务、送餐服务、洗衣服务、访问接待服务、擦鞋服务等其他服务。

1. 客房服务礼仪原则

（1）在客房服务上坚持“三轻”“八字”“五声”原则。

“三轻”原则：说话轻、走路轻、动作轻。

“八字”原则：迎、问、勤、洁、灵、静、听、送。

“五声”原则：欢迎声、告别声、致谢声、道歉声、慰问声。

（2）客房迎宾礼仪应规范化。

①接到通知，客房人员应该在电梯口（或楼梯口）恭迎宾客的到来。

②客房人员注意自身的仪容、仪表、仪态。

③问候宾客，表示欢迎。

④引领宾客到房间，客房人员走在前方一至二步远。

⑤敲门三下，然后打开，立于门后，请宾客进入。

⑥告别客人，要道别。

2. 客房接待服务礼仪

（1）迎客准备工作

楼层服务台接到前台开房通知单后，当班人员要做到“七知”“四了解”。

①七知：知道客人到店的时间，知道客人国籍和身份、人数和团体名称，知道客人生活标准和付费方法，知道其接待单位。

②四了解：了解客人的意见和要求，了解客人的风俗习惯和生活特点，了解客人的活动日期，了解客人退房、离店的时间。

（2）迎宾迎接工作

①接待客人时，温柔的话语和笑脸可以使宾客忘掉旅途的劳顿，产生“宾至如归”之感。

②对客人手中的行李物品（没有行李员的酒店）要主动帮助提携，但要察言观色，不要硬性地坚持把宾客手中的东西拿过来。

③如果是重要客人，在宾客进入客房后，要随即送上茶水和毛巾，形成“客到、微笑到、茶到、香巾到、敬语到”的入门系列配套服务。

④待客人坐下休息后，要根据不同客人的具体情况介绍房间设施及使用方法，介绍酒店及其各种设施。介绍要热情、及时、详细。

⑤在问清宾客没有其他要求后，应立即退出客房，不可无事逗留，以免影响宾客休息。走时说上一句“有事请吩咐”，或“如有需要，请打 ×× 号分机，我随时恭候”。退出房间时，应先后退一二步，再转身走出，同时把门轻轻拉上。

（3）住客的日常服务与礼仪

①以高度的警惕性确保住客生命和财产的安全。有关住客的姓名、身份、携带的物品等不得告诉他人，尤其对重点客人的房号不可随意泄露，以防意外。在客人不在或没有亲自打招呼、留下亲笔书面指示的情况下，即使是客人的亲属、朋友或熟人，也不能让其拿走客人的行李和物品。

②会客服务：宾客接待来访者，要及时根据宾客的要求，备足茶水。

③叫醒服务：客人提出叫醒要求，一定要记录客人姓名、房号和叫醒时间，并切记实施。

④洗衣服务：住客要求洗衣时，要做到“五清一主动”：房号要记清、要求要写清、口袋要掏清、件数要点清、衣料破损污渍要看清，主动送客衣到房间。

⑤送客服务：宾客离店前，应主动征求客人意见，以便不断改进服务工作。送别客人时，应主动协助行李员提送客人的行李物品。客人离开房间后，应仔细检查。

⑥要有自我保护意识：对客人既要彬彬有礼、热情主动，又要保持一定的距离。被客人唤进客房，要让门大开，对客人关门要保持警惕。客人邀请坐下，要婉言谢绝，更不要坐在床上。尽量找借口拒绝客人邀请外出。下班后不得到客人房间串门。

（4）客房清洁和维修服务礼仪

①时机选择：应选择在客人外出时。

②住房的整理：敲门的规范动作是用右手的中指和食指关节轻轻敲门三下，若无回应，过五秒钟再敲三下；第二次敲后仍无回应，便可开门进房。但若敲门后听到房间内有客人的问话声，应立即报上自己的身份。进入房间后应说明来意，征得客人同意后方能搞卫生。打扫房间卫生时，要一直开着房门。

当房门上挂着“请勿打扰”的牌子时，尽量不要敲门，更不得擅自闯入。

在客房内工作，将客人的文件、杂志、书报稍加整理，打扫后放回原处，不得弄错位置，更不得擅自翻动宾客的物品，也不得向客人索取任何物品。

除扔在垃圾桶里的东西外，即使放在地上的东西也只能替客人做简单的整理，千万不能自行处理。女性的化妆品即使用完了，也不得将空瓶、纸盒扔掉。

在服务过程中，不得在客房内看电视、听音乐。除发生意外情况，不要使用客房的电话。凡打到客房的电话，一律不要接听。

③客房的维修：酒店装修或维护客房时，应用敬请信或通告的方式道歉，感谢客人的理解和支持，并及时为客人提供附加服务。维修人员应着装整洁，维护物品排放有序。动作要轻缓，尽量不影响客人休息。如果给客人造成不便时，应主动给客人道歉。维修工具应用专用物品和设备，不应该随意使用客房物品和设备。维修完毕应主动清扫垃圾，及时通知客房部，使客房尽快恢复原状。客房部应及时回访客人，对客人造成的不便再次道歉。

（5）客房部其他对客服务礼仪

①擦鞋服务：遵守承诺，按时送还。

②洗涤或熨烫衣物：及时收取，按时送还，叠放整齐。

③租借物品：及时送达，如没有客人所需物品要表示歉意，并尽量帮助客人解决。

④客人财务丢失时：及时到达现场，安排客人，表示同情，及时为客人提供帮助，并尽快调查，将处理结果通知客人。

⑤客人损坏酒店物品时：及时到达现场，先查看客人是否受伤，然后检查物品损坏情况，及时补修或更换损坏物品，查明原因，根据实际情况处理索赔，要索赔有度。

⑥员工损坏客人物品时：及时到达现场，赔礼道歉，安抚客人。认真了解损害情况，分清责任，应就员工的过失向客人再次道歉，及时与客人协商赔偿事宜，并跟踪处理结果。

四、餐饮服务礼仪

餐饮部是酒店对客人提供餐饮服务的重要部门，服务礼仪是服务质量、服务态度的直接表现，餐厅服务水平更是餐饮业服务水平的缩影，这对餐厅服务人员的素质提出了更高的要求。

餐厅的服务礼仪主要是由领台、值台、账台、走菜、厨台等服务礼仪构成。

1. 领台服务人员礼仪

领台服务人员包括门卫礼仪服务人员和引领服务人员。领台服务人员在营业前一定要了解本店的概况和当天预约的客人情况，做好仪容、仪表和精神准备，营业前站在餐厅门口两侧或里面，便于环顾四周位置，等待迎接客人。

当客人到来时要热情相迎，主动问候。在客人左前方 1 米外引领客人，问清是否预约、几位，然后把客人引到合适的座位，主要根据客人的身份、年龄等来判定合适的座位。宾客就餐完毕离开时，要有礼貌地相送，并致告别语，目送宾客离开。

2. 值台服务人员礼仪

值台人员服务礼仪主要包括开菜、点菜、斟酒、派菜、分菜时的服务礼仪。

①客人被引到餐桌前，要主动问好，并给客人拉椅让座，递香巾时，可双手捏住香巾递到客人面前，也可用不锈钢夹夹起香巾送给客人。

②客人如点饮料，饮料应放在客人的右侧。然后打开饮料瓶盖，同时需注意要用右手握瓶，露出商标，左手托瓶子上端，将饮料徐徐倒入饮料杯中，不宜倒得太满，也不可倒太快。拉开易拉罐时，不要将罐口冲着客人，如客人没有点饮料，则一定要上茶，茶杯放在垫盘上，轻轻放于桌上，将茶杯把手转向客人右手方向。

③客人如预先没有定菜，值台服务人员要站在主宾的左侧，躬身双手将菜单递上，请客人点菜。菜单一般先请主宾、女宾或者长者过目。点好的菜名应准确迅速地记在菜单上，一式两份，一份给厨台值班，一份送给账台埋单。

值台服务员要根据宾客不同的就餐目的介绍好酒店的特色招牌菜、今日叫座的美味时令菜、新菜肴。如果客人是以宴请为目的，可重点介绍丰盛菜肴的特点；如果客人是以品尝为目的，可向其重点介绍风味菜点的特点；如果客人是以改善生活为目的，可向其重点介绍菜肴鲜香的特点；要尊重客人的民间习俗和自身特点，尽量满足他们的特殊要求。当回答客人的征询意见、介绍和推荐本餐厅的特色时令菜肴时，要顺便介绍一下所点菜肴的烹制时间，以免客人因久等而不耐烦。

3. 走菜服务人员礼仪

走菜主要指上菜、端菜、派菜、撤换餐具。

上菜：一般在 10 分钟内把凉菜送上台，20 分钟内把热菜送上台。上菜要求快，特别是午餐。主食由服务员用右手放于客人的左侧。最后一道菜是汤，饭后上茶。

上菜时动作要轻（走路轻、说话轻、操作轻）、稳、看准方向，取菜时要做到端平走稳、汤汁不洒，走菜及时、不拖不压。将菜盘端上来放到餐桌时不能放下后推盘，上菜要摆放平稳，不可碰到酒杯餐具等。餐厅操作要按规程要求，斟酒水在客人的右侧，上菜从客人的左侧，分菜从客人的左侧，而餐中撤盘则从客人的右侧。

上菜还要讲究艺术。服务员要根据菜的不同颜色摆成协调的图案。凡是花式冷盘，如孔雀、凤凰等冷盘，以及整鸡、鸭、鱼的头部要朝向主宾。

上菜时要选择操作位置，上菜的位置要在副陪座位之间，一般不要在主宾和主人之间。上菜前，在菜盘中放一副大号的叉、匙，服务员双手将菜放在餐桌的中央，同时报上菜名，必要时简要介绍所上菜肴的特色掌故、食用方法、风味特点等，然后请宾客品尝。但要注意说话时切不可唾沫四溅，以免煞风景。

【思考练习】

1．酒店服务人员服务礼仪的主要内容有哪些？

2．前厅服务人员的服务礼仪内容和标准有哪些？

3．客房服务礼仪原则有哪些？

4．餐饮部各岗位服务礼仪有哪些？

5．案例：敬语缘何招致不悦

一天中午，一位住在某饭店的国外客人到饭店餐厅去吃饭，走出电梯时，站在电梯口的一位女服务员很有礼貌地向客人点点头，并且用英语说“先生，您好。”客人微笑地回道：“你好，小姐。”当客人走进餐厅后，引位员发出同样的一句话：“您好，先生。”那位客人微笑着点了一下头，没有开口。客人吃好午饭后，顺便到饭店的庭院中去散步，当走出内大门时，一位男服务员又是同样的一句话：“您好，先生”

这时客人只是下意识地点了一下头。等到客人重新走进内大门时，劈头见面的仍然是那个服务员，“您好，先生。”的声音又传入客人的耳中，此时这位客人已感到不耐烦了，默默无语地径直去乘电梯准备回房间休息。恰好在电梯口又碰见那位女服务员，自然又是一成不变的套话：“您好，先生”。客人实在不高兴了，装作没有听见的样子，皱起了眉头，而这位女服务员却丈二和尚摸不清头脑！

思考：案例中的客人为什么会有如此大的情绪变化？你认为服务员应该怎样问候更合适？

【实践训练】

1．情景模拟实训：模拟前台接待。

2．实训目的：懂得前台接待职责，能够按照接待程序和礼仪要点完成接待工作。

3．训练分组：分小组进行，每小组 2 ～ 4 人，以小组为单位，进行一次模拟前台接待。

4．实训考核标准：针对酒店服务礼仪的各项内容进行自评分和小组考核评分，见表 6-2。

表 6-2　酒店服务礼仪考核评分表

考核项目	考核内容	分值	自评分	小组评分	实得分
前台接待礼仪	称呼、问候和致意	25			
	预约客人的接待	25			
	未预约客人的接待	25			
	接打电话的礼仪	25			
	总分	100			

任务 6.2 导游服务礼仪

【知识目标】

1. 熟悉导游人员的仪容仪表礼仪、导游服务语言礼仪的内容及要求。
2. 熟悉导游人员在带团过程中的服务礼仪。

【能力目标】

1. 掌握导游人员仪容仪表、服务语言和带团游览服务礼仪的基本内容。
2. 培养导游人员仪容仪表、服饰搭配技巧。
3. 提高导游人员带团服务礼仪、导游语言礼仪等带团的能力。

【任务导入】

导游员王力有一次接待一个美国旅游团，在旅游商店看到一位美国游客在看一幅“嫦娥奔月”的国画，并在思考是否要购买。王力便走上前去，向他介绍中国国画的艺术和与之相关的背景知识，客人很感兴趣。最后，王力告诉这位美国游客，在华盛顿的宇航馆里也有一幅“嫦娥奔月”图，图旁的说明是:“在人类历史上，是谁第一个有到月亮上去的想法?是中国古代的嫦娥女士……”这位美国游客十分感谢王力的帮忙，最后买下了这幅“嫦娥奔月”的国画。

王力的介绍，把物品的文化价值与实用价值巧妙地结合起来，促成了这位美国游客对商品的购买。

导游人员素有“民间大使”和“形象窗口”之称，是旅游业最具代表性的工作人员，同时也是与游客相处时间最长的一线服务人员，他们的一言一行不仅是生活小节，也代表着个人、企业甚至是国家的形象。所以具有良好服务礼仪修养的导游人员不仅受到游客的欢迎，还能为其所在企业、城市和国家树立良好的形象。

【知识链接】

导游人员在日常的接待工作中不仅要掌握熟练的业务技能，还应知礼、学礼、用礼，以便提高导游接待工作的质量，给游客留下美好的印象。

一、导游服务礼仪的内涵

所谓导游服务礼仪，是指导游人员在旅游活动过程中应当遵循的尊重他人，讲究礼貌、礼节，注重仪容仪表、服务语言等的规范和程序。

在旅游消费日益大众化的今天，旅游需求的激增与优质旅游产品供给不足的矛盾突出，推广导游服务礼仪便成了解决这一矛盾的有效途径。导游服务礼仪是提供礼貌和周到服务的一种行为规范，它不仅是导游人员接待服务的需要，也是提供旅游企业优质旅游产品和服务、增强旅游企业竞争力的关键和必需。所以导游人员要讲究服务礼仪，在继续发扬中华民族文明礼貌优良传统的同时，深入了解各地、各国礼仪习俗，采取正确的服务方式，提高对客服务水平，让客人乘兴而来、满意而归。

二、导游形象礼仪

导游形象指导游的仪容仪表，是人的精神面貌的外观，是外界对其评价时的重要组成部分。对导游人员来说，塑造仪容仪表美不仅是个人形象的展现，也是满足旅游者审美的需求，更是旅游企业的良好声誉和民族素质的主要体现。

导游人员仪容仪表美的基本要求是：容貌端正，举止文雅，端庄稳重，不卑不亢，态度诚恳，待人亲切，服饰整洁，打扮得体，彬彬有礼。具体要求可以概括为以下几点：

（一）保持清爽整洁

个人卫生是服务人员形象的组成部分，干净、清爽的形象给人一种清新向上、精神饱满的感觉，反映出导游人员积极乐观的面貌，也会感染每一位宾客，让他们感到轻松、愉悦。

保持清爽整洁要求有下列几个方面：

1. 面部清洁

每天应洁面，面部无污渍、汗渍、油光。男士要经常修面，修剪鼻毛；女士注意护肤，保持皮肤的健康、细润，可适当化妆，妆容应淡雅自然。

2. 头发清洁、发型朴实

导游人员的头发一定要保持清洁，不应沾满灰尘、头屑，也不可满头油光。发型要朴实大方，不能过于时尚。

3. 手的清洁

应注意勤洗手，要保持无泥垢、无污痕（特别是指甲内的污垢）。另外，还须勤剪指甲，导游人员的指甲不宜长过指尖。为了让手看起来美观，要注意日常手的护理，可以经常涂抹护手霜，让手部看起来细腻、润滑。

4. 口腔清洁

导游人员为游客提供服务时，与游客沟通最重要、使用最频繁的方式是口头语言。所以应保持口腔清洁、口气清新，让游客愿意与其交流。口腔清洁的要求主要有：一是牙齿洁白，口腔无残渣；二是口腔无异味，口气清新。因此，导游人员要勤刷牙、勤漱口，三餐饭后要刷牙，牙齿上要无异物，牙齿应洁白美观。口腔不可有异味，上班前忌吃生葱、生蒜、韭菜等带刺激性气味的食物。如果已经食用，一定要注意及时去除异味。

（二）展示美好仪态

仪表美是一种整体的美，强调和谐统一。导游自然、端庄、大方的仪态能使人产生亲切友好的感觉，拉近与游客间的距离，达到事半功倍的服务效果。仪表主要包括导游的走姿、站姿、坐姿、手势和面部表情等。它是导游礼仪修养的无声语言，最易在不经意间表现出导游最真实的一面。旅行社要规范服务人员的言行举止，重视对导游人员的仪态相关培训，让我们的一言一行、一举一动都符合导游服务行为规范，展现出美丽的风采，从而塑造导游美好大方的形象。具体要求：站如松，坐如钟，行如风，手势优美，表情自然自信、亲切和善。

（三）塑造优雅端庄的形象

服饰礼仪是仪容仪表中最重要的，俗语说“人靠衣装，佛靠金装”，服饰也被称为是“人的第二皮肤”。服饰的选择和穿着不仅已成为人们身份、地位、职业、品位的象征，也反映出一个人的文化修养、审美情趣和精神面貌。

导游人员的服饰美是仪容仪表美的重要组成部分，是旅游服务人员素质修养、工作态度的体现。因此，旅行社要规范服务人员的服饰，重视对导游人员的相关培训，在管理上制度化，从而树立良好的服务形象。导游人员在实际带团过程中的具体要求如下：

1. 要符合身份

旅游服务人员的服饰要求是端庄大方、简洁方便。端庄大方的服饰可增强亲和力，给客人可信任感。简洁方便的服饰保证工作的顺利进行。旅游服务人员的服饰是服务人员的职业标志，应反映出旅游服务行业的特色，而不是突显个性、标新立异。

2. 要符合体型、肤色

人的身材有高矮之分、胖瘦之别，肤色有黑白之异。因此，在服装的选择上要扬长避短，穿戴得体，使自己的风度更优雅、更大方。

穿衣要考虑体形。导游人员应了解自己身材、体型、肤色的优点和缺点，用服饰来达到扬长避短的目的。对于导游人员来说，扬长避短重在避短，要把最美的一面留给客人。

3. 要符合场合

导游人员的服饰应该与环境和场合相适应、相协调。场合主要分为上班、社交、休闲三大场合。上班的着装应整洁、大方、端庄，它表明了导游的责任感和可信程度，是敬业、乐业在服饰上的具体表现，也表明了对游客的尊重。因此，不宜穿过分暴露、过分时尚的服饰，适合的服饰有职业套装、各类制服。社交场合的服饰要时尚，能展现个人魅力，给人留下深刻印象。社交场合适合的服饰有时装、礼服或民族服装。休闲场合的服饰要显得轻松潇洒，T 恤衫、茄克衫、牛仔装、运动装都适合。

三、导游带团服务礼仪

（一）带团游览的服务礼仪

导游证、旅行社的徽章或者名牌应佩戴在服装左胸的正上方。导游人员需提前十分钟到达集合地点，并应诚恳地站立于车门口热情地欢迎游客，协助需要帮助的游客上下车，待游客上齐后方可上车。

接待游客要面带微笑，热情亲切地首先问好，做自我介绍，同时也要向游客介绍其他工作人员和司机等。游客落座后及时清点人数。清点人数时，忌用手指对着游客头部或脸部指点，忌用社旗来回比划，忌用手拍打客人的肩背部。可用默数或标准点人数法清点。

车上作沿途讲解时，导游人员应表情自然、站姿优雅、音量适当、讲解规范，时刻与游客保持良好的眼神交流，目光照顾全场。

到达目的地前，应提前通告即将进行的活动安排，活动后集合时间和地点等相关信息，并再次强调旅游车的车牌号码及司机姓名，以方便游客寻找。

带团期间，导游人员应随时提醒客人注意安全，特别是遇到难以行走或拐弯之处，应及早提醒客人注意，更要及时对年老体弱者提供必要的帮助。游览过程中，导游人员应主动、热情、周到地组织好客人的活动，讲解时应内容准确、条理清楚、表达流畅、语言生动。带团过程中，特别是与客人在一起时不得抽烟，避免吃有异味的食品。

导游时手势宜少不宜多，使用手势时特别要考虑不同的文化背景。

游客有问题，要耐心听取，及时解答。如果不能及时回答，可亲切示意对方稍等，不可怠慢。与游客交谈时，一般不涉及不愉快的话题、隐私类话题，不热衷于黄色笑话，与外宾交谈不涉及政治和宗教话题。

导游过程中要把握分寸、认真得体、照顾全场，特别要照顾、配合全体成员行走的速度。

（二）带团时需进出客人房间的礼仪

进入游客房间，需事先预约，按时到达。进门前先敲门，经允许后方可进入。

尊重客人，尽量避免在休息时间或深夜打搅客人。确实因急事未经约定打扰时，应先表示歉意，说明打扰的原因，并及早离开。没有约定的谈话，时间一定要短。除特殊情况外，一般不要站在房间门口与客人谈日程或谈论问题。

不要随意进出客人的房间，尽量避免单独去异性客人的房间，如果不可避免，进房后门要半掩着。

（三）带客购物时的服务礼仪

根据旅游团内游客的要求，合理安排游客购物，不得强制游客购物。

购物途中当好游客的购物顾问，向游客介绍当地特色商品，教游客鉴别商品的知识。下车前，还要交代清楚停留时间和有关购物的注意事项。注意讲解态度一致，避免介绍景点时简单、敷衍，讲到购物就热情高涨，从而导致游客的猜疑和不信任。

导游人员要严格遵守职业道德，应将游客带到商品质量好、价格合理的商店购物，而不能为了一点“好处费”唯利是图，昧心与不法经营者勾结，损害游客利益。如遇商贩强买强卖、以次充好，导游应尽到提醒游客的职责，导游不得直接向游客销售商品，也不得要求游客为自己选购商品。

四、导游服务语言礼仪

“言为心声”，语言是人们表达思想、交流信息和增进感情最直接、最快捷的基本方法，也是建立良好人际关系的重要途径。旅游接待的过程，就是从问候客人开始到告别客人结束，语言是完成各种接待工作的重要手段。作为旅游服务人员，在工作中讲究语言艺术、注重服务语言礼仪是十分重要的。

（一）导游服务语言的准确性

1. 语言要准确

首先是说话应力求语意完整、合乎语法，否则，既使导游服务人员是出于好意，但由于所表达的语意不完整或有歧义，也会引起客人的误解甚至不悦。

2. 用词要恰当

在表达同一种意思时，由于所选用的词语不同，往往会给宾客以不同的感受、产生不同的效果。例如“请往那边走”，游客听起来会觉得有礼貌，若把“请”字省去，变成“往那边走”，在语气上显得生硬，变成命令式的了，这样客人听起来会觉得刺耳、心里不舒服，进而难以接受。再如，在服务时，用“加饭”代替“要饭”，用“几位”代替“几个人”，用“贵姓”代替“您叫什么”，用“去洗手间”代替“去大小便”，用“不新鲜”“有异味”代替“发霉”“发臭”，用“让您破费了”代替“按规定要罚款”等，这样听起来更文雅，更能体现服务人员的素质。

3. 语言要简洁

“言不在多，达意则灵”。若语言啰啰嗦嗦、拐弯抹角，听者就会厌烦、急躁，甚至产生误会或纠纷。因此，导游人员与客人谈话应言简意赅、恰当控制交谈时间，不宜过长，否则不仅会影响客人，而且也是一种不尊重客人的失礼行为。

4. 语气、语调和语速适当

俗语说：“听话听声，锣鼓听音”。我们在判断一个人说话的情绪和意图时，固然要听他“说什么”，但更应该注意他“怎样说”，即从他的声音高低、音量大小、抑扬顿挫及转折、停顿中领会其“言外之意”，而这些就叫辅助语言。辅助语言对语言的表达起着“补充”和协助的作用。运用辅助语言能加强或改变词语本身的含义，既可以表示赞扬，也可以表示讥讽，这些全靠语调、语速和语气的不同。在服务工作中，如果正确使用辅助语言，能达到更好的沟通效果。如在接待游客时，如果声调太小，客人会觉得你不冷不热、态度傲慢；声调过高，客人会觉得你做作或者认为你不耐烦而造成误会。导游人员的正确声调应当是响亮而有朝气的，以表示一种喜悦的心情。

（二）导游服务语言的礼貌性

导游服务语言的礼貌性主要体现在对敬语的使用上。敬语主要包括尊敬语、谦让语和郑重语。

1. 尊敬语

通常宜把客人视作上位者使用，如“先生，对不起，让您久等了”。尊敬语气力求让游客感受到自己在导游心目中所占的地位，以及作为一名导游在旅游活动中所给客人的敬重和礼遇。

2. 谦让语

通常宜把自己视作下位者使用，如“等一下我再来拜访您”，谦让语充分体现了“退让敬人”的礼仪原则。即在人际交往活动中，人与人之间本身地位平等，施礼于人者本身应退让一步，将游客放在自己之上，从而让游客感觉到被尊重的快乐。

3. 郑重语

使用郑重语时，一般并不表明说话人与听话人是上下级关系，只是出于客气、礼貌，如离席时说一声“我先走了，你们慢慢谈吧”；分别时说一声“明天再见”等。

敬语最大的特点是彬彬有礼，热情又庄重。使用敬语时，一定要注意时间、地点和场合，语调要甜美、柔和。使用礼貌用语，即使在礼貌不周的情况下，也必须坚持使用，而不能感情用事，语言不当。使用敬语要注意用“您”来称呼对方，也宜用尊称，尽量不要直呼其名。

（三）导游语言的幽默性

导游人员的语言应当生动、幽默，幽默的语言能使人感到亲切、热情，同时也更能活跃气氛、融洽感情。因此，导游人员应该努力掌握说话的技巧，注意语言的幽默性、生动性。如一位游客在登山时不小心被树枝刮破了心爱的衣服，非常难过，这时导游小姐走过来风趣地对她说：“人有情，山也有情，你看连树枝都要挽留你”，一句话使游客心情变好。

使用生动幽默的语言，也可增强语言的应变力，形成独特的对客服务特色。幽默具有神奇的功效，它不仅能融洽气氛，还可以解除困境。例如一辆旅游车在坑坑洼洼的道路上行驶，游客中有人抱怨。这时，导游说：“请大家稍微放松一下，我们的汽车已在给大家做身体按摩运动，按摩时间大约十分钟，不另收费。”一句话引得游客哄然大笑。这位导游以苦中作乐的口吻，把一件本来不愉快的事说得轻松怡然，化解了游客的抱怨情绪，更体现出幽默语言的力量。

（四）导游服务语言的一致性

导游在对客服务时，还要注意语言、表情和行为的一致性。作为一个优秀的导游人员，在接待游客时应把语言与恰当的表情、美的行为结合起来，在与游客讲话时，要注意举止表情。因为语言和表情都是用来表达思想感情的，而行为则是自己所表达的思想感情的实施。如果导游人员面无微笑、表情冷漠或者是一边在做自己的事，甚至坐着与站在面前的游客说话，这种行为举动，即使语言再美，也给人一种不舒服的感觉，也将使礼貌服务用语失去它本身的意义。所以注意语言、表情和行为的一致性，也是导游人员在服务工作中必须注意的。

【思考练习】

1. 什么是导游服务礼仪？
2. 导游人员在带团过程中应注意哪些礼仪？
3. 导游语言的特点有哪些？
4. 如何正确规范和运用导游用语？

【实践训练】

全班分成若干小组，进行导游员礼仪服务接待的模拟训练，具体训练内容如下：

1. 模拟导游人员有礼貌地迎、送旅游团客人；
2. 任选一景点，模拟导游员进行讲解，注意导游讲解礼仪。

任务 6.3 销售服务礼仪

【知识目标】

了解销售服务的概念，销售服务礼仪的内涵、作用、方法和技巧。

【能力目标】

能够灵活运用销售服务过程中的礼仪行为规范、服务规范语言。

【任务导入】

某日，一位顾客来到超市世界零售巨头沃尔玛要求调换一台榨果汁机，因为榨果汁机在规定的期限内坏了，按照约定可以调换一台新的榨果汁机。

业务员为顾客换了新的榨果汁机，又把5美元递给顾客，并笑着对一头雾水的顾客说："先生，今天刚好是我们商场以优惠价销售厨房用具的第一天，一台榨果汁机降价5美元，您来调换榨果汁机，而您在一个月前是按照没降价的价格付款的，所以应该退还您5美元。"顾客快乐地走了。周围的人都笑了。

在绝大多数情况下，当一个顾客前来提出某种诉求，而且他（或她）确信自己是正确的，在这种时候，与顾客发生争执是没必要的，而且无论争执的结果孰胜孰败，都是得不偿失的。反之，以一种谦恭和大度的态度对待前来提出某种诉求的顾客，并且勇于承认自己错了，则能够获得许多好处，增强你的信誉度。

在市场经济条件下，商品的竞争就是服务的竞争。如何把客户服务放在首位，最大限度地为客户提供规范化、人性化的服务，以满足客户需求，是现代企业面临的最大挑战。有形、规范、系统的服务礼仪，不仅可以树立销售服务人员和企业的良好形象，还可以塑造受客户欢迎的服务规范和服务技巧，能让销售服务人员在和客户交往中赢得理解、好感和信任。

【知识链接】

销售服务礼仪能够提升产品价值。销售服务是产品构成中必不可少的一部分。只有礼仪到位的前提下，为顾客提供的产品才能更好地满足顾客的需求。礼仪体现产品的人员价值，提升产品的形象价值。

服务礼仪关系到营销的成败。企业服务水平关系到交易能否成功、营业推广能否见到实效、公关是否达到树立企业形象的目的。服务水平的高低很重要的表现就是礼仪水平的高低。所以，作为销售服务人员，学习和运用销售服务礼仪，已不仅仅是自身形象的需要，更是企业提高效益、提升竞争力的需要。

一、销售服务礼仪的含义

销售服务礼仪主要是指服务人员在工作岗位上，通过言谈、举止、行为等，对客户表示尊重和友好的行为，以达到沟通和互动的准则与规范。

出于对消费者的尊重与友好，在服务中要注重仪表、仪容、仪态，以及语言、操作的规范；热情服务则要求服务人员要发自内心、热忱地向客人提供主动、周到的服务，从而表现出服务人员良好的风度与素养。礼仪是服务工作内容的一部分，营销有着丰富的服务因素，因此可以把销售服务礼仪的问题当作销售人员最基本的素养来研究。销售服务礼仪是体现营销理念的具体过程和手段，使无形的服务有形化、规范化、系统化。销售服务礼仪主要以服务人员的仪容规范、仪态规范、语言规范、岗位规范和良好心态为基本内容。

二、销售服务礼仪的特征

1. 营销特性

现代营销理论中有消费者的需求与欲望、消费便利性、消费者支出的成本和交流与沟通。交流与沟通就包含了服务营销的内涵，而服务营销必然包含了服务礼仪的问题。可以说，没有良好的服务礼仪，服务营销根本不可能进行。

2. 文化特性

营销是有区域特点的，而区域特点必然带来区域文化的特征。文化特征给服务礼仪带来的是精神的震撼和永久的颂扬，对市场的影响将是深远的。例如，麦当劳所代表的美国文化，全聚德所代表的烤鸭文化和王府文化、京味文化的融合。

3. 真诚特性

服务礼仪必须以诚信为本。没有诚信的服务是没有灵魂的服务，再豪华的装修、再典雅的服饰、再动听的语言也不能打动消费者。诚信贵在真诚，真诚才可能站在消费者的角度为消费者周到考虑。

4. 利益特性

服务是营销的重要内容，服务同样要付出一定的成本，同样需要获得一定的报酬，而对于服务行业来说，更是如此。

5. 长期特性

按照消费心理、需求、刺激、记忆、加强模式，只有不断获得良好的服务刺激，加深美好的记忆，加强对品牌和服务内涵的深刻理解，人们才能对企业产生忠诚，这就要求销售服务礼仪的长期性。

6. 系统特性

服务礼仪不能单独运作，作为整合营销的一部分，它既要协调配合其他的营销方式，同时其他营销方式也要配合服务营销，而服务营销中的礼仪问题，需要产品礼仪、公关礼仪、渠道礼仪、物流礼仪、会议接待礼仪的配合，同时还需要其他部门、协作单位、社会公众的理解。所以系统特性是销售服务礼仪最复杂的一个特点。

三、销售服务礼仪过程规范要求

1. 要坚持做到"三到"和"三声"

"三到"和"三声"具体是"顾客到、微笑到、敬语到"，以及"来有问声、问有应声、走有送声"。"三到"和"三声"的实质就是热情迎客。这要求销售人员在有顾客光顾自己的"责任区"时，应当使顾客感受到你对他的热情欢迎，并以此使顾客对你产生良好印象，促使双方交易成功。

2. 要主动迎客，微笑服务

顾客进店后，销售人员应以亲切的目光相迎接，欢迎顾客的光临。对顾客要始终保持微笑，以微笑接待顾客，会使顾客感到温暖，产生"宾至如归"的感觉。微笑是打动人心最美好的语言。那种脸部表情冷漠地面对顾客，会让顾客望而生畏，甚至打消买东西的念头，是不符合礼仪的行为，顾客也绝不会心甘情愿地在这种冷漠表情下选购任何商品。因此，缺少微笑的销售人员，必将缺少顾客的光临。

在工作岗位上，销售人员应当精神爽朗、表情自然，不要愁眉苦脸、一脸晦气。要在顾客需要了解商品，并要求为之提供服务，或者在接待过程中与顾客交换目光时给予适当的微笑。不能一个顾客也没有，或者顾客离你距离甚远时，销售人员就暗自发笑，甚至傻兮兮的样子，那很可能会吓跑顾客。

当有顾客过来，走近销售区域一米以内时，销售人员就应当面带微笑地说一声"欢迎光临"或"您好！欢迎光临！"，这些都有益于让顾客在店面里自然放松，为他们了解、选购商品创造一个必要的环境。

3. 热情待客，但要适度

销售人员在接待顾客并为其服务的整个过程中，都应表现得礼貌、热情、耐心、得体、周到，使顾客的购物和你的售货都达到舒心而愉快的效果。当顾客选择商品时，不要多加干扰，同时注意要热情适度。人所共知，在接待顾客时，销售人员热情总比不热情好。对顾客服务不热情，甚至冷言冷语、恶语伤人，会让顾客不寒而栗。但如果热情过了头，同样也会令人生疑感到不舒服，直接影响顾客的购买欲。

千万记住要给顾客创造一个"零干扰"的购物空间，这要求商家与销售人员都要积极致力于将顾客在购物过程之中受到的打扰减少到零的程度。让顾客逛得自在、选得自由、买得舒心，购物时得到精神上的享受。要注意：未经要求，尽量不主动上前向顾客推销商品；如果没必要，不要在顾客浏览商品时长时间在身后随行；在某一销售区内，导购员人数不要多于顾客的人数，这样会让顾客有压抑感。

4. 要做到有问必答，百问不厌

有些顾客挑选商品时会不时发问或反复问一个问题，有时几位顾客会同时发问，让人不知听谁的好，销售人员应有充分的耐心，沉得住气，详细进行解答，要准确无误地解答。

应面对顾客，文明解答；不能低头不理，或者含糊其辞、心不在焉，边回答边干其他事情；要礼貌对答，不能冲撞顾客。不管顾客提出的问题在销售人员看来如何幼稚，甚至是"多余"的，都应礼貌答复，要热情，声音要轻柔，答复要具体，不能露出不屑一顾的表情，甚至讽刺挖苦，这些行为都会伤害顾客的自尊心。

5. 接待多位顾客时要注意平等原则

不要以年龄、性别、服饰、相貌来取人，不管是老人还是孩子，同性或异性，哪怕相貌平平，或者穿着一般，必须一视同仁、平等对待。

消费者都是“上帝”，都有可能带来潜在的消费群。必须做到笑迎天下客，接一、顾二、招呼三。这时销售人员可以利用自己的神态表情与第三位甚至更多的顾客打招呼，使他们感到没有被冷落。当有时间替他们服务时，要主动道歉，比如说“对不起，让您久等了。”在任何情况下都不允许销售人员和顾客争吵，如果发生这类的事件，商场和员工要主动承担责任，不要让顾客带着一肚子怨气离去。

6. 热情送客

俗话说“买卖不成情义在”，无论顾客挑拣半天分文未花，还是高高兴兴满载而归，都要说一声“欢迎再来”“再见”或“您慢走”。

四、销售服务礼仪技巧要求

有技巧的销售服务可以让顾客满意，如果把服务技巧上升到艺术高度，则带给顾客的就是快乐与艺术。

1. 使用敬语

敬语与谦语相对，是表示尊敬礼貌的词语。除了礼貌上的必须之外，多使用敬语可以体现一个人的修养。服务行业的文明用语主要是指服务过程中表示服务人员自谦恭敬之意的一些约定俗成的语言及其特定的表达形式。其主要特征包括主动性、约定性、亲密性。通常分为问候用语、迎送用语、请托用语、致谢用语、应答用语、赞赏用语、推托用语、道歉用语。和销售有关的敬语包括：“您别急慢慢选”“请您慢慢看，随意选购”“请您付账”“需要我帮忙吗”“请等我去换零钱”“只要是质量问题，我们都负责退换”“客人较多，请您抓紧时间”“不明白的地方我再介绍”“买不买没关系”等。

2. 学会赞美顾客

美国心理学家马斯洛的需求理论认为人都有获得尊重的需要。顾客和合作伙伴等与公众一样，也需要别人的赞扬。赞扬的具体方法有两种：明确具体内容赞扬服务对象，就是指出具体的事情进行赞扬，避免空洞、含混，这样让人感到比较可信；观察异点赞扬服务对象，指根据服务对象的不同之处进行赞扬会获得出乎意料的效果。

3. 掌握服务中的询问技巧

询问是最基本的沟通手段，是营销服务技巧的重要内容之一。询问既是了解顾客需求的内容，也是对顾客尊重的体现，关键是询问要得体。询问的注意事项如下：

（1）诚恳地进行询问。

（2）不要滔滔不绝地问起来没完，要互动。

（3）学会倾听，给顾客表达思想的时间和机会。

（4）价值高的商品，可以交流的时间长些；价值低的商品，问的时间短些。

如果可能的话，最好进行一下简单的记录，这是重视消费者的体现。

4. 掌握服务中的道歉技巧

在服务礼仪中，服务人员需要掌握的道歉技巧主要有以下几种：

（1）道歉语应当文明规范。

（2）道歉不能拖得太久，越早越好，面对对方清晰地表明。

（3）对自己所做的事情要勇于承担责任，不推托，不找借口。

（4）向对方道歉要倾听对方诉说，明白对方的需求。

（5）道歉时主观上要认真，充分显示出内心的悔意和爱心。

（6）要给对方时间接受你的道歉。在营销过程中出现失礼现象时，道歉也不可能马上得到原谅，给对方时间、让对方冷静是一个不错的选择。

5. 化解顾客不满的艺术

正确处理顾客不满，变危机为商机，需要极大的真诚和处理危机的艺术。在服务礼仪中，服务人员应注意以下几点：

（1）细心观察，发现不满。顾客的不满有两种，一种是显性不满，直接表现出来；另一种是隐性不满，当时不说，以后不来消费了。对策是多加观察及时提出解决办法。国外很多大型商场对隐性不满非常注意，一旦发现收银台前消费者排队过长，顾客左顾右盼和发牢骚等行为，就会立即作出反应，增开收银口，疏导顾客，将顾客的不满化解于无形。

（2）虚心倾听，安抚不满，化解不满。顾客因为服务不到位而发泄不满，营销人员一定给对方说明的机会，不能进行反驳，并且应当在认真倾听的基础上表达歉意。同时允诺尽快解决问题，平息怒火，控制局面。对于要求过分的顾客，要讲究策略和方法。

（3）要保持微笑。微笑可以调节顾客情绪，可以消除隔阂，可以获取回报及化解不满。

【拓展阅读】

世界上最大的香皂制品厂MOLIVE-PITO公司的董事长列托尔，早年是一个平凡的青年推销员。他每次推销失败后都会再次回到店中，真诚地向老板说："我这次来，并不是要推销香皂，只是想请教您，刚才我进贵店推销香皂时，我的举止及言辞、态度等有什么不妥当的地方，请您指点一下好不好？您的经验比我丰富，您在商界已是成功的前辈，我恳求得到您的指点，作为改进的借鉴。"他谦逊的讨教，不仅得到了宝贵的建议，也和商店老板交上了朋友。他就这样到处请教，两年后，被提升为销售主任，五年后，成为了企业的总经理。

【思考练习】

1. 销售服务礼仪过程规范要求有哪些？

2. 销售服务礼仪技巧要求有哪些？

3. 案例：商场售货的推销术

一天，住在彩虹饭店的日本母女到饭店的商场部来选购商品。她们来到针织品柜台，目光集中在羊毛衣上面。销售员小刘用日语向她们打招呼，接着热情地把不同款式的毛衣从货架上取下来让客人挑选。当小刘发现客人对选购什么颜色犹豫不决时，便先把一件灰色的毛衣袖子搭在那位中年母亲的肩上，并且说："这件淡雅色的毛衣穿起来更显得文静苗条。"接着拉过镜子请她欣赏。同时，她又拿起一件粉色的毛衣对旁边的女儿说："这件毛衣鲜艳而不俗气，很适合您的年龄穿。"母女俩高兴地买下来，另外还挑选了6件男女羊毛衫准备带回日本给家人和亲友。

随后，那位中年母亲把小刘拉出柜台，让她陪着一起到其他柜台看看，小刘对旁边站柜台的同事打了个招呼，便欣然同意为她们母女当参谋。这时那位日本母亲说："我想买两方砚台送给我热爱书法的丈夫。"于是，她们来到工艺品柜台，母亲指着两方刻有荷花的砚台对小刘说："这两方砚台大小正合适，可惜的是造型……"客人的话立刻使小刘想到，在日本荷花是用来祭奠死者的不祥之物，看来只有向她推荐别种造型的砚台。于是小刘与工艺品服务员商量以后回答说："书画用砚台与鉴赏用砚台是不一样的，对石质和砚堂都十分讲究，以实用为主，您看，这方鱼子纹歙砚，造型朴实自然，保持着砚石自身所固有的特征，石质又极为细腻，比方荷花砚更好，而且砚堂平阔没有雕饰，用这样的砚台书写研墨一定能得心应手、使用自如。"服务员小张将清水滴在三方砚台上，请客人自己亲自体验这三方砚石在手感上的差异，最后，客人满意地买下了这方鱼子纹歙砚，并连声向小刘和小张道谢，拉着小刘的手说："你将永久留在我的记忆中。"

思考：涉外商场的商品推销是一门综合艺术，结合上述案例，说明优秀的商场销售员应具备的礼仪素质有哪些。

【实践训练】

到一家大型三级医院进行调查，主要内容包括咨询台导医、挂号排队、缴费排队、取药排队、化验排队等窗口的服务，分析窗口服务的时间、效率、态度。写出报告说明医院的营销业务礼仪水平对其经营活动的影响。

模块 7　涉外礼仪

人类的举止，有一条重要的法则。如果我们遵循这条法则，就永远不会出问题。但一旦违反了这条法则，我们就会惹上无止境的麻烦。这条法则就是：永远使对方觉得重要。

——卡耐基

君子敬而无失，与人恭而有礼，四海之内，皆兄弟也。

——孔子

入境而问禁，入国而问俗，入门而问讳。

——《礼记·曲礼上》

未来将不存在全球性文明，而是一个由不同文明组成的世界，所有的文明都必须学习共存。

——亨廷顿

本模块着重介绍涉外礼仪规范和各国礼仪。

任务 7.1　涉外礼仪规范

【知识目标】

了解涉外礼仪的基本概念、基本要求和基本原则。

【能力目标】

能够自觉培养国际交往基本礼仪规范的意识，并能灵活地加以运用。

【任务导入】

1972 年 2 月，时任美国总统尼克松对中国进行“破冰之旅”访问，从此打开了中美关系的大门。由于针对这次访华中美双方在表述上有分歧，以及当时中美关系的大背景，所以，在尼克松没来之前，周恩来总理给外交部确定了接待方针：不冷不热，不卑不亢，待之有礼，不强加于人。

1972 年 2 月 21 日中午，尼克松的专机抵达北京，周恩来等到机场迎接。飞机舱门打开后，只有尼克松和夫人两个人共同走下舷梯，而随行的基辛格、罗杰斯等人只有在等尼克松夫妇与周总理握手后才下舷梯。这是因为美方想突出尼克松与周总理单独握手的画面。而我方是如何接待的呢？都体现在周总理接下来的一举一动中。

当尼克松夫妇出现在飞机舱门时，周总理并没有鼓掌，而是等他们走到舷梯一半位置时才开始鼓掌。等尼克松夫妇下完舷梯最后一级，周总理也不是主动迎上去握手，而是站在原地。这时尼克松主动走上前去，身体微向前倾，先伸出手握住周总理的手说：“我非常高兴来到中华人民共和国的首都——北京。”这时，周总理的回话也是意味深长：“你的手伸过世界上最辽阔的海洋——我们 25 年没有交往了！”

接下来的欢迎仪式上，按照惯例要悬挂两国国旗，奏两国国歌和检阅仪仗队等。对此，我方都做了，接待完全符合礼仪。不过，还是与当时我们接待其他国家贵宾的仪式有所区别，最明显的就是没有群众欢迎场面。当时，西方媒体在报道中对我们的接待工作的评价是：“Correct not warm。”其中，“Correct”是“正确”，用在礼宾上应该是“符合礼仪”，“not warm”则为“不热”的意思。这体现了我们的原则——不冷不热。

欢迎宴会上，在周总理的安排下，中国乐队演奏了美国民歌和尼克松家乡的歌曲《美丽的亚美利加》和《牧场上的家》，这让尼克松夫妇感到非常亲切。接下来的祝酒碰杯，周总理的举动则体现了我们的不卑不亢。一般情况，周总理在和其他国家领导人碰杯时，总是让自己酒杯的上沿去碰对方杯子的中间部分。但这次在向尼克松敬酒时，周总理却特意将他的酒杯杯沿和尼克松的酒杯杯沿持平后再碰杯。这一细微的举动，既不失礼，也不过分。

随着国际交往的日益频繁，我们与世界各地的人们交往越来越密切，外事活动成了我们社交活动中的重要组成部分，涉外礼仪日益重要。为了更好地与不同的民族、不同的国家的人进行交往，避免因为各自的文化、制度等差异产生误会和隔阂，人们交往时要遵循共同的礼仪规范和准则。

【知识链接】

涉外礼仪，是涉外交际礼仪的简称。即中国人在对外交际中，用以维护自身形象、向对外交往对象表示尊敬与友好的约定俗成的习惯做法。涉外礼仪实质上是人们在一切对外交往中所必须遵循的国际社会中约定俗成的国际惯例。在国际交往中，我们代表的不仅仅是自己，也代表着所在单位的形象，甚至代表整个国家、民族的形象。因此，与外国人交往时的一言一行、一举一动都应符合涉外礼仪规范，维护国家尊严。我们学习涉外礼仪有利于展现中国礼仪之邦的风貌，赢得人们的尊敬和爱戴，广交朋友，也是国际交往成功的基本保证。

一、涉外礼仪的原则

国际交往中，各式各样礼仪纷繁复杂，但万变不离其宗。只要遵守并应用有关国际交往惯例的基本原则，就能在涉外交往中得心应手、举止有度。

（一）维护形象

【礼仪案例】

汪海有一次去美国考察，在一次新闻发布会上遇到了许多记者的提问。一位意大利记者问：“你们生产的运动鞋为什么叫‘双星’？是不是代表你们常讲的物质文明和精神文明？”汪海微笑着点了点头，说：“还可以这样理解：一颗星代表东半球，一颗星代表西半球，我们要让‘双星’牌运动鞋潇洒走世界。”对这番豪言壮语，一位美国记者却不以为然，问道：“请问先生您脚上穿的是什么鞋？”这一将用意非常明了：如果你穿的是“双星”牌，那自然没话说，但如果穿的是洋货，意味着连自己都不愿穿“双星”牌，还谈什么潇洒走世界？不料，汪海十分沉着自信地答道：“在贵国这种场合脱鞋是不礼貌的，但是这位先生既然问起，我就破例了。”说着他把自己的鞋脱了，高高举起，指着商标处，大声说道：“Double Star（双星）”。这时，场上响起了热烈的掌声，不少记者争相拍下这一镜头。第二天，美国纽约各大报纸在主要版面上纷纷刊登出这幅照片。《纽约时报》一位记者评述道：“在美国脱鞋的共产党国家有两个人，一个是前苏联的领导人赫鲁晓夫，他脱鞋敲桌子表明了一个共产党大国的傲慢无礼；一个是来自中国大陆的双星集团总经理，他脱鞋表明了中国的商品要征服美国市场的雄心！”

所谓形象，是指在人际交往中留给对方的第一印象，以及由此而产生的评价。个人形象的好坏与国家、民族、地方、单位的形象联系在一起，个人形象真实地体现着个人的教养与品位、精神风貌与生活态度，也如实地展现了对交往对象的重视程度，个人形象的好与不好，事关交往的成功与失败。

个人形象在构成上主要包括六个方面，它们亦称个人形象六要素。

第一是仪容。仪容，是指一个人个人形体的基本外观。

第二是表情。表情，通常主要是指一个人的面部表情。

第三是举止。举止，指的是人们的肢体动作。

第四是服饰。服饰，是对人们穿着的服装和佩戴的首饰的统称。

第五是谈吐。谈吐，即一个人的言谈话语。

第六是待人接物。所谓待人接物，具体是指与他人相处时的表现，即为人处世的态度。

在国际交往中，人们普遍对交往对象的个人形象备加关注，并且都十分重视遵照规范的、得体的方式塑造、维护自己的个人形象。在涉外交往中，每个人都必须时时刻刻注意维护自身形象，特别是要注意维护自己在正式场合留给初次见面的外国友人的第一印象。维护形象包括三个方面：

1. 讲究卫生

现代社会，讲究卫生是每一个文明人的基本礼貌。在国际交往中，每个人都应当讲究卫生。比如，不能在公众场合随手乱扔物品，随地吐痰，同时要注意自身仪表的干净和整洁，身上没有异味，没有异物。这样的细节问题如果不注意，个人形象就会令人非议。

2. 举止大方

一个有教养、有见识、充满自信的人，在外方人士面前，举止应当落落大方，不卑不亢，泰然自若，既没有必要嚣张放肆，傲慢无礼，目中无人，也不能低三下四，畏首畏尾。

3. 热情友善

一个真正待人友好的民族，一个真正有教养的人面对交往对象时，都会注意热情而友善。面无表情、冷若冰霜、待人冷漠、歧视、刁难及非议交往对象，都会有碍交往的成功。

（二）信守约定

【礼仪案例】

中国一家拥有6000名职工的大型国有企业为了避免濒临破产的局面，想寻找一家资金雄厚的日本企业做合作伙伴。经过多方努力，这家企业终于找到了自己的“意中人”——一家具有国际声望的日本大公司。经过双方长时间讨价还价地谈判，终于可以签合约了，全厂职工为之欢欣鼓舞。本以为大功告成的中方人员，没想到在第二天的签字仪式中公司领导到达签字地点的时间比双方正式约定的时间晚了10分钟。待他们走进签字大厅时，只见日方人员早已衣冠楚楚地排成一行，正在恭候他们的到来。中方领导请日本人坐上签字台，日方全体人员却整整齐齐、规规矩矩地向他们鞠了一个大躬，随后便集体退出了签字大厅，搞得中方领导莫名其妙，因为迟到10分钟对他们来讲实在不算什么。事后，日本人递交中方一份正式的信函，其中写到：“我们绝不会为自己寻找一个没有任何时间观念的生意伙伴，不遵守约定的人，永远都不值得信赖。”

作为涉外礼仪的基本原则之一，所谓“信守约定”的原则，是指在一切正式的国际交往之中，都必须认真而严格地遵守自己的所有约定。说话务必要算数，许诺一定要兑现，约会必须要如约而至，真正做到“言必信，行必果”。

1. 先期约定

凡重要活动，均应提前进行约定，不允许不邀而至。在涉外交往中，充当不速之客是不受欢迎的。提前约定既能体现自己的个人修养，又充分表示自己对主人的尊重。

具体而言，应注意以下两方面的问题：

一是掌握约定时间。预约的前提是两厢情愿，在此前提下，商定到访的具体时间。一般情况下，不便拜会的时间是极为忙碌时、节假日、凌晨、深夜，以及用餐和午休时间。

二是了解约定人数。预约时，宾主双方应事先通报各自到场的具体人数及其身份，竭力避免自己一方中出现令对方反感的人物。双方人员一经约定就不能随意变动。

2. 依约而行

对已有的约定，一定要遵守。在涉外交往中，如果和交往对象已经有约定，那么到时候一定要依约而行，如约而至，信守承诺。万一有特殊原因需要变更约定，要尽早地通知对方，并向对方道歉。不允许有约不行，也不允许迟到或早退。

在涉外交往中，要真正做到“信守承诺”，须在下列三个方面严格地要求自己。

第一，在人际交往中，许诺必须谨慎。

第二，对于自己已经作出的承诺，务必要认真地加以遵守。

第三，万一由于难以抗拒的因素，致使自己单方面失约，或是有约难行，需要尽早向有关各方进行通报，如实地解释。还要郑重其事地向对方致以歉意，并且按照规定和惯例主动地负担因此而给对方造成的某些物质方面的损失。

（三）谦虚有度

【礼仪案例】

一位英国老妇到中国旅游观光，对接待她的导游小姐评价颇好，认为她服务态度好，语言水平也很高，便夸奖导游小姐说：“你的英语讲得好极了！”小姐按照中国人讲谦虚的习惯，回应她说：“我的英语说得不好。”英国老妇一听生气了，心想：英语是我的母语，难道我都不知道英语该怎么讲。她越想越气，第二天坚决要求旅行社给她换导游。这件事在旅游行业乃至所有的窗口行业都引起了极大的反响。其实，面对外宾的表扬，最得体的回答是不卑不亢地说声：“谢谢！”

虚心使人进步，骄傲使人落后是我们耳熟能详的一句话，这句话反映的是中国人推崇谦逊为做人的美德。在国际交往中，适当的谦虚是必要的，但是在那些强调个性，强调自我表现的民族和国家面前，一定要意识到过分的谦虚会被别人误会，即要注意谦虚有度。在外国人看来，过分的谦虚往往是不必要的，过分的谦虚不是没有实力就是虚伪做作。

1. 不必过谦

不必过谦的原则的基本含意是：在国际交往中涉及自我评价时，虽然不应该自吹自擂，自我标榜、一味地抬高自己，但是也绝对没有必要妄自菲薄、自我贬低、自轻自贱、过度地对外国人进行谦虚、客套。

2. 不卑不亢

不卑不亢要求每一个人在参与国际交往时，都必须意识到自己在外国人的眼里，是代表着自己的国家、代表着自己的民族、代表着自己所在的单位，因此，言行应当从容得体、堂堂正正。在外国人面前不应该表现得畏惧自卑、低三下四，也不应该表现得自大狂傲、放肆嚣张。

要在虚心学习外国一切长处、尊重外国的风俗习惯的同时，坚决反对自卑自贱的思想。在对外交往中要以自尊、自重、自爱和自信为基础，表现得坦诚乐观、从容不迫、落落大方。

还应注意对交往对象要一视同仁，给予同等的尊重与友好。无论大国小国、强国弱国、富国穷国、大人物和普通人都不能亲疏有别，不能厚此薄彼。

（四）热情有度

【礼仪案例】

下岗女工肖兰通过中介公司找到一份工作，在外国专家布朗夫妇家里做保姆。肖兰热情活泼、精明能干，第一天就给对方留下了不错的印象。她的主要工作之一是打扫房间，其中也包括布朗夫人的卧室。细心的布朗夫人特意给肖兰制定了一份时间表，上面规定每天上午 8 点清理卧室，她让肖兰按照时间表上的计划严格执行。

开始几天，肖兰都干得相当好，很令布朗夫人满意。直到有一天，肖兰照例去清理布朗夫人的卧室，却发现布朗夫人没有像往常一样不在家，而是在休息。肖兰心想，我还得按照计划办事，而且我打扫并不会影响她休息。热情的肖兰认真地干起了活。这时，布朗夫人突然醒了，发现肖兰在她的房间里，很惊讶，马上用不是很流利的汉语叫了起来："你来干什么？请出去！"肖兰仍是一片好心，"您接着休息吧，我一会就打扫完了。"布朗夫人提高了嗓门，一字一顿地说："请——你——出——去！"并且用手指着门。肖兰不明白自己哪里惹了布朗夫人，她怎么这种态度。她心想，不是叫我按时打扫的吗？满肚子委屈地走出了房间。

中华民族和世界各民族一样，都很热情友善，但是在对待热情的具体表现方式上，却是中外有别的。相对而言，中国人习惯上认为对别人越热情越好，而绝大多数境外的客人却强调热情有度。所谓热情有度是要求人们在参与国际交往、直接同外国人打交道时，既要对别人热情而友好，又要遵守一个界限，这个界限就是不能有碍于人、影响于人、妨碍骚扰对方。这个度，是在向交往对象表达热情友善时必须自觉意识、认真恪守的，否则就会事与愿违、过犹不及。

中国人在涉外交往中要遵守好"热情有度"这一基本原则，关键是要掌握好下列四个方面的具体的"度"。

第一，要做到"关心有度"。

第二，要做到"批评有度"。

第三，要做到"距离有度"。

在涉外交往中，人与人之间的正常距离大致可以划分为四种，它们各自适用于不同的情况。其一是私人距离，又称为"亲密距离"，其距离小于 0.5 米，仅适用于家人、恋人与至交；其二是社交距离，又称为"常规距离"，其距离为大于 0.5 米，小于 1.5 米，适合于一般性的交际应酬；其三是礼仪距离，又称"敬人距离"，其距离为大于 1.5 米，小于 3 米，适用于会议、演讲、庆典、仪式以及接见，意在向交往对象表示敬意；其四是公共距离，又称"有距离的距离"，其距离在 3 米开外，适用于在公共场合与陌生人相处。

第四，要做到“举止有度”。

要在涉外交往中真正做到“举止有度”需注意以下两个方面：一是不要随便采用某些意在显示热情的动作；二是不要采用不文明、不礼貌的动作。

（五）内外有别

【礼仪案例】

云南省一家外贸公司与印度某商贸公司新近做成一笔生意。为表示合作愉快、加强两公司今后的联系、努力成为密切的商业伙伴的意向，中方外贸公司决定向印方商贸公司赠送一批具有地方特色的工艺品——皮质的相框。该外贸公司向当地的一家工艺品厂定制了这批皮质相框，这家工艺品厂也如期保质保量地完成了订单。当赠送的日子快要临近时，这家外贸公司一位曾经去过印度的职员突然发现，这批皮质相框是用牛皮做的，这在奉牛为神明的印度是绝对不允许的，很难想象如果将这批礼品赠送给印方商贸公司，会产生什么样的后果。幸好及时发现了这个问题，才使这家外贸公司没有犯下错误、造成损失。他们又让工艺品厂赶制了一批新的相框，还在原材料的选择上特意考察了一番。最后在将礼品送给对方时，对方相当满意。

内外有别是指对不同的人有不同的要求，对自己人可说的事情对外人不一定都可说。在国际交往中，必须注意内外有别、中外有别、外外有别。特别是在涉外商务交往中，必须对有关惯例加以遵守。

第一，内外有别。内外有别指的是在运用涉外礼仪时，对待自己人与对待外人可有所不同。

第二，中外有别。中外有别具体是指在涉外交往中，必须意识到：中国人的所作所为与外国人的所作所为多有差异。

第三，外外有别。所谓外外有别，是指不同的国家有不同的文化、不同的习惯，因而有不同的做法。比如在时间观念上，相对而言德国人、日本人非常严谨，而有些民族相对要较为宽松一些，晚到一些反而被视为一种风度。

（六）求同存异

【礼仪案例】

在朝鲜、韩国以及中国的大部分地区，狗肉是进补与烹饪的上品。可是在西方各国，狗却被视为人类之友，狗肉也绝对不得被人食用。

在我国传统文化中，菊花一向被视为高洁脱俗之花，历来被文人墨客所赞颂。然而与欧美许多爱花国家的人士打交道时，却万万不得以之相赠。因为菊花在那里是公认的“妖花”，只能用于丧葬活动。

对阿拉伯人而言，绿色因为与其所信奉的伊斯兰教相关而成为人见人爱的吉祥色，甚至伊斯兰各国的国旗都普遍以绿色作为基本色。但日本人却忌讳绿色，他们认为绿色是凶兆或不吉的颜色。

国内外人士在许多问题上看法很不一致。那么应当如何对待中外礼仪与习俗的差异性？在国际交往中到底应当遵守何种礼仪为好？

1. 了解差异

对于中外礼仪与习俗存在着差异性是应当予以承认的。在涉外交往中，对于类似的差异性，尤其是我国与交往对象所在国之间的礼仪习俗的差异性，重要的是要了解，而不是要评判是非、鉴定优劣。

2. 遵守惯例

一般而言，在国际交往中应用礼仪时要“遵守惯例”，就是要求人们遵守涉外礼仪。

在国际交往中，究竟遵守哪一种礼仪为好呢？一般情况大体有三种可行方法。

第一是“以我为主”。即在涉外交往中，依旧基本上采用本国礼仪。

第二是“兼及他方”。即涉外交往中在基本上采用本国礼仪的同时，适当地采用一些交往对象所在国的现行礼仪。

第三则是“求同存异”。即指在涉外交往中为了减少麻烦、避免误会，最为可行的做法是既对交往对象所在国的礼仪与习俗有所了解并予以尊重，更要对于国际上所通行的礼仪惯例认真地加以遵守。

（七）入乡随俗

【礼仪案例】

给小费就是一个入乡随俗的表现。小费起源于18世纪的英国伦敦。当时酒店餐桌中放着一只碗，上面写着“保证服务迅速”，顾客只要将零钱放入碗中就会得到招待员迅速而周到的服务。

时至今日，给小费这件事情还真不是用在哪个大洲或者大区域就可以简单分清楚的事。即使在欧洲国家，虽然普遍来说给小费是必须的，但也有像瑞士这样的国家，小费都涵盖在了宾馆和餐馆的账单中，除了给计程车司机额外的小费外，在瑞士基本上都是不需要另付小费的。在美国和加拿大就相对简单一些，基本上都是需要额外付小费给服务生的。而在亚洲国家，给小费的情况就更加错综复杂了。在泰国、马来西亚、菲律宾、印尼、印度等国家，在大部分情况下接受服务后还是需要付小费的。比如在印度，如果你不知道要给或者忘记给小费，提供服务的人还会伸出手来向你索取。而中国、韩国、日本、新加坡都是完全不用给小费的，在新加坡小费更是被服务业明令禁止的。此外，大洋洲的澳大利亚和新西兰也没有给小费的习惯。

入乡随俗主要是指在涉外交往中，要真正做到尊重交往对象，首先就必须尊重对方所独有的风俗习惯。之所以必须认真遵守“入乡随俗”原则，主要是出于以下两方面的原因：

一是因为世界上的各个国家、各个地区、各个民族，在其历史发展的具体进程中，形成各自的宗教、语言、文化、风俗和习惯，并且存在着不同程度的差异。这种“十里不同风，百里不同俗”的局面，是不以人的主观意志为转移的，也是世间任何人都难以强求统一的。

二是因为在涉外交往中注意尊重外国友人所特有的习俗，容易增进中外双方之间的理解和沟通，有助于更好地、恰如其分地向外国友人表达我方的亲善友好之意。

1. 了解相关习俗

古人要求一切正人君子都必须认真做好“入境而问禁，入乡而问俗，入门而问讳”。充分了解与交往对象相关的习俗是“知己知彼”的应有之举。

比如：准备前往日本参观访问，要同日本人直接打交道，就应当事先对日本人在衣、食、住、行、言谈举止、待人接物等各个方面所特有的讲究和禁忌有一定程度的了解。这样，在与日本人接触往来时就会胸有成竹、落落大方、表现自如。

2. 尊重特有习俗

在国际交往中必须无条件地对交往对象所特有的习俗加以尊重，但对于其他国家所特有的习俗没必要照抄照搬、全盘引进、生吞活剥，对于本国的传统习俗则需发扬光大。这一切与“入乡随俗”原则并不矛盾。对于别国特有的习俗不能少见多怪、妄加非议。

在涉外交往中，当自己身为东道主时，通常讲究“主随客便”；而当自己是客人时，则又讲究“客随主便”。从本质上讲，这两种做法都是对“入乡随俗”原则的具体贯彻落实。

（八）女士优先

【礼仪案例】

酒店迎宾员小贺，着一身剪裁得体的新制服，第一次独立地走上了迎宾员的岗位。一辆白色高级轿车停靠在饭店豪华大转门前。小贺看到后排坐着两位男士、前排副驾驶座上坐着一位身材较高的外国女宾。小贺一步上前，以优雅姿态和职业性动作，先为后排客人打开车门，做好护顶关好车门后，小贺迅速走向前门，准备以同样的礼仪迎接那位女宾下车，但那位女宾满脸不悦，使小贺茫然不知所措。小贺未能按照国际上通行的做法先打开女宾的车门，致使那位外国女宾不悦。

女士优先是国际社会公认的一条重要的礼仪原则，它主要适用于成年的异性进行社交活动之时。

女士优先的含意包括两个方面：一是在一切社交场合，每一名成年男子都有义务主动自觉地以自己的实际行动去尊重、照顾、体谅、关心和保护妇女，并且要时时处处去为妇女排忧解难。倘若因为男士的不慎而使妇女陷于尴尬、困难的处境，便意味着男士的失职。二是在尊重、照顾、体谅、关心、保护妇女方面，男士们对所有的妇女都一视同仁。

女士优先，西方人有一种形象的说法：“除女士的小手提包外，男士可帮助女士做任何事情”。通常情况下注意事项有：进门出门的时候，男士要为女士开关门；有教养的男士在女士面前是不吸烟的；当女士落座或起立时，男士要为女士端起凳子，或者推进椅子；当女士在衣帽间更换外衣外套时，作为绅士需要协助女士；当女士在室外行走之时，如果手提笨重物品，男士要上前为之效劳；当女士遭遇尴尬和难堪之时，比如道路有积水、座椅上有不洁之物，男士要主动出面为女士排忧解难等。

（九）尊重隐私

【礼仪案例】

李女士工作负责，精明能干，被派到一位法国外交官家做管家。有一个星期天，外交官夫妇外出归来，李女士热情地迎上前问：“回来了！你们去哪里了？”外交官夫人迟疑良久才说：“我们去逛街了。”李女士接着又问：“去哪里逛了？”对方被迫回答：“友谊商店。”“你们怎么不去国贸大厦和赛特购物中心？那里才热闹呢！”两天后，李女士被辞退了。她一直不明白自己究竟错在哪里。

中国传统礼仪强调亲密无间。特别是朋友之间应当“知无不言，言无不尽”，但在国外，人们普遍讲究崇尚个性、强调个性。因此，涉外交往强调关心有度，不得打探或者涉及个人隐私问题。其实过分关心别人，对对方也是一种伤害。

中国人在涉外交往中，务必要严格遵守尊重隐私这一涉外礼仪的主要原则。在国际交往中，要注意“个人隐私八不问”：第一不问收入支出；第二不问年龄大小；第三不问恋爱婚姻；第四不问身体健康；第五不问家庭住址；第六不问个人经历；第七不问信仰政见；第八不问所忙何事。要尊重外国友人的个人隐私权，首先就必须自觉地避免在与对方交谈时涉及这八个方面的问题。

中国人有一种说法：关心他人比关心自己重要。其实，这里的他人应该是指自己很亲近的人，如家人、朋友等。你和外人打交道时，就必须要注意关心有度。换言之，面对自己力不能及的范围、自己不大熟悉的人士，如果表现得过于关心反而是不大容易被对方理解和接受的，因此是不必要的。对外国人来讲，不该关心的事不能关心。

（十）爱护环境

【礼仪案例】

2018年6月19日日本在世界杯上以2-1战胜了哥伦比亚，爆了个冷门，其实赛前很多人是不看好日本队的。因为在四年前的巴西世界杯上，日本曾以1-4惨败哥伦比亚。但是比起赢球，日本球迷在赛后的举动才更让全世界赞叹！记者在现场拍摄到日本球迷拿着蓝色塑料袋在观球区域捡垃圾。同时他们的做法也感染了一些哥伦比亚球迷，他们也和日本球迷一起清理附近的垃圾，并合影留念。

日本球迷清扫垃圾的行动在推特等社交平台上受到了赞扬。其实更早他们已经这样做了，日本球迷在2014年巴西世界杯比赛结束后冒雨自觉清理看台的行为给人留下了很深的印象。其标志性的蓝色塑料袋更是日本球迷人手一个的必备物品。

哥伦比亚球迷看到这一幕后赞叹不已：“日本在场上赢了我们，在场下也给我们上了一课”。不以善小而不为。看似只是一件小事，却引起了全世界人的盛赞。原因很简单，因为有太多人连自己产生的垃圾都处理不好。

在国外，一个人对待环境的态度是作为评判文明程度高低的标准之一。爱护环境主要是指在日常生活里，每一个人都有义务对人类所赖以生存的环境自觉地加以爱惜和保护。

在涉外交往中，要特别地注意爱护环境的问题，除了因为它是作为人所应具备的基本的社会公德之外，还在于在当今国际舞台上，它已经成为舆论备加关注的焦点问题之一。

在国际交往中与此有涉及时，需要特别注意如下两点：

第一，要明白光有爱护环境的意识还是远远不够的，更为重要的是要有实际行动。

第二，与外国人打交道时，在爱护环境的具体问题上要好自为之、严于自律。具体而言，中国人在涉外交往中特别需要在爱护环境方面备加注意的细节问题又可分为下列八个方面：一是不可毁损自然环境；二是不可虐待动物；三是不可损坏公物；四是不可乱堆乱挂私人物品；五是不可乱扔乱丢废弃物品；六是不可随地吐痰；七是不可到处随意吸烟；八是不可任意制造噪声。

（十一）以右为尊

正式的国际交往中，在将多人进行并排排列时，依照国际惯例，最基本的规则是右高左低。即以右为上，以左为下；以右为尊，以左为卑。

大到政治磋商、商务往来、文化交流，小到私人接触、社交应酬，但凡有必要确定并排排列时的具体位置的主次尊卑时，“以右为尊”都是普遍适用的。

（十二）不宜先为

所谓“不宜先为”原则，也被有些人称作“不为先”的原则。它的基本要求是，在涉外交往中，面对自己一时难以应付、举棋不定，或者不知道到底该怎样做才好的情况，如果有可能，最明智的做法是尽量不要急于采取行动，尤其是不宜急于抢先、冒昧行事。也就是说，面对这种情况，若有可能的话，不妨先按兵不动，然后静观一下周围之人的所作所为，再与之采取一致的行动。

“不宜先为”原则具有双重的含意。一方面，它要求人们在难以确定如何行动才好时，应当尽可能地避免采取任何行动，免得出丑露怯；另外一方面，它又要求人们在不知道到底怎么做才好，而又必须采取行动时，最好是先观察一下其他人的正确做法，然后加以模仿，或是同当时的绝大多数在场者在行动上保持一致。

二、涉外迎送礼仪

【礼仪案例】

1962 年，周恩来总理到西郊机场为西哈努克和夫人送行。亲王的飞机刚一起飞，我国参加欢送的人群便自行散开，准备返回，而周总理这时却依然笔直地站在原地未动，并要工作人员立即把那些离去的同志请回来。这次总理发了脾气，他严厉起来了，狠狠地批评道：“你们怎么搞的，没有一点礼貌！各国外交使节站在那里，飞机还没有飞远，你们倒先走了。大国这样对小国客人不是搞大国主义吗？”当天下午，周总理就把外交部礼宾司和国务院机关事务管理局的负责同志找去，要他们立即在《礼宾工作条例》上加上一条，即今后到机场为贵宾送行，须等到飞机起飞，绕场一周，双翼摆动三次表示谢意后，送行者方可离开。

在涉外礼仪交往中，迎来送往是交往的开始，也是交往的结束。在涉外交往中，迎来送往是常见的一项内容，也是颇具要求的一项工作。它是企业与国际友人交往的第一步，许多“第一印象”往往从中而得。做好迎送工作，既可以体现我方的真诚和善意，又给国际友人留下非常美好的印象，从而加深双方的友谊，扩大双方的合作，切不可疏忽大意。

应认真按照涉外交往中的礼仪规范行事，从而使双方友好往来获得一个良好的开端和美好的结束。

（一）外事迎送的规格

当得知海外客人来访时，首先必须做好的是迎接工作。按照国际惯例，要根据来宾来访的目的和来访者的身份来确定迎接的规格。迎接的规格主要涉及到以下两个方面的问题：

1. 迎接的人员

组织方的主要迎接人员一般应与来宾的身份相当，但遇到特殊情况，如与来宾身份相当的当事人不在当地、身体不适不能出面时，则可以由职位相当的人员或副职出面迎接，但要注意不能与对方身分相差太大，“门当户对”是一种规矩，是国际惯例。

2. 迎接的仪式

隆重迎接：主要适用于各国的国家元首、政府首脑的正式访问或重要的官方代表团。此类规格讲究规范性和严肃性，关注每个细节，稍有疏忽，都会有损国家形象。

一般迎接：一般人员或代表团来访，大都不举行迎接仪式，但在他们离开时，均应安排相应身份的人前往送别。国际商务往来，大多使用这种规格。

私人性质的迎送：如果来访者是国际友人，属私人性质的访问，则视彼此关系予以适当调整。可适当轻松些，但切不可忘了必要的礼仪。

（二）迎送程序礼仪

迎送程序礼仪主要包括四项内容：掌握时间、献花礼仪、双方介绍、引导和陪同礼仪等。在迎送工作中，现场操作是否稳妥得当，是成功涉外交往的关键环节。

1. 掌握迎送时间

迎接外宾时迎接工作中公务人员必须准确掌握来客乘坐的飞机（车、船）抵达的时间，在客人抵达之前到达迎接地点等候客人，并备好专用车辆接送客人到达下榻之处。

来宾离去时也要做好送行的礼仪工作。组织应派专人协助来宾办理出境或机票（车票、船票）手续，以及帮助客人提拎行李、办理托运手续。分别时，可按来宾国度的行礼习惯与之告别，并用热情的话语为客人送行，如欢迎客人再次访问，祝客人一路平安等。最后应目送客人登机（车、船）离去后方可离开。不去机场、码头或车站送行，或外宾一登机（车、船）马上就离去，是失礼的。尽管只是几分钟的小事情，却很可能因小失大。

2. 献花礼仪

在外事的交往中迎接贵宾时较为常见的是以安排献花的形式来表示，迎接普通外宾，一般不需要献花。

献花须用鲜花扎成的花束，忌用菊花、杜鹃花和黄颜色的花，要特别留意各国花卉禁忌。向贵宾献花一般由儿童或女青年在参加迎送的主要领导人与客人握手后，再将花献上，并向来宾行礼。如果对方信奉伊斯兰教，则不能安排女子献花。

3. 介绍礼仪

客人抵达后，应首先同主人相互见面和介绍。一般由礼宾人员或我方迎候人员中身份最高者，率先将我方迎候人员按一定顺序逐一介绍给客人，然后再由客人中身份最高者，将客人按一定顺序逐一介绍给主人。若宾主早已相识，则不必介绍，双方直接行见面礼即可。

当向他人作介绍时，要用手掌示意，不能用手指示意。被人介绍时，应点头、微笑以应答，最好能附之于一定的问候语，以增添介绍彼此的亲切气氛。

国际上往往在互相介绍时有相互交换名片的习惯。名片最好能用两种文字印刷。

4. 引导和陪同礼仪

迎接客人抵达、欢送客人以及一些外事访问活动时，都应当引导，引导起到接待和引路的作用。负责引导来宾的人，多为来宾接待单位的接待人员、礼宾人员、办公室人员或秘书人员。

在宾主双方并排行进时，引导得主动走外侧，来宾行走内侧。若三人并行时，通常中间的位次最高，内侧的位次居次，外侧的位次最低。在单行行进时，应由引导者行走在前，而使来宾行走于其后，以便由前者为后者带路。在出入房门时，引导者须主动替来宾开门或关门。在接待外宾的整个过程中，迎候人员应始终面带微笑，以表示欢迎之意，不要故作矜持、一语不发。

在迎送工作中，还应注意陪车的礼仪。迎接客人抵达、欢送客人以及一些外事访问活动时，一般应当安排人员陪车，起到接待和引路的作用。在陪车中，应注意的主要是上下车的顺序和坐车时的位置安排。在顺序上，掌握“后上先下”的原则。“后上先下”的礼节体现了主客有序的礼仪，客人为重，客人为尊。

在坐车的位置上，应掌握“以右为尊”的原则。按西方的礼俗，右为大，左为小。两人同行，右者为尊；三人并行中者为尊。宴席上，主人的右座为最高宾客的位子。同样，在陪车时，应请客人从右侧门上车，坐于右座，主人或公关人员从左侧门上车，坐于左侧，翻译坐在司机旁边的座位上。如果车中的后排坐三人，则顺序是：中间为大，右边为次，左边为再次，前排为最小。但是如果客人上车后，坐到了主人左侧座位上，则应主随客便，不必再请客挪动位置。

三、涉外商务会见和会谈礼节

会见和会谈是涉外活动中常见的一种活动，其目的是通过直接面对面的交谈，加深了解、增进友谊、加强合作，同时也可通过磋商来解决双方的矛盾达成共识。

1. 会见与会谈的内涵

会见在国际上一般有两种情况：一是接见（又称召见），指的是身份高的人士会见身份低的人士，或是主人会见客人；二是拜会或拜见，指的是身份低的人士会见身份高的人士。这两种情况在我国统称为会见。在接见或拜会后的回访，称回拜。

会见的地点一般选在客厅或办公室，会见时间较短，内容较广泛。会谈内容较之会见要更正式，政治性和专业性较强，常常是双方或多方就某些重大的政治、经济、文化、军事问题及共同关心的其他问题交换意见，也可以接洽公务或谈判具体业务。

2. 会场布置与座位安排

在安排会见、会谈时，组织方应事先将时间、地点、本方出席人、程序安排及有关注意事项通知对方，并安排好会场、座次。

外事会见，宾主可分别各坐一边，也可交错而坐。中国的会见座次是：主宾居中，主人居右，记录员和译员应坐于宾主后面。客方随员依礼宾次序在主宾一侧就座，主方随员依次在主人一侧就座。

如果两方会谈，一般用长方形或椭圆形桌子，客人座位应设在对门位置或入门方向的右侧，以示对客人的尊重。小范围的会谈，可不用长桌，只设沙发，双方座位按会见座位安排。

在安排座位时不要忘了在每个位置前摆好双语座位卡。

3. 会见、会谈的几项具体工作

做好充分的组织准备工作。主宾双方都可向对方提出会见、会谈要求，提出时应将姓名职务以及想会见什么人、会见目的等告知对方，接见一方则应尽快答复，如遇到特殊情况不能接见，应婉言向对方做好解释工作。做好会见前的沟通工作，是双方的一种礼貌相待。

迎候客人。会见双方都应遵守约定，尤其作为主方人员应提前到达会见地点以迎候客人。迎候时，可以站在会见的大楼正门，也可以在会客厅门口等候。当客人到达时，应主动上前行礼表示欢迎，并引导客人入座。主人不到大门口迎接，可由工作人员迎接并引入会客厅。

4. 会见、会谈的服务礼仪

会见期间，应准备饮料、茶水，根据不同的季节以及来访客人的习惯，备有不同的饮品招待。如会见时间过长，可适当加上咖啡、点心等。组织领导人之间的会见，除陪同人员、译员、记录员外，其他工作人员安排就绪之后应退出会场。如允许记者采访，则应在会见开始前几分钟进行，会见开始即离开。

合影。为表示友好，会见应准备合影项目。合影前应事先画好合影图，一般主人居中，主宾紧挨主人的右侧，队尾两端应安排主方人员。

握别。会见、会谈结束，双方热情话别。送到车前或门口握别，并目送客人远去后离开。

【思考练习】

1. 请说说涉外礼仪的原则有哪些？
2. 涉外迎送程序礼仪包括哪些方面？

【实践训练】

收集涉外礼仪的小故事并分享给大家。

任务 7.2 各国礼仪

【知识目标】

1. 了解主要交往国家的基本情况。

2. 掌握主要交往国家的服饰礼仪、见面礼仪、餐饮礼仪、交谈礼仪和其他礼仪禁忌。

【能力目标】

能够根据主要交往国家的习俗礼仪灵活地处理对外交往问题。

【任务导入】

国内某家专门接待外国游客的旅行社，有一次准备在接待来华的意大利游客时送每人一件小礼品。于是，该旅行社订购制作了一批纯丝手帕，是杭州制作的，还是名厂名产，每个手帕上绣着花草图案，十分美观大方。手帕装在特制的纸盒内，盒上又有旅行社社徽，显得是很像样的小礼品。中国丝织品闻名于世，料想会受到客人的喜欢。旅游接待人员带着盒装的纯丝手帕，到机场迎接来自意大利的游客。欢迎词致得热情、得体。在车上他代表旅行社赠送给每位游客两盒包装甚好的手帕作为礼品。没想到车上一片哗然，议论纷纷，游客显出很不高兴的样子。特别是一位夫人，大声叫喊，表现得极为气愤，还有些伤感。旅游接待人员心慌了，好心好意送人家礼物，不但得不到感谢，还出现这般景象。中国人总以为送礼人不怪，这些外国人为什么怪起来了？

原来，在意大利和西方一些国家有这样的习俗：亲朋好友相聚一段时间告别时才送手帕，取意为“擦掉离别的眼泪”。意大利游客兴冲冲地刚刚踏上盼望已久的中国大地，准备开始愉快的旅行，你就让人家“擦掉离别的眼泪”，人家当然不高兴要议论纷纷了。那位大声叫喊而又气愤的夫人，是因为她所得到的手帕上面还绣着菊花图案。菊花在中国是高雅的花卉，但在意大利则是祭奠亡灵的。人家怎能不愤怒呢？

世界上不同的国家、地区、民族由于地理位置、气候条件、历史传统、社会制度、宗教习惯、文化背景等各方面的差异，有着各自不同的礼仪习俗。对外交往中如果了解不同国家、地区和民族礼仪习俗的特殊，不仅可以提高自身的文化素养，而且可以避免交往中不应有的差错，甚至是严重问题，可以更好地进行对外交往活动。

【知识链接】

一、亚洲主要国家和地区礼仪概况

（一）日本礼仪概况

日本国简称“日本”，位于东亚，国名意为“日出之国”，首都东京。

日语是日本广泛使用的语言，是实际上的官方语言。大和族是日本的主体民族。居民主要信奉神教和佛教，少数信奉基督教和天主教。日本的法定节日分别是元旦、成人节、建国纪念日、宪法纪念日、儿童节、敬老日、体育节、文化节、天皇诞生日等。

1. 服饰礼仪

日本人无论在正式场合还是非正式场合，都很注重自己的衣着。在正式场合，男子和大多数中青年妇女都着西服。男子穿西服通常都系领带。和服是日本的传统服装，其特点是一般由一块布料缝制而成。现在男子除一些特殊职业者外，在公共场所很少穿和服。日本妇女喜欢描眉，她们普遍爱画略有弯度的细眉，认为这最具现代女性的气质。在一般场合，只穿背心或赤脚被认为是失礼的行为。

2. 见面礼仪

日本人相互见面多以鞠躬为礼。比较熟悉的人见面互相鞠躬以二三秒钟为宜；如果遇见好友，腰弯的时间要稍长些；在遇见社会地位比较高的人和长辈的时候，要等对方抬头以后才把头抬起来，有时甚至要鞠躬几次。鞠躬是日本的传统问候方式，如今已渐为握手所代替。

日本人初次见面对互换名片极为重视。互赠名片时，要先行鞠躬礼，并双手递接名片。接到对方名片后，要认真看阅，看清对方身份、职务、公司，用点头动作表示已清楚对方的身份。如果接过名片后，不加看阅就随手放入口袋，便被视为失礼。

3. 餐饮礼仪

日本的饮食有日本固有的“日本料理”；从中国传去的“中华料理”；从欧洲传去的“西洋料理”等。日本人自古以来就以大米为主食，他们爱吃鱼，吃法很多，主要有蒸、烧、煮、炸、生等五种，其中，尤以刺身即生食鱼片最为著名。日本饮食讲究色彩搭配，一般不吃肥肉和猪内脏，有的人不吃羊肉和鸭肉。不论在家中或餐馆内，座位都有等级，一般听从主人的安排即可。日本人在宴客时，大都忌讳将饭盛得过满，并且不允许一勺盛一碗饭，而作为客人，则不能仅吃一碗饭。日本人非常爱喝酒，普遍爱好饮茶，形成了讲究“和、敬、清、寂”四规的茶道。

4. 交谈礼仪

在交际场合，日本人的信条是“不给别人添麻烦”。他们忌高声谈笑，在外人面前，不论自己是否开心，大都要满脸笑容，认为这也是做人的一种礼貌。日本人忌讳交谈的话题是第二次世界大战。忌问“您吃饭了吗”，称呼残疾人时往往使用“眼睛不自由的人”“腿不自由的人”等，而忌用“残疾”之类的词语。

5. 其他礼仪指导

到日本从事商务活动，宜选择在 2 ～ 6 月、9 ～ 11 月，其他时间当地人多休假或忙于过节。在私人家里招待客人是难得的事。如果你真去日本人家里作客的话，那么一踏进门就先脱下帽子手套，然后脱下鞋子。按习惯，要给女主人带上一盒糕点或糖果，而不是鲜花。

如果日本人送你礼物，要对他表示感谢，但要等他再三坚持相赠后再接受。收受礼物时要用双手接取。日本人喜欢别人送给他们礼物，礼物要用色彩柔和的纸包装好，不用环状装饰结。他们特别喜欢白兰地酒和冻牛排。成双作对的礼物被认为是好运的兆头，所以衬衫袖口的链扣子和配套成对的钢笔或铅笔这类礼物特别受欢迎。

日本人大都喜爱白色与黄色，不喜欢紫色，认为紫色是悲伤的色调，最忌讳绿色，认为绿色是不祥之色。日本人忌讳 4，主要是 4 和“死”的发音相似，很不吉利。他们对送礼特别忌讳 9，会误认为你把主人看作强盗。还忌讳三个人一起“合影”。他们认为中间被左右两人夹着，这是不幸的预兆。

日本人对送花有很多忌讳。忌讳赠送或摆设荷花。在探望病人时忌用山茶花、仙客来及淡黄色和白颜色的花。因为山茶花凋谢时整个花头落地，不吉利。仙客来花在日文中读音为“希苦拉面”，而“希”同日文中的“死”发音类。淡黄色与白颜色的花是日本人传统观念中就不喜欢的花。他们对菊花或装饰花图案的东西有戒心，因为它是皇室家庭的标志，一般不敢也不能接受这种礼物或礼遇。

日本人对装饰有狐狸和獾图案的东西很反感，认为狐狸“贪婪”和“狡猾”，獾“狡诈”。他们还很讨厌金、银眼的猫，见到这样的猫会感到丧气。

他们忌讳触及别人的身体，认为这是失礼的举动。

（二）韩国礼仪概况

大韩民国简称“韩国”，位于东亚朝鲜半岛南部，首都为首尔。

韩国素有“礼仪之国”“君子之国”的称号，主要民族为韩民族，官方语言是韩语。韩国人主要信奉佛教。主要节庆有：元旦、新年、三一运动、植树节、释迦牟尼诞生节、儿童节、父母节、教师节、端午节、光复节、中秋节等。

1. 服饰礼仪

韩服是韩国的传统服装，近代被洋服替代，一般只有在节日和有特殊意义的日子里穿。女性的传统服装是短上衣和宽长的裙子，看上去很宽松；男性以裤子、短上衣、背心、马甲显出独特的风情。白色为基本色，根据季节、身份，所选用的材料和色彩都不同。在结婚等特别的仪式中，一般平民也穿戴华丽的衣裳和首饰。在职场中，韩国人着装很讲究朴素、整洁、庄重。韩国男子都会穿深色的西服套装，系领带，皮鞋锃亮，而韩国妇女的着装优雅大方。在韩国，衣冠不整、着装过露或过透的人，都是让人看不起的。

2. 见面礼仪

与外国人初次打交道时，韩国人非常讲究预先约定、遵守时间，并且十分重视名片的使用。在正规的交际场合，韩国人都采用握手作为见面礼节，在行握手礼时，他们讲究使用双手，或单独使用右手。韩国妇女一般情况下不与男子握手，代之为鞠躬或者点头致意。同他们相见或是告别时，若对方是有地位、身份的人，韩国人往往要多次行礼，行礼三五次也不算多。

3. 餐饮礼仪

韩国从古代开始主食就以米为主，韩国饮食由米与各种蔬菜、肉类、鱼类共同组成。韩食以泡菜文化为特色，一日三餐都离不开泡菜，有“没有泡菜，吃饭没味”之语。韩国传统名菜烧肉、泡菜、冷面已经成了世界名菜。韩国人一般不吃过腻、过油、过甜的东西，不吃鸭子、羊肉和肥猪肉。韩国男子通常酒量不错，妇女则多不饮酒。韩国人吃饭时先为老人或长辈盛饭上菜，老人动筷后，其他人才能吃。用餐时不能随便出声、不能边吃边谈。

韩国人吃饭不能用嘴接触饭碗，也不端碗，左手就一定要听话，老实地藏在桌子下面，不可在桌子上“露一手儿”。勺子在韩国人的饮食生活中比筷子更重要，负责盛汤、捞汤里的菜、装饭，不用时要架在饭碗或其他食器上。而筷子只负责夹菜。

4. 交谈礼仪

韩国人一般不轻易流露自己感情，公共场所不大声说笑，尤其妇女，有的笑时用手帕捂嘴，防止出声失礼。男子不要问女子的年龄、婚姻状况。与韩国人交谈时，可以谈韩国文化、国家经济成就和足球等。需要对其国家或民族进行称呼时，不要将其称为“南朝鲜”“南韩”或“朝鲜人”，而宜称“韩国”或“韩国人”。在韩国，不宜谈论的话题有：政治腐败、经济危机、意识形态、南北分裂、韩美关系、韩日关系、日本之长等。

5. 其他礼仪指导

韩国人的民族自尊心很强，反对崇洋媚外，倡导使用国货。在赠送礼品时，最好选择鲜花、酒类和工艺品，韩国人喜欢中国特色的礼品。不宜送外国香烟给韩国友人。酒是送韩国男人最好的礼品，但不能送给妇女。韩国人用双手接礼物，但不会当着客人的面打开。

应邀出席宴请一般不要带夫人参加，而且做好饮酒准备。应邀做客，进韩国人家里要脱鞋，到韩国式食堂进餐也要脱鞋，因此一定要注意穿干净的袜子。袜子不干净或有破洞是失礼行为，被人看作没有教养。入座时，宾主都要盘腿席地而坐，不能将腿伸直，更不能叉开。接受韩国人宴请后，要设法回请一次，以示礼貌。

韩国人普遍忌“四”字。因韩国语中“四”与“死”同音，传统上认为是不吉利的。

此外，孕妇忌打破碗，担心胎儿因此而裂嘴；婚姻忌生肖相克；婚期择双日，忌单日；节庆期间要说吉利话；打喷嚏时要表示歉意；剔牙要用手或餐巾盖住嘴；交接东西要用右手，不能用左手，因传统观念上认为"右尊左卑"，认为用左手交接东西是不礼貌的行为；给长辈或接长辈给的东西要用双手等。

（三）新加坡礼仪概况

新加坡，全称为新加坡共和国，旧称新嘉坡、星洲或星岛，别称为狮城，位于东南亚马来半岛的南端，是个集国家、首都、城市、岛屿为一体的城市型岛国。

新加坡是一个多语言的国家，拥有 4 种官方语言，即马来语、华语、英语和泰米尔语。马来语为新加坡的国语，主要是尊重当地原住民所使用的语言。新加坡为多宗教国，华人大都信仰佛教或道教，佛教是全国第一大宗教。

1. 服饰礼仪

新加坡不同民族的人在穿着上有自己的特点。马来人男子头戴一顶叫“宋谷”的无边帽，上身穿一种无领，袖子宽大的衣服，下身穿长及足踝的纱笼；女子上衣宽大如袍，下穿纱笼。华人妇女多爱穿旗袍。政府部门对其职员的穿着要求较严格，在工作时间不准穿奇装异服。

2. 见面礼仪

在社交场合，新加坡人与客人相见时，一般都施握手礼，男女之间可以握手，但对男子来说，比较恰当的方式是等妇女先伸出手来再行握手。新加坡的华人见面多行传统礼——相互作揖；马来人见面多行双手握手礼：先用双手互相接触，然后指向各自的胸前，表示衷心的问候；印度人见面时常行合十礼。会见时，握手、微笑和问好都是必不可少的。介绍完毕后给所有的人递上名片。与新加坡人约会，最好事先约定，并准时赴约。

3. 餐饮礼仪

新加坡人的主食多是米饭，有时也吃包子等，但不喜食馒头，偏爱中国广东菜。信奉伊斯兰教的人喜欢吃咖喱牛肉，副食品主要为鱼虾。喜欢口味清淡，爱微辣味道，喜吃水果中的桃子、荔枝、生梨等。马来人用餐一般用手抓取食物，他们在用餐前有洗手的习惯，进餐时必须使用右手。饮茶是当地人的普遍爱好，客人来时，他们常以茶水招待，华人喜欢饮元宝茶，意为财运亨通。饮茶文化有其独特的一面，其特有的“长茶”已成为观光客十分欣赏的一种民族表演艺术。

新加坡华人吃饭时，喜欢用筷子和瓷匙，而马来人和印度人可能用右手代替筷子，用芭蕉叶代替盘子。注意用餐时不要把盘子里吃了一半的鱼翻转过来，因为那预示翻船，要把鱼骨移开，从上面吃到下面。

4. 交谈礼仪

在新加坡，好的交谈话题是当地的风味食品、餐馆、旅行见闻，你所去过的国家以及新加坡的经济成就等。避免谈论政治和宗教话题。

5. 其他礼仪指导

到新加坡从事商务活动的最佳月份是3月到10月，以避开圣诞节及华人的新年。当地工商界人士多讲英语，见面时要交换名片，名片可以用英文印刷。新加坡人不喜欢挥霍浪费，宴请对方不要过于讲排场。新加坡人时间观念较强，有准时赴约的良好习惯。

新加坡华人过春节送红包礼。亲友之间互赠红包联络感情，有些企业家在职工初回上班时要分发“开工红包”给职工，以示开门吉利。

新加坡人尊重长辈，举世闻名。新加坡人邻里之间，日常交往自觉遵守《邻里礼貌守则》。新加坡人重视“礼貌之道重于行”的准则。礼貌口号是：真诚微笑。新加坡是世界上最清洁的城市之一，特别讲究卫生，随地吐痰、乱丢废物均要受到法律制裁，还严禁放烟花鞭炮。

新加坡人对吉祥字“福”“喜”“吉”“鱼”非常喜欢，这些字预兆吉利；还对荷花、苹果和蝙蝠等象征和平幸运的图案非常感兴趣。新加坡人喜欢红、绿、蓝色，视紫色、黑色为不吉利。黑、白、黄为禁忌色。忌讳左手传递东西或食物，禁止在商品包装上使用如来佛的图像。忌讳猪、乌龟，认为它们是不祥之物。大年初一不许扫地、不许洗头，认为这样会扫走或洗掉好运的。认为4、6、7、13、37、69是消极的数字，最不喜欢7，平时尽量避免这个数字。

新加坡人对男子留长发极为反感，认为是可耻的。他们忌讳人口吐脏言。他们对“恭喜发财”之类的话反感，认为是教唆他人发不义之财。

（四）马来西亚礼仪概况

马来西亚简称大马。马来西亚被南中国海分为两个部分：位于马来半岛的马来西亚半岛及位于加里曼丹岛的北部的沙巴砂拉越。首都为吉隆坡，联邦政府则位于布城。

官方语言为马来语，是全部政府机构的行政用语，不过商业用语是英语和汉语。宪法规定伊斯兰教为国教。他们的节日也很多，华人的春节、伊斯兰的圣纪节、佛教的卫塞节，还有国庆节（庆祝独立日）、屠妖节、开斋节、圣诞节、感恩节、收获节、稻神节等传统节日。

1. 服饰礼仪

马来人男女传统礼服分别是：男士为无领上衣，下着长裤，腰围短纱笼，头戴“宋谷”无边帽，脚穿皮鞋。女士礼服也为上衣和纱笼，衣宽如袍，头披单色鲜艳纱巾。除皇室成员外，一般不穿黄色衣饰。打工族为了工作穿着方便，一般着轻便的西服，只有工余在家或探亲访友或在重大节日时，才着传统服装。在公共场所里，一般都不露出胳膊和腿。他们的“国服”叫“巴迪服”，是由蜡染的花布做成的，袖长宽大，柔软漂亮。在各种正式场合，男士着装除民族服装或西服外，可穿长袖巴迪衫。

2. 见面礼仪

马来西亚是多民族国家，很多风俗礼仪也十分奇特。例如见面礼就不同寻常，他们相见后，先擦摩对方的手心，再行合十礼，然后摸一下自己的心窝，最后再相互祝福。一般都说伊斯兰教的祝词，如“愿真主保佑您”等。如果在半路上遇到熟人时，必须有一个人先向前走一步，含笑伸掌，施行上述礼仪。有的在摸心窝时，把手举出老高，先从脸部轻轻摸下去，再在心窝点一下，特别表现出虔诚之意。对不相熟的女士则不可随便伸手要求握手，男子应该向女子点头或稍行鞠躬礼，并且主动致以口头问候。但现在西式的握手问好在马来西亚是最普遍的见面礼，不论用在马来人、华人或印度人都可通用无阻。如果看见女人用布把手盖上，就是表示他向男人预祝平安。

3. 餐饮礼仪

马来西亚人以大米为主食，福米糕点也常吃，喝的有椰浆、咖啡、冰水等，忌食猪肉和狗肉，不饮酒。他们进餐既不用筷子，也不用刀叉，而是用手抓着吃，是名副其实的手抓饭。在马来餐厅，餐桌上通常有个水壶，其用途是用来洗手用的。一般马来人都是用右手抓饭来吃，所以餐前及餐后洗手是马来人餐桌上的礼节。不用酒类待客，中国的广东、福建等地的菜肴在当地很有名气，比较受欢迎。他们的嗜好是吃槟榔、饮椰子酒、吃烟（把烟草放到嘴里嚼）。近年来，他们对中国的名茶很感兴趣，有的独饮、有的会友，讲究茶的质量、冲泡技术、茶具等。

4. 交谈礼仪

马来西亚人有名无姓，通常是起个名字，后面再加上父名，男的中间加“宾”字，女的中间加“宾蒂”两字。马来西亚人几乎人人都有头衔，有的是国家各级领导颁发的各种中勋衔，有的是家庭传统的头衔，有的是宗教传统的头衔，男女往往都不一样。所以，交谈千万不能把头衔弄错，否则，视为大大失礼。在日常交谈中，喜欢谈及体育，一般性事务、家庭生活、饮食之类。

5. 其他礼仪指导

在马来西亚旅游时，公共场所里男女要保持一定距离，即使是夫妻或朋友也要如此，如果有勾肩搭背者是违法的，要受到处罚的。进清真寺要脱鞋和摘下太阳镜，男性不能穿短裤和汗衫，女性不能穿短裙。在公共场所乱扔纸屑杂物者必被重罚。

如果有机会被邀请到马来西亚人家里做客时，要带上礼品，忌用纸包装。家宴只有男人，女人不露面。如果要坐时，不能把两腿叉开，更不能跷二郎腿。到马来西亚人家里去做客或拜访时，必须做到衣冠整齐、干净，进门前要脱鞋，并把鞋子放在门口或楼梯口。他们待客很热情，有点心、糕饼、茶、咖啡、冰水等。要按照主人的意愿吃一点、喝一点。否则，以为你看不起或不尊重他们。

送礼时不能当面打开展示，否则，就是失礼之举。如果接受了他们的礼品，可以写封信表示感谢，他们是很欢迎的。

不能用食指指人，不能触摸别人的头部，也不能触摸别人的背部。拿东西、握手等都用右手，忌用左手。对婴儿不能说“胖”字。如果要触碰到某人肩膀时，要把双肩同时碰触。

忌讳乌龟，0、4、13 等数字也是忌讳的，不喜欢白、黄、黑色，最喜欢红色、橙色等。

（五）泰国礼仪概况

泰王国简称“泰国”。是一个位于东南亚的君主立宪制国家。泰国旧名暹罗，把“暹罗”改为“泰”，主要是取其“自由”之意。首都曼谷。

泰国是世界最闻名的旅游胜地之一，泰语为国语。泰国是佛教之国，大多数泰国人信奉四面佛。在泰国，凡是信佛教的男孩子，到了一定年龄都要一度削发为僧，连王室和贵族也不例外。处处可见身披黄色袈裟的僧侣，以及富丽堂皇的寺院。因此，泰国又有“黄袍佛国”的美名。泰国节日有：国庆日、泰语国家日、母亲节、农耕节、鬼节等。

1. 服饰礼仪

泰国人喜爱红、黄色，禁忌褐色，所以人们的服饰都使用鲜艳的颜色。当今泰国女子服装式样繁多，一般较讲究的女子天天换装，多穿套装，穿连衣裙的很少，不少人爱穿筒裙。男式服装较为简单，穿短袖上衣、T 恤衫和猎装，下身穿长裤。在很多场合，不少泰国人喜欢穿传统的泰式服装。这些男女民族服装多选用棉、麻或丝绸材料在本国手工缝制，占泰国服装总体消费的大约 40%。由于泰国人大多信仰佛教，所以常用项链将金、银、铜、陶制成的小佛像挂于胸前。

2. 见面礼仪

泰国人在交际往来中不喜欢与人握手，见面时通常采用“合十礼”。行合十礼时，要立正站好，双手十指并拢掌心相对。双手举起的高度不同，给予对方的礼遇便不同，通常有四种规格：一是举到前额下，用于晚辈向长辈施礼；二是举于胸前，多用于长辈向晚辈还礼；三是举到鼻子下，一般用于平辈间；四是举过头顶，只用于平民拜见泰王时。跟泰国人接触时，千万不要动手拍打对方或用左手接触对方，讲话时以手指对对方指指点点也是不允许的。

3. 餐饮礼仪

泰国人以大米为主食，副食是鱼和蔬菜。早餐吃西餐，如烤面包、黄油、果酱、咖啡、牛奶、煎鸡蛋等，午餐和晚餐则喜用中餐，如中国的川菜和粤菜。泰国人爱吃辛辣菜肴，不吃牛肉，不喜酱油，不爱吃红烧的和加糖的菜肴。特别喜欢喝啤酒，在喝咖啡和红茶时，喜欢配以小蛋糕和干点心，饭后有吃苹果、鸭梨的习惯，但不吃香蕉。另外，在递给别人东西时要用右手，不得已用左手时要说声“请原谅”。

4. 交谈礼仪

在交际场合，泰国人习惯以“小姐”“先生”等国际上流行的称呼彼此相称。在交谈时，泰国人习惯细声低语。在泰国人看来，跟旁人打交道时面无表情、愁眉苦脸，或是高声喧哗、大喊大叫，都是失敬于人的。泰国人非常尊重国王和王室成员，不要随便谈论或议论王室。泰国是微笑的国度，人民热情善良、乐于助人，因此在泰国，尽管放心大胆与泰国人交谈，这是了解泰国文化的一种方式。遇到困难，也不必迟疑，尽管求助。

5. 其他礼仪指导

遇有王室成员出席的场合，态度要恭敬。佛教是泰国的国教，因此佛像无论大小都要尊重，切勿攀爬。对僧侣应礼让，但不要直接给钱。女性不能碰触僧侣，如需奉送物品，应请男士代劳，或直接放在桌上。到寺庙参观着装应整齐，不要穿短裤、短裙和无袖上装，进入主殿要脱鞋。

在举止动作上，泰国人的禁忌很多。总的说来，他们有“重头轻脚”的讲究。所谓“重头”，是说泰国人的头部，尤其是孩子的头部，一般绝对不准触摸。拿着东西从泰国人头上通过被视作一种侮辱。所谓“轻脚”，则是说泰国人认为脚除了走路外，别无所用。因此，他们不准用脚指示方向，不准用脚踩踏门槛。

泰国人经事先联系后会准时赴约，进屋时先脱鞋。因男女授受不亲，即使在公开场合下，舞曲响起，男女身体也不可接触，这时客人最好是坐着不动。

与泰国人交往，可以送一些小的纪念品和鲜花，送的礼物事先要包装好。

泰国人非常爱清洁，随地吐痰、扔东西被认为是非常缺乏教养的行为。泰国禁赌，即使在酒店房间里也不要打牌或打麻将。

（六）印度礼仪概况

印度共和国简称印度。位于南亚，是南亚次大陆最大的国家，是一个由100多个民族构成的统一多民族国家。首都新德里。

印度官方语言是印地语，英语为“第二附加官方语言”的地位，亦是全国性的通用语言，主要在政治和商业交往场合使用。另外还有其他21种少数民族的预定官方语言。印度大约有83%的居民信奉印度教。主要节日有共和国日、独立日、洒红节、灯节、元旦等。

1. 服饰礼仪

印度有些地区和有些信仰的男性有包头巾的习俗。印度男性多半穿着一袭宽松的立领长衫，搭配窄脚的长裤。拉贾斯坦地区的男性，裤子是以一条白色布块裹成的，头上的布巾花样变化极多，色泽鲜明。印度妇女传统服饰是纱丽，纱丽是指一块长达15码以上的布料，穿着时以披裹的方式缠绕在身上。印度妇女穿着纱丽时，上衣是一件短袖、露出肚脐的紧身衣，下身是一条及地的直筒衬裙。

印度的妇女，大多习惯在自己的前额上以红色点上一个“吉祥痣”，过去表示妇女已婚，而今主要用于装饰。出于宗教方面的原因，印度男性锡克教徒还有不理发、不剃须、夹发梳、带铁手镯、佩戴短剑的习惯。

2. 见面礼仪

“那摩斯戴”是印度人最常用的问候语，在见面和告别时，印度人总免不了说一句“那摩斯戴”，这是印地语，意即“您好”。在印度，所用较多的是合十礼和拥抱礼，其具体做法与其他国家大同小异。印度人较有特色的见面礼有贴面礼、摸脚礼和举手礼。贴面礼流行于印度的东南部地区，具体做法是：与客人相见时，将自己的鼻子与嘴巴贴在对方的面颊上，并且用力吹气，同时还要口念道：“嗅一嗅我。”摸脚礼在印度是一种礼遇极高的见面礼，具体做法是：晚辈在拜见长辈时，首先弯腰用右手触摸长辈的脚部，然后再用它去回摸自己的前额，以示用自己的头部接触对方的脚部。举手礼是合十礼的一种变通，当一手持物，难以双手合十时，则举起右手，指尖向上，掌心向内，向交往对象致敬。与此同时，还需问候对方：“您好！”

印度人见面也流行握手礼，但男子见到女子应该施合十礼，并微微鞠躬，男子要尽量避免触碰女性，更不应该在公共场合与女子单独交谈。用左手与人握手也不可以。迎接嘉客时，印度人要向对方敬献用鲜花纺织的花环，主人通常亲自将其挂在客人的脖子上，花环越大说明客人的身份越尊贵。邀请印度人参加社交活动时，也应该同时邀请他们的妻子。

3. 餐饮礼仪

牛，在印度人心目中极为神圣，在印度你是不会吃到牛肉的。但印度是世界上数一数二的产奶大国，牛奶在印度人的饮食结构中占有非常重要的位置，所以一般都喝牛奶。印度人以大米和面食为主食，饮食口味淡而清滑，调的方式主要有炒、煮、烩三种。喜欢吃印度烙饼和咖喱大米饭，喜欢吃鸡、鸭和鱼、虾，喜欢番茄、洋葱、土豆、白菜、菠菜尤其喜欢吃土豆等。做饭时，喜欢加入各种各样的香料，尤其爱加入辛辣香料，如咖喱粉等。有许多印度人是不吃蛇肉、竹笋、蘑菇和木耳的，还有不少印度人甚至不吃鸡蛋。

印度人不太爱喝汤，不喜欢饮酒，他们认为白开水是世界上最佳的饮料，红茶也是他们的主要饮料，印度人喝茶一般是要加牛奶和糖。在喝茶时，会将其斟入盘里，用舌头舔饮。

在较正式的场合，印度人用餐时，人们吃饭使用叉和勺，但在家中用手抓更来得痛快，大多使用盘子，而习惯用右手抓食。印度人认为左手肮脏，除了上洗手间外均不得使用左手。在餐馆或印度人家里吃饭，当快吃完的时候，主人给每人端上一小碗温水，上面还漂着一块柠檬，是用来洗手的。印度 60% 的人是素食主义者，而且社会地位越高的人越忌荤食。有些虔诚的印度教徒吃饭前还要做祷告。在请客的时候，印度人往往会请在座者之中最有钱的人或最受欢迎的人付账。

4. 交谈礼仪

印度人喜欢谈论文化方面的成就、印度的传统以及外国的事情和外国人的生活，忌讳谈论有关个人私事、印度的贫困状况、宗教矛盾、与巴基斯坦的关系、工资以及两性关系的话题。在印度，“老爷”“主人”一类的称呼，通常表示着一个人的社会地位。

5. 其他礼仪指导

印度人重视时间观念，约会时应该尽量按时赴约。进寺庙或厨房之前一定要先脱鞋。

印度人是用摇头表示赞同，用点头表示不同意。人们用手抓耳朵表示自责；召唤某人的动作是将手掌向下摆手指，不能只用一个指头；指人时也要用整个手掌，不能用一两个指头。

在印度，不要抚摸小孩头部，因为印度人认为头部是神圣的。参观印度寺庙时，最好不要穿着短裤和短裙。看到特殊宗教仪式举行时，千万不可鄙视或加以批评，免得招惹是非。

一份糖果或是一束鲜花是印度人访朋问友经常送的礼物。因为印度人爱吃甜食，所以送糖果的居多。糖果有的是从商店中购买的，有的是自家做的。印度人特别喜爱喝红茶，赠送他们中国红茶，会使他们心花怒放的，忌讳送牛制品的礼物。

在印度有很多种动物被神化，除了被定为国鸟的蓝孔雀外，最受印度人崇拜的动物还有黄牛。受宗教影响，黄牛广受人们崇拜，印度人敬牛、爱牛、不打牛、不杀牛、不使用牛皮制品。去印度的寺庙参观，身上绝不要穿以牛皮制成的东西，如皮鞋、皮带表、手提皮包等，否则会被视为犯了禁戒。在印度的某些部族里，令他人胆战心惊的眼镜蛇竟被看作“神的朋友”，因而也被“爱屋及乌”地顶礼膜拜。

商务活动访新德里最好选择每年10月至6月，访问孟买最好选择9月至10月，以免酷热或梅雨。印度人忌讳白色、忌讳弯月图案、忌讳送人百合花，视1、3、7为不吉利数字。

二、欧洲主要国家和地区礼仪概况

（一）英国礼仪概况

大不列颠及北爱尔兰联合王国简称“英国”，本土位于欧洲大陆西北面的不列颠群岛。首都伦敦。

英国名义上没有官方语，实际上以英语为主要语言。居民多信奉基督教新教。英国注重礼仪恐怕世界闻名，英国绅士的名头可不是白来的。英国的节日有元旦、情人节、复活节、耶稣受难日、愚人节等。

1. 服饰礼仪

英国人注意服装，穿着要因时而异，往往以貌取人，仪容态度尤须注意。英国人讲究穿戴，只要一出家门，就得衣冠楚楚，养成了一种传统的“绅士”“淑女”风度。按英国礼俗，随时宜穿三件套式西装，打传统保守式的领带，但是勿打条纹领带，因为英国人会联想到那是旧“军团”或老学校的制服领带。英国人的穿衣模式受到世界许多人的推崇。尽管英国人讲究衣着，但十分节俭，一套衣服一般要穿十年八年之久。一个英国男子一般有两套深色衣服，两三条灰裤子。现代英国人的衣着向多样化、舒适化发展，比较流行的有便装夹克、牛仔服。

2. 见面礼仪

英国常见的见面礼仪有：鞠躬礼、点头礼、举手注目礼、握手礼、吻手礼、亲吻礼、拥抱礼等。鞠躬礼系下级对上级或同级之间的礼节。点头礼系同级或平辈间的礼节，也须脱帽。举手注目礼系军人礼节。握手礼是欧美最常见的礼节，在世界许多国家都通行，客人先伸手时，方能握之，切忌一脚门里一脚门外与人握手，尤忌四人交叉握手。和初次见面的女人通常不握手，只行鞠躬礼。同男人握手越紧表示友情越深，和女人握手则须轻些。吻手礼是流行于欧美上层社会的一种礼节，此项礼节英法社会最重视。接吻礼是上级对下级、长辈对晚辈、朋友、夫妻之间表示亲昵、爱抚的礼节。通常是在受礼者脸上或额上轻吻一下。拥抱礼是欧美各国熟人、朋友之间表示亲密感情的一种礼节，他们见面或告别时互相拥抱，表示亲密无间。拥抱礼通常和接吻礼同时进行。

3. 餐饮礼仪

英国人一般较喜爱的烹饪方式有：烩、烧烤、煎和油炸。对肉类、海鲜、野味的烹调均有独到的方式；然而，他们对牛肉类方面又有特别的偏好，如烧烤牛肉，在食用时不仅附上时令的蔬菜、烤土豆，还会在牛排上加上少许的芥末酱；在佐料的使用上则喜好奶油及酒类；在香料上则喜好肉寇、肉桂等新鲜香料。

正式的宴会一定要穿礼服，穿着得体是基本的礼仪。就座时，身体要端正，手肘不要放在桌面上，也不要跷二郎腿。如果在餐厅和友人交谈，音量应该让对方听到即可，不要影响到邻桌的客人。若要中途离桌，最好是在上菜的空档，并且应把餐巾叠好再走，不要影响用餐气氛。如果你吃完饭了，将刀叉并排放在盘子中。叉子要放在刀的左边，保持叉子齿朝上。吃甜品的时候要一勺一勺地来吃。

晚餐的餐桌上不要和英国人聊公事。吃鱼、肉等带刺或骨的菜肴时，直接往外吐对同桌人很不礼貌，可用餐巾捂嘴轻轻吐在叉上放入盘内，餐巾只能接触嘴唇。喝汤永远都要用汤勺，汤勺要从汤碗的中间舀，尽量不要让汤勺接触到碗壁。进餐吸烟，被视为失礼。

4. 交谈礼仪

英国人谈正事的时候，喜欢直接切入主题，表达意见也不喜欢拐弯抹角。如果您去英国，千万不要问人家“您去哪儿”“吃饭了吗？”这类问题，中国人认为很热情，英国人会认为你很粗鲁，他们讨厌别人过问他们的个人生活。（但同学朋友之间，以“今天过得怎么样？”“你今天干什么了？”作为开场白是非常普遍的。）英国人非常不喜欢谈论男人的工资和女人的年龄，甚至他家里的家具值多少钱也是不该问的。每个人都想永葆青春，没有比对中年妇女说一声“你看上去好年轻”更好的恭维了。

5. 其他礼仪指导

到英国从事商务活动要避开7、8月，这段时间工商界人士多休假，另外在圣诞节、复活节也不宜开展商务活动。英国人的时间观念很强，相处之道是严守时间，遵守诺言。

英国人待人彬彬有礼，讲话十分客气，“谢谢”“请”字不离口。在英国，“女士优先”的社会风气很浓。丈夫通常要偕同妻子参加各种社交活动，总是习惯先将妻子介绍给贵宾认识。

若请你到人家里作客，需要注意，早到是不礼貌的。去英国人家里作客，最好带点价值较低的礼品，因为花费不多就不会有行贿之嫌。礼品一般有：雪茄、名酒、鲜花。而对有客人公司标记的纪念品不感兴趣。服饰、香皂之类的私人物品、菊花、白色的百合花在英国不宜送人。他们常常当着客人的面打开礼品，无论礼品价值如何，或是否有用，主人都会给以热情的赞扬表示谢意。苏格兰威士忌是很通行的礼品，烈性威士忌则不然。

英国人认为13和星期五是不吉利的，尤其是13日与星期五相遇更忌讳，这个时候，许多人宁愿呆在家里不出门。忌讳四人交叉式握手，还忌点烟连点三人，一根火柴点燃第二支烟后应及时熄灭，再用第二根火柴点第三个人的烟才不算失礼。

忌当着英国人的面耳语，不能拍打肩背。英国人忌用人像作商品装潢，忌用大象图案，因为他们认为大象是蠢笨的象征。英国人讨厌孔雀，认为它是祸鸟，把孔雀开屏视为自我炫耀和吹嘘。

（二）法国礼仪概况

法兰西共和国简称“法国”，是一个本土位于西欧的半总统共和制国家，为欧洲国土面积第三大、西欧面积最大的国家。法国的首都为巴黎，是法国第一大城市及欧洲第二大城市，历史悠久，从法兰克王国起一直为法国的行政中心，是世界四大国际化都市之一。

法国通用法语。大部分居民信奉天主教。法国的节日主要有国庆日、遗产日、鸡鸣节、万灵节等。

1. 服饰礼仪

法国人对于衣饰的讲究，在世界上是最为有名的。所谓“巴黎式样”，在世人耳中即与时尚、流行含义相同。在正式场合，法国人通常要穿西装、套裙或连衣裙，颜色多为蓝色、灰色或黑色，质地考究。出席庆典仪式时，一般要穿礼服。男士所穿的多为配以蝴蝶结的燕尾服或是黑色西装套装，女士则穿礼服。

对于穿着打扮，法国人认为重在搭配是否得法。在选择发型、手袋、帽子、鞋子、手表、眼镜时，都十分强调要使之与自己着装相协调相一致。

2. 见面礼仪

在人际交往过程中，法国人所采用的礼节主要有握手礼、拥抱礼和吻面礼。在社交场合与客人见面时，一般惯以握手为礼，少女向妇女也常施屈膝礼。他们的男女之间、女子之间见面时，还常以亲面颊或贴面颊来代替相互间的握手。法国人还有男性互吻的习俗，两位大男人见面，一般要当众在对方的脸颊上分别亲一下。在法国一定的社会阶层中“吻手礼”也颇为流行。不过施吻手礼时，嘴不应接触到女士的手；也不能吻戴手套的手；不能在公共场合吻手；更不能吻少女的手。

3. 餐饮礼仪

作为举世皆知的世界三大烹饪王国之一，法国人十分讲究饮食。在西餐中，法国菜可以说是最讲究的。法国人爱吃面食，面包的种类很多，他们大都爱吃奶酪。在肉食方面，他们爱吃牛肉、猪肉、鸡肉、鱼子酱、鹅肝，不吃肥肉、宠物、肝脏之外的动物内脏、无鳞鱼和带刺骨的鱼。法国人用餐时，两手允许放在餐桌上，但却不许两肘支在桌子上。在放下刀叉时，他们习惯于将其一半放在碟子上，一半放在餐桌上。

法国人特别善饮，他们几乎餐餐必喝，而且讲究在餐桌上要以不同品种的酒水搭配不同的菜肴；除酒水之外，法国人平时还爱喝生水和咖啡。

4. 交谈礼仪

法国人在人际交往中大都谈吐文雅、爽朗热情、善于雄辩、高谈阔论、好开玩笑，讨厌不爱讲话的人，对愁眉苦脸者难以接受。他们有耸肩膀表示高兴的习惯。他们在同人交谈时，喜欢相互站得近一些，认为这样显得亲切。谈话过程中经常用手势来表达某种意思，但有的手势和我们的习惯不同。法国人特别爱侃，并善侃，但从不涉及粗俗话题，对庸俗下流的举止极为鄙视。与法国人交谈，应避免谈论政治和钱，老年女性对别人把自己称为“老太太”看作是一种侮辱。谈话中不要涉及对方的私事。

5. 其他礼仪指导

法国人很重视建立良好的人际关系。一般情况下，未成为朋友前是不会跟你做大宗生意的。和法国人谈生意，一定要守时，否则不会被原谅。和法国人谈生意，要避开商业淡季。每年 8 月份由于天气较热，几乎全国放假。

世界各国，法国人是最著名的“自由主义者”，一般纪律较差，不大喜欢集体行动。与法国人打交道，约会必须事先约定，并且准时赴约，但是要对他们的姗姗来迟事先有所准备。

在人际交往中，法国对礼物十分看重，但又有其特别的讲究。法国人喜欢具有艺术品味和纪念意义的物品。男士不赠送香水、化妆品等礼物给关系一般的女士。能激起人们思维和美感的礼物特别受欢迎。不要送印有公司名称的显眼大标志的礼品。在接受礼品时若不当着送礼者的面打开其包装，则是一种无礼的表现。被邀请到某人家里作客是难得的，即使已相识很久。若有这类邀请的话，给女主人送上鲜花（不要送玫瑰花或菊花）或巧克力之类小礼品是很受欢迎的。

与法国人交谈时，如果能讲几句法语，一定会使对方热情有加。但也忌讳别人讲蹩脚的法语，认为是对其祖国语言的亵渎，若法语不纯熟，最好讲英语或借助翻译。

法国人崇尚骑士风度，对妇女十分尊重，敬酒先敬女士，走路、进屋、入座都要让女士先行。

公鸡是法国的国鸟。认为是勇敢顽强的象征，不喜欢孔雀，视其为祸鸟，仙鹤是蠢货的象征。法国人忌讳核桃，忌讳邮寄避孕药物品，忌讳用黑桃图案。

法国人大多喜爱蓝色、白色与红色。他们所忌讳的色彩主要是黄色与墨绿色。菊花、牡丹、玫瑰、杜鹃、水仙、金盏花和纸花，一般不宜随意送给法国人。与英国人和德国人一样，法国人忌讳数字 13 与星期五。

（三）德国礼仪概况

德意志联邦共和国简称“德国”，是位于中欧的联邦议会共和制国家，由 16 个联邦州组成，是欧洲联盟中人口最多的国家，以德意志人为主体民族。首都为柏林。

德国是欧洲人口最稠密的国家之一，主要是德国人（德意志人），有少数丹麦人和索布人，通用德语。信奉新教和天主教。德国主要节日有：元旦、耶稣受难日、复活节、劳动节、耶稣升天节、圣灵降临节、德国统一日、圣诞节等。

1. 服饰礼仪

德国人在穿着打扮上的总体风格是庄重、朴素、整洁。男士大多爱穿西装、夹克，并喜欢戴呢帽。妇女们则大多爱穿翻领长衫和色彩、图案淡雅的长裙。德国人在正式场合露面时，必须要穿戴得整整齐齐，衣着一般多为深色。在商务交往中，他们讲究男士穿三件套西装，女士穿裙式服装。德国人对发型较为重视。在德国，男士不宜剃光头免得被人当作“新纳粹”分子。德国少女的发式多为短发或披肩发，烫发的妇女大半都是已婚者。

2. 见面礼仪

德国人严肃而谨慎，注重形式，注重体面。对有头衔的人要称呼其头衔。见面与告别时要握手致意。否则会被认为相当无礼。两人相遇时，不管认识与否都相互打招呼，问声“您好”。餐馆吃饭时，也要向已就座的顾客点头问候，真的是“斯文对斯文，礼多人不怪”。朋友见面以握手为礼，告别时亦如此。十分要好的、长时间未见的朋友相见或长期分开时可以相互拥抱。正式场合，男子对女子行吻手礼，多是做个吻手的样子，不必非要吻到手背上。

3. 餐饮礼仪

德国人是十分讲究饮食的。在肉类方面，德国人最爱吃猪肉，其次才能轮到牛肉。以猪肉制成的各种香肠，令德国人百吃不厌。德国人一般胃口较大，喜食油腻之物，口味偏重，香肠、火腿、土豆都是他们最爱吃的东西，所以德国的胖人多。在饮料方面，德国人最欣赏的是啤酒。

德国人在用餐时，有以下几条特殊的规矩：吃鱼用的刀叉不得用来吃肉或奶酪；若同时饮用啤酒与葡萄酒，宜先饮啤酒，后饮葡萄酒，否则被视为有损健康；食盘中不宜堆积过多的食物；不得用餐巾扇风；忌吃核桃。

4. 交谈礼仪

与德国人交谈时，不宜涉及纳粹、宗教与党派之争以及过问他们的年龄、工资、信仰、婚姻状况等问题。与德国人一起可以谈论德国的乡村风光、个人的业余爱好，以及足球之类的话题，而不要涉及打垒球、篮球或美式橄榄球。在公共场合窃窃私语，德国人认为是十分无礼的。

5. 其他礼仪指导

德国人非常守时，约定好的时间，无特殊情况绝不轻易变动。德国人应邀到别人家做客或者是外出拜访朋友都会按点到达，如有特殊原因无法准时赴约时，都会向朋友表示歉意，并请求原谅。

德国人不喜欢听恭维话，他们认为过分的恭维实际上是对人的看不起，甚至是对人的侮辱。他们对于四个人交叉握手，或在交际场合进行交叉谈话也比较反感。

德国人在所有花卉之中，对矢车菊最为推崇，并且选定其为国花。送花时禁止送菊花、玫瑰、蔷薇，只数和花朵数不能是13或者双数，鲜花不用纸包扎。给德国人赠送礼品应该注重民族特色和文化意味，禁止送太个人化的物品。德国人忌讳送刀、剪子、西餐餐具等，因为有断交之嫌，礼品不要用咖啡色、白色、黑色包装纸和彩带包装，也不要捆扎礼品。

白鹳是德国的国鸟。忌讳数字13，视13日星期五为不祥。德国人对黑色、灰色比较喜欢，不喜欢红色、红黑相间色以及褐色，尤其不喜欢墨绿色。法律禁用纳粹或其军团的符号图案，讨厌蝙蝠图案，忌讳核桃。

德国人认定，在路上碰到了烟囱清扫工，便预示着一天要交好运。在德国，星期天商店一律停业休息。

（四）俄罗斯礼仪概况

俄罗斯被称为“超级大国”，是世界上人口减少速度最快的国家之一。俄语是俄罗斯全境内的官方语言，各自治共和国有权规定自己的国语，并在该共和国境内与俄语一起使用。俄罗斯全国有194个民族，居民多信奉东正教，其次为伊斯兰教。俄罗斯的节日有俄罗斯建军节、妇女节、劳动节、胜利节等。

1. 服饰礼仪

俄罗斯大都讲究仪表，注重服饰。在俄罗斯民间，已婚妇女必须戴头巾，并以白色的为主；未婚姑娘则不戴头巾，但常戴帽子。在城市里，俄罗斯人目前多穿西装或套裙，俄罗斯妇女往往还要穿一条连衣裙。外出时衣冠楚楚，他们认为不扣好纽扣或把外衣搭在肩上都是不文明的表现。前去拜访俄罗斯人时，进门之后务请立即自觉地脱下外套、手套和帽子，并且摘下墨镜，这是一种礼貌。

2. 见面礼仪

在人际交往中，俄罗斯人素来以热情、豪放、勇敢、耿直而著称于世。在交际场合，俄罗斯人惯于和初次会面的人行握手礼。最好不要隔着门槛握手，俄罗斯人认为门槛会把友谊隔断。若是许多人同时互相握手，切忌形成十字交叉形。但对于熟悉的人，尤其是在久别重逢时，他们则大多要与对方热情拥抱。见面接吻和拥抱是俄罗斯人的重要礼节。男女在隆重的场合相遇，常常是男子弯腰吻女子手背。日常生活中，长辈吻晚辈的面颊三次（先右、后左、再右），男子间只能拥抱，亲兄弟姐妹见面可拥抱亲吻。

3. 餐饮礼仪

在饮食习惯上，俄罗斯人讲究量大实惠、油大味厚。他们喜欢酸、辣、咸味，偏爱炸、煎、烤、炒的食物，尤其爱吃冷菜。总的讲起来，他们的食物在制作上较为粗糙一些。一般而论，俄罗斯以面食为主，他们很爱吃用黑麦烤制的黑面包。除黑面包之外，俄罗斯人大名远扬的特色食品还有鱼子酱、酸黄瓜、酸牛奶等。在饮料方面，俄罗斯人喜欢喝冷饮，具有该国特色的烈酒伏特加，是他们最爱喝的酒。此外，他们还喜欢喝一种叫“格瓦斯”的饮料。

用餐之时，俄罗斯人多用刀叉。他们忌讳用餐发出声响，并且不能用匙直接饮茶，或让其直立于杯中。通常，他们吃饭时只用盘子而不用碗。参加俄罗斯人的宴请时，宜对其菜肴加以称道，并且尽量多吃一些，俄罗斯人将手放在喉部，一般表示已经吃饱。

4. 交谈礼仪

公共场合人们相互谈话低声细语，从不大声喧哗、妨碍他人。谈话时不习惯问长问短，听对方讲话时不能左顾右盼或做小动作。初次见面不宜问生活细节，尤其对妇女，在任何情况下都不能当面问她们的年龄。与俄罗斯人交谈，对人的外表、装束、身材和风度等都可夸奖，但对人的身体状况不能恭维。与他们交往不能说他们小气，忌问对方私事，不能与他们背后议论第三者及其他较敏感的话题，如政治矛盾、经济难题、宗教矛盾、民族纠纷、前苏联解体、阿富汗战争以及大国地位问题。

5. 其他礼仪指导

每年4～6月是俄罗斯人的度假季节，不宜进行商务活动。同时商务活动还应当尽量避开节假日。俄罗斯商人一般在初次见面时不轻易交换名片。吸烟应看当时的环境并征得主人同意才行，若是主人主动敬烟则另当别论。

俄罗斯人非常崇拜盐和马，喜欢猫和狗，忌食狗肉。在迎接贵宾之时，俄罗斯人通常会向对方献上“面包和盐”。这是给予对方的一种极高的礼遇，来宾必须对其欣然笑纳。

在社交生活中，俄罗斯人总是站有站相、坐有坐姿，站立时保持身体正直。等候人不论时间长短，都不蹲在地上，也不席地而坐。同时，他们在社交场合还忌讳剔牙等不良动作。

在俄罗斯，被视为“光明象征”的向日葵最受人们喜爱，她被称为“太阳花”，并被定为国花。拜访俄罗斯人时，赠送鲜花是最好的礼物，花为三枝、五枝或九枝，都是单数的，花束越鲜艳、数量越多越好。只有在追悼亡人时，花才送双数。

在数字方面，俄罗斯人最偏爱7，认为它是成功、美满的预兆。黑色表示肃穆、不祥或晦气。对于13与星期五，他们则十分忌讳。俄罗斯人主张“左主凶，右主吉”，因此，他们也不允许以左手接触别人，或以之递送物品，学生忌用左手抽考签，熟人见面不能用左手握手，早晨起来不可左脚先着地。

俄罗斯人讲究“女士优先”，在公共场合里，男士往往自觉地充当“护花使者”。不尊重妇女，到处都会遭以白眼。女士优先显示了俄罗斯绅士的风度。

镜子被视为“神圣物品”，打碎镜子意味着个人生活将出现疾病和灾难，打翻盐瓶、盐罐是家庭不和的预兆，但打碎盘、碟子则意味着富贵和幸福。

（五）意大利礼仪概况

意大利共和国简称意大利，是一个欧洲国家，主要由南欧的亚平宁半岛及两个位于地中海中的岛屿西西里岛与萨丁岛所组成。意大利首都罗马几个世纪一直都是西方文明的中心。

意大利常用语言为意大利语，意大利 90% 以上居民信奉天主教。意大利的节日有：独立日、国庆日、全国解放日、劳动日、圣约翰节、圣母升天节、万圣节等。

1. 服饰礼仪

意大利人讲究穿着打扮，在服饰上喜欢标新立异，出席正式场合都注意衣着整齐得体。他们喜爱听音乐和看歌剧，他们的音乐天赋和欣赏能力大都较高。到歌剧院看歌剧大都比较讲究穿着和举止，尤其是男士，要穿晚礼服或至少穿西装打领带，在看歌剧期间不要发出任何怪声和大声评论，对演员的精湛演出应报以热烈的掌声。

2. 见面礼仪

意大利人见面礼是握手或招手示意，忌讳交叉握手。对长者、有地位和不太熟悉的人，要称呼他的姓，加上“先生”“太太”“小姐”和荣誉职称。对初次见面和不太熟悉的人，对长者、有地位的人一般用尊称“您”，如称呼他们的姓要在姓前面加上“先生”“女士”等用语，或加上“教授”“博士”等头衔，也可以不称呼他们的姓而直接称呼头衔。在正式场合的讲话或其他活动中提到时一定要称呼全称。只有在家人、朋友和熟人之间才可以直呼大名。

3. 餐饮礼仪

意大利人习惯本国传统餐饮，即意式西餐，以意大利各大区的地方传统风味菜、大餐为主。就西餐烹饪来讲，意大利应是始祖，可以与法国和其他西欧国家的大餐媲美。有一部分人喜欢中餐，意大利尤其喜欢富有地方特色的北京烤鸭和清淡又略带酸甜的粤菜。一般重视晚餐，重要的请客活动往往都安排在晚上，携配偶同往，往往边喝酒边聊天，一顿饭要吃二个多小时甚至更长时间，他们比较推崇慢餐运动，认为这是真正的饮食文化。

意大利在餐桌上的习惯是吃要尽可能闭嘴，吃喝尽量不发出声音，吃面条要用叉子卷好送入口中，不可吸入发出声音，喝汤不能发出声音，用汤匙应从里往外舀着喝，千万不要端起汤盘直接饮用。每一道菜吃完后，只要把刀叉并排放在盘内，就表示已吃完。

意大利人喜欢喝葡萄酒，葡萄酒是家庭餐桌上顿顿必备的饮料，客人来了更是以酒相待。但是，喝酒的方式比较讲究，餐前喝开胃酒，席间饮白葡萄酒或红葡萄酒，餐后喝甜酒或烈性酒以助消化。席间一般不用烈性酒，更没有劝酒习惯，因此基本没有酗酒现象。

4. 交谈礼仪

意大利人性格一般比较开朗、健谈、热情奔放。初次见面谈问题都比较直爽，单刀直入，不拐弯抹角。和意大利人谈话要注意分寸，一般谈论工作、新闻、足球，不要谈论政治和美式橄榄球。

双方见面以后不要立即谈生意，喜欢先闲聊几句，谈谈天气、交通或家常什么的再转入正题。对商业谈判要有充分准备，对自己的产品及其在当地或其他地方取得的成功要有详尽的了解。此外，绝大多数意大利商人都受过教育，他们喜欢漫谈文化、艺术、体育运动和国际大事，也喜欢谈论饮食和家庭生活，在纯社交活动中不要谈业务。不要把他们的礼貌语言误解为对你的产品或建议感兴趣。

5. 其他礼仪指导

意大利人的时间观念不强，常常迟到，迟到者往往以交通拥挤等为理由，或只要说声“对不起”就够了。意大利人热情好客，待人接物彬彬有礼。女士受到尊重，特别是在各种社交场合，女士处处优先。

如果意大利朋友请你去家里吃饭，客人可酌情带些小礼物，如葡萄酒、甜食或巧克力、鲜花等，也可带些有民族特色的精致典雅的小工艺品或纪念品。意大利人在安排座位时是一男一女叉开，有时还把丈夫与妻子分开。客人带的酒、食物和甜点也可以马上食用。礼物一般都习惯当场打开，送花时要注意送单数。

意大利还忌讳别人用目光盯视他们。在与不认识的人打交道时，忌讳用食指侧面碰击额头，因为这是骂人“笨蛋”“傻瓜”。一般也忌讳用食指指着对方，讲对方听不懂的语言，这样做造成的后果将不可收拾。

无论男士、女士都不得穿短裤、短裙或无袖衬衫到教堂或天主教博物馆参观。参加一些会议活动时也不宜随意脱鞋，这是社交场合的大忌。

意大利人忌数字 13 和星期五。凡住房号、剧院座位号等都不准有 13 的字样。赠送纪念品时，切忌送手帕，认为手帕是亲人离别时擦眼泪用的不祥之物；送花时忌送菊花，如送礼品，切忌不能送带有菊花图案的礼品。送花的花枝、花朵应为单数。红玫瑰表示对女性的一片温情，一般别送。

意大利人酷爱自然界的动物，喜爱动物图案和鸟类图案，喜欢养宠物，尤其是对狗和猫异常偏爱，有些甚至把宠物作为家庭的一员介绍给客人。

（六）西班牙礼仪概况

西班牙王国简称西班牙，位于欧洲西南部的伊比利亚半岛，该国是一个多山国家，首都马德里。

西班牙以西班牙语作为官方语言的国家。西班牙 96% 的居民信奉天主教。主要节日有：新年、圣母升天日节、国庆节、万圣节、圣诞节等。富有民俗风格的节日有狂欢节、巴伦西亚的法亚节（火节）、塞维利亚的四月节、马德里的圣伊西德罗节（又称斗牛节）等。

1. 服饰礼仪

作客时，服装要整洁，凡出席晚间的家宴、宴会、招待会和比较正式的活动，女士一般着裙子，颜色不限；男士一般着深色的西装，白色或红色的衬衫，黑色皮鞋和配一条高档的领带。出席白天的活动时，服饰颜色可浅一些。参加年轻人的非正式活动，着装可比较随便。另外在西班牙，女人上街要戴耳环，如果出门没戴耳环就像正常人出门没穿衣服，会被人耻笑。

2. 见面礼仪

西班牙的官方见面礼节是行握手札。西班牙人相互问候时，男士以握手和拥抱来表示，女士则相互施吻面礼，吻面礼在亲朋好友之间也通行。

3. 餐饮礼仪

西班牙人以西餐为主，也品尝中国菜肴。对午餐极为重视。他们讲究菜肴的营养成分，注重花色和质量。他们喜爱酸辣口味，不喜欢太咸。其主食以面为主、以米为辅。副食吃鱼、羊肉、牛肉、猪肉、虾等多种食品。他们喜欢吃中国的川菜和粤菜。在除夕之夜，他们喜欢喝预示来年万事如意的蒜瓣汤。西班牙人十分热衷于夜生活，喜好与朋友深夜外出聚会、进餐，通常是轮流做东去酒吧。西班牙人乐于豪饮，仅次于法国人和意大利人。常喝的饮料是扎啤，然后是葡萄酒类（葡萄酒、雪利酒、白兰地和香槟酒等）。

4. 交谈礼仪

西班牙是个热情开朗的民族。他们非常健谈，喜欢聊天，话题涉及范围广泛，既可议论政治，又可大谈斗牛，既可议论生活琐事，又可高谈艺术文学。西班牙人注重个人隐私权。一般不能询问别人年龄、收入、婚否、宗教信仰、政治派别。不能询问对方的东西是花多少钱买的，也不许询问主人请客的花费。路上与朋友相遇，不应打听人家到何处去、去干什么。然而，西班牙习俗允许男士当面赞美女士容貌美丽或衣着优雅。他们很喜欢在非正式讨论中就他们的国家发表看法，外来者加入时，切忌深入讨论。

5. 其他礼仪指导

西班牙人很重视信誉，总是尽可能地履行签订的合同，即便后来发现合同中有对他们不利的地方，他们也不愿公开承认自己的过失。如在这种情况下对方能够善意地帮助他们，则会赢得西班牙人的尊重与友谊。西班牙人只有在参加斗牛比赛活动时才严守时间，但客人应当守时，即便对方晚到也不要加以责怪。西班牙人性格开朗、热情，但容易激动，有时发生争吵是很正常的，他们对此已习以为常。

做客时到达的时间，以晚 10 分至 15 分钟为宜。西班牙人做客时，一般携带些小礼物，一瓶酒或一盒糖果、一束鲜花即可。但千万别送大丽花和菊花，他们视这两种花为死亡的象征。西班牙人在圣诞节前有相互送礼的习惯。赠送礼品很注重包装并有当面拆包赞赏的习惯。

西班牙人很讲究对女士的礼貌，包括为她们开门等。对老人和客人也同样。另一方面，排队在西班牙不太实行，最好的办法是把它当作一种习俗来接受，轮到你时直接上前声明即是。

扇子是西班牙妇女表达思想感情的重要的媒介物，她们用扇子做出各种动作来表达自己不便说出口的话。

西班牙人最喜欢石榴花，认为石榴花是富贵和吉祥的象征，并尊其为国花。西班牙人喜欢红色，视其为吉祥、热烈的象征；喜欢黄色，视其为高贵和明朗。

西班牙人最忌讳 13 和星期五，认为这些数字及日期都是很不吉利的，遇其会有厄运或灾难临头。外来人士，特别是商业界人士应巧妙加以利用或避开。

西班牙人对宠物珍爱有加，当局为保护狗、猫制定了有关法律，无辜打死别人的宠物要负责赔偿，甚至可能被拘留。

（七）葡萄牙礼仪概况

葡萄牙共和国简称“葡萄牙”，是一个位于欧洲西南部的共和制国家。葡萄牙首都是里斯本。

葡萄牙语是 2.4 亿人的共同母语，也是世界第六大语言。主要宗教是天主教。主要节日有：祖父母日、托篮节、海洋节、国庆日、共和国日、全国斗争日等。

1. 服饰礼仪

葡萄牙人在正式社交场合十分注意着装整洁，男子身穿深色西服，打领带或系蝴蝶结，风度很好。女子多穿华丽套服或连衣裙。在日常生活中，葡萄牙人在穿着上有着明显的职业和性别特点。男性青年职员喜欢穿宽松式的西服；男大学生多穿运动衫，牛仔裤；女教师多穿套服。

2. 见面礼仪

葡萄牙人相见时，男子习惯热情拥抱并互拍肩膀为礼，女子在熟人之间相见时则以亲吻对方的脸为礼。在与外国友人相见时，他们有时也行握手礼。葡萄牙人待人热情，如有客人来访，他们总是早早地到门口迎接，客人离去时，他们总要亲自送到门口。

3. 餐饮礼仪

葡萄牙人以面食为主，喜食面包，有时也食米饭。爱吃牛肉，猪肉及水产品，常吃土豆，胡萝卜等，饮酒颇有讲究。当地所产酒的度数不高，少饮一些不至于醉酒。

对来访客人，葡萄牙人常以家乡的名菜“烧猪肠”来盛情待客。他们嗜饮葡萄酒，而且对饮酒的时机还挺讲究。他们有与法国人相媲美的高超烹饪技艺，一年 365 天，他们可以每天用不同的方法烹制出美味的国餐——鳕鱼干。他们非常喜欢光顾餐馆去品尝美味佳肴。一般习惯以西餐为主，对中餐也极为欣赏。他们用餐习惯使用刀叉。

4. 交谈礼仪

他们对久久盯视自己的人存有戒心，认为这是不怀好意的一种表现。忌讳别人过问他们的年龄、婚姻状况，以及他们的经济收入等方面的问题，认为这些都是个人的私事，别人无权来干涉。不愿意谈论有关政治或政府方面的问题，喜欢在闲聊中畅叙本国的优点和个人的一些爱好、文明斗牛等活动。

5. 其他礼仪指导

到葡萄牙从事商务活动最好选择在当年的 10 月至次年的 6 月。另外，葡萄牙中午 12 点到下午 3 点不办公，在这段时间联系商务会找不到人。事先预定约会时间是十分必要的。尽管葡萄牙人不大注意遵守时间，客人仍应准时赴约。商谈生意时应注意穿戴，谈判中如果他们穿着上衣，尽管天气热你也不要脱去上衣。葡萄牙商人多会法语、英语和西班牙语。与葡萄牙人谈生意要有耐心。

如被邀请赴宴，不一定要带礼物。礼尚往来的做法是请你的主人上餐馆吃饭。

“男尊女卑”现象较为严重，一般男人享有的权力妇女则没有，诸如选举权、选夫权，妇女甚至在银行都不得有独立账户，未经丈夫许可不能取得护照等，她们有的只是繁重劳动的权力。

他们偏爱石竹花，视其为革命和胜利的象征，并常以石竹花来相互表示祝贺，还喻其为国花。他们喜欢薰衣草和雁来红，因为这些花草既有观赏价值，又有经济作用，还会给人们带来快乐和幸福。

葡萄牙人忌讳13和星期五。

三、美洲主要国家和地区礼仪概况

（一）美国礼仪概况

美利坚合众国简称“美国”，是由华盛顿哥伦比亚特区、50个州和关岛等众多海外领土组成的联邦共和立宪制国家，是一个移民国家。首都华盛顿哥伦比亚特区。

美国50个州中已有31个州通过立法规定英语为官方语言，有3个州承认其他语言与英语有平行地位：路易斯安那州的法语，夏威夷州的夏威夷语和新墨西哥州的西班牙语。美国人大部分声明自己信奉基督教。美国的节庆有：马丁·路德·金日、华盛顿诞辰日、美国阵亡将士纪念日、美国独立日、劳动节、哥伦布日、退伍军人节、感恩节、圣诞节等。

1. 服饰礼仪

总体而言，美国人平时的穿着打扮不太讲究。崇尚自然、偏爱宽松，讲究着装体现个性是美国人穿着打扮的基本特征。

美国人穿衣服是因场合而异，与身份无关。达官贵人去参加野餐或爬山等聚会时，一定也是着便装、球鞋，相反的即使是清洁工人去参加正式的宴会时，也都会穿西装打领带的。所以，美国人在应邀参加应酬时，事先一定都要问清楚这个场合应该穿什么衣服。值得中国人特别注意的是，在美国，睡衣是只能在室内穿着的衣服，睡衣万万不能穿到室外去。

2. 见面礼仪

在非正式场合，美国人之间的交往非常随意。朋友见面时，只要招呼一声“Hello”即可，即使两个人第一次见面，也不一定非要握手，只要笑一笑，打个招呼就可以了。但在正式场合，美国人对礼节的讲究丝毫不逊色于欧洲国家。见面时，应互相问安，要面带笑容，身体微微向前倾。与美国朋友握手，用力不能太小，否则有不礼貌之嫌。男士与女士握手时，要待到女士伸出手时方可与对方握手。美国人的手势语言丰富，有时会用手搭在你的肩膀上，表示肯定与鼓励。

大多数美国人一般不喜欢用“先生”“小姐”等称呼。多数美国人，无论男女老少，甚至上下级之间，一般都比较喜欢别人直呼自己的名字，并认为这是亲切友好的表示。

3. 餐饮礼仪

美国人一般乐于在自己家里宴请客人，而不习惯在餐馆请客。不喜欢清蒸和红烩菜肴。不喜欢过烫过热的菜肴，喜欢少盐味，味道忌咸，稍以偏甜为好。喜欢喝可口可乐、啤酒、冰水、矿泉水、威士忌、白兰地等。喜爱中国的苏菜、川菜、粤菜。

在家里请人吃饭时，特别重视宴会的气氛。美国人的烹饪既简单方便又容易控制时间，所以当客人抵达时，菜饭全已准备妥当了。女主人如果这时还在厨房里忙得团团转的话是很失礼的。

美国虽是儿童的天堂，但是绝大多数的大人聚会却都不欢迎孩子参加。偶尔如果主人说聚会可以带着孩子一起参加时，做妈妈的在出门前会再三叮咛孩子在做客的时候一定得注意言行举止、要听话、要有礼貌。所以，美国孩子在外头做客的时候，都表现得非常听话和有礼貌。

4. 交谈礼仪

美国人从小就养成说话要有礼貌的习惯，在每天的日常生活中即使与家中父母、兄弟姐妹说话，也都会使用“Hi”（你好），“Please”（请），及“I am sorry”（对不起）等客套话。

美国是一个特别重视个人稳私的国家，忌讳问个人收入和财产情况，忌讳问妇女婚否、年龄以及服饰价格等私事，美国人也不会问新结识的朋友宗教及政治等方面的问题。他们还讲究个人空间，和美国人讲话，千万不要离得太近。

5. 其他礼仪指导

在美国要尊重女性、遵守交通规则、礼让行人穿越马路。美国人有事需排队办理时，都是以到达的先后次序站队等候。

美国人是不会做不速之客的，去别人家之前一定要打电话预约，即使是去父母、公婆或成年子女家里也不例外。美国人不流行送厚礼，但应邀去美国家庭吃饭做客时，可问主人需要什么礼物，即使主人婉谢，仍可带瓶酒或一束鲜花，或带一些具有中国特色的小礼物。如能选购一份小礼物，如一棵小植物盆景（有根的植物或花卉）带去给女主人，是非常受欢迎的。特别忌讳赠礼带有公司标志的便宜礼物。白色百合花不可作为礼物送人。

名片一般不送给别人，只是在双方想保持联系时才送。想当着美国人的面抽烟，必须问对方是否介意，不能随心所欲。忌讳别人冲他伸舌头，认为这种举止是污辱人的动作。

喜爱白色，认为白色是纯洁的象征；偏爱黄色，认为是和谐的象征；喜欢蓝色和红色，认为是吉祥如意的象征。他们喜欢白猫，认为白猫可以给人带来好运气。

他们讨厌蝙蝠，忌讳数字 3、13，忌讳星期五，忌讳黑色。美国人喜欢养宠物，特别是狗和猫，但是未经主人同意最好别随意逗主人家的狗。

（二）加拿大礼仪概况

加拿大位于北美洲最北端，英联邦国家之一，素有“枫叶之国”的美誉，首都是渥太华。领土面积位居世界第二，英王伊丽莎白二世为国家元首及国家象征，但无实际权力。

加拿大官方语言有英语和法语两种，是典型的双语国家。加拿大大约有 87% 的人信奉基督教。主要节庆日有：加拿大日、圣帕特里克节、郁金香节、维多利亚女王节、魁北克节、感恩节、加拿大阵亡将士纪念日、圣诞节等。

1. 服饰礼仪

加拿大人的衣着与美国人相近，但不像美国人那么随便。在非正式场合，他们穿着随意，常着夹衫、圆领衫、便装裤等；在正式场合，如上班、上教堂、观看表演、赴宴等，他们着装整洁、讲究。男子穿西装，女子穿裙服。女子服装不太讲究面料，但讲究款式新颖、颜色协调、舒适方便。

2. 见面礼仪

加拿大人在社交场合与客人相见时，一般都行握手礼。亲吻和拥抱礼仪适合熟人、亲友和情人之间。在双方握手以后，他们会说“见到你很高兴”“幸会”等。

他们在做介绍时，一般遵循先少后长、先高后低、先宾后主的次序。许多加拿大人喜欢直呼其名，以此表示友善和亲近。在隆重的场合，加拿大人总是连名带姓地作介绍。他们对那种扯开嗓门向所有宾客介绍自己的方式很反感。

3. 餐饮礼仪

加拿大人在饮食上讲究菜肴的营养质量，偏爱甜酸、清淡，以面食、大米为主食，副食喜吃牛肉、鸡肉、鸡蛋、沙丁鱼以及西红柿、洋葱、土豆、黄瓜等，调料爱用番茄酱、黄油等，喜欢食用以煎、烤、炸的方式制作的菜肴。平时喜欢吃英美式西餐，也喜欢中国菜。忌食虾酱、鱼露、臭豆腐等有怪味、腥味的食物以及各种动物内脏和脚爪。此外，他们也不喜欢辣味的菜肴。加拿大人用刀叉进食，极爱食用烤牛排，尤其是八成熟的嫩牛排，习惯在用餐后喝咖啡和吃水果。他们有喝白兰地、香槟酒的嗜好。

加拿大人热情好客，亲朋好友之间请吃饭一般在家里而不去餐馆。在加拿大人举行的宴会上，一般都是双数的席次，男女主宾一般分别坐在男女主人的右手边。饭前先用餐巾印一印嘴唇，以保持杯口干净。加拿大人认为正确、优雅的吃相是绅士风度的体现。

4. 交谈礼仪

加拿大人说话坦率、热情友善、爽朗大方，为自己的国家感到自豪，最喜欢对他们的国家和人民做肯定性的评论，切记不要将他们的国家与美国做过分的比较，不要谈论民族问题。不宜询问对方的年龄、收入和私生活，这会引起他们的反感和不安。

加拿大人喜欢别人赞美他的衣服、手表或向他请教一些关于加拿大的风俗习惯、游览胜地方面的问题。在谈判中，要集中精力，不要心不在焉、东张西望或打断别人讲话，不要涉及宗教信仰、性问题或批驳对方的政见，以免引起误解和争执。

5. 其他礼仪指导

加拿大人时间观念强，赴约必须准时。在商务活动中赠送礼品，最好赠送具有民族特色的、比较精致的工艺美术品。出席商务性的宴会，如对方在请柬上注明“请勿送礼”，那你应尊重主人的意见，不要携带礼品出席宴会。如果应邀去加拿大人家里做客，可以事先送去或随身携带一束鲜花给女主人，但不要送白色的百合花。

加拿大人习惯拥有较大的私人空间。加拿大人最不喜欢别人插队。如遇伤风感冒，应用手帕擦拭，不可抽吸出声。

加拿大人常用耸肩、两手手指交叉置于桌上等姿态来缓和紧张气氛或掩饰窘态。有人遇到不幸或心情不好的时候，他们一般会采用这种姿势，这说明他们对这人的处境表示理解和同情。有时，加拿大人耸肩也表示无可奈何、无能为力的意思。

加拿大人特别忌讳 13 和星期五，无论做什么事情，他们总是力图避开这一数字和日期。接待加拿大人一定不要安排单数的席次，尤其要避免安排 13 个席次。

（三）巴西礼仪概况

巴西联邦共和国简称“巴西”，国名源于巴西红木。是南美洲最大的国家，享有“足球王国”的美誉。国土总面积居世界第五。首都巴西利亚。

葡萄牙语是巴西的通用语言。巴西人大多数信奉天主教。主要节日有：独立英雄纪念节、国庆节、儿童节、教师节、亡灵节、圣诞节、复活节、耶稣受难日、巴西狂欢节等。

1. 服饰礼仪

在正式场合，巴西人的穿着十分考究。他们不仅讲究穿戴整齐，而且主张在不同的场合里人们的着装应当有所区别。在重要的政务、商务活动中，巴西人主张一定要穿西装或套裙。在一般的共公场合，男人至少要穿短衬衫、长西裤，女士则最好穿高领带袖的长裙。

2. 见面礼仪

巴西人在社交场合与客人相见时，最常用的礼节是微笑和施握手礼。在相见时，往往以拳礼相互表示问安和致敬（行此礼要先握紧拳头，然后向上空伸出姆指）。巴西人在与亲朋好友、熟人或情人之间相见时，大多都习惯施拥抱礼或亲吻礼。妇女之间最常用吻礼（在施礼时要脸贴脸用嘴发出接吻的吻声，以此来抒发她们的亲热之情，但她们虽吻而嘴却不接触脸）。

巴西印第安人区流行着一种奇特的礼节，客人来访第一件事就是请他们洗澡，客人洗的时间越长，就越表示对主人的尊敬。如果主人有急事要谈，主人则陪客人同浴，边洗边谈。

3. 餐饮礼仪

巴西人用餐惯以欧式西餐为主，也乐于品尝中国菜肴。巴西人的主食中，巴西特产黑豆是巴西人每天必不可少的主食品，用以做黑豆饭。“烤肉”是巴西人最喜欢吃的风味菜之一，又是一品国菜，还是一种大众菜。巴西人最爱吃里脊肉，大多数人都喜欢辣味菜肴。巴西人饮食上忌吃奇形怪状的水产品和用两栖动物肉制作的菜品，也不爱吃用牛油制作的点心。

巴西有“咖啡王国”之称，他们最爱喝咖啡。

4. 交谈礼仪

巴西人爱夸耀自己的孩子，对他们的孩子表示关注会使他们高兴。巴西的男人一般都喜欢开玩笑，也爱放声大笑，还习惯拍拍打打地同他人谈话，认为这样更能显出相互间的亲近和友好。但别谈带有种族意识的笑话，也不要谈论阿根廷。不要一开始就讨论商业事务，还应回避谈论政治、宗教以及其他有争议的话题。适于谈论的话题有足球、笑话、趣文等。

5. 其他礼仪指导

像大多数拉丁美洲人一样，巴西人对时间与工作都很随便。事实上，约会时通常比约定的时间迟到 10 分钟或 15 分钟。

在巴西，无论男女老幼，人人都酷爱足球运动。他们对行文或通信中别人代签或以印章替代签字的做法是不理解的，甚至认为这是不尊重对方的表现。忌用拇指和食指联成圆圈，并将其余三指向上升开，形成“OK”的手势，认为这是一种极不文明的表示。

如果你是在巴西人家里接受了招待，礼貌的做法是在翌日给女主人送去一束鲜花并附上一封感谢信。他们在接受别人送礼时习惯当着送礼者的面打开礼品包，然后致以谢意。如果他们到什么地方买了礼品，首先要把原来包装的纸剪掉一点。因为他们认为包装纸是管运气的，不要把别人的好运气带走。送礼忌讳送手帕，他们认为送手帕会引起吵嘴和不愉快。

他们忌讳紫色，认为紫色是悲伤的色调；忌讳绛紫红花，因为这种花主要用于葬礼上；他们还把人死喻为黄叶落下，因此，棕黄色就成凶丧之色，很为人们所忌讳。

他们忌讳数字13，他们普遍认为13是不祥之数，是会给人带来厄运或灾难的数字。因此，人们都忌讳见到、听到13。蝴蝶在巴西是吉祥的象征。

（四）阿根廷礼仪概况

阿根廷共和国简称阿根廷，是位于南美洲南部的一个由23个省和联邦首都组成的总统制联邦共和制国家，首都是布宜诺斯艾利斯。

阿根廷是一个美丽、富饶的国家，主要信奉宗教是天主教。阿根廷人几乎全是欧洲移民的后裔，国家的母语是西班牙语。阿根廷许多商人会说英语，此外，意大利语和德语也是常用"外语"。"探戈"舞源于阿根廷，被阿根廷人视为国粹。节日有：元旦节、马岛战争老战士日、圣徒星期四、国际劳工节、国庆日（五月革命日）等。

1. 服饰礼仪

除了以绅士风度著称的英国人和以作风严谨闻名的日本人，阿根廷人大概是穿衣最讲究的民族了。在阿根廷，政府机关和大小公司都要求职员一例穿西装打领带，无论严寒酷暑。外国人到此也得入乡随俗，否则会被认为无礼。妇女着装也很讲究，以套裙为主，不到周末节假日一般不穿裤装。在餐厅吃晚餐，也要穿西装，结好领带，一副绅士模样。做不到这一点的人就会失去阿根廷人的尊重。在阿根廷最好不要穿灰色的套装套裙。

平时街上人人都是服装整洁，既使干辛苦体力活的工人也是到工作地点后换上工作服，下班后换掉回家。阿根廷人观看文艺演出，尤其是歌剧、芭蕾等高雅艺术时着装十分讲究，如果看流行音乐演出，人们着装就随便多了。休息时穿衣就比较随心所欲了，爱好自由的阿根廷人在休闲的日子里尤其钟爱牛仔裤、网球鞋和T恤衫。

2. 见面礼仪

由于阿根廷人多为西班牙和意大利人的后裔，在一定程度上受欧洲文化影响。在社交场合，当地男士之间要一一握手，而与女士见面则施贴面礼。阿根廷人久别相见，男人互相拥抱，女人则握住对方双手并亲面颊。商务交往中交换名片频繁。阿根廷人见面的称谓与问候较讲究，通常需在姓氏前冠以先生、小姐、夫人和头衔等尊称，而在亲密的朋友之间则用名字相称或昵称。

3. 餐饮礼仪

阿根廷是一个移民国家，85%以上的居民是来自于意大利和西班牙的后裔，所以普遍喜欢吃欧式西餐，以牛、羊、猪肉为喜食之物，而炭烧烤肉是当地的特色，也喜欢吃中餐（不喜欢吃辣）。晚餐到晚上9～10点钟才开始，餐前的鸡尾酒会也要到7～8点钟才会开始。阿根廷人喜欢的饮料有红茶、咖啡与葡萄酒。有一种名为马黛茶的饮料，最具有阿根廷特色，据说这种茶被阿根廷誉为"国宝""国茶"，在当地语言中"马黛茶"就是"仙草""天赐神茶"。

4. 交谈礼仪

"谢谢""对不起""借光"是阿根廷人日常使用率最高的词汇。阿根廷人喜欢别人夸奖他们的孩子、家里的陈设和他们的菜。在阿根廷，人们交谈忌讳打探个人收入、年龄、宗教信仰、情感等隐私。适于谈论的话题是：足球及其他体育项目、烹饪技巧、家庭陈设等。

5. 其他礼仪指导

商务活动在 5 ～ 11 月最宜往访，圣诞节与复活节前后两周不宜，1 ～ 3 月为阿根廷“暑假”度期。在阿根廷，拜访绝对有必要事先约会。阿根廷人守时观念不强，所以拜会或应邀做客，应比约定时间晚几分钟到达，早到或者迟到太多都不好。

阿根廷商人喜欢邀请你至家中做客，到阿根廷人家里做客，可给女主人送上一束鲜花或一些糖果，翌日勿忘遣人送花给主人致意。还可赠送一些小礼品，但是送菊花、手帕、领带、衬衫等是不适当的。他们对客人在品尝过马黛茶后不咂唇表示赞赏很不高兴，认为是一种失礼的表现。

女士优先是阿根廷生活习惯的组成部分。在这里女士总是大大方方地享受这一特权，如果女士礼让男士，反倒令男士感到为难。

他们对着装很重视。在公共场合脱掉上衣会被视为行为不雅，若在火车上这样做，还会受到列车员的警告。阿根廷人不喜欢灰颜色，因为一般人都看不惯这种色彩。

阿根廷人忌讳 13 和星期五。阿根廷人有一个习俗十分有趣，这就是阿根廷人在过元旦时都习惯要在江河里洗一次澡，称之为“新年浴”，这是新年的一项重要活动。人们把一篮又一篮的鲜花撒在江河的水面上，然而后大家跳进这落英缤纷的“花海”中，用花搓全身。据说，这样可以洗掉污垢和霉气，换得吉祥和富。

（五）墨西哥礼仪概况

墨西哥合众国位于北美洲，首都及最大城市是墨西哥城。墨西哥古印第安人培育出了玉米，故墨西哥有“玉米的故乡”之称。墨西哥在不同历史时期还赢得了“仙人掌的国度”“白银王国”“浮在油海上的国家”等美誉。

墨西哥官方语言为西班牙语，此外还有 360 种美洲印第安语言，第一外语为英语。居民中大部分信奉天主教。主要节日有：新年日、立宪日、感恩节、劳动节、独立日、耶诞节等。

1. 服饰礼仪

墨西哥人的穿着打扮，既具有强烈的现代气息，又具有浓厚的民族特色。在墨西哥人的传统服装之中，名气最大的是“恰鲁”和“支那波婆兰那”。前者是一种类似于骑士服的男装，看起来又帅又酷。后者则为一种裙式女装，穿起来让人显得又高贵，又大方。墨西哥人非常讲究在公共场合着装的严谨与庄重。墨西哥人出入公共场合时，男子一定要穿长裤，妇女则务必要穿长裙。

居民们的衣着偏好鲜艳的色彩，据说这和当年玛雅人的习俗是一致的，他们认为色彩对比强烈的衣着能吓退妖魔，保佑众生平安。墨西哥妇女的头发喜欢梳得很高，常常插上花朵装饰，有的还用五颜六色的羊毛线编头发。

2. 见面礼仪

墨西哥人通常的问候方式是微笑和握手，在亲朋好友之间也施亲吻礼和拥抱礼，但忌讳不熟悉的男女之间互相亲吻。在上流社会中，男士们往往还会温文尔雅地向女士们行吻手礼。

前去赴约时，墨西哥人一般都不习惯于准时到达约会地点。在通常情况下他们的露面总要比双方事先约定的时间晚上一刻钟到半个小时左右。在他们看来这是一种待人的礼貌。

3. 餐饮礼仪

在当今世界权威美食家的眼中，墨西哥菜肴是和法国、印度、中国和意大利菜齐名的世界五大菜系之一。墨西哥人的传统食物主要是玉米、菜豆和辣椒，它们被称为墨西哥人餐桌上必备的“三大件”。墨西哥菜以辣为主，内地居民常以龟、蛇、斑鸠、松鼠、石鸡入菜，家常蔬菜要数炒仙人掌和炒仙人球最富特色。在他们看来，仙人掌与香蕉、菠萝、西瓜一样，可以当水果吃。墨西哥人还以嗜酒闻名于世。宾客上门，习惯先以酒招待。墨西哥也是世界上食用昆虫消耗量最大的国家。他们惯于吃西餐，对中餐也倍加喜爱。

进餐过程中，手臂不能放在餐桌上，身体活动幅度不宜太大，坐姿要端正。吃东西时不可狼吞虎咽，不要发出“叭叭”的响声，嘴里嚼食物时不要说话。汤或饮料如果太热，待凉后再用，不可用口吹气降温。面包要掰成小块放入嘴里，不可整个咬食。水果要用刀切成小块吃，果皮、果核不可扔在桌子上或地上，应放在盘子里。

4. 交谈礼仪

墨西哥许多商人都会说英语，但你与他交谈时最好是说西班牙语，特别是你收到对方用西班牙文写来的信函后，最好也用西班牙文回复，否则他们会认为你缺乏教养。

对于谈论政治腐败、军人地位、种族冲突、经济困境、墨美关系，以及其他历史方面的话题，墨西哥人一般都兴趣不大。

5. 其他礼仪指导

墨西哥人的友好、宽厚，以及随和使商业气氛显得和谐融洽，接到邀请去做客时，带上一束花、一瓶酒就可以了。如果带上一件有本国特色的工艺品，主人往往会高兴不已。送花要记住：黄花暗示死亡，红花表示诅咒，紫花是不祥之色，白花则可驱邪。在墨西哥的不少地方，做客之时不应一进门就摘下自己的帽子。这种做法在当地含有前来寻仇之意。在墨西哥人眼里，双手放在口袋中不礼貌。

墨西哥人不喜欢外人用手势来比划小孩的身高，他们认为这种手势只适用于表示动物的高矮，用在人身上就有侮辱的意味。在墨西哥市区，难以见到男女并排在街上走，习俗是男子跟随在妻子后面，以示尊重妇女，这被视为是一种绅士风度。在舞会上通常只能女人邀请男人，而不能相反。

墨西哥人不但对骷髅不感到惧怕，而且认为它是公正的象征，其艺术品盛行全国，许多商店都出售一种用糖制成的骷髅头，所有的食品上都有小鬼头，现在到墨西哥的外国游客，常喜欢购买此类“鬼货”作为纪念品。

墨西哥国花为仙人掌，国鸟是雄鹰，国石为黑曜石。他们最喜欢白色，但却对紫色深为忌讳。忌讳13和星期五。蝙蝠及其图案为人们所忌讳。在墨西哥人眼里，蝙蝠凶恶、残暴，是一种吸血鬼。

四、大洋洲主要国家和地区礼仪概况

（一）澳大利亚礼仪概况

澳大利亚，全称为澳大利亚联邦，是一个发达的资本主义国家。首都是堪培拉。

澳大利亚被称为“骑在羊背的国家”。英语为官方语言。澳大利亚是一个宗教自由的国家，大部分居民信仰基督教。主要节日有：国庆、情人节、复活节、女王诞生日、圣诞节等。

1. 服饰礼仪

澳大利亚人男子多穿西服、打领带，在正式场合打黑色领结，妇女一年中大部分时间都穿裙子，在社交场合则套上西装上衣。除了在极为正式的场合穿西装、套裙之外，平时一般穿着T恤、短裤，或者牛仔装、夹克衫。在澳大利亚的达尔文市，当地居民的穿着自成一体，他们在正式场合一定要穿衬衫、短裤和长袜。这种穿法，当地人叫做“达尔文装”。土著居民往往赤身裸体，或在腰间扎一条围巾，有些地方的土著人讲究些，通常要佩戴额箍、鼻针、臂环、项圈等多种饰物，有时他们还会在身上扎上一些羽毛，并且涂上各种颜色。

2. 见面礼仪

澳大利亚人见面时所行的既有拥抱礼、亲吻礼，也有合十礼、鞠躬礼、握手礼、拱手礼、点头礼，可谓五光十色。土著居民在见面时所行的勾指礼就极具特色，即相见的双方各自伸出手来，令双方的中指紧紧勾住，然后再轻轻往自己身边一拉，以示相亲、相敬。澳大利亚人商务见面习惯于握手，不过有些女子之间不握手，女友相逢时常亲吻对方的脸。

3. 餐饮礼仪

澳大利亚人的饮食习惯可谓多种多样。就主流社会而言，人们一般喜欢英式西餐。其口味清淡、不喜油腻、忌食辣味，有不少的澳大利亚人还不吃味道酸的东西。他们的菜肴一般以烤、焖、烩的烹饪方法居多。澳大利亚的食品素以丰盛和量大而著称，主食是面包，对动物蛋白质的需要量大。他们爱喝牛奶、咖啡、啤酒与矿泉水等，喜食牛肉，猪肉、羊肉等，对于鸡肉、鱼肉、禽蛋也比较爱吃。不吃狗肉、猫肉、蛇肉、动物的内脏与其头、爪。对于加了味精的食物，他们也十分厌恶，认为味精好似“毒药”，令人作呕。他们喜喝啤酒，对咖啡很感兴趣。在就餐时，大都喜爱将各种调味品放在餐桌上，任其自由选用调味，而且调味品要多。

在有些地方，如在达尔文市，人们外出用餐时必须衣冠楚楚，否则将被禁止入内。澳大利亚人还很爱外出野餐，并以烧烤为主。澳大利亚土著居民经常生食，并且习惯于用手抓食。

4. 交谈礼仪

无拘无束是澳大利亚人的最好概括，澳大利亚有特别浓厚的自由和无拘无束的气氛。人们日常互相直呼其名（只称呼名，不称呼姓），老板和员工之间、教师和学生之间都如是。与他们交谈时，忌议论种族、宗教、工会和私生活以及等级、地位问题，可以多谈旅行，体育运动及到澳大利亚的见闻。正式场合澳大利亚人不喜欢将本国与英国处处联系在一起。澳大利亚人不喜欢听“外国”或“外国人’这一称呼，他们认为，这类称呼抹杀个性

5. 其他礼仪指导

澳大利亚进行商务活动的最佳月份是3～11月。澳大利亚人的时间观念很强，约会必须事先联系并准时赴约，最合适的礼物是给女主人带上一束鲜花，也可以给男主人送一瓶葡萄酒。澳大利亚人待人接物都很随和。

澳大利亚人有个绝对无法通融的习惯：那就是每周日上午一定到教堂（教堂数以千计）听道。澳大利亚人自古至今，一直严守“周日做礼拜”的习惯。

到商店里买东西不要讨价还价。坐车不系安全带是违法的，小孩也要系安全带。

澳大利亚人很讲究礼貌，同英国一样有“妇女优先”的习惯。这里的男人们相处，感情不能过于外露，大多数男人不喜欢紧紧拥抱或握住双肩之类的动作。在社交场合，忌讳打哈欠、伸懒腰等小动作。

合欢花与桉树，分别是澳大利亚的国花和国树，被视为澳大利亚的象征。澳大利亚人最喜爱的动物是袋鼠与琴鸟，前者被澳大利亚人视为澳洲大陆最早的主人，后者是澳大利亚的国鸟。他们认为，兔子是一种不吉利的动物，碰到了兔子，可能是厄运降临的预兆。

澳大利亚人崇尚人道主义的博爱精神，乐于保护弱者。除了保护老人、妇女、孩子、弱小种族之外，他们还讲究保护私生子的合法地位，甚至将保护动物看作是自己的天职。

澳大利亚人对 13 与星期五极为反感。

（二）新西兰礼仪概况

新西兰位于太平洋西南部，领土由南岛、北岛两大岛屿组成。首都惠灵顿以及最大城市奥克兰均位于北岛。

新西兰官方规定了三种官方语言，分别是：英语，毛利语，新西兰手语。大部分居民信奉基督教新教和天主教。主要节日有：元旦、受难节、复活节、女王诞辰日、圣诞节等。

1. 服饰礼仪

新西兰人是欧洲移民的后裔，在日常生活里通常以穿着欧式服装为主。他们注重服饰质量，讲究庄重，偏爱舒适，强调因场合而异。正式盛大的集会大都穿深色西服或礼服，但一般场合人们的穿着趋于简便。妇女打高尔夫球时都是穿裙子。外出参加应酬时，新西兰妇女不但要身着盛装，而且一定要化妆。周末假期人们出外郊游则是另一番打扮，十分随便。

新西兰毛利人的传统服饰鲜艳而简洁，富有民族特色，有披肩、围胸、围腰和短裙。最常见的是“比乌比武”短裙，用亚麻类植物织成，称之为毛利草裙。此裙不分男女，现在多作演出时的道具。毛利人最讲究的是羽毛大氅，过去是酋长才能披戴的，现在遇有盛大庆祝活动时才穿上迎接贵宾，以示庄重威严。现今毛利人平时的穿戴也是西装革履，并无异样。

2. 见面礼仪

新西兰人性格比较拘谨，见面和告别均行握手礼，习惯的握手方式是紧紧握手，目光直接接触，男士应等候妇女先伸出手来。鞠躬和昂首也是他们的通用礼节。初次见面，身份相同的人互相称呼姓氏，并加上“先生”“小姐”等，熟识之后，互相直呼其名。毛利族人之间传统的相互问候致意的方式是相互摩探鼻子。

3. 餐饮礼仪

新西兰的“环太平洋”料理风格是受到欧洲、泰国、马来西亚、印度尼西亚、玻利尼西亚、日本和越南所影响。全国各地的咖啡馆和餐厅都提供这种结合各地特色的料理。想品尝地道的新西兰风格，可点羊肉、猪肉、鹿肉、鲑鱼、小龙虾、布拉夫牡蛎、鲍鱼、贻贝、扇贝、甘薯、奇异果和树番茄等烹制的菜品，还有最具代表性的新西兰甜点“帕洛娃”。

新西兰人的饮食习惯大体上与英国人相同，饮食以西餐为主，喜欢喝啤酒。国家对烈性酒严加限制，有的餐馆只出售葡萄酒，专卖烈性酒的餐馆对每份正餐只配一杯烈性酒。饮茶也是新西兰人的嗜好，一天至少七次，即早茶、早餐茶、午餐茶、午后茶、下午茶、晚餐茶和晚茶。茶馆遍布各地，许多单位都有专门的用茶时间。

4. 交谈礼仪

新西兰人交谈以气候、体育运动、国内外政治、旅游等为话题，避免谈及个人私事、宗教、种族等问题。新西兰人特别喜欢橄榄球和板球。

5. 其他礼仪指导

新西兰人的时间观念较强，约会须事先商定、准时赴约。客人可以提前几分钟到达，以示对主人的尊敬。应邀到新西兰人家里作客，可送给男主人一盒巧克力或一瓶威士忌，送给女主人一束鲜花。礼物不可过多，不可昂贵。

新西兰人追求平等，做生意不讨价还价，一旦提出一个价格就不能再变更。如果对方询及交货日期、品质、付款条件时，生意大概就成交了。生意谈成之后，为了表示谢意，可以宴请有关人士，这样做不但效果最佳，而且对方也很高兴。

他们对大声喧嚷和过分地装腔作势是不满的。他们不喜欢用 V 手势表示胜利，当众闲聊、剔牙、吃东西、喝饮料、嚼口香糖、抓头皮、紧裤带等都是很失礼的行为。对废物的处理非常重视，每个街区都有指定每周某日进行废物收集，绝不可乱弃废物。

在新西兰民间，一向有“勤奋的牧羊犬创造了新西兰”的说法。他们对狗怀有特殊的感情，视狗为人类的忠实朋友。如果对新西兰人谈论狗肉如何好吃、如何大补，定会触怒对方。

新西兰人讨厌 13 与星期五。新西兰人奉行所谓“不干涉主义”，对于交往对象的政治立场、宗教信仰、职务级别等，他们一律主张不闻不问。对其他国内种族问题，以及将新西兰视为澳大利亚的一部分，他们则更为反感。在男女交往方面较为拘谨保守，并且有种种清规戒律，即使看戏看电影也要男女分场。

毛利人信奉原始宗教，相信灵魂不灭，因此对拍照、摄像十分忌讳。他们还忌讳让老年人或病重垂危的人住进医院。因为他们认为，只有罪人或奴隶才死于家外。毛利人的首领拥有绝对的大权，其本身及财产均属禁忌范围，平民绝不准触犯和侵犯，否则即被处死。

五、非洲主要国家和地区礼仪概况

（一）埃及礼仪概况

阿拉伯埃及共和国简称“埃及”。位于非洲东北部，地处欧亚非三大洲的交通要冲，是大西洋与印度洋之间海上航线的捷径。埃及又称为金字塔之国、棉花之国。首都开罗，是阿拉伯和非洲国家人口最多的城市。

埃及的官方语言是阿拉伯语。英语、法语也被广泛使用。伊斯兰教为国教，信徒主要是逊尼派，占总人口的 84%。埃及一年有 25 个节日，比较有代表性的是尼罗河泛滥节。

1. 服饰礼仪

埃及的传统服装是阿拉伯大袍，在农村不论男女仍以穿大袍者为多，城市贫民也有不少是以大袍加身。当地妇女喜欢戴耳环手镯等。在一些边远地区，女子外出还保留着蒙面纱的习俗。在大中城市，埃及人的打扮已与国际接轨，但是老年人着装较为保守，埃及人通常不问津奇装异服。按照埃及的商务礼俗，宜随时穿着保守式样西装。

2. 见面礼仪

在人际交往中，埃及人所采用的见面礼节主要是握手礼。与跟其他伊斯兰教国家的人士打交道时的禁忌相同，同埃及人握手时，最重要的是忌用左手。除握手礼之外，埃及人在某些场合还会使用拥抱或亲吻礼。埃及人所采用的亲吻礼，往往会因为交往对象的不同而采用亲吻不同部位的具体方式。其中最常见的形式有三种。一是吻面礼，它一般用于亲友之间，尤其是女性之间；二是吻手礼，它是向尊长表示敬意或是向恩人致谢时用的；三是飞吻礼，它则多见于情侣之间。埃及人与朋友相见时，常称呼对方为阿凡提，意思是先生，原来这一称呼只限于王室，现在已被广泛使用。

3. 餐饮礼仪

埃及人通常以米饭和“耶素”(就是不发酵的平圆形埃及面包)为主食。他们喜食羊肉、鸡肉、鸭肉、鸡蛋以及豌豆、洋葱、南瓜、茄子、胡萝卜、土豆等。在口味上，一般要求清淡、甜、香、不油腻。串烤全羊、烤全羊是他们的佳肴，很多埃及人还特别爱吃中国川菜，喜吃甜食，习惯用自制的甜点招待客人，客人如果是一点儿也不吃，会让主人失望也失敬于人。

埃及人在正式用餐时，忌讳交谈，否则会被认为是对神的亵渎行为。埃及人一般都遵守伊斯兰教教规，忌讳喝酒，喜欢喝红茶。忌吃猪肉、狗肉，也忌谈猪、狗。不吃虾、蟹等海味、动物内脏（除肝外），不吃鳝鱼、甲鱼等怪状的鱼。当地人就餐前一般都要说：以大慈大悲真主的名义。请客时菜肴丰盛，气氛热烈，主人总是希望客人多吃点。

4. 交谈礼仪

为了表示亲密，埃及人只要当时有时间，问候起交往对象来往往会不厌其烦。除个人隐私问题之外，当时所能想到的人和事，他们几乎都会一一不漏地问候一遍。

同样是为了表示亲密或尊敬，埃及人在人际交往中所使用的称呼也有自己的特色。在埃及，老年人将年轻人叫作“儿子”“女儿”，学生管老师叫“爸爸”“妈妈”，穆斯林之间互称“兄弟”。这一类做法往往并不表示二者具有血缘关系，而只是表示尊敬或亲切。

男士不要主动和妇女攀谈；不要夸人身材苗条；不要称道埃及人家里的东西，否则会认为你在向他索要；不要和埃及人谈论宗教纠纷、中东政局及男女关系。

5. 其他礼仪指导

到埃及进行商务活动，最好是在 10 月到次年 4 月，另外，当地每周工作日是从本星期六到下星期四，星期五是伊斯兰教的休息日，商务活动用英语。在埃及从商的人经验丰富，时间观念差，很少依照所约定的时间行事。晚餐在日落以后和家人一起共享，所以在这段时间内，勉强请人家来谈生意是失礼的。

埃及人非常好客，去埃及人家里做客时，应注意以下三点：其一，事先需预约。通常在晚上六点以后以及斋月期间不宜进行拜访。其二，按惯例，穆斯林家里的女性，尤其是女主人是不待客的。其三，就座之后，切勿将足底朝外，更不要朝向对方。

埃及穆斯林有个绝不可少的习惯：一天之内祈祷数次。在斋月期间，如果你在当地人面前吃喝东西或吸烟会被训斥。

埃及人（穆斯林皆如此）认为“右比左好”，右是吉祥的，做事要从右手和右脚开始，握手、用餐、递送东西必须用右手，穿衣先穿右袖，穿鞋先穿右脚，进入家门和清真寺先迈右脚。究其原因，穆斯林“方便”和做脏活时都用左手，因此左手被认为是不干净的。

埃及人对绿色和白色都有很深的感情。一般人都厚爱这两种颜色。有把绿色喻为吉祥之色，把白色视为“快乐”之色的说法。忌蓝色和黄色，认为蓝色是恶魔，黄色是不幸的象征，遇丧事都穿黄衣服。

他们认为数字 3、5、7、9 是积极的，而认为数字 13 是消极的。

他们有把葱视为真理标志的习惯。非常喜爱仙鹤，认为仙鹤是一种吉祥鸟，它美丽又华贵，象征着喜庆和长寿。埃及人宠猫、敬猫如神，并视猫为神圣的精灵。在埃及人的心目中，猫是女神在人间的象征，是幸运的吉祥物，是受人崇敬的国兽。

针是缝衣的工具，但在埃及人的心目中却有几分神秘的色彩。每天下午 3 ～ 5 点，埃及人决不买卖针，这已成为他们生活中的一条不成文的戒律。

在埃及，进伊斯兰教清真寺时务必脱鞋。埃及人也喜欢金字塔型莲花图案，禁穿有星星图案的衣服，除了衣服，有星星图案的包装纸也不受欢迎。

（二）南非礼仪概况

南非共和国简称“南非”。地处南半球，有“彩虹之国”之美誉，位于非洲大陆的最南端。南非拥有三个首都：行政首都（中央政府所在地）为茨瓦内，立法首都（议会所在地）为开普敦，司法首都（最高法院所在地）为布隆方丹。

南非的官方语言有 11 种，分别是：英语、阿非利卡语（南非荷兰语）、祖鲁语、科萨语、斯佩迪语、茨瓦纳语、索托语、聪加语、斯威士语、文达语和恩德贝勒语。大部分居民信奉基督教新教或天主教。主要节日有：元旦、人权日、耶稣受难日、劳动节、国庆日、自由日、青年日、曼德拉日、全国妇女日、遗产日等。

1. 服饰礼仪

不光是社交礼仪受西方文化的影响，城市中的南非人在服饰方面也比较西化。比较正式的场合中，南非人也是非常讲究的，他们一般着装较端庄、严谨。如果你与他们有官方或者商务方面的交往接触，最好穿一些比较保守的、颜色偏深的套装或者裙装，如果不这样的话，可能会被对方当做失礼哦。南非黑人通常还有穿着本民族服装的习惯，特别是妇女保持着传统的服饰风格。不同部族的黑人，在着装上往往会有自己不同的特色。

2. 见面礼仪

在见面时，南非人习惯用握手礼。南非黑人对自己的传统情有独钟。有些黑人行拥抱礼，有些行亲吻礼，有些则行独特的握手礼，即先用自己的左手握住自己的右手腕，再用右手去与人握手。如果是特别亲热者，则先握一下他的手掌，然后再握对方的拇指，最后紧紧握一下他的手。女子相见，双膝微屈，行屈膝礼。农村妇女们相遇，一边围着对方转一边发出有节奏的尖叫声。

如果你到了黑人的部落，他们赠予贵宾的往往是鸵鸟毛或者孔雀毛。而贵客比较得体的做法就是把这些珍贵的鸵鸟毛或者孔雀毛小心地插在自己的帽子上或者头发上。

3. 餐饮礼仪

在餐饮方面，南非的白人也比较西化，他们比较喜欢吃西餐，比如牛肉、鸡肉、鸡蛋、面包等，饮料也以咖啡和红茶为主。南非比较有名的饮料就是如宝茶啦。如果你要去南非的黑人家里做客的话，主人往往就会递上一些刚刚挤出来的牛奶、羊奶之类的，偶尔也会是啤酒。这时，你一定得多喝，最好是一口气喝完。

南非的烹饪随着欧洲移民、马来族奴隶及印度人的到来，逐渐形成了多样融合之烹饪艺术，尤以芳香浓郁之咖喱料理、慢炖拼盘、传统非常佳肴、及本土烧烤最为出名。

4. 交谈礼仪

如果你跟南非人聊天的话，也一定要记得避免谈及以下四个话题：一是白人的功德不能谈论，也不能对白人有示好之处；二是各个黑人部落之间的关系或矛盾不能进行评论；三是对黑人的一些传统习惯不要妄加评论；四是南非人并没有“重男轻女”的思想，如果对方生了一个男宝宝，也不表示祝贺。

5. 其他礼仪指导

南非人把宾客临门视为荣幸，殷勤招待，用咖啡待客是比较常见的礼节。南非人不会当众剔牙、摸皮带、拉裤子、脱鞋。

南非人信奉基督教，所以非常忌讳 13 这个数字。对于南非的黑人来说，他们是比较敬重自己的祖先的，所以就很忌讳外人在言行上对自己的祖先有不敬重之处。

非洲人普遍认为相机对准某物进行拍摄，某物的“精气”就给吸收殆尽，此事自是非同小可。人、房屋、家畜一律不准拍摄。

在南非、埃塞俄比亚等非洲国家还有个迷信，那就是：有人瞪看你时，被瞪看的人不是灾祸必至就是死神要找上他。在这些国家，跟当地人交谈或碰面的时候，可不能目不转睛地瞪看对方，这么做对方一定大感不悦。

【思考练习】

1．日本对送花有哪些忌讳？
2．韩国餐饮礼仪有哪些注意点？
3．新加坡和马来西亚的交谈礼仪有什么讲究？
4．泰国和印度礼仪的相同点有哪些？
5．英国的服饰礼仪有哪些讲究？
6．法国人的见面礼仪有哪些？
7．德国的交谈礼仪要注意哪些？
8．俄国的国花是什么花？赠送鲜花要注意哪些方面？
9．与意大利人、葡萄牙人和西班牙人交谈要注意哪些礼仪？
10．参加美国朋友的聚会要注意哪些？

11．与加拿大人交谈中要注意哪些礼仪？

12．巴西除握手礼外，还有哪些独特的见面礼仪？

13．阿根廷服饰礼仪方面要注意哪些？

14．墨西哥用餐时要注意哪些礼仪？

15．与澳大利亚人交谈时要注意哪些礼仪？

16．案例：绅士风度

某英国旅游团下榻于北京国际会议中心大厦。一天，翻译小姐陪同客人外出参观，在上电梯的时候，几位英国客人请翻译小姐先上，可是这位小姐谦让了半天，执意要让客人先行。事后这些客人抱怨说他们在中国显示不出绅士风度来，原因是接待他们的女士们都坚持不让他们显示。虽然我方人员解释，中国是“礼仪之邦”，遵循“宾客第一”的原则，对此解释他们也表示赞赏，但对自己不能显示绅士风度仍表示遗憾。

思考：分析为什么会发生这样的情况，并提出适当的应对措施。

17．案例：“左撇子”

刘女士由于业务成绩出色，随团到中东地区某国家考察。抵达目的地后，受到东道主的热情接待并举行宴会招待。为表示敬意，席间主人向每位客人一一递上一杯当地特产饮料。轮到刘女士接饮料时，一向习惯于“左撇子”的刘女士不假思索，便伸出左手去接，主人见此情景脸色骤变，不但没有将饮料递到刘女士的手中，而且非常生气地将饮料重重地放在餐桌上，并不再理睬刘女士。

思考：主人为什么会生气？刘女士应该怎样做？

【实践训练】

分小组在熟悉以上各国礼仪概况的基础上，网上查找补充相关内容，制作各国礼仪PPT分享给大家。

参考文献

[1] 金正昆．现代商务礼仪 [M]．2 版．北京：中国人民大学出版社，2014.
[2] 金正昆．实用商务礼仪 [M]．北京：中国人民大学出版社，2009.
[3] 肖丽珍，罗建文．现代商务礼仪 [M]．北京：中国铁道出版社，2012.
[4] 韩爱群．商务礼仪实务 [M]．北京：北京理工大学出版社，2012.
[5] 赵敏．现代交际礼仪 [M]．长春：东北师范大学出版社，2011.
[6] 曾亚玲，蒋玉华．旅游社交礼仪 [M]．长春：东北师范大学出版社，2015.
[7] 孙金明，刘繁荣，王春凤．商务礼仪实务 [M]．北京：人民邮电出版社，2013.
[8] 斯静亚，杨群欢．职场礼仪与沟通 [M]．北京：高等教育出版社，2012.
[9] 李建峰，董媛．社交礼仪实务 [M]．3 版．北京：北京理工大学出版社，2014.
[10] 滕新贤．新编礼仪教程 [M]．北京：新华出版社，2009.
[11] 姚虹华，郝建萍．服务礼仪 [M]．北京：科学出版社，2013.
[12] 漆子扬，王换成．实用礼仪教程 [M]．长春：东北师范大学出版社，2014.
[13] 胡柳．现代礼仪 [M]．上海：上海交通大学出版社，2013.
[14] 王旭．看电影学礼仪 [M]．广州：南方日报出版社，2012.
[15] 孙淑艳，兰福．商务礼仪 [M]．北京：北京理工大学出版社，2017.
[16] 何婷．大学生现代礼仪教程 [M]．西安：西北大学出版社，2015.
[17] 张南南．商务礼仪 [M]．长春：东北师范大学出版社，2014.
[18] 蒋晓雷．现代社交礼仪 [M]．长春：东北师范大学出版社，2010.
[19] 李晓妍，刘慧，孟会芳．化妆技巧与形象设计 [M]．北京：航空工业出版社，2017.
[20] 万文斌，郝素岭，陈明华．商务礼仪 [M]．北京：航空工业出版社，2012.
[21] 田芳．商务礼仪基础与实训教程 [M]．北京：中国传媒大学出版社，2009.
[22] 卢如华．社交礼仪 [M]．2 版．大连：大连理工大学出版社，2009.
[23] 丁栋轩．大学生礼仪规范教程 [M]．北京：首都经济贸易大学出版社，2009.
[24]（美）博斯罗克著．欧洲商务礼仪 [M]．李东辉译．北京：东方出版社，2009.
[25] 杨丽．商务礼仪 [M]．北京：清华大学出版社，2010.
[26] 满相忠．现代求职礼仪 [M]．北京：中国物资出版社，2009.